GW00503620

Colloquial
Lithuanian

The Colloquial Series

The following languages are available in the Colloquial series:

Albanian	Japanese
Amharic	Korean
Arabic (Levantine)	Latvian
Arabic of Egypt	Lithuanian
Arabic of the Gulf	Malay
and Saudi Arabia	Norwegian
Bulgarian	Panjabi
Cambodian	Persian
Cantonese	Polish
Chinese	Portuguese
Czech	Romanian
Danish	*Russian
Dutch	Serbo-Croat
English	Slovene
Estonian	Somali
French	*Spanish
German	Spanish of Latin America
*Greek	Swedish
Gujarati	Thai
Hindi	Turkish
Hungarian	Ukrainian
Indonesian	Vietnamese
Italian	Welsh

Accompanying cassettes are available for the above titles.
*Accompanying CDs are available.

Colloquial
Lithuanian

The Complete Course for Beginners

Meilutė Ramonienė and
Ian Press

London and New York

First published 1996
by Routledge
11 New Fetter Lane, London EC4P 4EE

Simultaneously published in the USA and Canada
by Routledge
29 West 35th Street, New York, NY 10001

Routledge is an International Thomson Publishing company

© 1996 Meilutė Ramonienė and Ian Press

Typeset in Semitica by Transet Ltd, Coventry, England
Printed and bound in England by Clays Ltd, St Ives plc

British Library Cataloguing in Publication Data
A catalogue record for this book is available from the British Library

Library of Congress Cataloguing in Publication Data
A catalogue record for this book is available from the Library of Congress

ISBN 0–415–12103–5 (book)
ISBN 0–415–12104–3 (cassette)
ISBN 0–415–12105–1 (book and cassette course)

Contents

Preface   vii
Abbreviations   ix
Introduction   1
A guide to the alphabet and pronunciation   4

1 Naujas draugas
A new friend   10
2 Bičiulis atvyksta traukiniu
A friend arrives by train   21
3 Savaitgalio kelionė
A weekend trip   36
4 Kvietimas į svečius
Inviting someone to come on a visit   54
5 Svečiuose
On a visit   74
6 Pasivaikščiojimas po Vilnių
A walk around Vilnius   90
7 Pakeliaukime po Lietuvą
Let's travel around Lithuania   105
8 Teatre
At the theatre   121
9 Pasiruošimas žygiui
Getting ready for the trip   134
10 Koks oras Lietuvoje?
What's the weather like in Lithuania?   149

11 Geros sveikatos!
The best of health!   **166**
12 Reikia pasipuošti
Got to get smartly dressed   **181**
13 Pietūs restorane
Dinner in a restaurant   **200**
14 Važiuojame į pajūrį
We go to the seaside   **219**
15 Kaime
In the countryside   **240**
16 Gamta, sportas, televizija
Nature, sport, and television   **257**

Reference section   **277**
Key to the exercises   **309**
Lithuanian–English glossary   **326**
English–Lithuanian glossary   **365**
Grammatical index   **382**

Preface

We have had real pleasure in putting together this textbook of Lithuanian, the one of us in Vilnius and the other in London. Electronic mail – you'll be subjected to some of it in the exercises – the fax, and even snailmail, have rarely been more useful. We gratefully acknowledge the valuable help which we received from a number of individuals, namely Dr Aurelija Usonienė at an early stage, Dr Stefan Pugh for permission to use ideas from a few sections in *Colloquial Ukrainian*, and Routledge's ever-patient and encouraging team: Simon Bell, Louisa Semlyen and Sarah Foulkes. We are also grateful to the Embassy of Lithuania in London for much up-to-date information which they provided, some of which will be found at the end of the reference section. As for the book itself, Meilutė Ramonienė provided the draft of every lesson, as well as supplying the realia, the fundamental knowledge of Lithuanian, and the considerable experience of teaching Lithuanian. Ian Press provided the introduction, reference section, much of the key, the word lists and glossaries, and the index, and prepared the lessons for the final version. All of it was reviewed fully by each of us.

There are very few textbooks of Lithuanian which use English as the medium of instruction; Ian Press derived great benefit, over many years, from using that by Professors Dambriūnas, Klimas, and Schmalstieg (see the reference section), which combines great erudition with a solid, practical approach; he used it both for his own considerable enlightenment and in order to teach the language. More recently, that by Professor Tekorienė which was published in Lithuania has given us several ideas on how to get learners to use Lithuanian without overwhelming them with technicalities. We are only too aware that, whether we like it or not, the present textbook will serve as a starting point for subsequent courses. Our brief has been to provide a presentation from which the average learner can derive real practical benefit; we believe that this can only be achieved if we convey at the same time something, though not too much, of the fascination which the complexity of Lithuanian has exercised on the minds of linguists and philologists over the last two centuries. We hope, therefore, to get you both talking Lithuanian and talking about Lithuanian, Lithuania, and Lithuanians, as well as actually going there. In the last few years some knowledge of Lithuanian for visitors has become essential; Russian can no longer be relied on as a reasonably acceptable *lingua franca*, and English and German, however useful, must still represent that 'alien' element which will close doors to you. So learn Lithuanian; it isn't as fiendishly difficult for the learner as its reputation suggests, and in any case we have done all we could to make it reasonably easy for you. Once you have worked through this textbook and the accompanying recordings, you should be ready for some really hard work. Good luck! *Sėkmės!* And see you in Lithuania! *Iki pasimatymo Lietuvoje!*

The Authors

Dr Meilutė Ramonienė is an Associate Professor and Head of the Department of Lithuanian Studies, Vilnius University.

Professor J. Ian Press is Established Professor of Russian, with the extra specialism of Comparative Linguistics, at the University of St Andrews.

Meilutė Ramonienė and Ian Press
Vilnius and St Andrews, February 1996.

Abbreviations

acc.	accusative
act.	active
adj.	adjective/adjectival
adv.	adverb/adverbial
coll.	colloquial *or* collective
comp.	comparative
cond.	conditional (sometimes referred to as the *subjunctive*)
conj.	conjugation
dat.	dative
decl.	declension
def.	definite (in the case of the adjective, also known as *pronominal* and *long*)
dem.	demonstrative
e.o.	each other
fam.	familiar
fem.	feminine
form.	formal
fut.	future
gen.	genitive
ger.	gerund
imp.	imperative
imperf.	imperfect (also known as the *frequentative past*)
impers.	impersonal
indef.	indefinite
indecl.	indeclinable
inf.	infinitive
instr.	instrumental
interr.	interrogative
intrans.	intransitive
lit.	literally
loc.	locative

masc.	masculine
n.	noun
neg.	negative
neut.	neuter
nom.	nominative
num.	numeral
o.s.	oneself
p.	past *or* person (the context should make it clear which is intended)
part.	partitive
pass.	passive
pcple	participle
perf.	perfect (sometimes known as the *present perfect*, thus also the *future perfect* and the *past perfect* when formed with the appropriate auxiliary verb)
pl.	plural
pol.	polite
poss.	possessive
prep.	preposition
pres.	present
pron.	pronoun
refl.	reflexive
res.	resultative
rel.	relative
sg	something
sing.	singular
s.o.	someone
sup.	superlative
t.	tense
trans.	transitive
v.	verb
voc.	vocative
—	absence of a form

Introduction

The Lithuanian language

Lithuanian is the principal language of Lithuania, until recently one of the fifteen republics of the former Soviet Union. Standardized before the country's subjugation to the Soviet Union, and the consequent presence everywhere of Russian and its influence, the Lithuanian language managed to retain its orthography and independent grammatical standards. Perhaps part of the explanation of its survival lies in international recognition of its linguistic importance, but that would be to overemphasize the preoccupations of linguists and forget the real element in the retention of the language, the Lithuanians themselves. Other languages used in Lithuania include Russian, Belarusian, and Polish; until the Second World War Yiddish was a language of considerable social and cultural importance. For many years Poland and Lithuania shared the same political orbit, and as a result Lithuania retains an overwhelmingly Roman Catholic population, in contrast to the Lutheran allegiance of its geographical and linguistic neighbour, Latvia, and its other Baltic neighbour, Estonia. Lithuania is a small country of 25,170 sq m (65,200 sq km) and 3,740,000 inhabitants (1994), with a beautiful Baltic coastline, gentle landscape, and extraordinary language. If you ever wanted a challenge, here it is.

Lithuanian and Latvian are both East Baltic languages and are the only two which survive. Old Prussian, a West Baltic language, survived until the end of the seventeenth century, but evidence of its origins is difficult to interpret and possibly also unreliable. Together, the Baltic languages may well go back as a unit to Proto-Indo-European, the hypothesized common ancestor of many of the languages of Europe, of Iran, of Central Asia, and of Pakistan, India, and Bangladesh. Arguably, they go back first of all to a common Balto-Slavonic language, but it might be more satisfactory to see Baltic and Slavonic, for geographical reasons, as having been in close, mutually influential, contact for many centuries. Lithuanian itself is traditionally described as 'archaic'; what is,

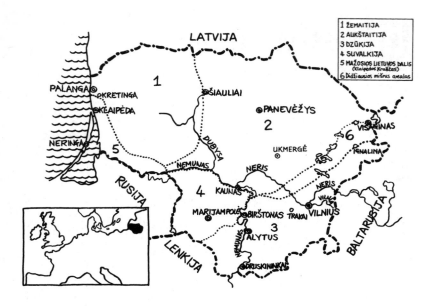

or ought to be, meant by this is that it retains a large number of features, particularly in declension, one might assume to have been present at an earlier stage in the history of the Indo-European languages. Putting it simply, Lithuanian might be placed alongside Latin, Greek, and Sanskrit in its linguistic importance. With the difference that it and its numerous dialects are still spoken.

For years Lithuanian has remained a very minority interest among non-Lithuanians, the proud acquisition of a few highly specialized Indo-Europeanists. Recent developments will allow more people to discover that Lithuanian like other languages has its difficulties and its complexities – seven cases, numerous tenses – and its simplicities – straightforward spelling and pronunciation, only two genders, relatively simplified conjugation. It is also highly differentiated dialectally, from all points of view: vocabulary, pronunciation, forms, and syntax. Here we concentrate on the standard language, as spoken in, say, Vilnius and Kaunas.

We strongly recommend you concentrate first on acquiring a reasonable level of pronunciation (here the accompanying recordings will be invaluable). There is no substitute for listening to a language and for saying words and phrases out loud, and it's even better if you feel you are saying them more or less correctly. Whatever you do, however, don't overdo this. After you have studied the section on the alphabet and pronunciation try to work slowly, deliberately, and regularly through the lessons. Everyone learns in their own way, and we have tried in this course to let you feel free to learn in the way which suits you; your success will be defined in your own terms. Each lesson is full of useful language, words, terms, and expressions; there are sections on language points and on grammar, and here and there we have notes giving extra information. The Lithuanian–English glossary is designed to be a reasonably full list of many of the words in the lessons (with less information and excluding some of the thematic lists); the English–Lithuanian glossary is minimal and not aimed at helping you with English–to–Lithuanian translation, since you will find hardly any such exercises in this course. However, you will certainly have the impression that you are doing that sort of work and, if you would like to do that sort of exercise, once you have translated from Lithuanian to English, try translating back.

One of the authors of this book is an extremely impatient learner of languages, never following any of the sage advice which so many courses offer, and which he himself tends to offer. There are other things to do in life, and learning a language is often something we do 'at the wrong time', when it's 'too late'. As an adult it can seem as if you are marking time for ages, doing 'elementary' things when your mind wants to do other, far more sophisticated, things. The solution is to do just a little Lithuanian (and whichever other languages you're learning!) every few days. Or, better still, try to go to Lithuania. It's not far, and so close to us culturally. For more information on travel, etc., see the end of the reference section.

In the meantime, we have done all we can to make sure this course leads you in the right direction. It is imperfect, and we may have tried to appeal to too wide a range of interests and abilities. But it is also very much the first course of its kind: friendly, but serious. Bear with us.

A guide to the alphabet and pronunciation

It is important to see this very much as a section that you will work through and come back to repeatedly. Don't hesitate to leave it, but whatever you do, keep coming back to it. It is by no means complete, but it says enough for the moment. Learning a language is like reading a poem: there is always something you 'missed', something to discover.

Abėcėlė iȓ tartìs 🔲

The alphabetical pronunciation

Letter		Name	Approximate English equivalent
A	a	a	f*a*ther (longer)
Ą	ą	'nasal' a	f*a*ther (longer)
B	b	be	*b*ath
C	c	ce	bi*ts*
Č	č	če	*ch*at
D	d	de	*d*eep
E	e	'broad' e	c*a*t (longer; like *e* in *bet* when short)
Ę	ę	'nasal' e	c*a*t (longer)
Ė	ė	'narrow' e	h*a*te
F	f	ef	*f*ickle
G	g	ge	*g*et
H	h	ha	*h*ouse
I	i	'short' i	b*i*t
Į	į	'nasal' i	mach*i*ne (without the English tailing off)
Y	y	'long' i	mach*i*ne (without the English tailing off)
J	j	jot	*y*acht
K	k	ka	*k*eep
L	l	el	*l*ook

M	m	em	*m*other
N	n	en	*n*eat
O	o	o	s*o* (without the English tailing off)
P	p	pe	*p*elt
R	r	er	*r*eap (trilled or tapped)
S	s	es	*s*at
Š	š	eš	*sh*eep
T	t	te	*t*all
U	u	'short' u	b*u*t (northern England English)
Ų	ų	'nasal' u	h*oo*t (without the English tailing off)
Ū	ū	'long' u	h*oo*t (without the English tailing off)
V	v	ve	*v*at
Z	z	ze	*z*oo
Ž	ž	že	lei*s*ure

The order of the letters of the alphabet

The order used in dictionaries is as given in the list above. However, do note that the following four groups of letters are treated as one letter in dictionaries – there is no hierarchy between them:

a, ą
e, ę, ė
i, į, y
u, ų, ū

Digraphs

The following digraphs also occur in Lithuanian, none of which has any effect on the ordering of the letters of the alphabet:

	Approximate English equivalent
ch	as in *loch*
dz	as in *fads*
dž	*g* as in *age*

We might mention **ie** and **uo** too; these are not diphthongs (see below), since the two components are quite separately pronounced, though they blend from one to the other, the first through a *y*-sound, the second through a *w*-sound. So something like: *he yells, who wants*. Needless to say, this is very approximate.

The pronunciation of the vowels

The section on consonantal palatalization or 'softening' below will give you further information òn vowels.

The simple vowels

The simple vowels may be long or short. In all but two cases, the actual letter tells you which. Thus:

Long	Short	Long OR short
ą		a
ę		e
ė		
o		
y, į	i	
ū, ų	u	

The diphthongs

Diphthongs are sequences of two vowels which function as if they were one. For Lithuanian we might mention in particular:

	Approximate English equivalent
ai	ei as in height
au	ow as in now
ei	ay as in may
ui	uey as in chop-suey

The following diphthongs are straightforward in pronunciation: **al**, **el**, **il**, **ul**, **ar**, **er**, **ir**, **ur**, **am**, **em**, **im**, **um**, **an**, **en**, **in**, **un**.

'Accent'

In the lists of words and the glossaries you will notice that one of three accent marks is to be found on one of the vowels of Lithuanian words. First of all, the vowel so marked is the stressed, or most prominently pronounced, vowel in the word, whatever the accent mark. Secondly, the three accent marks convey some extra information, namely:

1 the *acute* accent (as in **výras** 'man') denotes a long vowel emphasized on its beginning and giving the impression of a sharp, sudden pronunciation (also referred to as a falling intonation);

2 the *tilde* (as in **gḗras** 'good') denotes a long vowel emphasized towards its end, thus more drawn-out (also referred to as a rising intonation);

3 the *grave* accent (as in **laikù** 'on time') refers to a short stressed vowel (it is also used to denote the initial *i* or *u* in diphthongs with an emphasized first component or 'falling intonation').

You will notice that in diphthongs the accent mark is placed above the more prominent member, thus the *tilde* over the second component and the *acute* (or *grave* in the case of *i* and *u*) over the first component.

For examples of the use of these accent marks, see the pronunciation list below.

Unless you are learning the Lithuanian language for linguistic reasons, you will *never* need to use the three accents described above, as they are simply not part of the everyday written language.

The consonants

The pronunciation of Lithuanian consonants is quite straightforward. The two features described below are the most important ones to be borne in mind. The second is particularly important.

Aspiration

The puff of air which often immediately follows English *p*, *t*, and *k* is less salient in Lithuanian. If you pronounce English *spot*, *stop*, and *skin* without the *s* (first pronounce them with it a few times, then take yourself by surprise and drop it), you will have a Lithuanian **p, t, k**.

Palatalization or 'softening'

All Lithuanian consonants may occur palatalized, which means that they are accompanied, one might say 'very closely followed', by a slight *y*-sound. Such consonants only occur in the following positions:

1 before the vowels **i, y, į, e, ė**, and **ę**. Palatalization here tends to happen whatever the language; it is just that in Lithuanian it is more perceptible than in, say, English; it will be even more perceptible in **ę** and in long **e** because of their *a*-like pronunciation;

2 when followed by an **i** which precedes a vowel other than **i, y, į, e, ė**, and **ę**, thus **ia, iu, io, iau**, etc. Here the **i** is not to be pronounced as an

i; it simply indicates that the preceding consonant is palatalized;
3 before other palatalized consonants (except for **k** and **g**, which are palatalized only before the front vowels, i.e. those mentioned under (1)).

The preceding notes, are, needless to say, rather approximate and far from exhaustive; what is really important is that you listen to Lithuanians speaking, and it is here that you will find the recordings accompanying this course indispensable. In what follows we give you lots of examples, which are also recorded (in each lesson several dialogues and texts, not to mention the occasional exercise and some additional material, will also be recorded).

Short vowels

alùs	gražùs	mùs	namù
lìnas	medìnis	akìs	manimì
màno	tàs	kasà	saldùs
bèt	manè	gerèsnis	Kaunè
Bonà	polìtika	òpera	tàvo

Long vowels

výras	arklỹs	brólį	įvadas
gēras	mētas	kępinti	ēžeras
ēglę	kęsti	dróbę	manęs
gìlė	tévas	senēlė	aikštē
māno	gābalas	gamýbą	są junga
sõdas	óda	nóras	kóks
sūnùs	są jūdis	lūžti	rūmas
pasiųsti	výrų	seserų	āčiū

Diphthongs

Lietuvà	víenas	skiępyti	ieškóti
dúona	juodúoti	ąžuolas	obuolỹs
saūsas	siaūras	geriaū	pāskui
baīgti	vēlaī	gražiaī	automobiliù
pìlnas	piřkti	seseřs	rudeñs
lángas	taŕti	siuñčia	saldùs
kambarỹs	rañkos	sémti	šìrdį

Consonants 🔘🔘

In the preceding list you will have heard palatalized consonants. Here are a few more examples, so you can concentrate on them because you know they're coming:

pėsčiomìs	výre	gyvénti	siaurì
užeĩti	širdžiũ	čià	bešiřdis

And now for a few combinations (note that palatalized consonants never come at the end of a word):

žódžių	baigiaũ	kambaryjè	lietùvių
pakláusti	rùdenį	Vìlnius	Klaĩpėdoje

Now look at this list of names of cities and countries, most of which you will be able to recognize quite readily. Do note however, that Lithuanians tend to adapt foreign words to their own spelling system and, if possible, give them Lithuanian grammatical endings:

Parȳžius	Romà	Rygà	Tãlinas
Lòndonas	Maskvà	Niujòrkas	Monreãlis
Berlýnas	Víena	Vãšingtonas	Tòkijas
Otavà	Óslas	Stokhòlmas	Heĺsinkis
Kopenhagà	Tel Avìvas	Kìjevas	Briùselis
Sìdnėjus	Madrìdas	Lisabonà	Fránkfurtas priẽ Máino
Mìnskas	Vìlnius	Bèrnas	Ciùrichas
Hagà	Ámsterdamas	Ženevà	Dùblinas
Škòtija	Austrãlija	Naujóji Zelándija	Olándija
Itãlija	Ispãnija	Bèlgija	Prancūzijà
Vokietijà	Rùsija	Ukrainà	Baltarùsija
Lãtvija	Lietuvà	Švèdija	Šveicãrija
Dãnija	Norvègija	Ánglija	Portugãlija
Bulgãrija	Rumùnija	Čèkija	Slovãkija
Súomija	Éstija	Lénkija	Veñgrija
Aĩrija	Áustrija	Kanadà	Japònijà
Izraèlis	Amèrika	Jungtìnės Amèrikos Valstìjos	

You will also find that the declension tables for the words **výras, kėlias, sūnùs, rankà, žinià, martì, širdìs, akmuõ, dìrbti, galéti**, and **matýti** in the reference section have been recorded, so you can familiarize yourself with the pronunciation of a good range of endings.

1 Naujas draugas

A new friend

By the end of this lesson you will have learnt:

- the verb **būti** 'to be'
- personal pronouns and genders
- accent
- saying 'Hello!' and 'Goodbye!'
- asking some basic questions
- asking people where they are from: **iš** 'from' + the genitive case
- present tense verb forms

During the first six or so lessons we suggest you concentrate on practising the pronunciation of Lithuanian. You will find the recordings extremely useful, since, particularly as regards the nuances of the vowels in Lithuanian, there really is little substitute for actually hearing the words pronounced. We use a standard Lithuanian pronunciation, which you will find extremely useful, a good and confidence-boosting basis on which to build once you hear the wider range of accents which you will meet in Lithuania itself. Keep referring back to the section on the alphabet and pronunciation in the introduction. For the moment, work through the alphabet and practise pronouncing the individual letters in isolation, in addition to repeating the dialogues in this lesson.

The vocabulary lists after the various parts of the lessons are there to give you immediate help. Words are very likely to be repeated in these lists throughout the course. All the words should also be in the *Lithuanian–English glossary* (the *English–Lithuanian glossary* is meant to be minimal, and to help with the exercises where appropriate).

Dialogue 1 📼

Susitikimas

The meeting

Bill (Bilas in Lithuanian) is an English student visiting Lithuania for the first time, and upon arrival in the capital city, Vilnius, he meets a Lithuanian student named Aldona.

ALDONA: Laba diena!
BILL: Laba diena!
ALDONA: Aš esu Aldona, studentė. O jūs?
BILL: Aš esu Bilas, aš irgi esu studentas.
ALDONA: Labai malonu.

ALDONA: *Hello!*
BILL: *Hello!*
ALDONA: *I am Aldona, (I'm) a student. And (how about) you?*
BILL: *I am Bill, (I'm) also a student.*
ALDONA: *Very pleased (to meet you).*

Listen carefully to the recording. Try to imitate it as closely as possible, paying particular attention to the vowels.

Note that in the vocabulary lists, given at appropriate points in the lessons, in the reference section, and in the glossaries, accentual information is given. See the reference section for an explanation. Don't attempt to take in all this information at this stage; you might be over-whelmed by it. This is for when you come back and revise; there's nothing like having the information in front of you, once the foundation has been laid.

Vocabulary

naūj/as, -à (4)	new
draūg/as, -o (4)	friend (masc.; fem. **draūg/ė, -ės** (4))
susitikìm/as, -o (2)	meeting
labà dienà!	Hello! (lit. 'good day'; **dien/à, -õs** (4))
àš	I
studeñt/ė, -ės (2)	university student (fem.)

studeñt/as, -o (2)	university student (masc.)
õ	and, but; and how about...?
jū̃s	you (pl., pol.)
iȓgi	also
labaĩ	very
malonù	pleased (lit. 'it is pleasant')

In the vocabulary lists we give information which you will not immediately understand. In the case of nouns, the slash separates the ending of the nominative case and indicates where to add on the genitive case ending, which is given after the hyphen. In the case of adjectives, the slash separates out the nominative singular masculine, and after the hyphen we have the nominative singular feminine ending. In parentheses we give the number of the accent class (see the reference section). For the verbs we give three forms, respectively the infinitive, the third person present, and the third person simple past. These are the three basic forms, from which all other verbal forms can be created. Where the verb is rather long, for reasons of space we foreshorten it as necessary. Don't worry about learning these now, but once you have completed the first three lessons, come back and learn them.

Grammar

Articles

There are no definite and indefinite articles, that is, words corresponding to English 'the' and 'a, an', in Lithuanian. Lithuanian does have ways of conveying something equivalent, and we shall become familiar with these as we work through the lessons.

The verb bū́ti 'to be'

The verb 'to be' may be omitted in the present tense, thus 'I *am* a student' may be simply **aš studentas**. However, it does have such forms, and these must be learnt. Thus:

Bū́ti *'to be'*

1 *p. sing.*	I am	**àš esù**	
2 *p. sing.*	you are	**tù esì**	*fam. sing.*
3 *p. sing.*	he/it is	**jìs yrà**	*masc.*

3 *p. sing.*	she/it is	**jì yrà**	*fem.*
1 *p. pl.*	we are	**mẽs ẽsame**	
2 *p. pl.*	you are	**jūs ẽsate**	*polite sing.; pol./fam. pl.*
3 *p. pl.*	they are	**jiẽ yrà**	*masc.; mixed*
3 *p. pl.*	they are	**jõs yrà**	*fem.*

This verb is irregular in many languages. It has certain irregularities in Lithuanian too, but we can note with relief that the endings of the first and second persons (**-u, -i, -ame, -ate**) are absolutely regular, and that the stress pattern of those persons (stress on the ending in the first and second persons singular, not on the ending in the other forms) is also regular. For the third person, **yra** is irregular in two ways: (i) it looks as if it belongs somewhere else, (ii) it is stressed on the ending. However, it is regular in having only *one* form for the third person singular and the third person plural; in other words, **jis, ji, jie**, and **jos** are all followed by **yra**. It also means 'there is, there are'.We can make the forms negative by putting **n-** in front of the first and second persons, e.g. **aš nesu** 'I'm not', and transforming **jis yra** into **jis nėra**, e.g., **jis nėra studentas** 'he isn't a student'.

The personal pronouns and genders

Personal pronouns are less frequently used in Lithuanian than they are in English. In general, they do not have to occur with the verb, because the verb form or the context in most cases tell us which person is speaking; they are used for emphasis or when necessary, notably with third-person subjects. They are also required when a verb is absent, e.g. **aš studentas**!

'You'

In the singular **jūs** is used when you are speaking to someone whom you do not know well, and is *obligatory* when addressing a person in a position of authority, teachers, elders, and the like. **Tu** is singular only (its plural is **jūs**) and used among friends, within the family, and when addressing children. Other languages make a similar distinction, for instance Spanish **tú/vosotros** and **usted(es)**, French **tu** and **vous**, German **du/ihr** and **Sie**.

'He/She/It'

Nouns are differentiated by grammatical *gender*, for example:

studentas is *masculine*
studentė and **Anglija** 'England' are *feminine*

The ending of the word indicates the gender, e.g. for masculines it is very often **-as**, **-us**, **-ys**, and for feminines it is very often **-a** or **-ė**. Nouns in **-is** may be masculine or feminine. When a noun in the singular is replaced by a pronoun, the gender of the two must agree: **studentas** › **jis**, **studentė** › **ji**. Note that masculine and feminine pronouns will be understood as English 'he/she' in reference to persons, but as 'it' in reference to things.

Accent

From the Introduction and from listening to Dialogue 1 you will have learned that Lithuanian vowels can be both long and short and that in a word where there are several vowels one will be more prominent than the others, i.e will be stressed. You also know that the long vowels will, when stressed, be more prominent at their beginning or at their end. All this is important, and will be marked in the reference section, the glossaries, and the lessons in the vocabulary lists and where appropriate. Apart from this we follow everyday Lithuanian practice and do not mark the accent in any way. Just listen and repeat.

Language points

Saying 'Hello!' and 'Goodbye!'

You have already met **Laba diena!** in the first dialogue. This is a good, general greeting, which is fine from about 10 a.m. to 6 p.m. At any time we can use **Lãbas** on its own or, more informally, **Sveĩkas!**, literally 'Healthy!', to a male; (**Sveikà!** to a female, and **Sveikì!** to more than one person – **Sveĩkos!** if all feminine). Before 10 a.m. we may use **Lãbas rýtas!** literally 'Good morning!', and after 6 p.m. **Lãbas vãkaras!** literally 'Good evening'. The three expressions using **labas** with a following noun also commonly occur as **Lãbą diẽną!**, **Lãbą rýtą!**, and **Lãbą vãkarą!**, which you will learn as the accusative case.

Though we shall come across saying goodbye in Lesson 2, we might mention that three good general ways of doing this are **Sudiĕu!** or **Sudiĕ!**, literally (though somewhat changed) 'With God!', **Ikì pasimãtymo!** literally 'Until the seeing-each-other!', and **Vìso gĕro!** and **Vìso lãbo**, literally 'All good!' On parting at night one would use **Labãnakt!** literally (though contracted) 'Good night!' We shall meet other expressions as we progress through the course.

Dialogue 2 📼

Iš kur esate?

Where are you from?

ALDONA: Ar jūs esate iš Amerikos?
BILL: Ne, iš Anglijos. O jūs čia gyvenate?
ALDONA: Taip, čia. Aš esu lietuvė.
BILL: O aš esu anglas.

ALDONA: *(Are) you from America?*
BILL: *No, (I'm) from England; do you [emphasis] live here?*
ALDONA: *Yes, I do (lit. 'yes, here'); I am a Lithuanian.*
BILL: *And I (emphasis; contrast) am an Englishman.*

Vocabulary

aȓ	(question particle)
ìš + gen.	from, out of (prepositions may lose their accent when, as is normally the case anyway, they govern a word)
Amèrik/a, -os (1)	America
nè	no
Ánglij/a, -os (1)	England
gyvénti, gyvĕna, gyvĕno	live
gyvĕnate	you (pl., pol.) live
čià	here
taȋp	yes
lietùv/ė, -ės (2)	Lithuanian (fem.)
ángl/as, -o (1)	Englishman

Grammar

Asking questions

Some questions seek 'yes' or 'no' in an answer, whereas others seek a different sort of information. In Dialogue 2 we come across the second type of questions, corresponding to English questions with question words such as 'who, why, how, when, where'. In Dialogues 1 and 2 we encountered two ways of conveying 'yes/no' questions in Lithuanian. First, we add an interrogative intonation to a sentence, raising the pitch either at the end of the sentence or on the word we wish to question:

Jūs gyvenate čia.	You live here.
Jūs gyvenate čia?	Do you live here? (raise the pitch as appropriate)

Secondly, we place the interrogative particle **ar** at the beginning of the sentence (more precisely, at the beginning of the grammatical core of the main clause, in the sense that in the following example it could come after **jūs**):

Ar̃ jūs gyvēnate čià?	Do you live here?

It can be tempting for an English speaker to imagine that **ar** is somehow a verb, and corresponds to 'are'. It doesn't!

A third, and often less abrupt, more polite, way of asking a 'yes/no' question is to introduce it with the word **gál** 'perhaps' in the place of **ar**. Thus:

Gal jūs gyvenate čia?	Do you live here?

At this stage the easiest way to answer such questions is to use the words **taip** 'yes' and **ne** 'no'. It is more usual to repeat, in an appropriate way, part of the question, with or without **taip** or **ne**. Thus, answers to the above question would include:

Taĩp, (gyvenù) čià.
Nè, ne(gyvenù) čià.

Note that in the last example, if **gyvenù** is expressed, **ne** would, in writing, be joined to it, namely: **negyvenù**.

Case and prepositions

The basic form of a noun, as listed in glossaries and dictionaries, is the *nominative* ('naming') case, e.g. **studentas, Anglija**; this is the form of the *subject* of a sentence. In Lithuanian there are altogether seven cases, all of which may be used on their own, and all but three of which may be used together with prepositions, e.g. words corresponding to English 'for, with, near, out of'. The three exceptions are the nominative, the vocative (used when you call someone or attract their attention), and the locative (equivalent to English 'in' or 'at' a place).

In Dialogue 2 we saw the preposition **iš** 'from, out of': this preposition calls for the use of the *genitive* case. In that dialogue you came across the genitive forms of some feminine nouns. Feminine nouns form the genitive singular quite simply: the ending **-a** is changed into **-os**, and the ending **-ė** is changed into **-ės**, for example:

Amerika → **Amerikos**
studentė → **studentės**

As you can see, the case ending replaces the final vowel **-a** of the basic form, but adds **-s** on to the **-ė**.

Masculine nouns have the following genitive singular endings:

-as is changed into **-o**	e.g. **Londonas**	→	**Londono**
-is is changed into **-io**	e.g. **Briuselis**	→	**Briuselio**
-ys is changed into **-io**	e.g. **Pasvalys**	→	**Pasvalio**
-us is changed into **-aus**	e.g. **Vilnius**	→	**Vilniaus**

The genitive plural always has the ending **-ų**, e.g.:

Druskininkai → **Druskininkų** (a small spa resort about 135 km. SW of Vilnius)

In Lithuanian the genitive nearly always precedes the noun it modifies, just as in English 'Peter's house', for example, 'Lithuania's history', which, if 'Lithuania' is **Lietuva** and 'history' is **istorija**, will be **Lietuvos istorija**. In English we might prefer 'Lithuanian history' or 'history of Lithuania'. In Lithuanian this is an exceptionally common construction.

Exercise 1a

The following forms are, or are declined as, feminine nouns. Use each form in the genitive in a phrase together with **knyga** 'book', **kambarys** 'room', or **butas** 'apartment', e.g. **Marijos knyga**:

studentė   university student

Marija	Maria	
motina	mother	(**mótin/a, -os** (1))
mergaitė	girl	(**mergáit/ė, -ės** (2))
anglė	Enġlishwoman	
lietuvė	Lithuanian woman	

Exercise 1b

Write out the words in parentheses in the appropriate form:

(a) Ji (būti) _____ iš (Norvegija) _____.
(b) Mes (būti) _____ iš (Paryžius) _____.
(c) Jie gyvena čia, jie (būti) _____ iš (Kaunas) _____.
(d) Ar tu (būti) _____ iš (Helsinkis) _____?
(e) Aš (būti) _____ iš (Lenkija) _____.
(f) Ar jūs (būti) _____ iš (Atėnai) _____?

Grammar

The present tense

We have already encountered the present tense of an irregular verb, **būti** 'to be', and noted that in certain ways it was quite typical of Lithuanian verbs. Now we can present the first conjugation of regular Lithuanian verbs – you will notice it is quite similar to **būti**. Do bear in mind that the Lithuanian present tense covers several English constructions, such as 'I live', 'I am living', 'I do live'. Don't try to translate 'am' and 'do', or '-ing'!

I	-u	we	-ame
you (sg)	-i	you (pl)	-ate
he/she	-a	they	-a

Now let us incorporate these endings into the verb **gyventi** 'to live' and a similar verb **ruošti** 'to prepare':

gyvénti		*ruõšti*	
gyvenù	gyvẽname	ruošiù	ruõšiame
gyvenì	gyvẽnate	ruošì	ruõšiate
gyvẽna	gyvẽna	ruõšia	ruõšia

Note how -ti is removed and the endings added. We need to learn which verbs insert the extra - i-, and that when we might expect two is together – as in the tu form – one is omitted. Beyond this, you can see, as already mentioned, that the 'he, she, it' and 'they' forms are identical. Both these verbs have the same stress pattern, namely the stress on the ending in the aš and tu forms, and on the stem in all the other forms. The only other pattern is where the stress is *never* on the ending, e.g. dirbti 'to work':

	dìrbti
dìrbu	dìrbame
dìrbi	dìrbate
dìrba	dìrba

We might note that in the spoken language, and even often in print, the final -e in the mes and jūs forms is dropped.

The second and third conjugations are very similar to the first conjugation, except that the second conjugation is characterized by an -i- and the third by an -o-. Thus:

noréti 'to want'		*rašýti* 'to write'	
nóriu	nórime	rašaũ	rãšome
nóri	nórite	rašaĩ	rãšote
nóri	nóri	rãšo	rãšo

The negative of all verbs is formed by attaching ne- to them; thus:

aš noriu	aš nenoriu	aš rašau	aš nerašau
...	...	...	...

Create the remaining negative forms yourself.

Reading

Aldona yra Vilniaus universiteto studentė. Ji yra iš Kauno. Aldona mėgsta skaityti, sportuoti, keliauti. Dabar ji skaito. Aldonos naujas draugas Bilas yra anglas. Jis yra iš Londono. Bilas taip pat yra studentas. Jis irgi mėgsta skaityti, bet dabar nenori nei skaityti, nei rašyti. Jis nori pasivaikščioti.

Vocabulary

universitèt/as, -o (2)	university
mègti, mègsta, mègo	like
skaitýti, skaĩto, skaĩtė	read
sportúoti, sportúoja, sportãvo	go in for sport
keliáuti, keliáuja, keliãvo	travel
ne- neĩ..., neĩ...	neither..., nor... (note the 'double negative')
rašýti, rãšo, rãšė	write
pasiváikščioti, -ščioja, -ščiojo	go walking, for a walk

Exercise 1c

Write out the present tense forms of the following verbs. The stem of the verb is supplied – remember that you will need to remove the final vowel in two forms:

(a)	gyvénti	stem (I):	gyvena-	'to live'
(b)	turéti	stem (II):	turi-	'to have'
(c)	skaitýti	stem (III):	skaito-	'to read'
(d)	mańyti	stem (III):	mano-	'to think, intend'
(e)	žinóti	stem (III):	žino-	'to know'

Note that these verbs all have mobile stress.

Exercise 1d

Translate into Lithuanian:

(a) Hello! I am a student from England.
(b) There is a university there. (or: 'There there is ...')
(c) I am Aldona, from Lithuania.
(d) Carla is Italian. She is from Italy.
(e) Where are you from?
(f) Do you like travelling?
(g) No, I don't.
(h) Does she live here?
(i) Is he Aldona's friend?

2 Bičiulis atvyksta traukiniu

A friend arrives by train

> **By the end of this lesson you will have learnt:**
> - how to express where something is: the locative case
> - how to address someone: the vocative case
> - how to express commands and some wishes: the imperative
> - the accusative case
> - how to ask the way somewhere and to say where you are going
> - how to express a result
> - how to ask someone's name and get to know them
> - how to ask someone what language they speak

Try to work on keeping short and long vowels separate, and on pronouncing the vowels clearly. Use the lists in the introduction, and listen to them on the recordings.

Dialogue 1 ◘◘

Kur tu gyveni?

Where do you live?

As they get to know each other, Aldona and Bill discuss where they live; note that they are now using the familiar **tu** *form*

ALDONA: Bilai, o kur tu gyveni? Vilniuje?
BILL: Taip, Vilniuje, 'Lietuvos' viešbutyje. O tu?
ALDONA: Aš taip pat Vilniuje, studentų bendrabutyje.
BILL: O tavo šeima?
ALDONA: Mano šeima gyvena Kaune. O tavo?
BILL: Mano šeima gyvena Anglijoje, Londone.

ALDONA: *Where do you live, Bill? Vilnius?*
BILL: *Yes, I do, in the hotel 'Lithuania'. How about you?*
ALDONA: *I live in Vilnius too, in a students' hostel.*
BILL: *What about your family?*
ALDONA: *My family lives in Kaunas. What about yours?*
BILL: *My family lives in England, in London.*

Vocabulary

bičiùl/is, -io (2)	friend
atvỹkti, atvỹksta, atvỹko	arrive, come (when you welcome a group of people, you may say: **Sveikì atvỹkę!**)
tráukiniu	by train (a special use of the instr., here of the n. **traukin/ỹs, -io** (3ª))
kuř	where
Vìln/ius, -iaus (1)	Vilnius
Lietuv/à, -õs (3ª)	Lithuania
taĩp pàt	also, too
studeñtų bendrãbut/is, -(č)io (1)	students' hostel, hall of residence (**studeñtų** is the gen. plural of **studeñtas**)
tàvo	your(s) (indecl.; fam.)
šeim/à, -õs (4)	family
Kaũn/as, -o (2)	Kaunas
màno	my, mine (indecl.)
Lòndon/as, -o (1)	London

Grammar

'Place "where" ': the locative case

In this lesson we encounter the third case, the *locative*, so called because it is most commonly used to indicate 'place where', or 'location'. This case is never accompanied by a preposition, but always occurs on its own. Several different locative endings exist, depending on the noun in question. They all share the final element **-e**. If the noun is in **-as**, you simply replace this with **-e**. Otherwise, as regards the nouns we have so far encountered, you form the locative as follows:

1 If the noun ends in **-as**, replace it with **-e**
2 If the noun ends in **-ė**, simply add **-je**
3 If the noun ends in **-a**, change the **-a-** into **-o-** and add **-je**
4 If the noun ends in **-us** or **-ys**, remove the **-s** and add **-je**
5 If the noun ends in **-is**, replace it with **-yje**

Here is a table to summarize all this:

	Masculine				*Feminine*	
Nominative	**-as**	**-is**	**-ys**	**-us**	**-a**	**-ė**
	miestas	**viešbutis**	**kambarys**	**turgus**	**šeima**	**aikštė**
Locative	**-e**	**-yje**	**-yje**	**-uje**	**-oje**	**-ėje**
	mieste	**viešbutyje**	**kambaryje**	**turguje**	**šeimoje**	**aikštėje**

A few examples:

Londonas → **Londone**	London/in London
aikštė → **aikštėje**	square/in the square
šeima → **šeimoje**	family/in the family
Vilnius → **Vilniuje**	Vilnius/in Vilnius
kambarys → **kambaryje**	room/in the room
viešbutis → **viešbutyje**	hotel/in the hotel

Vocabulary

miẽst/as, -o (2)	town, city
viẽšbutis, -(č)io (1)	hotel
kambar/ỹs, -io (3^b)	room
tur̃g/us, -aus (2)	market
aikšt/ė̃, -ė̃s (3) .	square (in town)

In spoken Lithuanian the **-e** of the locative is often dropped when it follows **-j-**.

Very important! The locative place does not include any sense of motion; in other words, it never means 'into' or 'to'.

Exercise 2a

Compose Lithuanian sentences using the following sets of words and the grammar seen so far, following the order in which the elements are given; prepositions and conjunctions have been omitted and should be supplied where appropriate.

(a) Aš, gyventi, Kaunas.
(b) Jūs, gyventi, butas.
(c) Mes, būti, viešbutis.
(d) Taip, šeima, gyventi, Vilnius.
(e) Jis, studijuoti, institutas.
(f) Aldona, kur, gyventi.
(g) Tu, skaityti, biblioteka.
(h) Jie, rašyti, kambarys.

institùt/as, -o (2)	institute
bibliotek/à, -(èk)os (2)	library
studijúoti, studijúoja, studijãvo	study (at university)

Grammar

Addressing someone: the vocative case

Lithuanian uses a special form when addressing someone. This is the vocative, which is used when you wish to address someone by their first name, family name, title or whatever.

Masculine nouns have many different vocative endings. It is the nouns in -as which are most varied. Thus:

If we address someone by their first name or family name, -as becomes -ai, e.g.

Petras　　　→　Petrai!
Paulauskas　→　Paulauskai!

If we use a common noun, then -as is simply changed into -e, e.g.

studentas　→　studente!
docentas　　→　docente!

But if the word ends in -tojas or -ėjas, then -as is changed into -au, e.g.

mokytojas　　→　mokytojau!
pardavėjas　　→　pardavėjau!

Very often we address someone in a pleasant or affectionate way with a diminutive form, or we may be addressing a child, and using a word ending in **-ukas**; then we simply remove **-as** and are left with **-uk** as the vocative, thus for example:

berniukas → **berniuk!**

The vocative forms of masculine words with other endings are simpler, and there are no differences between proper and common nouns. We change the ending **-is** into **-i**, e.g. **brolis** and **Naglis** become **broli** and **Nagli**. The ending **-ys** becomes **-y**, e.g. **mokinys** and **Stasys** become **mokiny** and **Stasy**, whilst the ending **-us** becomes **-au**, e.g. **profesorius** and **Saulius** become **profesoriau** and **Sauliau**.

The feminine forms of the vocative are very straightforward. The endings of words in **-a** do not change, though the stress position may change, in that if in the nominative the stress is on the ending, in the vocative it moves to the beginning of the word, e.g. **mamà – mãma**. Words in **-ė** change only slightly, replacing **-ė** with **-e**, e.g. **Eglė – Egle**.

Here are tables summarizing the vocative forms:

Masculine

-as		-is		-ys		-us	
-e	studente!	-i	broli!	-y	mokiny!	-au	rektoriau!
			Nagli!		Stasy!		Sauliau!
-ai	Jonai!						
-au	pardavėjau!						
	mokytojau!						
-uk	berniuk!						
	Jonuk!						

Feminine

-a		-ė	
-a	mama!	-e	sese!
	Elena!		Egle!

Vocabulary

król/is, -io (1)	brother
mokin/ỹs, -io (3ᵃ)	pupil, schoolboy (fem. **mokin/ė, -ės** (3ᵃ))

doceñt/as, -o (2)	lecturer (fem. doceñt/ė, -ės (2))
rèktor/ius, -iaus (1)	rector, principal (fem. rèktor/ė -ės (1))
pardavėj/as, -o (1)	sales assistant (fem. pardavėj/a, -os (1))
mókytoj/as, -o (1)	teacher (fem. mókytoj/a, -os (1))
berniùk/as, -o (2)	boy
sēs/ė, -ės (2)	sis(ter)

Dialogue 2 ⬤⬤

Eikim į stotį

Let's go to the station!

ALDONA: Lik sveikas, Bilai, aš turiu eiti.
BILL: Kur tu dabar eini?
ALDONA: Į stotį. Reikia pasitikti draugą iš Amerikos. Jis atvažiuoja mokytis lietuvių kalbos.
BILL: Gal aš galiu tave palydėti? Man būtų įdomu su juo susipažinti.
ALDONA: Gerai, eikim!

ALDONA: *All the best, Bill, I have to go now!*
BILL: *Where are you going?*
ALDONA: *To the station. I have to meet a friend from America. He's coming to study Lithuanian.*
BILL: *May I come with you? It would be pleasant for me to meet him.*
ALDONA: *Fine, let's go!*

Do note any slight differences between the Lithuanian and its English translation. It is difficult to provide a literal translation which does not alter the nuances of what Aldona and Bill say to each other. They're both being perfectly polite, though you might read what you like into what they say!

Vocabulary

stot/ìs, -ìēs (4; fem.)	station (note this odd decl.)
lìk sveĩkas	so long (to a man; lit. 'remain healthy!')

turéti, tùri, turéjo	have (here 'to have to, must')
į̃ + acc.	to
reĩkia	it is necessary (from reikéti, reĩkia, reikéjo)
pasitìkti, pasitiñka, pasitìko	meet (+ acc.; refl. v., with the refl. particle -si 'infixed' because of the prefix pa-)
atvažiúoti, atvažiúoja, atvažiãvo	come (some means of conveyance understood)
mókytis, mókosi, mókėsi	study, learn (+ gen. case of what is studied; another refl. v.
lietùvių kalb/à, -õs (4)	Lithuanian language (the)
galéti, gãli, galéjo	be able, can (here 'May I...')
tavè	you (acc. of tù)
palydéti, palýdi, palydéjo	accompany
mán	me (dat. of àš)
bū́tų	it would be (3rd p. cond. of bū́ti)
įdomù	interesting (genderless or 'it' form of įdom/ùs, -ì (4))
susipažìnti, -pažį̃sta, -pažìnoı	make the acquaintance of (followed by sù 'with' + instr.)
juõ	him (instr. of jı̃s)
geraĩ	fine; well (adv. from the adj. gẽr/as, -à (4))

Grammar

The imperative

When we want to want to encourage, command, or request someone to do something in Lithuanian, we use the imperative forms of the verb. These are derived from the infinitive of all verbs, discarding the ending -ti and affixing in its place -k, when we address one person, and -kit(e), when we address not one but several, e.g., eiti: eik, eikit(e). The imperative can even be used when we want to exhort everyone to do something together, as at the end of the dialogue. Then we have the form in -kim(e), e.g., eikim(e). Note than in spoken Lithuanian the final -e is often discarded.

The accusative case

In the dialogue you came across constructions with the preposition į followed by the accusative case, expressing the place towards which, or the direction in which someone was walking, moving, or driving. The accusative is a straightforward case to form. It is extremely important and occurs frequently, in combination with many other prepositions and also without prepositions, with meanings which will be explained in later lessons.

The accusative of feminine nouns is formed by replacing the endings -a and -ė respectively with -ą and -ę.

The same is done for masculine nouns by replacing -as, -is, -ys, and -us respectively with -ą, -į, -į, and -ų.

Here they are in a table:

	Masculine				Feminine	
Nominative	-as	-is	-ys	-us	-a	-ė
Accusative	-ą	-į	-į	-ų	-ą	-ę

The construction į + accusative is very often used alongside the construction iš + genitive, when one wishes to say to where and from where one is going.

Exercise 2b

Rewrite the following sentences, telling or requesting someone to do something, e.g.:

Jonas eina į bendrabutį. → Jonai, eik į bendrabutį!

(a) Berniukas ateina čia.
(b) Ponas skambina į policiją.
(c) Erikas gyvena Vilniuje.
(d) Gydytojas pasitinka draugę.
(e) Profesorius atvažiuoja į Lietuvą.
(f) Petras palydi Aldoną.
(g) Balys gyvena Petro bute.

Vocabulary

ateĩti, ateĩna, atẽjo	come (on foot)
põn/as, -o (2)	man, gentleman
skañbinti, skañbina, skañbino	phone (note the prep., needed when phoning *to* a place)
polĩcij/a, -os (1)	police
gýdytoj/as, -o (1)	doctor (fem. gýdytoj/a, -os (1))
draũg/ė, -ės (4)	friend (fem.)
profèsor/ius, -iaus (1)	professor

Erikas, **Petras**, and **Balys** are men's names.

Dialogue 3 🔘

Ar jis kalba lietuviškai?

Does he speak Lithuanian?

Geležinkelio stotis. Aldonos draugas amerikietis atvažiuoja traukiniu iš Varšuvos. Stoties informacija:

Dėmesio! Traukinys iš Varšuvos atvyksta į antrą kelią. Iš pirmo kelio išvyksta traukinys į Kauną. Traukinys Maskva – Kaliningradas atvyksta į ketvirtą kelią.

ALDONA:	Mūsų traukinys antrame kelyje. Paskubėkime!
BILL:	Tavo draugas atvažiuoja iš Varšuvos?
ALDONA:	Jis dabar dirba Lenkijoje, Varšuvos universitete dėsto anglų kalbą.
BILL:	Ar jis kalba lietuviškai?
ALDONA:	Taip, šiek tiek, bet gerai moka lenkiškai ir, žinoma, angliškai. O tu supranti lenkiškai?
BILL:	Gaila, bet ne. Aš šiek tiek suprantu rusiškai ir moku prancūzų kalbą.
ALDONA:	Žiūrėk, štai ir mano bičiulis!
ROBERT:	Sveika, Aldona!
ALDONA:	Labas, Robertai! Susipažink, čia mano draugas.
ROBERT:	Mano vardas Robertas. O kuo jūs vardu?
BILL:	Aš esu Bilas. Labai malonu susipažinti.
ROBERT:	Man taip pat malonu.

The railway station. Aldona's American friend is coming by train from Warsaw. Station announcement:

'Your attention! The train from Warsaw is arriving at track No.2. The train to Kaunas is leaving from track No.1. The Moscow – Kaliningrad train is arriving at track No.4.

ALDONA: *Our train is on track No.2. Let's hurry!*
BILL: *Is your friend coming from Warsaw?*
ALDONA: *He works in Poland now; he teaches English in Warsaw University.*
BILL: *Does he speak Lithuanian?*
ALDONA: *Yes, a little, but he knows Polish well, and, of course, English. Do you understand Polish?*
BILL: *Unfortunately, no. I understand Russian a little and know French.*
ALDONA: *Look, here's my friend!*
ROBERT: *Hi, Aldona!*
ALDONA: *Hello, Robert! Meet my friend.*
ROBERT: *My name is Robert. What's yours?*
BILL: *I'm Bill. Very pleased to meet you.*
ROBERT: *Me too.*

Vocabulary

geležinkelio stot/ıs, -iẽs (4; fem.)	rail(way) station (**geležınkel/is, -io** (1) 'railway')
amerikiẽt/is, -(č)io (2)	American (masc., noun; fem. **amerikiẽt/ė, -ės** (2))
traukin/ỹs, -io (3[a])	train (**tráukiniu** 'by train' - instr.)
informãcij/a, -os (1)	information, 'announcement'
dėmes/ỹs, -io (3[b])	attention (here = gen., assuming 'We request')
atvỹkti, atvỹksta, atvỹko	come, arrive (by some means of transport)
añtr/as, -à (4)	second, no. 2
kẽl/ias, -io (4)	track
pìrm/as, -à (3)	first, no. 1
ketvir̃t/as, -à (4)	fourth, no. 4
mū́sų	our/s (indecl.)
antramè kelyjè	on track no. 2 (loc.)
paskubė́ti, pàskuba, paskubė́jo	hurry

Váršuv/a, -os (1)	Warsaw
Lénkij/a, -os (1)	Poland
dėstyti, dėsto, dėstė	teach
ánglų kalb/à, -õs (4)	English language (the)
kalbéti, kálba, kalbéjo	speak
lietùviškai	Lithuanian (adv. after verbs of speaking, writing, learning, knowing)
mokéti, móka, mokéjo	know (how to; in this dialogue followed by the adv. and the acc.) (also: 'pay')
šiek tíek	a little
lénkiškai	Polish (as **lietuviškai**)
žìnoma	of course
ángliškai	English (as **lietuviškai**)
supràsti, suprañta, suprãto	understand
gaĩla	a pity
bèt	but
nè	no
rùsiškai	Russian (as **lietuviškai**)
prancū̃zų kalb/à, -õs (4)	French (adv.: **prancū̃ziškai**)
žiūréti, žiū̃ri, žiūrėjo	look
štaĩ	here is/are, there is/are
sveikà!	Hi! (to a woman; to a man it is **sveĩkas!**)
lãbas!	Hi! (to either)
susipažìnk(it(e))	Let me present... (lit. 'Get acquainted!')
čià	this/these is/are
var̃d/as, -o (4)	name (first name)
kuõ jū̃s vardù?	what's your name (lit. something like 'as whom are you by name?', using the instr.; note the answer does not require any echoing of the instr.)
labaĩ malonù	a pleasure (lit. 'it's very pleasant', using the 'it' form of **malon/ùs, -ì** (4))

Grammar

Expressing a result

Lithuanian verbs often convey whether the action they express is completed, has a result, conveys a change, or is prolonged and has no result. Most often the result is shown by prefixes on the verb, for example, in

traukinys vyksta 'the train goes' we have an incomplete action, without a result, whereas in **traukinys atvyksta** 'the train arrives' the prefix **at-** conveys movement in our direction and a result, namely that the train will actually be here, and in **traukinys išvyksta** 'the train leaves' the prefix **iš-** conveys movement away from us and a complete, resultative action. Here are some other examples, using **važiuoti** and **eiti**:

Autobusas	važiuoja	goes
	atvažiuoja	arrives/comes
	išvažiuoja	leaves
Studentas	eina	goes
	ateina	arrives/comes
	išeina	leaves

autobùs/as, -o (2)	bus, coach

Language points

How to ask someone's name?

In Dialogue 3 you met the question **Kuõ jūs vardù?** It's possible also to hear other variants of this question:

> **Kaĩp jūsų (tàvo) vaŕdas?**
> **Kóks jūsų (tàvo) vaŕdas?**

If you want to know someone's family name, ask as follows:

> **Kaĩp jūsų (tàvo) pavardė̃?**
> **Kokià jūsų (tàvo) pavardė̃?**

pavard/ė̃, -ė̃s (3b)	surname, family name
kaĩp	how
kók/s, -ià (3)	what (sort of)
jūsų	your (gen. of jūs)

What language do you speak? Kaip tu kalbi?

In Lithuanian we answer such a question with words in **-iškai**, affixing this formant to names of nationality once their endings, if we take the masculine, in **-as, -is** have been discarded, e.g.:

lietùv/is, -io (2)	→	lietùviškai
ángl/as, -o (1)	→	ángliškai
prancūz/as, -o (2)	→	prancūziškai
itãl/as, -o (2)	→	itāliškai
graĩk/as, -o (2)	→	graĩkiškai
dãn/as, -o (2)	→	dãniškai
japòn/as, -o (2)	→	japòniškai
súom/is, -io (1)	→	súomiškai
švèd/as, -o (2)	→	švèdiškai

Slightly different is **vókiet/is, -(č)io** (1) → **vókiškai.** This will apply to the other names of nationality in **-ietis.** All the feminine forms are created by replacing **-as** or **-is** with **-ė** and retain the same accent pattern.

You should be able to guess the meaning of most of the names of nationality above; the two exceptions are **suomis** 'Finn' (unless you collect stamps!) and **vokietis** 'German'. For the feminine, replace **-as, -is** with **-ė.**

Exercises 2c

Can you work out what the questions are to go with these answers?

(a) _____? Jis gyvena Kaune.
(b) _____? Aš atvažiuoju iš Lenkijos.
(c) _____? Ji dabar eina į universitetą.
(d) _____? Bilo šeima gyvena Londone.
(e) _____? Ne, jie neina į stotį, jie eina į viešbutį.
(f) _____? Taip, suprantu angliškai.
(g) _____? Ne, ji nekalba nei angliškai, nei lietuviškai.

Exercise 2d

Insert the omitted words (there isn't necessarily a single answer to each gap):

Polas _____ norvegas. Jo šeima gyvena _____. Polas _____ angliškai ir _____. Polo draugė _____ _____ Vengrijos. Jos_____ Rita. _____ gyvena Budapešte, o_____ muziejuje. Polas ir Rita_____ mokytis lietuvių kalbos ir _____ Vilniuje.

norvèg/as, -o (2)	Norwegian (noun, masc.; fem. **norvèg/ė, -ės** (2))
Veñgrij/a, -os (1)	Hungary
Budapèšt/as, -o (2)	Budapest
muziёj/us, -aus (2)	museum

Reading

A few days ago Aldona received the following letter from Robert. Read it and try to answer the questions.

Varšura, 95 04 15

Sveika, Aldona!

Ačiū už laišką. Kaip tu gyveni? Kaip gyvena tavo tėvai, brolis ir šuo? Rašau tau iš Lenkijos. Aš dabar dirbu Varšuvos universitete, dėstau anglų kalbą. Mano šeima dar Vašingtone ir kol kas negali čia atvykti. Aš gyvenu universiteto viešbutyje. Mano studentai su manim kalba tik angliškai, o mieste aš, žinoma, kalbu tik lenkiškai. Man labai reikia neužmiršti lietuviškai, todėl aš dabar noriu atvažiuoti į Lietuvą. Iš Varšuvos noriu išvažiuoti sekmadienį vakare. Žinau, kad traukinys atvyksta į Vilnių rytą. Jei gali, pasitik mane stotyje. Linkėjimai nuo Marijos ir vaikų.

Tavo Robertas

Vocabulary

ãčiū ùž + acc.	thank you for ...
láišk/as, -o (3)	letter
tėv/aĩ, -ų̃ (3, 4)	parents (lit. 'fathers', from **tėv/as, -o** (3); note the gen. pl. in **-ų**, applicable to all nouns)
bról/is, -io (1)	brother
šuõ, šuñs (4)	dog (note the unusual decl.)
táu	you (dat. of **tu**)
dár	still, yet
kõl kàs	for the time being
sù maniñ̃	with me (**manim** = instr. of **aš**, truncated from **manimì**)
neužmir̃šti, -užmir̃šta, -užmir̃šo	not to forget (remove **ne-** for 'to forget')
todėl	so, therefore, for that reason
sekmãdienį vakarè	on Sunday evening (lit. 'on Sunday in the evening', acc. followed by loc. in this expression)

rýtą	in the morning (acc. of rýt/as, -o 'morning')
jéi	if

Questions: Taip ar ne? **'Yes or no?'**

(a) Roberto šeima negali atvykti į Lenkiją?
(b) Robertas yra dėstytojas?
(c) Robertas nemoka lietuvių kalbos?
(d) Aldona nerašo laiškų?
(e) Studentai moka angliškai ir lenkiškai?

Exercise 2e

Which word is the odd one out?

(a) viešbutis, butas, miestas, bendrabutis.
(b) vokietis, brolis, ispanas, vengras.
(c) jis, mes, iš, tu, aš.
(d) moka, eina, šeima, dirba.
(e) rašyk, berniuk, važiuok, gyvenk.

3 Savaitgalio kelionė

A weekend trip

> **By the end of this lesson you will have learnt:**
> - how to ask and tell someone the way
> - how to thank someone, respond to thanks, and apologize
> - how to express the means of transport you take: the instrumental case
> - how to ask someone for their telephone number
> - how to say the numbers and the days of the week
> - the nominative plural
> - how to strike up a conversation
> - how to say how often you do something, or that you never do something
> - the basic forms of the verb

Concentrate in this lesson on the vowel **e** in its various manifestations, and on the diphthongs. As usual, work on the lists in the introduction and the texts in this lesson.

Dialogue 1

Kaip nueiti?

How to get there?

Bilas gatvėje klausia kelio

BILL: Atsiprašau, prašom pasakyti, kaip iš čia nueiti į universitetą.
PRAEIVIS: Atleiskit, aš ne vilnietis, nežinau.
BILL: Labai atsiprašau.
PRAEIVIS: Nieko tokio.

Klausia kitą praeivį

BILL: Atsiprašau, pasakykite, kaip nueiti į universitetą.
PRAEIVIS: Galima eiti pėsčiomis, bet geriausia būtų važiuoti antru arba penktu troleibusu iki centro. Tada paeikite Gedimino prospektu tiesiai iki Katedros aikštės, o prie bokšto pasukite į dešinę.
BILL: Toliau aš žinau, labai ačiū.
PRAEIVIS: Nėra už ką.

Bill asks the way in the street

BILL: *Excuse me, please tell me how to get to the university from here.*
PASSER-BY: *Forgive me, I'm not from Vilnius, I don't know.*
BILL: *Sorry to have troubled you.*
PASSER-BY: *Not at all.*

He asks another passer-by

BILL: *Excuse me, tell me how to get to the university.*
PASSER-BY: *You can go on foot, but it would be better to take trolleybus No.2 or No.5 to the centre. Then go straight along Gediminas Prospect to Cathedral Square, and turn right at the tower.*
BILL: *Thanks a lot, I know the way from there.*
PASSER-BY: *Don't mention it.*

Vocabulary

saváitgal/is, -io (1)	weekend (formed from saváit/ė, -ės (1) 'week' and gãl/as, -o (4) 'end')
keliõn/ė-, -ės (2)	journey, trip
nueĩti, nueĩna, nuẽjo	go, get somewhere
gãtv/ė, -ės (2)	street
kláusti, kláusia, kláusė	ask (+ gen. of what you ask for)
kẽl/ias, -io (4)	way, road, track
atsiprašaũ	excuse me, I'm sorry
prãšom	please, here you are, don't mention it
pasakýti, pasãko, pasãkė	say, tell
iš čià	from here
atléiskit	forgive me, I'm sorry
vilniẽt/is, -(č)io (2)	someone from Vilnius (fem. vilniẽt/ė, -ės (2))

žinóti, žı̇̃no, žinójo	know
niẽko tókio	don't mention it
kìt/as, -à (4)	another, other; the next
praeĩv/is, -io (2)	passer-by (fem. **praeĩv/ė, -ės** (2))
gãlima	it's possible, 'you can' (a subject can appear in the dat. case, but here it's indef.)
pėsčiomı̇̀s	on foot
geriáusia	best (genderless form of the sup. of **gẽr/as, -à** (4) 'good')
bū̃tų	it would be (third person cond. of **bū́ti**)
arbà	or
troleibùs/as, -o (2)	trolleybus
ceñtr/as, -o (2)	centre
tadà	then
paeĩti, paeĩna, pãėjo	go, set off
prospèkt/as, -o (2)	prospect, avenue
tı̇̃esiai	straight, directly
ikì + gen.	until, as far as
kãtedr/a, -os (1)	cathedral
priẽ + gen.	by, near
bókšt/as, -o (1)	tower, spire
pasùkti, pàsuka, pasùko	turn
į dẽšinę	to the right
toliaũ	further, from then on, after that
nėrà už ką̃	don't mention it

Gedimı̇̀nas was Grand Duke of Lithuania 1316-1341. Do note how frequently the genitive case is used in front of nouns.

Language points

Requesting, thanking, apologizing

The most frequently encountered Lithuanian form of requesting is the word **prašom**, which is used both when we ask a question, e.g.:

> **Prãšom pasakýti, ...**   Please tell (me) ...

and when we ask someone to give or do something

> **Prãšom padúoti ...**   Please give (me) ...

Prãšom paródyti ...	Please show (me) ...
Prãšom paskaitýti ...	Please read (me) ...

We also say **prašom** when we give someone something:

Prãšom	Here ...
Prãšom paimti	Please take ...
Prãšom vaišintis	Please help yourself (of food and drink)
Prãšom válgyti	Please eat ...
Prãšom gérti	Please drink ...

and when we ask someone into a room. It's a very important expression of politeness, just like the words **ačiū**, **labai ačiū** or **dėkoju** (the last one more formal), all of which are used when thanking someone for something. When someone thanks you for something, you may often use **nėra už ką** in response, but you don't always need to. If the thanks are for little things, Lithuanians simply say nothing.

Lithuanians say **atsiprašau** or **atleiskit**, when they want to attract someone's attention, to strike up a conversation, and to excuse themselves for disturbing someone or for having done something badly.

Grammar

Means of transport and place

If we need to say how we got somewhere, we use the instrumental case, as for example in Dialogue 1 with **važiuoti troleibusu**. We also use the same case when we use words with which we want to say through which place we went, as also in Dialogue 1 with **eiti prospektu**. Masculine and feminine nouns have the following instrumental singular endings:

	Masculine				*Feminine*	
Nominative	**-as**	**-is**	**-ys**	**-us**	**-a**	**-ė**
	autobusas	**dviratis***	**traukinys**	**turgus**	**mašina**	**gatvė**
Instrumental	**-u**	**-iu**	**-iu**	**-umi**	**-a**	**-e**
	autobusu	**dviračiu**	**traukiniu**	**turgumi**	**mašina**	**gatve**

dvìrat/is, -(č)io (2) bicycle

Important note When the Lithuanian sounds **t, d** find themselves in the position before the softening sign (marked by the letter **i**) and sounds of the **a, o, u** type, **t** is transformed into **č**, and **d** into **dž**, e.g.: **dviratis → dviračiu, žodis → žodžiu**.

The instrumental plural has the following endings:

Masculine				Feminine	
Nominative					
-as	-is	-ys	-us	-a	-ė
autobusas	dviratis	traukinys	turgus	mašina	gatvė
Instrumental					
-ais	-iais	-iais	-umis	-omis	-ėmis
autobusais	dviračiais	traukiniais	turgumis	mašinomis	gatvėmis

Direction and place

Dialogue 1 contained words indicating direction and place. In Lithuanian we can express *direction* in the following ways:

left	straight on	right
į kaĩrę, or kairẽn	tiẽsiai	į dẽšinę, or dešinẽn
←	↑	→

Among the words we need if we are to express *place*, are:

far off	here	on the right
tolì	čià	dešinėjè
nearby	there	on the left
netolì, or artì	tẽn	kairėjè

Exercise 3a

Complete the following dialogues:

A: _____, prašom pasakyti, _____ _____ į artimiausią banką?
B: Dabar _____ tiesiai, prie šviesoforo _____ į _____, po to į _____.
   Ten yra bankas.
A: Ar _____?
B: Ne, visai netoli.

A: _____ .
B: _____ .

C: _____, ar galite pasakyti, _____ iš čia nuvažiuoti į _____ .
D: Reikia važiuoti _____ iki _____ Prie pašto _____ į _____ ir eikite _____ kokius 200 metrų. Dešinėje pusėje ir yra _____ .
C: Labai ačiū.
D: _____ .

Vocabulary

artimiáus/ias, -ia (1)	nearest
bánk/as, -o (1)	bank
šviesofòr/as, -o (2)	traffic lights
po tõ	then, after that (**po** + gen. 'after')
visái nè	not at all, by no means (**visai** 'quite, rather, very')
pãšt/as, -o (2)	post office
kókius 200 (dù šimtùs) mètrų	some 200 metres (acc. of 'some 200', with the gen. pl. of **metr/as, -o** after '200')
dešinėjè pùsėje	on the right-hand side (loc. of **pùs/ė, -ės** (2) 'side, half', with **dešinėjè** agreeing, as an adj.)

Dialogue 2 ▮▮

Koks tavo telefono numeris?

What's your phone number?

Aldona telephones Bill

BILL: Alio. Klausau.
ALDONA: Labas vakaras. Čia Bilas?
BILL: Taip, aš.
ALDONA: Čia Aldona. Kaip sekasi?
BILL: Dėkui, neblogai. O kaip tu gyveni?
ALDONA: Labai gerai. Noriu tave pakviesti šeštadienį į kelionę.
BILL: Taip? Kur?

ALDONA: Mes su Robertu ir dar du mano draugai važiuojam į Trakus. Ar nori važiuoti kartu?
BILL: Mielai! O kuo jūs važiuojat?
ALDONA: Turbūt traukiniu, bet dar gerai nežinau. Ar gali man paskambinti vakare?
BILL: Gerai. O koks tavo telefono numeris?
ALDONA: 46 92 37.
BILL: Ačiū. Tai iki vakaro!
ALDONA: Iki!

BILL: *Hello.*
ALDONA: *Good evening. Is that Bill?*
BILL: · *Yes, it's me.*
ALDONA: *It's Aldona here. How are things?*
BILL: *Thanks, not bad. And how's life for you?*
ALDONA: *Really fine. I want to invite you out for a trip on Saturday.*
BILL: *Yes? Where to?*
ALDONA: *Robert and I and two more friends of mine are going to Trakai. Do you want to come along?*
BILL: *With pleasure! How are you going?*
ALDONA: *Probably by train, but I don't really know yet. Can you phone me this evening?*
BILL: *OK. What's your phone number?*
ALDONA: *46 92 37.*
BILL: *Thanks. Till this evening then.*
ALDONA: *Till then.*

Vocabulary

telefòn/as, -o (2)	telephone
nùmer/is, -io (1)	number
alió	hello (on the phone)
klausaũ	hello; I'm listening (on the phone; from **klausýti, klaũso, klaũsė** 'listen to')
kaĩp sẽkasi?	how are you? (from **sèktis, sẽkasi, sẽkėsi** 'to succeed' (with the subject in the dat.))
dẽkui	thanks
neblogaĩ	not bad
tavè	you (acc. of **tù**)
pakviẽsti, pakviẽčia, pàkvietė	to invite ('to, on' = **į** + acc.)

šeštādien/is, -io (1)	Saturday (šeštadienį 'on Saturday')
mė̃s sù + instr.	X and I/we (me/us)
dár	another, 'more' (like French **encore**, German **noch**)
kartù	along (with us), together
mielaĩ	gladly, with pleasure
kuõ	by what means, how (instr. of kàs 'who, what')
turbū̃t	probably (contraction of tùri bū́ti 'it has to be')
mán	me (dat. of aš)
paskam̃binti, -ina, -ino	phone (+ dat. of the p. phoned, or į + acc. of the place phoned)
vakarè	in the evening ('this, last, next ...' depending on context)
ikì	till then, see you, so long

Grammar

Numerals

The cardinal numerals. How much and how many?

As well as nouns, there are some other words in Lithuanian which have two genders: masculine and feminine. The numbers from 'one' to 'nine' agree with the noun in gender. Thus, giving the masculine form first and the feminine form second:

1	víenas, vienà (3)	6	šešì, šẽšios (4)
2	dù, dvì	7	septynì, septýnios (3)
3	trỹs (4)	8	aštuonì, aštúonios (3)
4	keturì, kẽturios (3b)	9	devynì, devýnios (3)
5	penkì, peñkios (4)	10	nùl/is, -io (2)

All the numerals 1–9 agree in case, number, and gender with the noun they qualify.

The numbers from eleven to nineteen do not have different forms for gender and are always used with the genitive plural of the noun. The numbers ten and twenty, given after them, behave in exactly the same way ('ten' may decline, but need not):

11	vieńuolika (1)	16	šešiólika (1)
12	dvýlika (1)	17	septyniólika (1)
13	trýlika (1)	18	aštuoniólika (1)
14	keturiólika (1)	19	devyniólika (1)
15	penkiólika (1)		
10	dēšimt	20	dvìdešimt

E.g., **dešimt mašinų, trylika namų, devyniolika studentų.**

The ordinal numerals. The 'how-manieth'

In Dialogue 1 you came across another type of numeral, not indicating 'how many', but calculating a place in a series, thus corresponding to Lithuanian **kelintas, kelinta**, e.g.: **antras, penktas autobusas**. Most such numerals are formed in **-tas, -ta**, e.g., **penktas, penkta, aštuntas, aštunta**. The first four are formed differently:

	1st	pìrmas, pirmà (3)
	2nd	añtras, antrà (4)
	3rd	trẽčias, trečià (4)
	4th	ketvir̃tas, ketvirtà (4)

The days of the week

In Dialogue 2 Aldona invited Bill to Trakai **šeštadienį** 'on Saturday'. Most of the names of the days of the week are composed of numerals and the word **dien/à, -õs** (4) 'day'. They are masculine, decline like **brol/is, -io**, and belong to accent class (1):

pirmādienis	← **pirmas**	Monday
antrādienis	← **antras**	Tuesday
trečiādienis	← **trečias**	Wednesday
ketvirtādienis	← **ketvirtas**	Thursday
penktādienis	← **penktas**	Friday
šeštādienis	← **šeštas**	Saturday
sekmādienis	— **septiñtas!**	Sunday

Only **sekmādienis** 'Sunday' is unlike the corresponding ordinal, **septiñtas**. If you can fix it in your head that the first day of the week is 'Monday', remembering them should be straightforward. Note that they are not written with a capital letter, except, of course, when they come first in a sentence.

When you wish to say when someone comes or something happens, use the accusative, which always has the ending -į, e.g., **pirmadienį** 'on Monday', **trečiadienį** 'on Wednesday'.

The nominative plural

When the numerals from 'one' to 'nine' are used with the nominative, nouns have the following endings:

	Masculine				Feminine	
Singular	-as	-is	-ys	-us	-a	-ė
	namas	dviratis	traukinys	sūnus	ranka	gėlė
Plural	-ai	-iai	-iai	-ūs	-os	-ės
	namai	dviračiai	traukiniai	sūnūs	rankos	gėlės

Language points

Striking up a conversation

When they begin a conversation with someone they know, Lithuanians usually ask:

Kaĩp sėkasi?	How are things?
Kaĩp gyvenì?	How are you?
Kaĩp gyvẽnate?	

This is the usual polite beginning to a not very formal and informal conversation. A usual reply to such an inquiry may be found among the following (the English equivalents are approximate, varying according to the actual question):

Puĩkiai.	Splendid.
Labaĩ geraĩ.	Very well.
Geraĩ.	Fine.
Neblogaĩ.	Not bad.
Šiaĩp sáu.	So-so.
Nelabaĩ geraĩ.	Not so well.

Blogaĩ. Bad.
Labaĩ blogaĩ. Very bad.

Exercise 3b

Write out the appropriate form of the noun and the numerals in words:

(a) Lietuvoje yra 6 _____ (universitetas).
(b) Čia stovi 9 _____ (mergaitė).
(c) Kambaryje gyvena 3 _____ (draugas).
(d) Iš Vilniaus 11 _____ (autobusas) kasdien važiuoja į Kauną.
(e) Prie namo stovi 5 _____ (dviratis).
(f) Iki pašto yra 20 _____ (metras).
(g) Čia dirba 17 _____ (dėstytojas).

Vocabulary

stovėti, stóvi, stovėjo	to stand, be situated
kasdiẽn	every day
nãm/as, -o (4)	house
mètr/as, -o (2)	metre
dėstytoj/as, -o (1)	teacher, lecturer (fem. **dėstytoj/a, -os** (1))

Dialogue 3 ◙

Ką tu mėgsti daryti laisvalaikiu?

What do you like to do in your spare time?

Bilas važiuoja traukiniu su Aldona ir jos draugais

ALDONA: Bilai, čia mano draugai — Lina ir Vytautas.
BILL: Labai malonu. Jūs mėgstate laisvalaikiu keliauti?
LINA: Aš mėgstu keliauti, o Vytautas mėgsta sėdėti namie, skaityti ir žiūrėti televizorių. Bet jis mane myli, todėl dažnai daro taip, kaip noriu aš. Tiesa?
VYTAUTAS: Tu visada teisi, brangioji.
ALDONA: O ką tu, Bilai, mėgsti daryti šeštadieniais?
BILL: Šeštadieniais?
ALDONA: Taip.

BILL: Šeštadieniais aš mėgstu ilgai miegoti.
ALDONA: O sekmadieniais?
BILL: Sekmadieniais aš paprastai žvejoju, pirmadieniais važinėju dviračiu, antradieniais einu į baseiną, trečiadieniais žaidžiu futbolą, ketvirtadieniais groju gitara, penktadieniais klausausi muzikos, šeštadieniais nieko nedarau.
ALDONA: Tikrai? Visada?
BILL: Žinoma, išskyrus šį šeštadienį.

Bill is travelling by train with Aldona and her friends

ALDONA: *Bill, here are my friends — Lina and Vytautas.*
BILL: *Very pleased to meet you. Do you like travelling in your spare time?*
LINA: *I like travelling, but Vytautas likes to sit at home, reading and watching television. But he loves me, and so he often does just as I want. Don't you?*
VYTAUTAS: *You're always right, my dear.*
ALDONA: *And what do you like to do, Bill, on Saturdays?*
BILL: *On Saturdays?*
ALDONA: *Yes.*
BILL: *On Saturdays I like to sleep for a long time.*
ALDONA: *And on Sundays?*
BILL: *On Sundays I usually go fishing, on Mondays I go cycling, on Tuesdays I go to the swimming pool, on Wednesdays I play football, on Thursdays I play the guitar, on Fridays I listen to music, and on Saturdays I do nothing.*
ALDONA: *Really? Always?*
BILL: *Well, of course, except this Saturday.*

Vocabulary

laisvālaikiu	in one's free time (instr. of **laisvālaik/is, -io** (1))
keliáuti, keliáuja, keliãvo	travel
sėdėti, sėdi, sėdėjo	sit, be sitting (not 'to sit down')
namiẽ	home ('to home' = **namõ**)
žiūrėti, žiūri, žiūrėjo	look at, watch, see (a film), examine (a patient) (+ acc.; also with, for example, į̃ + acc. 'look into, face/give onto', prõ + acc. 'look through')

televìzori/us, -aus (1)	television
manè	me (acc. of **aš**)
mylėti, mýli, mylėjo	love, like
darýti, dãro, dãrė	do
taĩp, kaĩp	just as (lit. 'in such a way, how')
tiesà	don't you?, isn't it?, etc. (lit. 'truth', from **ties/à, -õs** (4); in such 'tags' one also encounters **ař nè?** 'is it not?' and **ař nè tiesà?** 'is it not the truth?'; compare Spanish ¿(**no es**) **verdad?**)
visadà	always
teis/ùs, -ì (4)	correct, right
brang/ùs, -ì (3)	dear (here **brangiòji** is the voc. fem. sing. of the long form of the adj.; just learn it as a set form; the masc. equivalent would be **brangùsis**)
šeštãdieniais	on Saturdays (the instr. pl. is used here to convey sg. regularly happening at a certain time)
ilgaĩ	for a long time (the adv. from the adj. **ìlg/as, -à** (3))
miegóti, miẽga, miegójo	sleep
paprastaĩ	usually; simply (the adv. from the adj. **pàprast/as, -à** (3b) 'simple, ordinary')
žvejóti, žvejója, žvejójo	fish, go fishing
važinėti, važinėja, važinėjo	go frequently/habitually (by some conveyance)
baseĩn/as, -o (2)	swimming pool
žaĩsti, žaĩdžia, žaĩdė	play (also **žáisti**; of a game, with the game in the acc.)
fùtbol/as, -o (1)	football
gróti, grója, grójo	play (of a musical instrument, with the instrument in the instr.)
gitar/à, -(ãr)os (2)	guitar
klausýtis, klaũsosi, klaũsėsi	listen to (+ gen.; this is a reflexive verb, like **mókytis**, with the refl. particle **-si/-s** appended to the normal endings; more on reflexives later)
niẽkas, niẽko ne-	nothing, no-one (note the 'double negative'; the decl. of **niekas** is identical to that of **kas**)

tikraĩ	really (adv. from the adj. tìkr/as, -à (4) 'real, genuine')
išskýrus + acc.	except

Language points

How often? Kaip dažnai?

visadà	always
paprastaĩ	usually
dažnaĩ	often
kařtais	sometimes
retaĩ	occasionally, seldom
niekadà	never

Unlike standard English, Lithuanians repeat negation, and in their sentences there can be several different negatives, none of them cancelling each other out, e.g., **Niekada niekas nedirba** 'No-one ever works'. With **niekada,** and with other negatives, you must use a negative verb.

Grammar

The basic forms of the verb

You will have noticed that for every Lithuanian verb but one, **būti** 'to be', we have given three forms. These are the three basic forms. They must be learnt, since it is from them that all the other forms of the verb are created. And the verb has many forms: tenses, moods, participles, etc. The three forms are the infinitive, the third person present, and the third person simple past. In quite a few verbs they are quite different from each other, e.g., **dúoti, dúoda, dãvė** 'to give'; **skrìsti, skreñda, skrìdo** 'to fly'. So these basic verbal forms, just like the irregular verbs of other languages, have to be learnt. However, don't see Lithuanian verbs as all 'irregular'; in fact, they aren't at all irregular, once you have learnt those three forms. From there on everything is highly regular, even the accentuation.

Exercise 3c

Fit the questions to the answers:

(a)	Ar tu kalbi angliškai?	(1)	Ne, tik automobiliu.
(b)	Kuo tu važiuoji į darbą?	(2)	Taip, ir smuiku.
(c)	Ar tu mėgsti važiuoti dviračiu?	(3)	Kaime, prie ežero.
(d)	Ką tu mėgsti daryti sekmadieniais?	(4)	Paprastai savaitgalio vakarais.
(e)	Kur gyvena tavo tėvai?	(5)	Ačiū, puikiai.
(f)	Ar tu groji pianinu?	(6)	Einu pėsčiomis.
(g)	Kur tu dirbi?	(7)	Eiti į kiną.
(h)	Kaip tau sekasi?	(8)	Taip, bet mano tėvai lietuviai.
(i)	Ar tu esi iš Lenkijos?	(9)	Ne, tik vokiškai ir prancūziškai.
(j)	Ar tu dažnai žiūri televizorių?	(10)	Vilniaus banke.

Vocabulary

automobìl/is, -io (2)	car
smuĩk/as, -o (2)	violin
káim/as, -o (1)	village
ẽžer/as, -o (3^b)	lake
pianìn/as, -o (2)	piano
kìn/as, -o (2)	cinema
táu	you (dat. of tu)

Exercise 3d

Insert the missing forms (the forms supplied are in bold):

atvažiuoti		žaisti		mylėti	
aš	aš	aš	aš	aš	aš
tu	tu	tu	tu **darai**	tu	tu **mėgsti**
jis	ji **eina**	jis	ji	jis	ji
mes	mes	mes	mes	mes	mes
jūs	jūs	jūs	jūs	jūs	jūs

Reading

Read the following travel agency advertisements. Which holiday or journey would you recommend to a friend who:

(a) likes nature
(b) doesn't like going by coach
(c) likes architectural monuments
(d) likes being on and in water

Tuos, kas mėgsta keliauti, kviečia
kelionių agentūra SPARNAI
Savaitgaliais kviečiame į Paryžių.
Išvykstame iš Vilniaus penktadieniais vakare lėktuvu.
Apžvalginė ekskursija po miestą:
Eifelio bokštas, Lotynų kvartalas,
Monmartras, naktinio Paryžiaus paslaptys...
Mūsų adresas: Vilnius, Ukmergės 25, tel.: 35 57 65

Organizuojame kelionės po Lietuvą!
1. Šeštadieniais autobusu į Druskininkus, Dzūkijos miškus ir etno-
grafinius kaimus.
2. Šeštadieniais ir sekmadieniais traukiniu į Baltijos pajūrį: Nidą,
Klaipėdą, Palangą.
3. Mikroautobusu trijų dienų kelionę į Aukštaitijos nacionalinį parką,
prie Rytų Lietuvos ežerų.
4. Garlaiviu 5 dienų kelionę Nemunu nuo Druskininkų iki Klaipėdos.
Laukiame jūsų!
Tel. 62 07 57 Subačiaus 2, 2001 Vilnius

Turistinių kelionių agentūra (Bernardinų 11, tel. 22 42 82)
KVIEČIA APLANKYTI
Italiją — Romą, Veneciją, Florenciją; išvykstame autobusu iš Vilniaus,
kelionės trukmė 10 dienų.
Izraelį — Jeruzalę, Nazaretą (biblijoje minimas vietas); išvykstame
lėktuvu iš Kauno.
Angliją — Londoną; išvykstame autobusu iš Vilniaus.

52

Vocabulary

tuõs
them, those people (acc. pl. masc. of **tàs, tà** 'that')

keliõnių agentūr/à, -os (2)
travel agent's

saváitgaliais
for weekends (instr. pl. of **saváitgal/is, -io** (1) 'weekend')

lėktùv/as, -o (2)
aeroplane

apžvalgìn/is, -ė (2)
general, summary (adj.)

ekskùrsij/a, -os (1)
excursion

põ + acc.
through, around (here)

kvartāl/as, -o (2)
quarter, district

naktìn/is, -ė (2)
night (adj.)

Parỹži/us, -aus (2)
Paris (gen. sing. here; **naktinio** agrees with it)

paslapt/ıs, -iēs (3ᵇ; fem.)
secret (nom. pl. here)

mū́sų
our(s) (indecl.)

ādres/as, -o (3ᵇ)
address

organizúoti, -úoja, -āvo
organize

kelionès
journeys (acc. pl. of **keliõn/ė, -ės** (2))

mìšk/as, -o (4)
forest

Báltij/a, -os (1)
Baltic

pajū́r/is, -io (1)
seaboard, coast (from **jū́r/a, -os** (1) 'sea')

mikroautobùs/as, -o (2)
minicoach

rytų̃
east(ern) (gen. of **rytaĩ** 'east', itself a pl.-only form related to **rýt/as, -o** (3) 'morning')

gárlaiv/is, -io (1)
steamer, boat, ship

láukti, láukia, láukė
wait for (+ gen.)

turìstin/is, -ė (1)
tourist (adj.; derived from masc. **turìst/as, -o** (2) and fem. **turìst/ė, -ės** (2) 'tourist')

kviēsti, kviēčia, kviētė
invite (without the prefix **pa-**, thus indicating a general statement)

aplankýti, aplañko, aplañkė
visit

trukm/ė̃, -ẽs (4)
duration

bìblij/a, -os (1)
Bible

mìnim/as, -à (3ᵇ)   mentioned (here acc. pl. fem. of the pres. pass. pcple of the v. **minêti, mìni, minéjo** 'mention', agreeing with acc. pl. fem. **vietàs**, from **viet/à, -(iēt)os** (2) 'place')

4 Kvietimas į svečius

Inviting someone to come on a visit

By the end of this lesson you will have learnt:

- how to invite someone
- how to ask and talk about your family and professions
- how to talk about something which belongs to someone
- how to talk about having and not having, and about the object of affirmative and negative verbs
- the genitive and accusative cases of -uo type nouns
- the accusative plural
- how to talk about your house or apartment
- nouns indicating places
- names of professions
- how to describe something: the adjective

Now work on emphasizing the stressed syllable and, where the stressed vowel is long, on differentiating the so-called rising and falling accents. Also practise the consonants. Repeat, repeat, repeat. Don't shy away from talking to yourself. Again, use the introduction and the texts in this lesson.

Dialogue 1 ▭

Ar tu vedęs?

Are you married?

Aldonos draugai Lina ir Vytautas yra vyras ir žmona. Bilas kalbasi su Lina apie jų šeimą

LINA: Ar tu vedęs, Bilai?
BILL: Ne, žmonos dar neturiu. O jūs ar turite vaikų?
LINA: Turime, daug.

BILL: Daug? Kiek?

LINA: Net tris.

BILL: Ar tai daug?

LINA: Lietuvoje šeimos dažniausiai turi 2, o kartais tik vieną vaiką. O mes turime 2 sūnus ir dukterį.

BILL: Jūs turite namą ar butą?

LINA: Mes gyvename kartu su mano uošviais. Vytauto tėvai turi didelį namą prie Vilniaus. Netoli yra miškas, ežeras. Kviečiam pas mus į svečius kitą savaitgalį. Gerai?

BILL: Ačiū už kvietimą, man labai įdomu susipažinti su lietuvių šeima. Ar jūsų šeima didelė?

LINA: Mūsų name gyvena 10 žmonių: mes abu, Vytauto tėvai, brolis ir seneliai. Be to, senelis turi šunį, o močiutė katę.

BILL: O kur gyvena tavo tėvai? Ar jie gyvi?

LINA: Taip. Jie gyvena kaime. Mano tėvas ūkininkas. Aš dar turiu seserį. Ji taip pat ištekėjusi ir su savo šeima gyvena kaime. Jie visi kartu dirba. O tu, Bilai, ar turi brolį ar seserį?

BILL: Taip, turiu ir brolį, ir seserį. Mano brolis jau vedęs, tik vaikų dar neturi. O sesuo dar maža, gyvena kartu su tėvais.

Aldona's friends Lina and Vytautas are husband and wife. Bill talks to Lina about their family

LINA: *Are you married, Bill?*

BILL: *No, I don't have a wife. But you, do you have children?*

LINA: *Yes, lots.*

BILL: *Lots? How many?*

LINA: *Three!*

BILL: *Is that lots?*

LINA: *In Lithuania families most often have two, and sometimes only one child. But we have two sons and a daughter.*

BILL: *Do you have a house or a flat?*

LINA: *We live with my parents-in-law. Vytautas's parents have a large house near Vilnius. Nearby there's a wood and a lake. We invite you to visit us next weekend. OK?*

BILL: *Thanks for the invitation, it's very interesting for me to get to know a Lithuanian family. Is your family large?*

LINA: *In our house there live ten people: both of us, the children, Vytautas's parents, his brother, and his grandparents. Moreover, his grandfather has a dog, and his granny has a cat.*

BILL: *And where do your parents live? Are they alive?*

LINA: *Yes. They live in a village. My father is a farmer. I have a sister too. She is also married and lives in the village with her family. They all work together. And you, Bill, do you have a brother and sister?*

BILL: *Yes, I have a brother and sister. My brother is already married, but doesn't have any children yet. And my sister is still little, she lives with my parents.*

Vocabulary

kvietìm/as, -o (2)
invitation

į̃ svečiùs
stay (lit. 'to guests', but it's a set phrase used after verbs of motion or implying some movement, e.g. 'go, invite', and meaning 'stay'; if the v. does not imply movement one uses an appropriate v., say bū́ti, with the loc. pl. svečiuosè; note the prep. pàs + acc., used whether motion is involved or not)

výr/as, -o (1)
man, husband

žmon/à, -õs (3)
wife

kalbė́tis, kaĺbasi, kalbė́josi
talk to, converse with (sù + instr. 'with')

apiẽ + acc.
about, concerning

šeim/à, -õs (4)
family

vēd/ęs, -usio
married (of a man; declined as a past pcple of the v. vèsti, vēda, vēdė̃ 'lead')

vaĩk/as, -o (4)
child

trìs
three (acc. of trỹs (4))

nèt
even, 'as many as' (here)

dažniáusiai
most often

tìk
only

dukt/ė̃, -er̃s (3b)
daughter

bùt/as, -o (2)
flat, apartment

kartù sù + instr.
together with

úošv/is, -io (1)
father-in-law (pl. often, as here, = parents-in-law; fem. úošv/ė, -ės)

dìdel/is, -ė (3)
big, large

priẽ + gen
near

pàs + acc.
to/in [...] house, in the possession of

žmog/ùs, -aũs (4)	person (irregular pl.: žḿon/ės, -iũ 'people')
abù, fem. abì	both
senēl/is, -io (2)	grandfather (pl. often, as here, = grandparents; senēl/ė, -ės (2) 'grandmother')
be tõ	moreover, in addition, also (lit. 'without that')
močiùt/ė, -ės (2)	granny
kat/ē, -ẽs (4)	cat
gýv/as, -à (3)	alive (believe it or not, this word is related to English 'quick', as hinted at by 'the quick and the dead')
káim/as, -o (1)	village, countryside
ū́kinink/as, -o (1)	farmer
ištekėj/usi, -usios (1)	married (of a woman; declined as a fem. past pcple of the v. ištekėti, ìšteka, ištekėjo 'to flow/come out')
sàvo	her (here; the poss. pron. used when reference is back to the subject of the sentence)
vìs/as, -à (4)	all
ses/uõ, -eřs (3b)	sister
iř..., iř...	both ..., and ...
jaũ	already
mãž/as, -à (4)	small

Language points

How do you invite someone?

If you want to invite someone somewhere, use the formula Lina used when she invited Bill:

Kviẽčiam (Kviečiù) pàs mùs į̃ svečiùs.	We (I) invite you to our place

and on the same pattern:

Kviẽčiame (Kviečiù) į̃ kìną/koncèrtą/teãtrą	We (I) invite' [you] to the cinema/a concert/the theatre
Nórime (Nóriu) pakviẽsti į̃ ...	We (I) want to invite [you] to ...

Note the truncated form of the first person plural: **kviẽčiam**.

Vocabulary

koncèrt/as, -o (1)	concert
teãtr/as, -o (2)	theatre

The family

mótin/a, -os (1), mam/à, -õs (4)	mother, mum
tẽv/as, -o (3)**, t̃ẽt/is, -(č)io** (2)	father, dad
dukt/ẽ, -er̃s (3ᵇ)**, dukr/à, -os** (2)	daughter
sūn/ùs, -aũs (3)	son
ses/uõ, -er̃s (3ᵇ)**, sẽs/ė, -ės** (2)	sister, sis
ból/is, -io (1)	brother
senẽl/is, -io (2)	grandfather
senẽl/ė, -ės (2)**, močiùt/ė, -ės** (2)	grandmother, granny
anū̃k/as, -o (2)	grandson
anū̃k/ė, -ės (2)	granddaughter
výr/as, -o (1)	man, husband
žmon/à, -os (3)	wife
úošv/is, -io (1)	father-in-law
úošv/ė, -ės (1)	mother-in-law
žént/as, -o (1)	son-in-law
mart/ı̀, -(č)iõs (4)	daughter-in-law
dẽd/ė, -ės (2)	uncle
tet/à, -õs (4)	aunt
sūnén/as, -o (1)	nephew
dukterė́či/a, -os (1)	niece
pùsbrol/is -io (1)	cousin (male)
pùsseser/ė, -ėsi (1)	cousin (female)

When Lithuanians say that a man has a wife, they use the word **vẽdęs** 'married'; but when they say the same thing of a woman, they use the word **ištekėjusi**. One might also add the words **išsiskýr/ęs, -usio**, **išsiskýr/usi, -usios** (1) 'divorced' respectively of a man and a woman.

Grammar

Whose? Expressing possession with pronouns

In Lesson 1 you learned how to express possession using the genitive case. This construction, with the genitive case of the possessor coming first and sometimes functioning as a sort of indeclinable adjective, is very characteristic of Lithuanian. One might compare English '*John's* book' and '*World* Cup'.

In Lithuanian we express personal possession using pronouns:

aš	→ màno	mes	→ mū́sų
tu	→ tàvo	jūs	→ jū́sų
jis	→ jõ	jie	→ jų̃
ji	→ jõs	jos	→ jų̃

There is one more pronoun, which English does not have, namely sàvo. It indicates possession by the subject of the sentence, e.g.:

Àš myliu *savo* motiną.	I love my mother.
Tu myli *savo* motiną.	You love your mother.
Ji myli *savo* motiną.	She loves her (own) mother.

BUT:

Pasakykite *savo* vardą!	Say your name!
Pasakykite *jo* vardą!	Say his name!
Jis sako *savo* vardą.	He says his (own) name.
Jis sako *jo* vardą.	He says his (someone else's) name.

Having and not having something. The object of affirmative and negative verbs

Very many Lithuanian verbs are always used with the accusative case. Amongst those you are already familiar with are:

turéti, tùri, turéjo	skaitýti, skaĩto, skaĩtė
myléti, mýli, myléjo	žinóti, žìno, žinójo
mégti, mégsta, mégo	pasitìkti, pasitiñka, pasitìko
ruõšti, ruõšia, ruõšė	palydéti, palỹdi, palydéjo
rašýti, rãšo, rãšė	dúoti, dúoda, dãvė

When these verbs are used in the negative (the negative particle **ne-** is always written as one word with the verb), one must replace the accusative case of the object with the genitive case, e.g.:

Turiu namą	→ **Neturiu namo**	I have/don't have a house
Skaito knygą	→ **Neskaito knygos**	He/She reads/doesn't read a book
Myli brolį	→ **Nemyli brolio**	He/She likes/doesn't like his/her brother
Mėgstu kavą	→ **Nemėgstu kavos**	I like/don't like coffee

The genitive and accusative of -uo type nouns

You already know the genitive and accusative forms of almost all nouns. These are the most frequently occurring cases in Lithuanian. In Dialogue 1 of this lesson you encountered some accusative forms of a rare declension type, namely **dukterį, seserį,** and **šunį.** Nouns which have the ending **-uo** in the nominative singular, e.g., **šuo, sesuo, vanduo** 'water', belong to this declension type. There is one word with the nominative ending **-ė** (**duktė**), which in the other cases is similar to the word **sesuo.** On the same pattern as **sesuo,** but with a different nominative singular form, is **duktė.** There are not many such nouns in Lithuanian, but some of them are very important to know. Here are examples of their genitive and accusative:

Nominative	**vanduõ** (3ᵃ)	**duktẽ** (3ᵇ)	**šuõ** (4)
Genitive	**vandeñs**	**dukteřs**	**šuñs**
Accusative	**vándenį**	**dùkterį**	**šùnį**

Most such words are masculine; only **sesuo** and **duktė** are feminine.

The accusative plural

In this lesson we have needed to use the accusative plural, such as in: **į svečius, turime du sūnus.** When this happens Lithuanian nouns have the following endings:

Masculine					Feminine	
Nominative						
-as	-is	-ys	-us	-uo	-a	-ė
namas	dviratis	traukinys	sūnus	akmuo	mašina	gatvė
Accusative						
-us	-ius	-ius	-us	-((e)n/er)is	-as	-es
namus	dviračius	traukinius	sūnus	akmenis	mašinas	gatves

Exercises 4a

Insert the appropriate form of **turėti** or **neturėti**:

(a) Aš žinau, kad tu ＿＿ vieną vaiką.
(b) Mano brolis ＿＿ mažą butą.
(c) Ar tu ＿＿ brolį?
(d) Jis ＿＿ šeimos.
(e) Jie ＿＿ namo, bet turi butą.
(f) Ji ＿＿ vyrą ir dvi dukteris.
(g) Aš taip pat ＿＿ vyrą.
(h) Mes ＿＿ šią knygą.
(i) Ar jūs ＿＿ laikraščio?
(j) Viktorija ＿＿ tris brolius.

(In the reference section check the declension of **šìs, šì** 'this'.)

Exercise 4b

Create sentences on the following pattern:

Aš skaitau knygą. (laikraštis)   **Ji neturi šuns. (katė)**
Aš neskaitau laikraščio.   **Ji turi katę.**

(a) Jonas myli motiną.   (Lina)
(b) Mes neturime buto.   (namas)
(c) Jie turi sūnų.   (duktė)
(d) Tu neturi draugo.   (draugė)
(e) Aš neturiu brolio.   (sesuo)
(f) Mano sesuo myli savo uošvį.   (žentas)
(g) Ji neturi pusbrolio.   (pusseserė)
(h) Mes skaitome knygas.   (laikraštis)
(i) Vygantas neturi žmonos.   (sesuo)
(j) Tėvas nemyli kačių.   (šuo)
(k) Ar tu rašai straipsnį?   (laiškas)

laikrašt/is, -(č)io (1)	newspaper
straipsn/is, -io (1)	article

Now try the other permutations, to give yourself practice with all the accusative and genitive forms of the nouns.

Exercise 4c

Insert **mano, tavo, savo, jo, jos, mūsų, jūsų, jų** as appropriate in the following sentences:

(a) Monika ir _____ motina yra mokytojos.
(b) Žanas yra prancūzas, o _____ žmona italė.
(c) Povilai, ar _____ brolis inžinierius?
(d) Aš ir _____ sesuo esame studentai.
(e) Aš važiuoju į svečius pas _____ senelį.
(f) Jie turi 5 vaikus. _____ šeima yra didelė.
(g) Vaikai, ar _____ mama yra čia?
(h) Mes ir _____ tėvai gyvename Vilniuje.

(You should be able to guess the meanings of the new words in this exercise.)

Exercise 4d

Insert the missing words into the following dialogue:

A: Pone ambasadoriau, ar _____ galite papasakoti apie _____ šeimą?
B: Taip, žinoma.
A: Ar didelė _____ šeima?
B: Nelabai. Aš, _____ ir du vaikai.
A: Ar jūsų _____ dideli?
B: Taip. _____ jau vedęs, o duktė – studentė, dar _____ .
A: Ar jūs turite _____ ar _____ ?
B: Taip, anūkę ir anūką.
A: Ar jūsų žmona dirba?
B: _____ profesija labai įdomi. _____ yra smuikininkė.

Vocabulary

inžiniẽr/ius, -iaus (2)	engineer (fem. inžiniẽr/ė, -ės (2))
põn/as, -o (2)	gentleman, sir (voc. here; fem. pon/ià, -iõs (4) 'Mrs, madam, lady', panė̃l/ė, -ės (2) 'Miss, young lady')
ambasãdor/ius, -iaus (1)	ambassador (voc. here; fem. ambasãdor/ė, -ės (1))
smuĩkinink/as, -o (1)	violinist (fem. smuĩkinink/ė, -ės (1))
profèsij/a, -os (1)	profession

You should be able to recognize the other words.

Dialogue 2 💿

Svečiuose

On a visit

Bilas yra svečiuose pas Liną ir Vytautą

BILL: Koks didelis jūsų namas! Kiek čia kambarių?

VYTAUTAS: Pirmame aukšte svetainė, valgomasis, mamos darbo kambarys ir virtuvė, antrame – keturi miegamieji ir vaikų kambarys, o palėpėje tėvo dirbtuvė. Mano tėvas dailininkas, tapytojas. Mama taip pat daugiausia dirba namie. Ji mokslininkė, istorikė.

BILL: O ką daro tavo brolis? Dirba ar mokosi?

VYTAUTAS: Dirba. Mes abu kaip ne savo tėvų vaikai. Brolis gydytojas, dirba ligoninėje, o aš esu matematikos mokytojas.

BILL: Jūsų namas labai gražus. Toks didelis sodas ir kiemas, tiek daug gėlių.

VYTAUTAS: Mama labai mėgsta gėles, o tėtis – sodą. Mūsų vaikai taip pat laimingi, kad gali čia gyventi. Jie nemėgsta miesto kaip ir mes. Čia grynas oras, puikus ežeras, ramu. Mums visiems čia labai gera.

BILL: Žinoma, čia tikrai labai puiku.

Bill is visiting Lina and Vytautas

BILL: *What a big house you have! How many rooms are there in it?*

VYTAUTAS: *On the ground floor (lit. 'first floor') there's the sitting-room, the dining-room, mum's workroom and the kitchen, on the first (lit. 'the second') there are four bedrooms and the children's room, and in the cellar there's father's workroom. My father is an artist, a painter. Mum also works mostly at home. She's an academic, a historian.*

BILL: *And what does your brother do? Does he work or is he a student?*

VYTAUTAS: *He works. Neither of us has followed in our parents' footsteps (lit. 'as not our parents' children'). My brother is a doctor, he works in a hospital, and I'm a mathematics teacher.*

BILL: *Your house is very beautiful. Such a large garden and yard, so many flowers.*

VYTAUTAS: *My mum likes flowers very much, and my dad likes the garden. Our children are also happy that they can live here. Like us, they don't like the city. Here the air is pure and the lake is lovely; it's peaceful. We all feel very well here.*

BILL: *Indeed, here it's really very lovely.*

Vocabulary

svečiuosè	on a visit, to stay (the loc. pl. of **svēč/ias, -io** (4)'guest', here used where there is no sense of motion — see **į svečius** in Dialogue 1)
aūkšt/as, -o (2)	floor, storey (note that British and American 'ground-floor' corresponds to Lithuanian 'first floor'; compare with **áukšt/as, -à** (3) 'high, tall')
svetaĩn/ė, -ės (2)	sitting-room, lounge
válgom/asis, -ojo (1)	dining-room (declines as a def. adj.)
dárbo kambar/ỹs, -io (3ᵇ)	workroom, atelier (**dárb/as, -o** (3) 'work')
virtùv/ė, -ės (2)	kitchen
miegam/àsis, -ojo (3ᵇ)	bedroom (declines as a def. adj.)
vaikū̃ kambar/ỹs, -io (3ᵇ)	children's room, nursery
palép/ė, -ės (1)	eaves, roof-space, 'attic'
dirbtùv/ė, -ės (2)	workroom, atelier
daĩlinink/as, -o (1)	artist (fem. **daĩlinink/ė, -ės** (1); **dail/ē̃, -ē̃s** (4) 'art')

tapýtoj/as, -o (1)	painter (fem. tapýtoj/a, -os (1); derived from tapýti, tãpo, tãpė)
namiē	at home (compare namõ 'to home, homewards')
mókslinink/ė, -ės (1)	academic, scientist (woman; masc. mókslinink/as, -o (1); from móksl/as, -o (1) 'science, learning, education')
istòrik/ė, -ės (1)	historian (woman; masc. istòrik/as, -o (1))
kaĩp nè sàvo tėvų̃ vaikaĩ	children who haven't followed in [our] parents' footsteps
ligónin/ė, -ės (1)	hospital
matemãtik/a, -os (1)	mathematics
graž/ùs, -ì (4)	beautiful
kiẽm/as, -o (4)	yard
tíek daũg	so much/many (+ gen. if appropriate)
laimìng/as, -a (1)	happy, fortunate
kàd	that (conj. joining phrases, e.g. 'you say that I'm ...)
kaĩp iř	just like
grýn/as, -à (3)	pure, clean
ór/as, -o (3)	air, weather
ram/ùs, -ì (4)	peaceful (here the 'it is ...' form)
žìnoma	of course (here with a nuance of agreement with what has been said)
tikraĩ	indeed, really
puik/ùs, -ì (4)	lovely, fine (here the 'it is ...' form)

Language points

The house and the apartment

The singular and plural of **namas** can express different things:

namas	house, building
namai	(a) houses, e.g. **daug namų** 'many houses'
	(b) home

Other words relating to the house include (the genitive forms are given of those which have not already been encountered):

butas	apartment, flat
kambarys	room
vaikų kambarys	children's room, nursery
darbo kambarys	workroom, atelier
svetainė	lounge, sitting-room
tualèt/as, -o (2)	lavatory, toilet, WC
virtùvė	kitchen
valgomasis	dining-room
miegamasis	bedroom
von/ià, -iõs (4)	bathroom
príeškambar/is, -io (1)	lobby, vestibule

Nouns indicating places

In Dialogue 2 you met the words **dirbtuvė** and **virtuvė**, with the suffix **-tuvė**. Both of these words indicate a place, respectively a place where one works and a place where one cooks. This is the typical way of expressing place in Lithuanian, though we also find the following other suffixes indicating places (from now on declension and accentuation information is on the whole given only where not previously given):

-ykl/à, -(ỹkl)os (2)

mokykla	school
skaitykla	reading room
valgykla	refectory

-in/ė, -ės

kavìn/ė, -ės (2)	café
ligoninė	hospital
váistin/ė, -ės (1)	chemist's (or **vaīstinė** (1))

-um/a, -os

sausum/à, -õs (3^b)	continent, dry land
lygum/à, -õs (3^a)	plain
dykum/à, -õs (3^b)	desert

Those in the first column are derived from the simple past tense stem of verbs, here the verbs **mokytis, skaityti, valgyti,** those in the second column from nouns, namely **kava, ligonis, vaistas,** and those in the third column from adjectives, namely **saũs/as, -à** (4), **lýg/us, -i** (3), and **dỹk/as, -a** (4). You should be able to guess most of them, but, just in case, here is the least obvious one: **váist/as, -o** (1) or **vaīst/as, -o** (4) 'medicine'; and **lygus,** together with **su** + instr., also means 'equal to ...'.

Names given to people according to their professions

In addition to creating words expressing place, suffixes can also be used to create words with other general meanings. They are quite often used to create words denoting professions. The most popular models for creating such words use the following suffixes (all accent class (1)):

-toj/as, -o		*-ėj/as, -o*	
mokytojas	teacher	**virėjas**	cook
gydytojas	doctor	**pardavėjas**	salesman
vairúotojas	driver	**siuvėjas**	tailor

-inink/as, -o

dailininkas	artist
mokslininkas	academic, scientist
ūkininkas	farmer

The feminine forms of the above suffixes are **-oja, -ėja,** and **-ininkė.** Those in the first two columns are derived from the verbs **mókyti** – **móko** – **mókė** (+ acc. of whom taught and gen. of what taught), **gýdyti** – **gýdo** – **gýdė** (+ acc. of whom cured and **nuõ** + gen. of what from), **vaiŕuoti** – **vairúoja** – **vairãvo** (+ instr. of what driven), **vìrti** – **vérda** – **vìrė** (trans. and intrans.), **pardúoti** – **pardúoda** – **paŕdavė** (from the infinitive and from the simple past tense stem respectively), **siúti** – **siùva** – **siùvo** (from the stem **siuv-**), and those in the third column from the nouns **dailė, mokslas,** and **ūk/is, -io** (1) 'farm'. You should be able to guess their meanings (or even have noticed certain of them earlier in the lesson).

Grammar

Adjectives

You already know several Lithuanian adjectives. In Lithuanian they have masculine and feminine forms, in order to agree with the nouns they qualify. In fact, they have to agree in case and number as well as gender.

Lithuanian adjectives are of three types, reflected in the following endings:

-as, -a		*-us, -i*	
naujas, nauja	new	**gražus, graži**	beautiful
geras, gera	good	**puikus, puiki**	lovely, fine
laimingas, laiminga	happy	**malonus, maloni**	pleasant

-is, -ė

medìnis, medìnė (2)	wooden
auksìnis, auksìnė (2)	gold(en)
stiklìnis, stiklìnė (2)	glass

Adjectives in **-as, -us** can have a third form with the endings **-a** and **-u**: **gẽra, naūja**, and **gražù, malonù** (note that the stress is that of the masculine form without the **-s**). These forms are not used to describe something, but to define a general situation, as in Dialogue 2: **čia labai gera** 'here it's very good', **puiku** 'it's lovely', where 'it' does not refer to anything specific.

Exercises 4e

Find the pairs:

(a)	ramus	ištekėjusi
(b)	teta	svetainė
(c)	jis	šaltas
(d)	šiltas	mažas
(e)	šuo	anūkas
(f)	didelis	dėdė
(g)	mūsų	ketvirtadienis
(h)	senelis	ji
(i)	sausas	katė
(j)	žentas	ligonis
(k)	gydytojas	šlapias
(l)	vedęs	triukšmingas
(m)	trečiadienis	jūsų
(n)	miegamasis	marti

šlãp/ias, -ià (4)	wet
triukšmìng/as, -a (1)	noisy

Exercise 4f

Insert the following words into the appropriate sentences below:

turi	svetainėje
didelė	vairuotojas
valgykloje	kambariai
šviesus	pusseserės
mokytojai	neturi
anūką	pusbrolis
sūrus	šaltas

(a) _____ dirba mokykloje.
(b) Jis nemėgsta valgyti _____ .
(c) Mano dėdė _____ vaikų.
(d) Viktoro tėvas yra _____ .
(e) Mūsų bute yra 4 _____ .
(f) Ji _____ virtuvę, miegamąjį ir svetainę.
(g) Brolio dirbtuvė yra labai _____ .
(h) Aš neturiu _____ .
(i) Močiutė myli savo _____ .
(j) Jūros vanduo _____ .
(k) Šiandien _____ oras.
(l) Jos _____ perka naują butą.
(m) Ji mėgsta būti _____ .
(n) Jo darbo kambarys yra didelis ir _____ .

švies/ùs, -ì (4)	light (luminosity)
sūr/ùs, -ì (3)	salt(y) (adj.)

Reading 1

From the following list of 29 sentences create two, or more, stories about Gražina and Nataša. Try in the first place to create coherent stories; you might find it amusing to come back to this later to create nonsense ones.

1 Jos vardas yra Gražina.
2 Nataša yra jauna ir graži.
3 Jos vardas nėra lietuviškas.
4 Jos abu tėvai yra lietuviai.

5 Ji yra nelabai jauna.
6 Ji yra ruse.
7 Ji yra iš Amerikos, bet dabar gyvena Lietuvoje.
8 Ji jau daug metų gyvena Vilniuje.
9 Ji kalba ne tik lietuviškai ir angliškai, bet dar ir prancūziškai.
10 Nataša yra gydytoja.
11 Ji yra vertėja, dirba ambasadoje.
12 Ji ištekėjusi.
13 Nataša yra išsiskyrusi, vaikų neturi.
14 Ji turi vyrą ir keturis vaikus.
15 Jos tėvai gyvena prie Maskvos.
16 Jos vaikai jau dideli.
17 Jie turi savo šeimas.
18 Su ligoniais ji gali kalbėti lietuviškai ir rusiškai.
19 Ji jau turi anūką ir anūkę.
20 Čikagoje ji turi namą, kuriame dabar gyvena jos tėvai.
21 Ligoninė yra užmiestyje.
22 Lietuvoje ji gyvena mažame bute.
23 Jos butas tik dviejų kambarių.
24 Į darbą ji paprastai važiuoja autobusu.
25 Kartais ją nuveža draugas automobiliu.
26 Gražina gyvena miesto centre.
27 Į ambasadą ji paprastai eina pėsčiomis.
28 Ji turi trijų kambarių butą naujame rajone.
29 Jos bute yra svetainė, darbo kambarys, miegamasis, virtuvė, vonia
    ir prieškambaris.

Vocabulary

jáun/as, -à (3)	young
mḗt/ai, -ų (2)	year(s) (pl.-only n. in this meaning)
nè tìk ..., bèt dár iř ...	not only ..., but also ...
vertė́j/a, -os (1)	translator, interpreter (fem.; masc. **vertė́j/as, -o** (1); from the verb **veřsti, veřčia, veřtė** 'to translate (**iš** + gen. 'from', **į** + acc. 'into')'; also **vertìm/as, -o** (2) 'translation')
Maskv/à, -õs (4)	Moscow
Čikag/à, -(ãg)os (2)	Chicago

kur/ıs, -ì (4)

who, which (in rel. clauses; see the reference section or Lesson 11 for its decl.; the form here is the loc. sing. masc., using the appropriate case for its clause and referring to its antecedent **namą**)

ùžmiest/is, -(č)io (1)

outskirts (not in the town)

mažamè

small (loc. sing. masc. of **mažas** 'small', agreeing with **bute**)

dviejų

two (gen.)

nuvèžti, nùveža, nùvežė

take someone (somewhere) by some means of transport

trijų

three (gen.; here used with **kambarių** as an 'adj.', namely 'three-roomed flat')

naujamè

new (loc. sing. masc. of **naujas** 'new', agreeing with **rajone**)

rajòn/as, -o (2)

district

Reading 2

Read the following advertisements. Match sellers and buyers, and explain why some match and others don't.

Parduoda

Perka

a Parduodu 4 kambarių butą miesto centre. Šalia yra garažas. Vilnius, tel. 65 00 29.

a Perku nedidelį butą netoli centro. Tel. 22 45 78.

b Skubiai parduodu 1 kambario butą naujame rajone 1 aukšte. Tel. 64 70 58

b Perkame namą gražioje vietoje su sodu ir garažu. Tel. 48 68 24

c Parduodamas mūrinis dviejų aukštų 4 kambarių namas (yra rūsys, du garažai) prie miško ir ežero. Yra didelis sodas, daržas. Tel. (8-256) 44190

c Perku nebrangų namą, gali būti užmiestyje. Tel. 56 34 76 *d* Parduodame gerą 3 kambarių butą prie Vingio parko. Tel. 61 35 47

e Parduodamas 2 kambarių butas su telefonu Vilniaus priemiestyje. Yra daržas. Tel. 57 41 86

f Parduodu nedidelį mūrinį namą netoli centro. Yra 3 kambariai, virtuvė, rūsys. Garažo nėra. Skambinti tel. 74 59 68

g Parduodu 1 kambario butą mediniame 2 aukštų name senamiestyje. Yra didelė virtuvė, telefonas, garažas. Tel. 62 65 28

h Parduodu medinį 5 kambarių namą netoli Vilniaus. Skambinti tel. 44 58 76

d Perku 3-4 kambarių butą ramioje vietoje. Skambinti tel. 67 55 23

e Perku namą su garažu miesto centre. Tel. 44 55 97

f Perku naują 1 kambario butą. Gali būti be telefono. Tel. 72 56 49

g Perku 2 kambarių butą Vilniuje arba prie Vilniaus. Pageidautina su telefonu. Tel. 45 67 21

h Perku 4 kambarių butą. Gali būti ir naujame rajone. Tel. 22 36 11

Vocabulary

šalià	nearby (also used with the gen. as a prep.)
garãž/as, -o (2)	garage
piřkti, peřka, piřko	buy
nedìdel/is, -ė (3)	small, not large
netolì + gen.	near
skubiaĩ	in a hurry, hurriedly (adv. from **skub/ùs**, -ì (4) 'hurried, urgent')
pardúoti, pardúoda, pařdavė	sell (the form **pardúodamas** conveys 'X to be sold' here)
gražiojè	beautiful, nice (loc. sing. fem. form of adj. **gražus** 'beautiful', agreeing with **vietojè**)
sõd/as, -o (2)	garden (see **dařžas** below)
mũrin/is, -ė (1)	stone (adj.)
rūs/ỹs, -io (4)	cellar

dařž/as, -o (4)
nebrang/ùs, -ì (3)

Vìngio párk/as, -o (1)

ramiojè

príemiest/is, -(č)io (1)
senãmiest/is, -(č)io (1)
pageidáutina

garden, kitchen garden (compare **sõdas**)
cheap, not expensive ('cheap' is **pig/ùs, -ì** (4); expensive you can guess!)
Vingis Park (in Vilnius; from **vìng/is, -io** 'bend')
peaceful, quiet (loc. sing. fem. of the adj. **ramùs**, agreeing with **vietojè**)
suburb
Old Town, Old City (district of Vilnius)
desirably, preferably (the 'it is ...' form of a special pcple, conveying 'to be X-ed' from the v. **pageidáuti, pageidáuja, pageidãvo** 'desire (+ gen.)')

5 Svečiuose

On a visit

By the end of this lesson you will have learnt:

- how to talk about a room and furniture
- how to talk about colours
- how to ask for information
- the plural of adjectives
- expressions of *place* using prepositions and adverbs
- demonstrative pronouns
- more numerals
- the genitive and accusative cases of personal pronouns
- how to have a conversation about future events
- adverbs in -ai
- how to talk about money

Now work on the hard and soft consonants. Don't overdo the soft consonants, as they will tend to come of themselves, but in particular do pay attention to them before long **e** and **ę**. Also work on the groups of consonants. Refer back to the introduction, and use the texts here.

Dialogue 1 ▫▫

Kieno čia kambarys?

Whose room is this?

Bilas dar svečiuojasi pas Vytautą ir Liną, apžiūrinėja namą, kalbasi su Linos ir Vytauto sūnumi

BILL: Kieno čia kambarys?
TADAS: Čia mūsų: mano, brolio, ir sesers. Tai vaikų kambarys.

BILL: Ar galima man pažiūrėti?
TADAS: Taip, žinoma. Štai čia, prie sienos, sesers lova, o ta dviaukštė prie lango — mano ir brolio.
BILL: Kur tu miegi? Viršuje ar apačioje?
TADAS: Mes abu norime miegoti viršuje. Šį mėnesį aš miegu apačioj, o brolis virš manęs, o kitą mėnesį — atvirkščiai.
BILL: Ką dar gali man parodyti?
TADAS: Šitas stalas yra mano ir brolio, o anas už lovos — sesers Birutės. Spintoje mūsų visų trijų drabužiai, o kampe mano ir brolio žaislai. Birutės lėlės yra palėpėje, ten ji turi mažą žaidimų kambariuką prie senelio dirbtuvės.
BILL: O kieno čia lentynos?
TADAS: Mes kiekvienas turime savo. Mano — žalia, brolio mėlyna, o Birutės raudona.
BILL: Ar tu mėgsti žalią spalvą?
TADAS: Taip, mano ir kėdė žalia, pažiūrėkit.
BILL: Labai graži kėdė. O kitos kėdės?
TADAS: Šita brolio — jo visi daiktai mėlyni, o ta raudona tarp spintos ir sofos — sesers.
BILL: O kokios spalvos jūsų namas? Aš nebeprisimenu.
TADAS: Geltonas, kaip ir kitų kaimynų.
BILL: O kas čia?
TADAS: Čia mūsų paveikslai. Mes visi trys mėgstame piešti kartu su seneliu. Visada pakabiname ant sienų naujus, o senus sudedame į šią lentyną. Gal norite pažiūrėti?
BILL: Taip, labai įdomu. O! Kokie gražūs paveikslai!

Bill is still staying with Vytautas and Lina, he looks around their house, and talks with Lina and Vytautas's son

BILL: *Whose room is this?*
TADAS: *It's ours: mine, my brother's and my sister's. It's the children's room.*
BILL: *May I have a look?*
TADAS: *Yes, of course. Over here, by the wall, is my sister's bed, and that bunk bed by the window is mine and my brother's.*
BILL: *Where do you sleep? On the top or the bottom?*
TADAS: *We both like to sleep on the top. This month I'm sleeping on the bottom, and my brother above me, but next month the other way round.*
BILL: *What else can you show me?*
TADAS: *This table is mine and my brother's, and that one over there*

by the bed is our sister Birutė's. In the wardrobe are the clothes of all three of us, and in the corner mine and my brother's toys. Birutė's dolls are in the attic, where she has a little playroom near grandfather's workshop.

BILL: *And whose shelves are these?*

TADAS: *We each have our own. Mine is green, my brother's is blue, and Birutė's is red.*

BILL: *Do you like the colour green?*

TADAS: *Yes, my chair is green too, look.*

BILL: *That's a really beautiful chair. And the other chairs?*

TADAS: *This one is my brother's — all his things are blue, and that red one between the wardrobe and the sofa is my sister's.*

BILL: *And what colour is your house? I can't remember.*

TADAS: *Yellow, like our (other) neighbours.*

BILL: *And what are those?*

TADAS: *Those are our drawings. All three of us like to draw with grandfather. We always hang the new ones up on the walls, and put the old ones away on this shelf. Do you want to have a look?*

BILL: *Yes, that'd be very interesting. Oh! What beautiful drawings!*

Vocabulary

kienõ	whose (indecl.)
sveč/iúotis, -iúojasi, -iãvosi	be staying (**pàs** + acc. 'with s.o.')
apžiūr/inėti, -inėja, -inėjo	look around (+ acc.)
kalbėtis, kalˊbasi, kalbėjosi	talk to/with (**sù** + instr. 'with s.o.')
pažiūrėti, pažiūˊri, pažiūrėjo	take a look
síen/a, -os (1)	wall
lóv/a, -os (1)	bed
dviaūkšt/ė, -ės (2)	bunk bed (lit. 'two-storey (bed)')
láng/as, -o (3)	window
viršujè, adv.	on (the) top, above (loc. sing. of **virš/ùs, -aūs** (4) 'top')
apačiojè, adv.	on the bottom, below (loc. sing. of **apač/ià, -iõs** (3b) 'bottom')
virˉš + gen., prep.	above
atvirkščiaī, adv.	the other way round, the wrong way round
an/às, -à	that (over there)

spìnt/a, -os (1)	cupboard, wardrobe
drabùž/iai, -ių, (2; pl.)	clothes (sing. **drabùz/is, -io** (2) 'item of clothing')
kam̃p/as, -o (4)	corner
žaĩsl/as, -o (4)	toy
lėl/ė, -ĕs (4)	doll
žaidìm/as, -o (1)	game
kambariùk/as, -o (2)	room (dim.)
lentýn/a, -os (1)	shelf
kiekvíen/as, -à (3)	each, every
spalv/à, -os (4)	colour
taȓp + gen.	between
prisimiñti, prisìmena, prisìminė	remembèr (+ acc.) (see the form with the infix **-be-** as providing a fixed expression)
kaimýn/as, -o (1)	neighbour (fem. **kaimýn/ė, -ės** (1))
pavéiksl/as, -o (1)	drawing, picture
piẽšti, piẽšia, piẽšė	draw, paint
pakabìnti, pakabìna, pakabìno	hang (+ acc. + **ant** + gen. 'sg on sg')
sudéti, sùdeda, sudéjo	put away, tidy away

Language points

The room, furniture, and colours

Kambarys *The room*

siena	wall
langas	window
lùb/os, -ų̃ (4)	ceiling
griñd/ys, -ų̃ (4)	floor (pl.-only n.; fem.)

Baĺdai, -ų̃ (2) *Furniture*

stãl/as, -o (4)	table
lova	bed
spinta	cupboard
spintėl/ė, -ės (2)	cupboard
lentyna	shelf
kėd/ė̃, -ẽs (4)	chair

sof/à, sòfos (2)	sofa

Spalvos *Colours*

bált/as, -à (3)	white
júod/as, -à (3)	black
raudón/as, -a (1)	red
žãl/ias, -ià (4)	green
mélyn/as, -a (1, 3ª)	blue
geltón/as, -a (1)	yellow
rùd/as, -à (4)	brown
pìlk/as, -à (3)	grey

Questions asking for information

You already know how to ask a question in Lithuanian. That was quite straightforward. The question is indicated by the word **ar** or **gal** placed at or near the beginning of the sentence, with a question intonation, i.e. a raising of the tone, at the end of the sentence.

In Dialogue 1 of this lesson we also had questions of various other sorts:

Kieno čia kambarys?	Whose room is this?
Kur tu miegi?	Where do you sleep?
Ką gali man parodyti?	What can you show me?
Kas čia yra?	What's that?
Kokios spalvos?	What colour [...]?

So, there are various ways of eliciting information: about the subject, the object, place, colour, and belonging. If we want to ask about the time, we ask **kada?**, e.g. **Kada atvažiuoja traukinys?** 'When does the train arrive?' Where a quantity is in question, we can ask **kiek?** 'How much? How many?' And if we want to ask about some quality or characteristic, we ask **koks?** 'What sort of ...?' (for this word we have to make changes for case, gender and number).

Grammar

The plural of adjectives

Lithuanian adjectives have different forms from nouns. The nominative plural of adjectives has the following endings:

Singular	-as	-a	-us	-i	-is	-ė
	baltas	balta	gražus	graži	medinis	medinė
Plural	-i	-os	-ūs	-ios	-iai	-ės
	balti	baltos	gražūs	gražios	mediniai	medinės

The adjective **didelis** is somewhat different; its nominative singular is similar to that of other adjectives in **-is**, but the other cases, including the nominative plural, are like those of adjectives in **-as**: **didelis** → **dideli**.

Expressing place using prepositions and adverbs

You already know many of the ways in which place is expressed in Lithuanian: using the locative and the instrumental cases, the prepositions **iš** and **į**, and words with suffixes indicating place.

In Dialogue 1 there are some other words indicating place, such as the adverbs **čia** 'here' and **ten** 'there'. Various spacial relations are conveyed by the following prepositions: **ant** 'on', **prie** 'by, near', **šalia** 'near, beside', **tarp** 'between', and **už** 'behind, outside'. They are all used with the genitive case.

Demonstrative pronouns

To indicate something nearby one uses the pronoun **šitas, šita** (1 or 4: **šitą**) 'this (near me)', for something further away there is **tàs, tà** 'that (near you)', and for something even further away there is **anàs, anà** 'that (over there)'. See the reference section for their declension.

Exercises 5a

Write out the following sentences as questions in which you seek to elicit an answer to the underlined word, e.g.:

Ten brolio namas.
Kieno ten namas?

(a) Mano draugas turi didelį butą.
(b) Čia yra penki kambariai.
(c) Jis labiausiai mėgsta svetainę.

(d) Svetainėje yra daug paveikslų.
(e) Svetainės sienos yra baltos.
(f) Vidury kambario yra didelis apvalus stalas.
(g) Kampe stovi televizorius.
(h) Ant grindų yra gražus margas kilimas.
(i) Prie lango ir ant palangės daug gėlių.
(j) Draugo miegamasis yra mažas.
(k) Čia yra tik lova, spinta ir veidrodis.
(l) Savaitgaliais draugas mėgsta būti namie.

Vocabulary

labiáusiai, adv.	most (of all)
vidurỹ + gen.	in the middle of
apval/ùs, -ì (4)	round
márg/as, -à (3)	many-coloured
kìlim/as, -o (1)	carpet
paláng/ė, -ės (1)	window-sill
véidrod/is, -(dž)io (1)	mirror

Exercise 5b

Qualify each of the following words with three or more adjectives, e.g.:

namai — gražūs, dideli, balti

langai	dėdė
kėdė	tėvai
lubos	šaldytuvas
statybininkas	virtuvė
butas	spintos
lova	lentyna
durys	policininkas

Vocabulary

statýbinink/as, -o (1)

builder (fem. statýbinink/ė, -ės (1); from statýti, stãto, stãtė 'build')

šaldytùv/as, -o (2)

refrigerator, icebox

poli̇cinink/as, -o (1) policeman

Exercise 5c

Insert the following words into appropriate places in the text below:

teta	prie	ten	name
parko	tarp	ramu	kambariai
gera	geras	raudonos	puikios
jos	baltos	gražūs	geltonos

_____ parko yra daug gražių namų. Čia gyventi _____ ir _____ . Namai _____, nėra triukšmo, _____ oras. Viename _____ gyvena mūsų _____ Julė. _____ namas visai mažas, čia yra tik trys _____ . _____ jos namo ir _____ yra gražus gėlynas. Čia žydi _____ gėlės: _____ ir _____ . Julė labai mėgsta _____ būti.

Dialogue 2 ▣

Kiek kainuoja autobuso bilietas?

How much does a bus ticket cost?

Bilas atsisveikina su šeimininkais ir vaikais, ruošiasi važiuoti namo

BILL: Ačiū už viską. Buvo labai malonu. Iki pasimatymo, vaikai.
VYTAUTAS: Aš tave palydėsiu iki stotelės, Bilai. Lina, ar tu eisi kartu?
LINA: Taip taip, palaukit manęs.
BILL: Ar iš čia daug autobusų į Vilnių?
VYTAUTAS: Vakare nelabai, bet rytą, dieną, kai reikia važiuoti į darbą, autobusai važiuoja gana dažnai.
BILL: Ar ilgai reikia važiuoti?
VYTAUTAS: Maždaug apie 20 minučių. Jei nori, gali išlipti prie troleibusų žiedo, iš ten greitai parvažiuosi namo, nereikės važiuoti per visą miestą.
BILL: Ar brangiai kainuoja bilietas?
VYTAUTAS: Šešiasdešimt centų iki žiedo, šešiasdešimt penki iki stoties. Aš manau, nelabai brangiai. Lina, paskubėk, Bilas pavėluos į paskutinį autobusą ir reikės važiuoti taksi.
LINA: Jau ateinu.

Bill says goodbye to his hosts and their children, and prepares to go home

BILL: *Thanks for everything. It was very pleasant. Goodbye, children.*

VYTAUTAS: *I'll accompany you to the stop, Bill. Lina, will you come along?*

LINA: *Yes, yes, wait for me.*

BILL: *Are there many buses from here to Vilnius?*

VYTAUTAS: *In the evening not many, but in the morning and afternoon, when it's necessary to go to work, the buses are quite frequent.*

BILL: *Is it a long journey?*

VYTAUTAS: *Round about 20 minutes. If you want, you can get out at the 'trolleybus ring'; from there you will get home quickly and won't have to go through the whole town.*

BILL: *Are tickets expensive?*

VYTAUTAS: *Sixty cents to the ring, sixty-five to the station. I don't think that that is very expensive. Lina, hurry up, Bill will be late for the last bus and will have to go by taxi.*

LINA: *I'm coming.*

Vocabulary

ruõštis, ruõšiasi, ruõšėsi	get ready
paláukti, paláukia, paláukė	wait (+ gen. 'for')
kaĩ, conj.	when
ganà	quite, very
maždaũg, adv.	approximately, 'more or less'
apiẽ + gen., prep.	about
išĺipti, ìšlipa, išĺipo	get out/off (+ iš + gen.; įĺipti, į̃lipa, įĺipo + į̃ + acc. 'to get on, climb (up/into)')
troleibùs/as, -o (2)	trolleybus
žíed/as, -o	ring
parvaži/úoti, -úoja, -ãvo namõ	get home
peř + acc., prep.	through, across
kainúoti, kainúoja, kainávo	cost
manýti, mãno, mãnė	think, intend
paskubéti, pàskuba, paskubéjo	hurry
pavėlúoti, pavėlúoja, pavėlãvo	be late (į̃ + acc. 'for')
paskutìn/is, -ė (2)	last

Grammar

Numerals

20 dvidešimt	30 trìsdešimt	40 kēturiasdešimt
21 dvidešimt vienas	34 trisdešimt keturi	50 peñkiasdešimt
22 dvidešimt du	35 trisdešimt penki	60 šēšiasdešimt
23 dvidešimt trys	36 trisdešimt šeši	70 septýniasdešimt
24 dvidešimt keturi	37 trisdešimt septyni	80 aštúoniasdešimt
25 dvidešimt penki	38 trisdešimt aštuoni	90 devýniasdešimt
26 dvidešimt šeši	39 trisdešimt devyni	100 šim̃t/as, -o (4)

All the tens and hundreds are always used with the genitive plural of nouns, e.g.,

20 studentų   30 namų   40 stalų

The other numerals agree with the counted noun in case and gender, e.g.: **dvi mergaitės, du berniukai, septyni kambariai, septynios pusseserės.** One usually uses the plural, except for those occasions when the numeral includes the component **vienas, viena.** Here, in Lithuanian (which is different from English!) one must use the singular: **dvidešimt vienas berniukas, keturiasdešimt vienas litas, septyniasdešimt viena knyga.**

The genitive and accusative of personal pronouns

You now know the genitive and accusative of most words. In Dialogue 2 we also had the same case forms of various pronouns: **manęs, tave.** Here are the genitive and accusative forms of the personal pronouns:

	Genitive	Accusative
aš	→ **manę̃s**	→ **manè**
tu	→ **tavę̃s**	→ **tavè**
jis	→ **jõ**	→ **jį̃**
ji	→ **jõs**	→ **ją̃**
mes	→ **mū́sų**	→ **mùs**
jūs	→ **jū́sų**	→ **jùs**
jie	→ **jū̃**	→ **juõs**
jos	→ **jū̃**	→ **jàs**

The future tense

Dialogue 2 contained reference to future events and actions. The future tense of Lithuanian has its own formant or indicator, the suffix -s-, which is joined to the infinitive once the ending -ti has been removed. Then the personal endings are added as appropriate:

aš	ei̶t̶i̶	+	-s-	+	-iu	=	eisiu
tu	ei̶t̶i̶	+	-s-	+	-i	=	eisi
jis, ji	ei̶t̶i̶	+	-s-	+	-Ø	=	eis
mes	ei̶t̶i̶	+	-s-	+	-ime	=	eisime
jūs	ei̶t̶i̶	+	-s-	+	-ite	=	eisite
jie, jos	ei̶t̶i̶	+	-s-	+	-Ø	=	eis

Adverbs in -ai

We often need to accompany the verb with some reference to how the action or event was realized. It is very easy to form such words from adjectives, namely by removing their ending and replacing it with:

-ai for adjectives in **-as**
-iai for adjectives in **-us**

For example:

geras	→ geraĩ	puikus	→ puĩkiai
greĩt/as, -à (4)	→ greĩtai	įdomùs	→ įdõmiai
ľ̃et/as, -à (4)	→ ľ̃etaĩ	gražùs	→ gražiaĩ

Language points

Money – pinigaĩ

The Lithuanian currency is the **ľ̃it/as, -o** (2) 'lit', made up of 100 **ceñt/as, -o** (2; **ceñtai**) 'cent', which are abbreviated as 'Lt' and 'ct'. With numerals these currency names are used just like other words: from 1 to 9 they agree in case, number, and gender (**trys litai, penki centai**), while from 11 to 19, and with the tens and hundreds, the numerals govern the genitive plural (**penkiolika litų, keturiasdešimt centų, du šimtai litų**).

Reading

Read the following advertisement. What is cheapest, and what dearest?
Write out the prices of items in words.

Baldų parduotuvė **PUŠIS parduoda** lietuviškus ir itališkus baldus

Virtuvės baldai:	kaina:	Svetainės baldai:	kaina:
stalas	248 Lt	sofa	899 Lt
kėdė	49 Lt	sekcija	2 409 Lt
spintelė	305 Lt	fotelis	299 Lt
spintelė su kriaukle	428 Lt	staliukas	306 Lt
lentyna	68 Lt	6 kėdės	378 Lt

Darbo kambario baldai:	kaina:	Kitos prekės:	kaina:
rašomasis stalas	419 Lt	šaldytuvas "Snaigė-3"	979 Lt
darbo kėdė	119 Lt	šaldiklis "Snaigė-12"	1 119 Lt
knygų spinta	988 Lt	šaldiklis "Snaigė-14"	1 239 Lt
lentyna knygoms	67 Lt	elektrinė plytelė	1 568 Lt

Vocabulary

kriaukl/ė, -ės (4)	wash-basin
sèkcij/a, -os (1)	wallstand
fòtel/is, -io (1)	armchair
staliùk/as, -o (2)	table (dim.)
prěk/ė, -ės (2)	item, piece of good (often pl. 'goods')
šaldìkl/is, -io (2)	freezer
elektrìn/ė, -ės plytěl/ė, -ės (2)	electric cooker (elektrìn/is, -ė (2))

Reading 2

Read the following letter, which Robertas has written to his wife Marija. Find the mistakes and correct them. Altogether there are thirteen. Note the format of the letter, how it begins and ends, and the small letter beginning the text.

Vilnius, 95 10 03

Brangioji Marija,

rašau tau iš Vilniaus. Aš čia bus dar visą mėnesį. Kaip gyvenate? Ar visi sveikas? Kas pas jus naujo? Kaip vaikai?

Man sekasi neblogai. Gyvenu čia gerame viešbutyje ant Vingio parko. Viešbučio pavadinimas "Draugystė". Turiu čia gerą didelį kambarį, kurio langai yra į parko pusę. Dabar Vilniuje labai gražus ruduo, medžių lapai geltonas, raudonas. Kambaryje turiu viską, ko labiausiai reikia. Yra plati lova, sofa, rašomasis stalai, spinta, lentyna, televizoriai ir mažas staliukas. Atskirai yra vonia ir tualetas. Žodžiu, nieko netrūksta. Galiu patogus dirbti ir gerai pailsėti.

Marija, kai dėsi daiktus vykdama į Varšuvos, paimk pilką aplanką, kuris yra ant mano knygų lentynos darbo kambaryje, rudą užrašų knygelė ir nuotraukas, kurios yra tarp rašomojo stalo šalia telefono. Gerai? Kada jūs atskrisite į Varšuvą? Ar jau turite bilietus? Labai laukiu jus. Linkėjimus visiems siunčia Aldona.

Bučiuoju tavęs ir vaikus.

Tavo Robertas

Vocabulary

į ... pùsę	facing
mēd/is, -(dž)io (2)	tree
plat/ùs, -ì (4)	wide
rãšom/asis, -oji (1)	writing (long adj.)
atskiraĩ, adv.	separately, apart (from ãtskir/as, -à (3^b) 'separate')
žodžiù, adv.	in a word (lit. instr. of žód/is, -(dž)io (2))
trū́kti, trū́ksta, trū́ko	be lacking, short (with dat. of who is short of whatever, and gen. of what is lacking)
patog/ùs, -ì (4)	comfortable, convenient
pailsėti, paìlsi, pailsėjo	rest, take a rest
dėti, dēda, dėjo	put (here regarding getting things together while packing)
vỹkdam/as, -à	coming, setting off for (here a special participial form of the v. vỹkti, vỹksta, vỹko 'go, make for')
paiñti, pàima, pàėmė	take
āplank/as, -o (3^b)	folder
ùžraš/as, -o (3^b)	note (pl. 'notes')
knygēl/ė, -ės (2)	book (dim.)
núotrauk/a, -os (1)	photo, snap
atskrìsti, àtskrenda, atskrìdo	to arrive by plane
bučiúoti, bučiúoja, bučiãvo	to kiss

Exercise 5d 🔘🔘

If you have the recordings, listen then write in the numerals. If you don't, just think up some numerals for yourself and write them out in words:

Vilma yra mokytoja. Ji su savo vaikais dažnai eina pasivaikščioti. Šiandien kartu su ja yra _____ mergaičių ir _____ berniukas. Iš viso čia _____ vaikai. _____ mokinių žaidžia futbolą, _____ mergaitės turi lėles ir žaidžia su jomis. Kiti vaikai sako Vilmai savo telefono numerius. Jono telefonas _____, Marytės – _____, Mykolo – _____, Jolantos – _____, Indrės – _____.

> iš vìso, adv. altogether

Exercise 5e

Form adverbs from the following adjectives and insert them as appropriate into the sentences:

atsargus	pigus
greitas	tylus
aiškus	malonus

(a) Ji _____ perka naują spintą.
(b) Berniukas _____ eina į mokyklą.
(c) Mokiniai klasėje _____ skaito.
(d) _____ pasakykite savo vardą ir pavardę.
(e) Jis _____ kalba su savo seneliu.
(f) Sesuo _____ deda stiklinę ant stalo.

> klãs/ė, -ės (2)   class(room)
> stikln̄/ė, -ės (2)   glass (for drinking)

Exercise 5f

Insert the appropriate form of the future tense of the verbs given in brackets:

(a) Ar jūs _____ pas mane?   (ateiti)
(b) Viskas _____ gerai.   (būti)
(c) Tėvas _____ spintą ir sofą.   (pirkti)

(d) Vairuotojas jus _____ prie jūros. (nuvežti)
(e) Pusbrolis _____ savo mašiną. (parduoti)
(f) Aš greitai _____ laišką. (rašyti)
(g) Mes _____ geri mokslininkai. (būti)
(h) Ant palangės _____ daug gėlių. (žydėti)

žydėti, žýdi, žydėjo	flower, bloom (**žiedas** 'flower (in tree or bush)' as well as 'ring'; otherwise **gėl/ė, -ės** (4))

Exercise 5g

Insert the correct form of the word in brackets:

(a) _____ (manęs, aš) rytoj nebus namie.
(b) Jis nenori _____ (tave, tavęs) matyti.
(c) Kas _____ (mane, manęs) palydės?
(d) Ar _____ (jūs, jus) galima sutikti restorane?
(e) _____ (jų, jos) neateina į universitetą.
(f) Padėk _____ (jie, juos, jų) ant stalo.

sutìkti, sutiñka, sutìko	meet (s.o.)
padėti, pàdeda, padėjo	put

6 Pasivaikščiojimas po Vilnių

A walk around Vilnius

By the end of this lesson you will have learnt:

- how to make a telephone call
- how to express when something happens
- how to make a polite request
- how to express a condition
- how to seek and express an opinion
- how to speak of past events

Keep working on the pronunciation of groups of consonants, especially where the last one is soft and softens those immediately preceding it. Do you remember which consonants behave differently? Also, try working through the names of cities and countries in the introduction.

Dialogue 1 🔊

Prašyčiau pakviesti prie telefono X

Would X please come to the telephone?

Bilas skambina Aldonai į studentų bendrabutį ir kalba su bendrabučio budėtoja

BUDĖTOJA:	Alio!
BILL:	Laba diena! Čia bendrabutis?
BUDĖTOJA:	Taip, studentų bendrabutis.
BILL:	Prašyčiau pakviesti prie telefono panelę Aldoną iš trisdešimt antro kambario.
BUDĖTOJA:	Prašom palaukti, aš tuojau pakviesiu.
BILL:	Labai ačiū.
BUDĖTOJA:	Alio! Žinote, jos dabar nėra, bus tik vakare. Gal galėtumėt paskambinti vėliau?

BILL: Ačiū, paskambinsiu vėliau.

Vakare skambina dar kartą

BUDĖTOJA: Alio!
BILL: Atsiprašau, norėčiau pakalbėti su panele Aldona iš trisdešimt antro kambario. Kažin, ar ji jau yra?
BUDĖTOJA: Taip, taip. Vieną minutėlę.
ALDONA: Klausau.
BILL: Labas, Aldona! Čia Bilas.
ALDONA: O, sveikas! Kas naujo? Kaip gyveni?
BILL: Dėkui, viskas gerai. Norėčiau su tavim susitikti. Ar galėtum rytoj?
ALDONA: Rytoj? Taip, dieną galiu. Ką norėtum veikti?
BILL: Norėčiau pavaikščioti po senamiestį, užlipti į Gedimino kalną, apžiūrėti pilies bokštą. Po to, jeigu norėtum, nueitume į kavinę. Kaip manai?
ALDONA: Gerai. Dieną pavaikščiokime, o vakare kviečiu į studentų vakarėlį universiteto kavinėje. Bus poezijos, dainų, šokių. Sutinki?
BILL: Puiku!

Bill telephones Aldona at the students' hostel and speaks with the person on duty in the hostel

WARDEN: *Hello!*
BILL: *Hello. Is that the hostel?*
WARDEN: *Yes, the students' hostel.*
BILL: *May I speak to the young lady Aldona from room no. 32?*
WARDEN: *Please wait, I'll call her straight away.*
BILL: *Thank you.*
WARDEN: *Hello! You know, she's not here at the moment, and will be here only in the evening. Perhaps you would phone later?*
BILL: *Thanks, I'll phone later.*

In the evening he phones once again.

WARDEN: *Hello!*
BILL: *Excuse me, I would like to speak to Miss Aldona from room no. 32. Maybe she's already in?*
WARDEN: *Yes, yes. One moment.*
ALDONA: *Hello.*
BILL: *Hi, Aldona! Bill here.*
ALDONA: *Oh, hi! What's new? How are you?*

BILL: *Thanks, everything's fine. I'd like to meet you. Would you be able to meet tomorrow?*

ALDONA: *Tomorrow? Yes, I can during the day. What would you like me to do?*

BILL: *I'd like to walk around the Old Town, go up to Gediminas Mount, and look at the castle tower. Then, if you wanted, we might go to a café. What do you think?*

ALDONA: *Fine. In the afternoon we'll walk, then in the evening I invite you to a students' party in the university café. There'll be poetry, songs, and dancing. Do you agree?*

BILL: *Great!*

Vocabulary

pasiváikščiojim/as, -o (1)	walk, stroll
budétoj/a, -os (1)	person on duty, warden (fem.; masc. **budėto/jas, -jo** (1); from **budéti, bùdi, budėjo** 'be on duty')
panēl/ė, -ės (2)	young (unmarried) lady, Miss
trisdešimt añtr/as, -à (4)	thirty second (note how only the second component has the ordinal form, just as in English)
vėliaũ	later
dár kaȓtą	once again
kažìn	perhaps, very likely, hardly, scarcely (an adv. inserting a strong element of doubt into an assertion or question)
víeną minutėlę	just a minute (acc. of **minutēl/ė, -ės** (2), dim. of **miǹut/ė, -ės** (2) 'minute')
dẽkui	thanks
taviñ	you (instr. of **tu**, in a very frequent form, truncated from **tavimì**)
diẽną	in the afternoon, during the daytime
veĩkti, veĩkia, veĩkė	do
paváikščio/ti, -ja, -jo	walk (around for a while)
põ + acc.	around, about, all over
užlìpti, ùžlipa, užlìpo	climb, go up (to; **añt** + gen. '(on)to')
pil/is, -iẽs, (4; fem.)	castle
bókšt/as, -o (1)	tower
põ tõ	after that, then

vakarẽl/is, -io (2)	party
poèzi/ja, -jos (1)	poetry
dain/à, -õs (4)	song, folk song
šõk/is, -io (2)	dance
sutìkti, sutiñka, sutìko	to agree

Grammar

The expression of time

Time is expressed in Lithuanian in various ways. You already know that the accusative case can be used, e.g. **pirmadieni̇̀, antradieni̇̀**. This is a very typical way of expressing time. In addition to the days of the week, the times of the day and the seasons can also be conveyed using the accusative:

Nominative	Accusative	
pavãsar/is, -io (1)	pavãsari̇̀	in spring
vãsar/a, -os (1)	vãsarą	in summer
rud/uõ, -eñs (3^b)	rùdeni̇̀	in autumn
žiem/à, -õs (4)	žiẽmą	in winter
rytas	rytą	in the morning
diena	dieną	in the afternoon/daytime

Sometimes the time can be made more precise if we accompany the noun by an appropriate pronoun:

Nominative	Accusative	
šis, ši	ši̇̀, šią	this
kitas, kita	kitą	next
kiekvienas, kiekviena	kiekvieną	every
visas, visa	visą	all

For example:

Masculine	Feminine
ši̇̀ sekmadieni̇̀	šią žiemą
kitą pirmadieni̇̀	kitą vasarą

kiekvieną rudenį   kiekvieną dieną
visą šeštadienį   visą vasarą

Sometimes time is expressed using the locative case, e.g.:

vakaras   →   vakarè
rytas   →   rytè

And often adverbs of time are used to express time:

vãkar	yesterday
ùžvakar	the day before yesterday
šiañdien	today
dabar̃	now
rytój	tomorrow
porýt	the day after tomorrow
vėlaĩ	late
ankstì	early
kasdiẽn	every day
visadà	always
niekadà	never

Making a polite request

If we want to ask someone something very politely, the most appropriate form to use is the conditional mood, which you encountered in Dialogue 1. The conditional is formed very simply: to the infinitive stem (obtained by removing the ending -ti), we add the suffix -t- and the personal endings. The first person singular form looks odd, since the t becomes č, something you encountered in Lesson 3. Thus:

aš	norėti + -t- + -iau	= norėčiau
tu	norėti + -t- + -um	= norėtum
jis, ji, jie, jos	norėti + -t- + -ų	= norėtų
mes	norėti + -t- + -ume or -umėme	= norėtume, norėtumėme
jūs	norėti + -t- + -ute or -umėte	= norėtute, norėtumėte

Conditions

We may also use the conditional forms to express conditions themselves. The sentence then needs to be constructed using **jéi** or **jéigu** 'if', e.g.:

Jeigu tu norėtum, eitume į kavinę   If you wanted, we might go
                                          to the café
Jeigu galėčiau, eičiau pasivaikščioti   If I could, I'd go for a walk

Do note, in comparison with English, that here the conditional is used in both halves of the sentence. The above sentences also exemplify 'unreal' conditions, hopes or desires that something might happen. 'Real' conditions would use the same tense forms as in English, e.g. 'If (= Whenever) he wanted, he went to the cinema' (we can't translate this yet), or, if reference is to the future, then the future tense in both halves of the sentence. Thus, using the above two sentences and the other form **jei**:

Jei tu norėsi, eisime į kavinę   If you want, we'll go to the café
Jei galėsiu, eisiu pasivaikščioti   If I can, I'll go for a walk

Exercise 6a

Work out which phrases in column two complete the sentences begun in column one:

(a) Jeigu turėčiau laiko   1 nevėluoti į paskaitas
(b) Jeigu būtų sekmadienis   2 jeigu aš tave pakviesčiau?
(c) Jei jis turėtų pinigų   3 kada išvyksta traukinys į Kauną
(d) Kas norėtų   4 paskambinti rytoj rytą
(e) Labai prašyčiau   5 važiuotume į Trakus
(f) Norėčiau paklausti   6 ateičiau pas jus šį vakarą
(g) Ji eitų pasivaikščioti   7 pirktų naują mašiną
(h) Ar norėtum nueiti į kavinę   8 jei vakare būtų geras oras
(i) Prašytume   9 važiuoti šią žiemą į kalnus?

Exercise 6b

Insert the following words or phrases into the sentences:

ansti   **kiekvieną dieną**   **visada**   **užvakar**
niekada   **rytoj**   **visą sekmadienį**

(a) Jis _____ neina į parodas.

(b) Aš _____ pirksiu naują televizorių.
(c) Ar jūs _____ atostogaujate vasarą?
(d) Seserys _____ po darbo susitinka.
(e) Ar tu _____ grįžti iš darbo?
(f) Mes _____ buvome kartu.
(g) _____ pas mus atvažiavo seneliai.

Dialogue 2 🔲

Kaip tu manai?

What do you think?

Bilas ir Aldona susitiko mieste

BILL: Kur eisime? Kaip manai?
ALDONA: Kur tu Vilniuje jau buvai? Ką matei?
BILL: Buvau Istorijos ir etnografijos muziejuje, Kalnų ir Vingio parkuose. Jau daug vaikščiojau po senamiestį, mačiau Katedrą, daug kitų bažnyčių, meno galerijų. Man Vilniaus senamiestis labai patinka, galiu vaikščioti čia kasdien ir niekada neatsibosta.
ALDONA: Ar buvai prie Vilnios upės, Užupyje?
BILL: Ne, nebuvau. Vilnią mačiau tik santakoje, kur ji įteka į Nerį.
ALDONA: Tada eikim pasivaikščioti prie Vilnios. Pamatysi, ten gražios vietos, Vilnia labai vingiuota upė, gražūs jos krantai. Tu dar norėjai užlipti į Gedimino kalną?
BILL: Taip, norėčiau, nes dar nebuvau ten.
ALDONA: O Aušros vartus jau aplankei?
BILL: Tik iš tolo mačiau, o viduje dar nebuvau.
ALDONA: Mano nuomone, vertėtų ir ten nueiti. Kaip tau atrodo?

Bill and Aldona have met in the city

BILL: *Where'll we go? What do you think?*
ALDONA: *Where've you already been in Vilnius? What have you seen?*
BILL: *I've been in the History and Ethnography Museum, and in the Kalnai and Vingis parks. I've done a lot of walking around the Old Town, seen the cathedral, many other churches, and art galleries. I really like Vilnius Old Town, can walk there every day and never get tired of it.*
ALDONA: *Have you been by the River Vilnia, in Užupis?*

BILL: *No, I haven't. I've only seen the Vilnia at the watersmeet,
          where it flows into the Neris.*

ALDONA: *Then let's go for a walk by the Vilnia. You'll see that there
          are lovely spots there, the Vilnia is a very meandering river,
          its banks are beautiful. Did you also want to go up to
          Gediminas Mount?*

BILL: *Yes, I did, as I've not been there yet.*

ALDONA: *And have you visited the Aušra Gate yet?*

BILL: *I've only seen it from a distance, and haven't been inside it.*

ALDONA: *In my opinion, it would be worth going there too. What do
          you think?*

Vocabulary

etnogrãfij/a, -os (1)	ethnography
mēn/as, -o (2)	art
galèrij/a, -os (1)	gallery
patìkti, patiñka, patìko	please (used in the third p. form with a pron. in the dat., to convey 'to like (lit. to please (to) s.o.')
atsibósti, atsibósta, atsibódo	make s.o. fed up (the p. 'fed up' goes in to the dat., thus unexpressed *man* in the dialogue)
Vìlni/a, -os (1)	Vilnia (river name)
ùžup/is, -io (1)	a city district on the other side of the river
sántak/a, -os (1)	watersmeet, confluence
įtekéti, į̃teka, įtekéjo	flow into (with į + acc.)
Ner/ìs, -iẽs (4)	Neris (river name)
vingiúot/as, -a (1)	meandering, winding
krañt/as, -o (4)	bank, shore
aušr/à, -õs (4)	dawn
vař̃t/ai, -ų (2)	gate(s) (pl. only)
iš tõlo	from afar
vid/ùs, -aūs (4)	inside, interior, middle
núomon/ė, -ės (1)	opinion (here used in the instr., conveying 'in X's opinion')
vertéti, veř̃ta, vertéjo	be worth, worth while (e.g. **pilį vertà pažiūrėti** 'it's worth seeing the castle')
atródyti, atródo, atródė	seem, look (here used with the dat.)

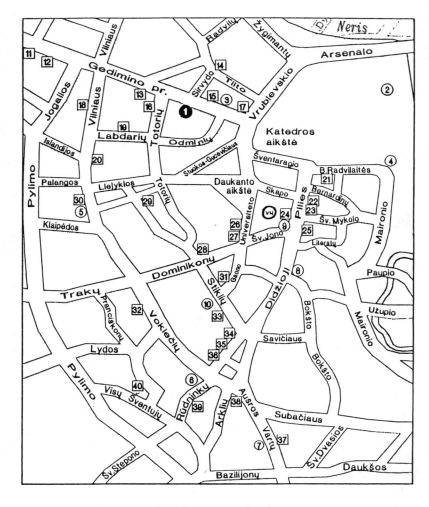

Vilniaus senamiestis

❶ Lietuvos Bankas

○
2 Taikomosios Dailės Muziejus
3 Dailės parduotuvė
4 Meno galerija
5 Galerija 'Vartai'
6 Parodų rūmai, dailės parduotuvė
7 Galerija 'Arka'
8 Galerija, kavinė
9 Suvenyrų parduotuvė
10 Suvenyrų parduotuvės

❏
11 Centrinis gastronomas
12 Restoranas 'Vilnius'
13 Valgykla, kavinė 'Vilija'
14 Kavinė 'Šerkšnas'
15 Picerija
16 Kavinė, baras 'Gluosnis'
17 Restoranas, baras 'Literatų svetainė'
18 Kavinė 'Žuvėdra'
19 Kavinė 'Svetainė'
20 Kavinė 'Pilėnai'
21 Kavinė 'Barbora'
22 Blyninė
23 Arbatinė 'Čiobrelis'
24 Ledainė
25 Kavinė 'Vaiva'
26 Kavinė 'Ansamblis'
27 Kavinė 'Alumnatas'
28 Restoranas, baras 'Senasis rūsys'
29 Valgykla, restoranas 'Bočiai'
30 Kavinė 'Irena'
31 Restoranas, alinė 'Stikliai'
32 'Žemaičių' alinė
33 Restoranas 'Lokys'
34 Restoranas 'Amatininkų užeiga'
35 Kavinė 'Cukrainė'
36 Baras 'Laumė'
37 Kavinė, restoranas 'Medininkai'
38 Restoranas, baras 'Astorija'
39 Alinė 'Rūdninkai'
40 Kavinė 'Ančia'
VU Vilniaus Universitetas

Language points

Asking someone their opinion and expressing your own

In Lithuanian there are various ways of asking someone their opinion (the translations are quite literal, so that some of them may seem rather stilted):

Kaip (tu) manai? Kaip (jūs) manote?	What do you think?
Kokia tavo (jūsų) nuomonė?	What is your opinion?
Kaip tau (jums) atrodo?	How does it seem to you?

Our reply would be:

(Aš) manau, kad ...	I think that ...
Manyčiau, kad ...	I would think that ...
Man atrodo, kad ...	It seems to me that ...

In Dialogue 2 we also had the expression **mano nuomone** 'in my opinion', using the instrumental singular of the noun **nuomonė** 'opinion'. We can easily vary it by changing the possessive.

Grammar

The simple past tense

The name of this tense in Lithuanian draws attention to the fact that it refers to one occasion in the past; perhaps we might turn this around, saying that it is used when there is no emphasis on something happening frequently or habitually in the past. It is the past tense used most often in Lithuanian, and has two types of personal endings:

I		II	
-au	**-ome**	**-iau**	**-ėme**
aš mylėjau	**mes mylėjome**	**aš sakiau**	**mes sakėme**
-ai	**-ote**	**-ei**	**-ėte**
tu mylėjai	**jūs mylėjote**	**tu sakei**	**jūs sakėte**
-o	**-o**	**-ė**	**-ė**
jis, ji mylėjo	**jie, jos mylėjo**	**jis, ji sakė**	**jie, jos sakė**

In order to work out which endings a particular verb has, one takes the third person form, which is noted in dictionaries as the third basic verbal form, e.g.: **dirbti, dirba, dirbo**; **mylėti, myli, mylėjo**; **sakyti, sako, sakė**; **skaityti, skaito, skaitė**. See the reference section for information on how to work out the accent pattern from the three basic forms of the verb.

Exercise 6c

Insert the appropriate form of the verb:

(a) Šiandien mes _____ į svečius pas draugus.	(važiuoti)
(b) Studentai kasdien _____ į paskaitas.	(eiti)
(c) Kitą vasarą aš _____ prie jūros.	(atostogauti)
(d) Ar rytoj jūs _____ į teatrą?	(eiti)
(e) Vakar mano pusbrolis _____ iš Paryžiaus.	(grįžti)
(f) Poryt mes _____ tavęs bendrabutyje.	(laukti)
(g) Ar užvakar jūs _____ šį laikraštį.	(skaityti)

Exercise 6d 💿

Read the following text about Viktorija's Sunday. On her behalf write a letter to her mother about what the day was like. Don't forget that you must use the first person and the past tense.

Šiandien labai gražus oras. Rytą Viktorija skambina draugei ir kviečia susitikti. Jos susitaria eiti pasivaikščioti, o po to aplankyti dailės parodą. Po parodos abi eina į kavinę, kalba apie paveikslus, dailininkus, geria kavą. Staiga kavinėje jos pamato seną pažįstamą. Tai Rimas. Jie kartu ėjo į mokyklą. Rimas dabar aktorius. Šį vakarą naujo spektaklio premjera ir Rimas kviečia drauges į teatrą. Tikrai geras sekmadienis.

Vocabulary

susitar̃ti, susìtaria, susìtarė	agree (between themselves), come to an agreement (su + instr. 'with someone', dėl + gen. 'about something')
parod/à, -õs	exhibition, lit. 'showing'
gérti, gẽria, gérė	drink
staigà	suddenly
pamatýti, pamãto, pamãtė	catch sight of
pažįstam/as, -o (1, 3ᵃ)	acquaintance (fem. = pažįstam/a, -os (1, 3ᵃ))
ãktor/ius, -iaus (1)	actor (fem. = ãktor/ė, -ės (1))
spektãkl/is, -io (2)	show, spectacle
premjer/à, premjèros (2)	première

Exercise 6e

In the following groups of verbs, which is the odd one out from the point of view of the third person form of the past tense?:

(a) bėgti, skaityti, laukti, daryti
(b) mylėti, rašyti, dirbti, kalbėti
(c) pirkti, gyventi, parduoti, eiti
(d) mėgti, važiuoti, būti, žaisti
(e) duoti, sakyti, manyti, suprasti

bėgti, bėga, bėgo	run	

Reading ▢◗

Read through the following text:

Vilnius yra didžiausias Lietuvos miestas, Lietuvos Respublikos sostinė. Dabar Vilniuje gyvena daugiau kaip pusė milijono žmonių. Lietuvos sostinė — senas miestas. Niekas nežino tikros jo įkūrimo datos. Istoriniuose šaltiniuose Vilnius pirmą kartą paminėtas keturioliktame amžiuje. Sako, kad Vilnių įkūrė kunigaikštis Gediminas. Apie tai yra graži legenda.
Kartą kunigaikštis Gediminas medžiojo miškuose ant upės Vilnios krantų. Naktį jis susapnavo įdomų sapną. Ant didelio kalno stovėjo geležinis vilkas ir labai garsiai staugė. Rytą Gediminas pakvietė žynį ir papasakojo jam savo sapną. Kunigaikštis norėjo, kad žynys paaiškintų, ką toks sapnas reiškia. Tada žynys pasakė:
– Kunigaikšti, geležinis vilkas reiškia, kad čia stovės tvirta pilis – valstybės sostinė. O vilko staugimas – tai garsas, kuris eis į pasaulį apie šią sostinę.
Patiko Gediminui toks sapno aiškinimas. Nutarė jis ant Vilnios kranto pastatyti miestą.

Answer the following linked questions (this is an open task, for you to do as you think fit, in English or Lithuanian):

(a) Ar jūs žinote legendų apie kitų miestų kilmę?
(b) Kuriose legendose minimi gyvūnai?
(c) Ką jie simbolizuoja?

───────────────────────────────── **103**

Vocabulary

didžiáus/ias, -ia (1) — largest
respùblik/a, -os (1) — republic (note the **s!**)
sóstin/ė, -ės (1) — capital
daugiaū kaīp — more than
tìkr/as, -à (4) — precise, true, correct
įkūrìm/as, -o (2) — founding, foundation
dat/à, -os (2) — date
istòrin/is, -ė (1) — historical
šaltìn/is, -io (2) — source
paminét/as, -a (1) — mentioned
keturiólikt/as, -a (1) — fourteenth
įkùrti, įkuria, įkūrė — found, create
kunigáikšt/is, -(č)io (1) — Grand Duke (note that it looks something like 'king')
legend/à, -(eñd)os (2) — legend
medžióti, medžiója, medžiójo — hunt (+ acc.)
susapn/úoti, -úoja, -āvo — dream (this is the res. form, indicating 'have a dream'; the basic form is **sapnúoti**)
sāpn/as, -o (4) — dream (believe it or not, this is the same word as Greek *hypnos*, which gives us such words as *hypnosis*)
geležìn/is, -ė (2) — iron (adj., from **gelež/ìs, -iēs** (3[b]; fem.) 'iron')
vìlk/as, -o (4) — wolf
gařsiai — loudly (from **gars/ùs, -ì** (4) 'loud, famous')
stáugti, stáugia, stáugė — howl
žyn/ỹs, -io (4) — wizard (fem. = **žyn/ė̃, -ė̃s** (4))
papāsak/oti, -oja, -ojo — recount, relate (res. of **pāsakoti**)
paáiškinti, paáiškina, paáiškino — explain (res. of **áiškinti**)
réikšti, réiškia, réiškė — mean, signify (note how the consonants switch around)
tvìrt/as, -à (3) — strong, solid, hard
valstýb/ė, -ės (1) — state (country)
staugìm/as, -o (2) — howling
gařs/as, -o (4) — sound, glory (here), rumour
pasául/is, -io (1) — world

nutar̃ti, nùtaria, nùtarė	decree
pastatýti, pastãto, pastãtė	build (res. of **statýti**)
kilm/ẽ, -ė̃s (4)	origin
gyvū̃n/as, -o (2)	living creature
simbolizúoti, -úoja, -ãvo	symbolize

7 Pakeliaukime po Lietuvą

Let's travel around Lithuania

By the end of this lesson you will have learnt:

- how to describe what someone looks like
- the names of some parts of the body
- about nouns in -is with a genitive in -ies
- the plural of pronouns
- the points of the compass
- the construction žinoti, kad...
- more expressions of time: using per and po

Whilst you will learn a few new things in this lesson, you might also look upon it as a review and as a convenient moment for you to go back over the first six lessons. Take this opportunity to familiarize yourself with the pronunciation of the grammatical endings.

Make full use of the translations of the dialogues. There will be no more from Lesson 8.

Dialogue 1 ▣

Kaip ji atrodo?

What does she look like?

Aldona ir Bilas studentų kavinėje kalbasi apie Aldonos draugus

BILL: Ar visi šie žmonės yra tavo pažįstami?
ALDONA: Taip, beveik visi. Čia šeštadieniais ateina tie, kurie mėgsta

poeziją ir folkloro muziką. Mes dainuojame, šokame, skaitome eilėraščius.

BILL: Kas tas aukštas vaikinas su barzda ir ilgais plaukais? Gal koks poetas?

ALDONA: Taip, tai rašytojas. Jis jau nebe studentas, bet mėgsta čia ateiti.

BILL: O ta mergina trumpais šviesiais plaukais?

ALDONA: Ar ta aukšta ir plona?

BILL: Ne, ta nedidelė, labai linksma, kuri stovi prie vyro juodais ūsais.

ALDONA: A, tai mano kelionių draugė Monika.

BILL: Ji labai panaši į mano brolio žmoną.

ALDONA: O kaip atrodo tavo brolienė?

BILL: Ji tokio pat nedidelio ūgio, taip pat šviesiaplaukė, didelėmis mėlynomis akimis. Ji visada geros nuotaikos, labai smagi.

ALDONA: Ar norėtum su Monika susipažinti?

BILL: Taip, būtų malonu.

In the student café Aldona and Bill are talking about Aldona's friends

BILL: *Are all these people your acquaintances?*

ALDONA: *Yes, almost all (of them). On Saturdays those who like poetry and folk music come here. We sing, dance, and read poems.*

BILL: *Who is that tall fellow with a beard and long hair? Is he a poet or something?*

ALDONA: *Yes, he's a writer. He's no longer a student, but likes to come here.*

BILL: *And that girl with short, light hair?*

ALDONA: *The tall, slim one?*

BILL: *No, the short one, very happy, who's standing near the man with a black moustache.*

ALDONA: *Ah, that's my travelling companion Monika.*

BILL: *She's very like my brother's wife.*

ALDONA: *And what does your sister-in-law look like?*

BILL: *She's short just like that light-haired girl, with the big blue eyes. She's always in a good mood, really happy.*

ALDONA: *Would you like to meet Monika?*

BILL: *Yes, that would be nice.*

Vocabulary

pakeliáuti, pakeliáuja, pakeliãvo	travel, make a journey (the prefix **pa-** gives the sense of 'make a ..., take a ...')
folklòr/as, -o (2)	folklore (here in the gen. it functions as an adjective: 'folk ...')
mùzik/a, -os (1)	music
dainúoti, dainúoja, dainãvo	sing (trans. and intrans.)
šókti, šóka, šóko	dance, jump (also 'to get down to something', followed by **į** + acc.)
eilėrašt/is, -(šč)io (1)	poem, poetry
áukšt/as, -à (3)	tall (remember **aũkšt/as, -o** (2) 'storey, floor')
vaikìn/as, -o (2)	fellow, lad, guy
barzd/à, -õs (4)	beard
plauk/aĩ, -ų̃	hair (plural of **pláuk/as, -o** (3) '(a) hair')
kóks, kokià	what sort of..., some sort of...
poèt/as, -o (2)	poet (fem. **poèt/ė, -ės** (2))
rašýtoj/as, -o (1)	writer (fem. **rašýtoj/a, -os** (1))
jau nèbe	is/are no more, no longer
mergin/à, -(ìn)os (2)	girl, young woman
trum̃p/as, -à (4)	short
plón/as, -à (3)	slim
liñksm/as, -à (4)	happy
ū̃s/ai, -ų (2)	moustache, whiskers (plural of **ū̃s/as, -o** (2) 'whisker')
panaš/ùs, -ì (4) **į** + acc.	similar to, like
brolíen/ė, -ės (1)	sister-in-law
tóks pàt, tokià pàt	the same
ū̃g/is, -io (2)	height
taĩp pàt	as (here balances **tokio pat** in the preceding clause)
šviesiaplaũk/is, -ė (2)	light-haired
gerõs núotaikos	in a good mood, of a good disposition (gen. of **núotaika, -os** (1) 'mood')
smag/ùs, -ì (4)	happy, likeable, pleasant

Language points

Describing what someone looks like

When we want to ask about someone's appearance, we ask **kaip jis/ji atrodo?** 'What does he/she look like?'. We can respond to such a question in various ways. Sometimes we just use an adjective, e.g.:

aukšt/as	tall
žem/as, -à (4)	short
plon/as	slim
stór/as, -à (3)	stout
graž/us	beautiful, handsome

Sometimes we can convey the same meanings by using conjunctions of an adjective and noun in the genitive case:

aukštas = aukšto ūgio		tall
žemas = žemo ūgio	**= nedidelio ūgio**	short
vidutinio ūgio		of average height
gražaus veido		beautiful, handsome

vidutìn/is, -ė (2)	average
véid/as, -o (3)	face

One more way of describing someone's external appearance is to use the instrumental case governed by the preposition **su** 'with':

mergaitė su kasomis	a girl with plaits
vyras su barzda	a man with a beard
vaikinas su ūsais	a fellow with a moustache

kas/à, -õs (4)	plait

We can also provide a more precise, 'closer', characterization of someone by using the instrumental case without any preposition. Thus:

moteris šviesiais plaukais	a woman with light hair
senelis ilga barzda	an old man with a long beard
mergaitė mėlynomis akimis	a girl with blue eyes

Such expressions may be transformed into a single adjective which combines the adjective and the noun, e.g.:

šviesiaplaukis   light-haired
mėlynāk/is, -ė (2)   blue-eyed
aukštaūg/is, -ė (2)   tall
žemaūg/is, -ė (2)   short

When we describe someone we often have to be able to name certain parts of the body. So here are a few; declensional and accentual information is given only where not previously encountered in the course.

Kūno dalys   The parts of the body

kūn/as, -o (1)	body
galv/à, -õs (3)	head
veidas	face
plaukai	hair
kakt/à, -õs (4)	forehead
ak/ìs, -iẽs (4; fem.)	eye
aus/ìs, -iẽs, -ų̃ (4; fem.)	ear
nós/is, -ies (1; fem.)	nose
lū́p/a, -os (1)	lip
ūsai	moustache
skrúost/as, -o (3)	cheek
barzd/à, -õs (4)	beard
smãkr/as, -o (4)	chin
kãkl/as, -o (4)	neck
pet/ỹs, -iẽs, pl. pečiaĩ (4)	shoulder
rank/à, rañkos (2)	hand, arm
kój/a, -os (1)	foot, leg
dal/ìs, -iẽs (4; fem.)	part

Grammar

Nouns in -is, gen. -ies

In earlier lessons we have been introduced to many types of noun declension. You already know that nouns with the endings **-as, -is, -ys, -us** in the nominative singular are usually masculine, and that those with the endings **-a, -ė** are usually feminine. Nouns which have the ending **-uo** are most often masculine.

In this lesson we present you with words which belong to a declensional type which you have not yet met. These are nouns with the nominative singular in **-is** and the genitive singular in **-ies**, e.g.,

ak/is, -ies   eye
nos/is, -ies   nose
aus/is, -ies   ear

The genitive plural of most of these nouns is **-ių**; and occasionally **-ų**. The ending will be **-ių** unless we mark the gen. pl. as **-ų**. Most of these nouns are *feminine*. Four common words which are, however, masculine and belong to this class (the first two of them with **-ų** in the gen.pl.) are: **dant/is, -iẽs** (4), 'tooth', **debes/is, iẽs** (3[b]) 'cloud', **vag/is, -iẽs** (4) 'thief', and **žvėr/is, -iẽs** (3) '(wild) animal'. Common feminines with the genitive plural in **-ų** include: **aus/is, -iẽs** (4) 'ear', **dùr/ys, -ų** (2; pl. only) 'door', **gelež/is, -iẽs** (3[b]) 'iron', **griñd/ys, -ų̃** (4) 'floor' (pl.-only noun; fem.), **móter/is, -ies** (1) 'woman', **nakt/is, -iẽs** (4) 'night', **obel/is, -iẽs** or **oběls** (3[a]) 'apple tree', **puš/is, -iẽs** (4) 'pine', and **žąs/is, -iẽs** (4) 'goose'.

It is very important to know to which declensional type the nouns in **-is** belong. Gender and endings are often linked with this. Compare, in the masculine **brol/is, -io** and the feminine **ak/is, -ies**, the endings with which you are already familiar:

	brolis		*akis*	
Nom.	brolis	broliai	akis	akys
Gen.	brolio	brolių	akies	akių
Acc.	brolį	brolius	akį	akis
Instr.	broliu	broliais	akimi	akimis
Loc.	brolyje	broliuose	akyje	akyse

The plural of pronouns

The declension of Lithuanian pronouns often coincides neither with that of nouns nor with that of adjectives; the pronouns sometimes have completely different sorts of endings. In Dialogue 1 you encountered the nominative plural masculine of some pronouns: **šie, kurie, tie**.

The pronouns **jis, šis, šitas, tas, anas, kuris** and some others have the following endings for the nominative and accusative plural masculine:

Nominative singular	jis, šis, šitas, tas, anas, kuris
Nominative plural	jie, šie, šitie, tie, anie, kurie
Accusative plural	juos, šiuos, šituos, tuos, anuos, kuriuos

Exercise 7a

Write out the following sentences, selecting the appropriate forms from those within parentheses:

(a) Abu (šis, šie, šiuos) vyrai yra vidutinio ūgio.

(b) Ar tu matei (tie, tuos, tą) vaikinus ilgais plaukais?

(c) Mergaitės (akis, akys, akies) buvo rudos, o plaukai juodi.

(d) Kai tavo broliai ateis, aš (jį, jie, juos) supažindinsiu su savo bičiuliais.

(e) Atėjo keistas žmogus ilga (nosis, nosies, nosimi), žilais plaukais ir ilgais ūsais.

(f) Jo dėdė buvo plačių pečių, aukšto ūgio, linksmų (akies, akių, akimis).

(g) Studentai, (kuris, kurie, kuriuos) mėgsta bendrauti, šeštadieniais susirenka į kavinę.

(h) (Šis, šie, šiuos) aukštus gražius vaikinus aš vakar mačiau parodoje.

Vocabulary

keĩst/as, -a	strange, unknown, odd
žìl/as, -à (4)	grey (of hair)
bendráuti, bendráuja, bendrãvo	socialize, be sociable, go around with (su + instr.)
susiriñkti, susìrenka, susiriñko	meet, gather, get together (note how it is followed by į + acc. rather than the 'expected' loc.)

Dialogue 2 ▣

Žinau, kad įdomu

I know that it's interesting

Aldona supažindina Bilą su savo drauge Monika

MONIKA: Ar jūs pirmą kartą Lietuvoje?
BILL: Ne, antrą, bet aš dar beveik nemačiau Lietuvos. Be Vilniaus, buvau tik Trakuose.
MONIKA: Kaip patiko Trakai?
BILL: O, labai! Tokia įdomi pilis, gražūs ežerai! Gaila, kad ten buvome tik vieną dieną. Aš būtinai nuvažiuosiu į Trakus dar kartą.
MONIKA: O ar nenorėtumėt pamatyti kitų gražių Lietuvos vietų?
BILL: Žinoma, norėčiau, bet aš dar labai mažai žinau, ką verta pažiūrėti.
MONIKA: Gal norėtumėt pakeliauti kartu su mumis? Ar jūs mėgstate keliauti?
BILL: Labai mėgstu ir, žinoma, labai norėčiau kartu su jumis.
MONIKA: Bet mes daug einame pėsčiomis, nešame sunkias kuprines, miegame palapinėse. Ar nebijote?
BILL: Ne, visai nebijau. Žinau, kad taip galima labai daug pamatyti. O be to, labai įdomu.
MONIKA: Puiku! Mes kaip tik planuojame per atostogas keliauti po Žemaitiją. Ar žinote, kur ji yra?
BILL: Žinau, kad netoli jūros.
MONIKA: Taip, tai Lietuvos dalis, kuri yra šiaurės vakaruose. Ten gražus kraštovaizdis: daug kalvų, upių, ežerų, miškų. Mes žadame aplankyti keletą senų Žemaitijos miestelių, kitų įdomių vietų. Jei tikrai norėtumėt keliauti kartu, paskambinkit man po savaitės.
BILL: Ačiū, su dideliu džiaugsmu tai padarysiu. Koks jūsų telefono numeris?
MONIKA: 45 03 62.

Aldona introduces Bill to her friend Monika

MONIKA: *Is this your first time in Lithuania?*
BILL: *No, my second, but I've still hardly seen Lithuania. Apart from Vilnius, I've only been in Trakai.*
MONIKA: *How did you like Trakai?*

BILL: *Oh, lots! Such an interesting castle, and beautiful lakes! It's a pity we were only there one day. I'll certainly go to Trakai again.*

MONIKA: *But wouldn't you like to see some other beautiful places in Lithuania?*

BILL: *Of course I would, but I still hardly know what's worth seeing.*

MONIKA: *Would you like to travel together with us? Do you like travelling?*

BILL: *I do, and, of course, I would love to to come along with you.*

MONIKA: *But we're doing a lot of walking, carrying heavy rucksacks, and sleeping in tents. Aren't you afraid?*

BILL: *No, I'm not afraid at all. I know that that's how you see a great deal. And moreover, it's very interesting.*

MONIKA: *Great! We're just planning travelling through Žemaitija in the holidays. Do you know where that is?*

BILL: *I know that it's not far from the sea.*

MONIKA: *Yes, it's the part of Lithuania in the north-west. The landscape is beautiful: lots of hills, rivers, lakes, and forests. We promise to visit several old Žemaitija towns, and other interesting places. If you'd really like to come along, ring me in a week's time.*

BILL: *Thanks, I'll do that with great pleasure. What's your telephone number?*

MONIKA: *45 03 62.*

Vocabulary

supažìndinti, -dina, -dino	introduce s.o. to s.o. (acc. + **su** + instr.)
bè + gen.	apart from, without
būtinaĩ	by all means, without fail, certainly
nuvažiúoti, nuvažiúoja, nuvažiãvo	go somewhere (by transport)
kìt/as, -à (4)	other
veřta	is worth (while)
nèšti, nẽša, nẽšė	carry (on foot)
kuprìn/ė, -ės (2)	sack, rucksack, knapsack
palapìn/ė, -ės (2)	tent
bijóti, bìjo, bijójo	fear, be afraid (*of* = + gen.)
planúoti, planúoja, planãvo	plan, make plans

per atóstogas	during the holidays (**atostog/os, -ų** (1) 'holidays' (fem. pl.))
júr/a, -os (1)	sea
kraštóvaizd/is, -(dž)io (1)	landscape, scenery
kalv/à, -õs (4)	hill
žadéti, žãda, žadéjo	promise
kélet/as, -o (1)	several (only in the sing., and followed by the gen. pl.)
sén/as, -à (4)	old
miestél/is, -io (2)	town, little town
põ saváitės	in a week's time
džiaũgsm/as, -o (4)	joy
taĩ	so, that
padarýti, padãro, padãrė	do

Language points

The points of the compass

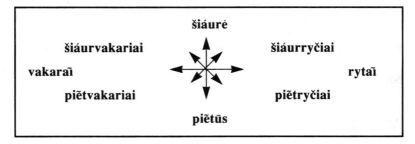

Three of the Lithuanian names for the points of the compass are used *exclusively in the plural* form: **rytaĩ, -ų** (3) 'east', **vakaraĩ, -ų** (3[b]) 'west', **piētūs, -ų** (4) 'south'. These words are also interesting in that they can also have other meanings. The singular forms **rytas** and **vakaras** indicate periods in the day, respectively 'morning' and 'evening' (you can see from this their link with 'east' and 'west'), so that the plural forms **rytai** and **vakarai** each have two meanings, which become clear only in context.

The word **pietūs** also has two meanings in Lithuanian, but in each it remains in the plural: (1) 'dinner', (2) 'south'.

The fourth point of the compass is **šiáur/ė, -ės** (1) 'north'; unlike the three others, it only has the *singular* form.

If we wish to specify a point of the compass with more precision, we can use the genitive case form and say, for example: **šiaurės rytai** 'north-east', **šiaurės vakarai** 'north-west'. Or, less commonly, we may collapse such combinations into a single compound word, thus: **piētvakar/iai, -ių** (1) 'south-west', **piētryč/iai, -ių** (1) 'south-east' (note the change of declension).

Grammar

The construction žinoti, kad ...

Very often the object of a verb is not a single word, but a whole sentence. In Lithuanian in such situations the most common construction is one where **kad** introduces the whole sentence, as in Dialogue 2, with **žinau, kad** 'I know that ...' (note the comma in the written language). Instead of **žinoti** other words can be substituted, e.g. the verbs **sakyti** 'to say', **girdėti** 'to hear', **matyti** 'to see', and **reikšti** 'to mean, signify'.

The expression of time using the prepositions per, po

You already know how to express time in several ways. In Dialogue 2 the concept of time was expressed using the prepositions **per** 'during, for the duration of', and **po** 'after'. These words are used extremely frequently. As you may gather from the meanings as given, the preposition **per** indicates a period during which an action takes place. It is constructed with the accusative case. Thus, for example: **dirbo per žiemą** 'he worked during winter', **atvažiavo per atostogas** 'he came during the holidays'. **Po** is used with the genitive case to indicate an action which occurs subsequent to something, e.g., **dirbsime po sekmadienio** 'we shall work after Sunday', **grįžo po vasaros** 'they returned after the summer'.

Exercise 7b

Insert the appropriate word: **vakar, vakare** or **vakaruose**:

(a) _____ rytą pas mane atvažiavo dėdė ir teta.
(b) Lietuvos _____ yra Klaipėdos uostas.
(c) Aš skambinau tau _____ ir užvakar vakare.
(d) Ar rytoj _____ būsi namie?

(e) Neteko būti Prancūzijos _____ .
(f) Pamačiau tą mergaitę ilgais plaukais _____ vakare.
(g) Kur tu buvai _____ ir šiandien?

| úost/as, -o (1) | port, harbour |
| tèkti, teñka, tėko | to befall s.o., to have to (used with the dat.) |

Exercise 7c

Think up and write out a sentence to include each of the following phrases:

**per vasarą   per visą dieną   per savaitę
po spektaklio po valandos   po kelių dienų**

Exercise 7d

Look at the map of Lithuania on p.2 and write out in which part of the country the following regions and towns or cities are:

Aukštaitija, Dzūkija, Vilnius, Klaipėda, Mažeikiai, Zarasai, Druskininkai, Šiauliai, Jurbarkas, Biržai.

E.g.: Žinau, kad Žemaitija yra šiaurės vakaruose.

Exercise 7e

Rewrite the following sentences, changing the tenses of the verbs:

For example:

Now (*present tense*)	**Bilietas kainuoja brangiai**
Yesterday (*past tense*)	**Bilietas kainavo brangiai**
Tomorrow (*future tense*)	**Bilietas kainuos brangiai**

(a)

Now	**Sesuo perka naują spintą**
Yesterday	
Tomorrow	

(b)

| Now
Yesterday
Tomorrow | Mokytojas dirbo šeštadienį |

(c)

| Now
Yesterday
Tomorrow | Jis skaitys knygą |

(d)

| Now
Yesterday
Tomorrow | Mes važiuojame prie jūros |

(e)

| Now
Yesterday
Tomorrow | Vaikas yra aukšto ūgio |

(f)

| Now
Yesterday
Tomorrow | Aš neisiu pasivaikščioti po miestą |

(g)

| Now
Yesterday
Tomorrow | Ar buvai pas savo gimines? |

| bìliet/as, -o (1) | ticket |
| gimin/ė, -ės (3ᵇ) | relative, relation |

Exercise 7f

Add three or more words to the following lists:

(a) į, ant, ...
(b) brolis, tėvas, ...
(c) mašina, dviratis, ...
(d) dviratininkas, mokytojas, ...
(e) einu, valgau, ...
(f) galva, akis, ...
(g) stalas, lova, ...
(h) žalias, juodas, ...
(i) aš, mes, ...
(j) vienas, penki, ...
(k) angliškai, lietuviškai, ...
(l) mano, jos, ...

Reading ▣

Read through the following text on the physical geography of Lithuania. Select the missing words from groups 1, 2, or 3 (some of which may occur more than once), and write in the appropriate form of the verb:

Lietuva _____1_____ nedidelė _____3_____ rytinėje Baltijos jūros pakrantėje. Jos kaimynės: _____3_____ – Latvija, rytuose ir pietryčiuose – Baltarusija, _____3_____ – Lenkija, o pietvakariuose — Rusija (Kaliningrado sritis). Lietuvos plotas — apie 65 200 kvadratinių kilometrų. Čia _____1_____ daugiau 3,5 kaip milijono gyventojų.

Lietuva — lygumų kraštas. Čia daug upių, ežerų. Beveik visos Lietuvos _____3_____ įteka _____2_____ Baltijos jūrą. Didžiausia _____2_____ jų – Nemunas. Jis yra 937 kilometrų _____3_____. Į Nemuną _____1_____ Merkys, Neris, Nevėžis, Šešupė, Dubysa, Jūra, Minija ir daug mažesnių upelių. Lietuvoje yra daugiau kaip 3 000 ežerų. Daugiausia jų – rytiniame pakraštyje.

Beveik ketvirtadalį _____3_____ dengia miškai. Daugiausia miškų yra pietrytinėje _____3_____ . Čia auga įvairūs spygliuočiai _____2_____ lapuočiai medžiai.

Lietuvoje _____1_____ didelių miestų. Didžiausias yra _____3_____

— Vilnius. Vilniuje gyvena beveik 600 000 gyventojų. Antrasis pagal dydį Lietuvos miestas — Kaunas. _____2_____ Baltijos Lietuva _____1_____ uostą — Klaipėdą. Kiti didesni Lietuvos _____3_____: Panevėžys, Šiauliai, Alytus, Marijampolė. Lietuvos kurortai: Palanga, Druskininkai, Birštonas.

Group 1:	įtekėti, įteka, įtekėjo; turėti, turi, turėjo; būti, yra, buvo; nebūti, nėra, nebuvo; gyventi, gyvena, gyveno
Group 2:	į, iš, prie, ir
Group 3:	upės, šiaurėje, Lietuvos, šalis, miestai, sostinė, pietuose, ilgio, dalyje

Would you be able to give similar information about your own country?

Vocabulary

pakránt/ė, -ės (1)	coast, seaboard (derived from **krañtas** 'bank, shore')
kaimýn/ė,-ės (1)	neighbour (fem.)
srit/ìs, - iẽs (4; fem.)	area, region
plót/as, -o (1)	surface area
kvadrãtin/is, -ė (1)	square
kilomètr/as, -o (2)	kilometer
daugiaũ kaĩp	more than
krãšt/as, -o (4)	country, land
upēl/is, -io (2)	little river
pakrašt/ỹs, -(šč)io (3ᵇ)	edge, outskirts
ketvirtãdal/is, -io (1)	quarter
deñgti, deñgia, deñgė	cover
áugti, áuga, áugo	grow (intrans.; trans. **augìnti, augìna, augìno**)
įvair/ùs, -ì (4)	various, different
spygliuõči/ai, -ų (2)	coniferous, evergreen trees
lapuõči/ai, -ų (2)	deciduous trees (sing. **lapuõt/is, -(č)io**)
pagãl + acc.	according to, in
dỹd/is, -(dž)io (2)	size

kuròrt/as, -o (1)	resort
šal/ıs, -iẽs (4; fem.)	side, country
ĩlg/is, -io (2)	length

8 Teatre

At the theatre

By the end of this lesson you will have learnt:

- how to tell the time
- the dative case of personal pronouns and nouns
- the dative case with adjectives: some impersonal expressions describing someone's state, condition, or feelings
- the names of the months
- how to say you like or dislike something

From this lesson onwards the dialogues are not translated. We're sure you can manage!

Dialogue 1 🔘

Kiek valandų?

What time is it?

Aldona ir Bilas prie universiteto susitinka Robertą

ROBERT: Kaip gerai, kad jus sutikau. Kviečiu į teatrą. Kaip tik einu pirkti bilietų šeštadienio vakarui. Kaip? Sutinkate?

ALDONA: Aš mielai. Šeštadienį esu laisva. Be to, man labai patinka teatras. Ačiū.

BILL: O ar man nebus per sunku lietuviškai suprasti?

ROBERT: Žinoma, lengva nebus. Bet man atrodo, kad verta nueiti. Reikia klausytis lietuvių kalbos.

BILL: Gerai, nupirk ir man bilietą.

ROBERT: Siūlau susitikti šeštadienį prieš spektaklį. Nueitume kartu

BILL: pavalgyti, išgerti kavos.
BILL: O kelintą valandą spektaklis prasideda?
ROBERT: Lygiai septintą. Galėtume susitikti apie penkias.
BILL: Gaila, bet aš negaliu taip anksti. Man reikia penktą būti universitete. Galiu ateiti tik tiesiai į spektaklį.
ALDONA: O aš galiu ir penktą.
ROBERT: Gerai. Tai su tavim susitinkame prieš penkias, o su Bilu prieš spektaklį.
BILL: Aš ateisiu be penkiolikos septynios prie teatro.
ALDONA: O mes su Robertu susitinkame be dešimt penkios. Gerai?
ROBERT: Sutarta.
ALDONA: O kiek dabar valandų?
ROBERT: Septynios po keturių.
ALDONA: O! Vėluoju į baseiną! Iki!

Vocabulary

teãtr/as, -o (2)	theatre
kíek valandũ?	what time is it? (valand/à, -õs (3^b) 'hour')
sutìkti, sutiñka, sutìko	meet (trans.), agree (su + instr. 'to, with')
šeštãdienio vãkarui	for Saturday evening (linked to 'buying tickets for ...')
laĩsv/as, -à (4)	free (linked to láisv/ė, -ės (1) freedom')
peř	too
nupiřkti, nùperka, nupiřko	buy (res.; used in reference to a specific moment, with the purchase intended to be made)
siúlyti, siúlo, siúlė	recommend, suggest
priéš + acc.	before (time and place)
paválgyti, paválgo, paválgė	get sg to eat (res. of válgyti, válgo, válgė 'eat')
išgérti, ìšgeria, išgérė	get sg to drink (res. of gérti, gēria, gérė 'drink')
keliñtą vãlandą?	at what time?
prasidéti, prasìdeda, prasidéjo	start, begin (intrans.)
lýgiai	precisely, on the dot
apiẽ + acc.	at about, around (approximation)
ankstì	early, soon
tiēsiai	directly, straight

sùtarta	agreed, OK, fine (genderless form of **sùtart/as, -à** (3^b), past pass. pcple of **sutařti, sùtariė, sùtare** 'come to an agreement (with each other), agree on (+ acc.), get on well (with each other)')
baseĩn/as, -o (2)	swimming pool, baths

Language points 🔲🔲

Asking someone the time

We can use the following phrases to ask someone what time it is:

Kiek (dabař) valandū?	lit. 'How many hours (now)?'
Kiek (dabař) laĩko?	lit. 'How much time (now)?'
Kelintà (dabař) valandà?	lit. 'Which hour (now)?'

laĩk/as, -o	time

One can respond to such questions by indicating the hours using both cardinal and ordinal numerals. In spoken Lithuanian one more often uses the cardinal numeral, except for 'one o'clock'. For example:

Abbreviation	(1) *Informal*	(2) *Formal*
1 val.	= **pirmà valandà**	= **pirmà valandà**
2 val.	= **dvì vãlandos**	= **antrà valandà**
3 val.	= **trỹs vãlandos**	= **trečià valandà**
4 val.	= **kėturios vãlandos**	= **ketvirtà valandà**
7 val.	= **septýnios vãlandos**	= **septintà valandà**
10 val.	= **dėšimt valandū**	= **dešimtà valandà**
12 val.	= **dvýlika valandū**	= **dvýlikta valandà**

Time can therefore be expressed both formally and informally. On radio and television you will hear the time expressed in a formal manner, while in the street, at home, with friends and even with strangers the time is most often expressed informally.

If we want to specify informally whether we are referring to 'a.m.' or 'p.m.', we add the following words as appropriate:

24:00–04:00	naktiẽs	03:00	(trys valandos/trečia valanda nakties)
04:00–11:00	rýto	06:00	(šešios valandos/šešta valanda ryto)
11:00–18:00	dienõs	13:00	(pirma valanda dienos)
18:00–24:00	vãkaro	19:00	(septynios valandos/septinta valanda vakaro)

In the formal style, for 'p.m.', we use the 24–hour clock, thus:

14 valandų, 15 valandų, 20 valandų.

If we want to specify the precise time, then we use the adverb **lygiai**, e.g.:

6:00   **lygiai šešios valandos/lygiai šešta valanda.**

Should we need to specify the minutes 'to' or 'before' the hour, 'past' or 'after' the hour, or the half-hour, then, in the informal style, we use the words **be** 'without' (plus with the genitive case), **po** 'after' (with the genitive case), and **pusė** 'half' (with the genitive case). In the formal style we simply add the minutes to the hour. So, in answer to the question **kiek valandų?** we might reply as follows:

Formally	*Time*	*Informally*
(dabar yra) lygiai penkios valandos/penkta valanda	5:00 a.m.	**penkios**
(dabar yra) penkios valandos/ penkta valanda penkiolika minučių	5:15 a.m.	**penkiolika (minučių) po penkių**
(dabar yra) penkios valandos/ penkta valanda, trisdešimt minučių	5:30 a.m.	**pusė šešių**
(dabar yra) penkios valandos/ penkta valanda, keturiasdešimt penkios minutės	5:45 a.m.	**be penkiolikos (minučių) šešios**
(dabar yra) keturiolika valandų, penkios minutės	2:05 p.m.	**penkios (minutės) po dviejų**
(dabar yra) keturiolika valandų, dešimt minučių	2:10 p.m.	**dešimt (minučių) po dviejų**

(dabar yra) keturiolika valandų, trisdešimt minučių	2:30 p.m.	**pusė trijų**
(dabar yra) keturiolika valandų, keturiasdešimt minučių	2:40 p.m.	**be dvidešimt (minučių) trys**

Do note that, for 'half past', the Lithuanian construction refers to the following hour, thus 'half past two' is 'half of three'.

When we want to say when something happens, we mostly use the accusative case to express the time. When we speak of the precise time or are using the formal style or are giving the hours and minutes, then it is more appropriate to use the ordinal numerals. Thus:

Ateik penktą valandą.
Traukinys išvyksta lygiai aštuntą valandą.
Būsiu namie dvyliktą valandą.
Lėktuvas išskrenda šeštą valandą, dvidešimt penkios minutės.
Spektaklis prasideda devynioliktą valandą, trisdešimt minučių.

In the informal style, and if we are not being absolutely precise while still using **be** or **po**, then we use the same construction as when we are responding to the question **kiek valandų?**:

Ateik po penkių penkiolika.
Jonas atvažiuos be dvidešimt trys.

But: **Darbas prasideda pusę devynių** 'The work begins at half past eight'.

Exercise 8a

Say what time it is formally and informally:

(a) 9:00 a.m.   (b) 12:27 p.m.   (c) 1:30 p.m.   (d) 7:50 a.m.
(e) 8:05 a.m.   (f) 4:10 a.m.   (g) 10:21 a.m.   (h) 9:08 p.m.
(i) 2:15 p.m.   (j) 3:45 p.m.   (k) 8:08 p.m.   (l) 11.55 p.m.

Write out the above times in all their possible variants.

Exercise 8b

If you have the recordings, listen to the specially recorded dialogue and indicate what time Bill came to the theatre.

(a) 18:00　　(b) 18:30　　(c) 18:40　　(d) 18:45

vėliaũ	later
anksčiaũ	earlier
jùk	as you know, indeed, after all

Dialogue 2 ▭

Ar jums patinka...?

Do you like...?

Aldona su Bilu ir Robertu kalbasi teatre per pertrauką

ALDONA: Na, kaip jums patinka spektaklis?

ROBERT: Man patinka. Aš mėgstu dramos teatrą, o čia toks įdomus pastatymas. Gaila, kad čia nėra mano žmonos. Jai taip pat patiktų. Ji labai mėgsta modernišką teatrą.

ALDONA: O kaip tau, Bilai? Nepatinka?

BILL: Man nelengva suprasti, bet gana įdomu. Aš labiau mėgstu operą ir baletą. Man visada trūksta muzikos dramos spektakliuose.

ALDONA: Ar žinai, kad rugsėjo mėnesį naujos lietuviškos operos premjera? Jei nori, galim kartu nueiti.

BILL: Kaip gerai, kad man pasakei. Būtinai nueisim. O kaip tu, Robertai?

ROBERT: Aš negalėsiu. Man rugpjūčio pabaigoje jau reikia išvažiuoti. Be to, aš nemėgstu operos. Man ten viskas nenatūralu. O geros muzikos paklausyti geriau eiti į koncertą.

ALDONA: Jau baigiasi pertrauka, eikim į salę. Kelinta mūsų eilė?

ROBERT: Šešta eilė, dešimta, vienuolikta ir dvylikta vietos. Paskubėkim, čia tiek daug žmonių. Pilnas parteris ir balkonas.

ALDONA: Šitame teatre visada daug žiūrovų. Teatras Lietuvoje populiarus.

Vocabulary

pértrauk/a, -os (1)	interval
dram/à, drãmos (2)	drama
pastãtym/as, -o (1)	production, construction (don't confuse with pãstat/as, -o (3ᵇ) 'building')
modeřnišk/as, -a (1)	modern, contemporary
òper/a, -os (1)	opera
balèt/as, -o (2)	ballet
pabaig/à, -õs (3ᵇ)	end
išvažiúoti, išvažiúoja, išvažiãvo	leave, to go (home)
nenatūral/ùs, -ì (4)	unnatural, artificial
baĩgtis, baĩgias(i), baĩgės(i)	end, finish (intrans.; trans. baĩgti)
sãl/ė, -ės (2)	auditorium, hall
eil/ė̃, -ẽs (4)	row
viet/à, -(iẽt)os (2)	place, seat
pìln/as, -à (3)	full
párter/is, -io (1)	stalls, parterre
balkòn/as, -o (2)	balcony, circle
žiūrõv/as, -o (2)	spectator, member of audience (fem. žiūrõv/ė, -ės (2))
populiar/ùs, -ì (4)	popular

Grammar

The dative case of personal pronouns

In this lesson you have, on several occasions, encountered the dative case forms of the personal pronouns. They are summarized in the following table; for simplicity's sake we divide them into 'singular' and 'plural', though you might argue that at least **mes** is not really the plural of **aš**!

	Singular				Plural			
Nominative	aš	tu	jis	ji	mes	jūs	jie	jos
Dative	mán	táu	jám	jái	mùms	jùms	jíems	jóms

These forms are needed particularly in constructions with **patiñka** and other impersonal verbs, e.g., **reĩkia** 'it is necessary/needed (to me ..., i.e. 'I need/must')', **atródo** 'it seems' (to me ..., i.e. 'I think'), **gaĩla** 'it's a pity' (for me ..., i.e. 'I'm sorry for/regret ...'), **trúksta** 'it is lacking', i.e. 'I ... need ...' etc.

The dative case is also used with some personal verbs, e.g.

dúoti, dúoda, dãvė	give (to ...)
siųsti, siuñčia, siuñtė	send (to ...)
sakýti, sãko, sãkė	say, tell (to ...)
atsakýti, atsãko, atsãkė	reply, answer (to ...)
piřkti, peřka, piřko	buy (for ...)
rašýti, rãšo, rãšė	write (to ...)
áiškinti, áiškina, áiškino	explain (to ...)
skõlinti, skõlina, skõlino	lend (to ...)
ródyti, ródo, ródė	show (to ...)

We add 'to' or 'for' as clarification; the preposition is not always expressed in English. Here are a few examples:

Parašyk jai laišką!	Write her a letter! (= 'Write a letter *to* her!')
Ar gali paskolinti man pinigų?	Can you lend me some money? (= 'Can you lend some money *to* me')
Duokite mums knygas!	Give us the books! (= 'Give the books *to* us!')

The dative case of nouns

In all the instances mentioned in the preceding section one can also use the dative case of nouns. It has the following endings:

Singular

	Masculine					Feminine	
Nom.	-as	-is	-ys	-us	-uo	-a	-ė
	tėvas	brolis	mokinys	sūnus	akmuo	mama	mergaitė
Dat.	-ui	-iui	-iui	-ui	-(en/er)iui	-ai	-ei
	tėvui	broliui	mokiniui	sūnui	akmeniui	mamai	mergaitei

Plural

	Masculine					Feminine	
Nom.	-ai	-iai	-iai	-ūs	-(en/er)ys	-os	-ės
	tėvai	broliai	mokiniai	sūnūs	akmenys	mamos	mergaitės
Dat.	-ams	-iams	-iams	-ums	-(en/er)ims	-oms	-ėms
	tėvams	broliams	mokiniams	sūnums	akmenims	mamoms	mergaitėms

The dative case with adjectives: some impersonal expressions

In this and earlier lessons you came across such expressions as **man gera, man sunku, tau įdomu**, and the like (see Lesson 4). This is the typical way of expressing the state someone is in or how they feel, and is conveyed using the genderless form of the adjective with the dative. Thus, for example:

man malonu	I am pleased
tau šalta	you are cold
mums linksma	we are happy
jiems karšta	they are hot
mergaitei liūdna	the girl is sad
studentams įdomu	the students are interested
sūnums čia gražu	our sons find it beautiful here

šált/as, -à (3)	cold
káršt/as, -à (3)	hot
liūdn/as, -à (4)	sad (usually of a thing)

Language points

The names of the months

saũs/is, -io (2)	January	**líep/a, -os** (1)	July
vasãr/is, -io (2)	February	**rugpjū́t/is, -(č)io** (1)	August
kóv/as, -o (1)	March	**rugsė́j/is, -o** (1)	September
balañd/is, -(dž)io (2)	April	**spãl/is, -io** (2)	October
geguž/ė̃, -ė̃s (3ᵇ)	May	**lãpkrit/is, -(č)io** (1)	November
biržė̃l/is, -io (2)	June	**grúod/is, -(dž)io** (1)	December

An interesting exercise would be to look through a dictionary and work out the root words from which the names of the months are derived.

One often uses the genitive case of the name of the month, since people frequently say:

saũsio mė́nuo	instead of	**sausis**
balañdžio mė́nuo	instead of	**balandis**, etc.

When we want to say **when**, we most often use the *genitive* + *accusative* combination, e.g.

vašario mėnesį, liepos mėnesį.

It is advisable to learn how the word **mėn/uo, -esio** (1) declines, since it is irregular:

	Singular	*Plural*
Nominative	**mėnuo**	**mėnesiai**
Genitive	**mėnesio**	**mėnesių**
Dative	**mėnesiui**	**mėnesiams**
Accusative	**mėnesį**	**mėnesius**
Instrumental	**mėnesiu**	**mėnesiais**
Locative	**mėnesyje**	**mėnesiuose**

Liking and disliking

The best way of expressing likes and dislikes in Lithuanian is by using the following two verbs:

> **mėgti, mėgsta, mėgo**
> **patikti, patinka, patiko**

Sentences with these verbs are constructed differently:

Nominative	+	**mėgsta**	+	*Accusative*
Jis		**mėgsta**		**teatrą**

Instead of the accusative one might have the infinitive of a verb, e.g. **Jis mėgsta skaityti** 'He likes to read'.

As regards the direct object, remember that, if the verb is negative (**nemėgti**), instead of the accusative case the genitive case will be used (see Lesson 4).

With the verb **patikti** a different sort of construction is used, with the person who does the liking in the dative case and what is liked in the nominative – if you know Spanish, think of the expression with **gustar**. Thus:

Dative	+	**patinka**	+	*Nominative*
Jam		**patinka**		**teatras**

Negation has no effect on this construction, thus: **Jam nepatinka teatras**.

Exercise 8c

Make up sentences, changing the forms of the words as appropriate

(a) teta, mėgti, romanai, įdomūs, skaityti;
(b) tu, laiškas, rytoj, brolis, rašyti;
(c) mes, baletas, patikti, šis;
(d) vasara, malonu, Lietuva, jie, labai, pabūti;
(e) aš, labai, karšta, būti, teatras, šiandien;
(f) jis, pasivaikščioti, visada, senamiestis, įdomu;
(g) Bilas, įdomi, draugas, skolinti, knyga;
(h) linksma, draugai, čia, visada;
(i) birželis, važiuoti, mėnuo, į, ji, Anglija;
(j) mėgti, tėvas, mėnuo, atostogauti, liepa.

pabúti, pabūna, pabùvo	to spend some time, to be for a while
atostogáuti, atostogáuja, atostogãvo	to be on holiday, to spend one's holidays

Reading

Read through the March programme for the Lithuanian opera and ballet theatre. Imagine that you have a friend who really likes the ballet. He doesn't live in Vilnius, and can only get there at weekends. Write him a letter telling him when and what ballets he would be able to see in March. Use the calendar for March to help you. (If you want to give a full date, see Lesson 9.)

Vocabulary

repertuãr/as, -o (2)	repertoire
sául/ė, -ės (1)	sun
tekėti, tẽka, tekėjo	rise (of the sun); to flow; to marry (speaking of a woman: **už** + gen.)
léistis, léidžiasi, léidosi	set (of the sun); to set off on a journey (**į** + acc.) (do note the unexpected past t. of this v.)
ilgùm/as, -o (2)	length

Lietuvos operos ir baleto teatras

1995 M. KOVO MĖNESIO REPERTUARAS

III.1 d. 19 val. - S. Prokofjev "ROMEO IR DŽULJETA", 3 v. baletas

III.2 d. 19 val. - V. Bellini "NORMA", 3 v. opera

III.4 d. 18 val. - G. Verdi "NABUCCO", 4 v. opera (originalo kalba)

III.5 d. 12 val. - I. Morozov "DAKTARAS AISKAUDA", 3 v. baletas vaikams

III.5 d. 19 val. - W.A. Mozart "FIGARO VEDYBOS", 4 v. opera

III.8 d. 19 val. - L. Minkus "DON KICHOTAS", prologo ir 5 paveikslų baletas

III.9 d. 19 val. - JELENOS OBRAZCOVOS REČITALIS

III.10 d. 19 val. - G. Donizetti "LUCIA DI LAMMERMOOR" 3 v. opera (originalo kalba)

III.12 d. 12 val. - J. Strauss "ŽYDRASIS DUNOJUS", 3 v. baletas

III.13 d. 19 val. - Roger Pontare (vokalas, Švedija) ir "KAUNO BIGBENDAS" Meno vadovas Romualdas Grabštas

III.18 d. 18 val. Premjera - J. Strauss "ČIGONŲ BARONAS", 3 v. operetė

III.19 d. 12 val. - S. Prokofjev "PELENĖ", 3 v. baletas

III.19 d. 19 val. - A. Adam "GISELLE", 2 v. baletas

III.21 d. 19 val. - Premjera - J. Strauss "ČIGONŲ BARONAS", 3 v.operetė

III.22 d. 19 val. - P. Čaikovskij "GULBIŲ EŽERAS", 2 v. baletas

III.23 d. 19 val. - Premjera - J. Strauss "ČIGONŲ BARONAS", 3 v. operetė

III.24 d. 19 val. - J.S. Bach/G.Presser "A Proba", 2 v. baletas

III.25 d. 18 val. - G. Verdi "TRAVIATA", 4 v. opera (originalo kalba)

III.26 d. 12 val. - E. Humperdinck "JONUKAS IR GRETUTĖ", 3 v. opera vaikams

III.26 d. 19 val. - L. Herold "TUŠČIAS ATSARGUMAS"; 2 v. baletas

III.27 d. 19 val. - TARPTAUTINĖ TEATRO DIENA - 1995

III.29 d. 19 val. - G. Rossini "SEVILIJOS KIRPĖJAS", 3 v. opera

III.30 d. 19 val. - G.Verdi "DON CARLOS", 4 v. opera (originalo kalba)

III.31 d. 19 val. - A. Glazunov "RAIMONDA", 3 v. baletas

Lietuvos operos ir baleto teatras turi teisę keisti spektaklius.

A. Vienuolio g. 1, 2600 Vilnius

Priimamos kolektyvinės paraiškos.

Bilietai parduodami nuo vasario 20 d.

Kasa dirba kasdien (išskyrus pirmadienius) nuo 12 iki 14 ir nuo 16 iki 19 val.

Šeštadieniais nuo 12 iki 14 ir nuo 16 iki 18 val.

Jeigu spektaklis vyksta šeštadienio rytą, kasa dirba nuo 10 iki 14 val.

Sekmadieniais kasa dirba nuo 11 iki 13 ir nuo 16 iki 19 val., kai vaidinimo vakare nėra, kasa po pietų nedirba.

Bilietus galima užsisakyti iš anksto kasos tel. 62 07 27 nuo 11 iki 18 val., išskyrus sekmadienį. Juos būtina atsiimti ne vėliau kaip prieš 2 valandas iki spektaklio-pradžios, kitaip užsakymas panaikinamas.

Likus 1 val. iki spektaklio pradžios, bilietai parduodami tik tos dienos spektakliui.

Pasikeitus įkainiams, galima įsigyti ir pigių bilietų!

Mūsų repertuaras visą parą fakse-informatoriuje 262228.

1995   KOVAS   MCMXCV

KOVAS					BALANDIS			
P		6	13	20	27	P		3	10	17	24
A		7	14	21	28	A		4	11	18	25
T	1	8	15	22	29	T		5	12	19	26
K	2	9	16	23	30	K		6	13	20	27
P	3	10	17	24	31	P		7	14	21	28
Š	4	11	18	25		Š	1	8	15	22	29
S	5	12	19	26		S	2	9	16	23	30

2
Ketvirtadienis

Saulė teka 7 val. 08 min. – leidžiasi 17 val. 54 min.
Dienos ilgumas 10 val. 46 min.

9 Pasiruošimas žygiui

Getting ready for the trip

By the end of this lesson you will have learnt:

- how to express things in the negative
- how to express the date
- how to buy food
- more expressions of quantity
- how to ask for advice

Dialogue 1 ▣▣

Gal tu galėtum man patarti?

Could you give me some advice?

Bilas susitinka Vytautą prie valgyklos per pietus

BILL:	Sveikas, Vytautai! Neini pietauti?
VYTAUTAS:	Einu. Gal einam kartu?
BILL:	Einam. Ar tu dažnai čia pietauji?
VYTAUTAS:	Taip, beveik kasdien. Čia gana skanu ir brangu. O tu čia pirmą kartą?
BILL:	Taip, pirmą. Niekada anksčiau čia nebuvau.
VYTAUTAS:	Kas naujo? Kaip gyveni?
BILL:	Ačiū, viskas gerai. Tik negaliu apsispręsti dėl atostogų. Kita savaitė laisva, galiu pakeliauti po Lietuvą. Gal tu galėtum man patarti?
VYTAUTAS:	Na, kokie tavo planai?
BILL:	Aldona kviečia į Kauną. Ji važiuoja pas tėvus. Bus ten visą savaitę, galėtų man parodyti Kauną. Manau, kad būtų labai įdomu. Monika su draugais plaukia valtimis Dubysos upe. Ji siūlo keliauti kartu su jais. Būtų įdomu, bet aš niekada neplaukiau valtimi, šiek tiek bijau. Trečias variantas –

pajūris. Aš planavau nuvažiuoti į Palangą ir Klaipėdą. Jau užsisakiau bilietą ir viešbutį. Nebežinau, ką man dabar pasirinkti. Gal tu patartum?

VYTAUTAS: Niekas už tave nenusprȩs, bet aš siūlyčiau plaukti valtimis. Aš plaukiau Dubysa du kartus: pernai ir 1990 metais. Buvo nuostabu! Ten tokios gražios vietos! Niekada to neužmiršiu. O kokia romantika vakarais! Palapinės, laužas, dainos. Tu žinai, lietuviai labai mėgsta dainuoti. Nebesvarstyk ir keliauk. Į Kauną ar pajūrį nuvažiuosi kitą kartą.

Vocabulary

pasiruošìm/as, -o (2)	preparation
žỹg/is, -io (2)	hike, trip (the dat. after **pasiruošimas** conveys 'for')
patařti, pàtaria, pàtarė	advise (followed by the dat. of the p. being advised)
piẽt/ūs, -ų (4) (pl. only)	lunch
pietáuti, pietáuja, pietãvo	have lunch
skan/ùs, -ì (4)	tasty
kàs naũjo?	what's new?
apsisprȩ́sti, -ȩ́ndžia, -ȩ́ndė	decide, take a decision (**dėl** + gen. 'on, about')
atóstog/os, -ų (1) (pl. only)	holiday
plaūkti, plaūkia, plaūkė	sail, swim
vált/is, -ies, fem. (4)	boat
Dubýs/a, -os (1)	Dubysa (a tributary of the Nemunas)
šiek tíek	a little
variánt/as, -o (1)	variant
užsisakýti, užsisãko, užsisãkė	order, book, reserve (for o.s.) (+ acc.)
pasiriñkti, pasìrenka, pasiriñko	choose (for o.s.) (+ acc.)
nusprȩ́sti, nusprȩ́ndžia, nusprȩ́ndė	decide
ùž + acc.	for
pérnai, adv.	last year
nuostab/ùs, -ì (4)	amazing
užmiřšti, užmiřšta, užmiřšo	forget
romántik/a, -os (1)	romantic atmosphere
láuž/as, -o (3)	bonfire
svarstýti, svařsto, svařstė	discuss

Grammar

Negation

Negation is always indicated in Lithuanian by using the word **ne**, which is used as a prefix with various types of words, and as a 'particle'. Thus, it is used as a particle when responding in the negative to a question:

Ar eisi į teatrą? – Ne.

The prefix **ne-** used with verbs or adjectives negates an action or a quality, and with nouns conveys the opposite sense. Thus:

rašyti – nerašyti	gražus – negražus	laimė – nelaimė
būti – nebūti	švarus – nešvarus	tiesa – netiesa
važiuoti – nevažiuoti	laimingas – nelaimingas	viltis – neviltis

The prefix **ne-** merges with certain verbs, and we have:

nesu	← ne + esu	neiti	←	ne + eiti
nėra	← ne + yra	neinu	←	ne + einu
nesame	← ne + esame	neiname	←	ne + einame

Do remember that when a transitive verb is negative, the case of the direct object changes: instead of the accusative we have the genitive (see Lesson 4):

mėgstu teatrą – nemėgstu teatro

We have a similar situation when the negative verb **nebūti** is used; the difference essentially is that here we have the genitive instead of the nominative (note that only the third person form is used in the negative in this 'expression of existence'):

Aš esu, bet manęs nėra.
Jis yra, bet jo nėra.
Mes esame, bet mūsų nėra.
Čia yra telefonas, bet čia nėra telefono.

The prefix **nebe-** is very frequently used with verbs; it indicates that the action has been converted into negative from affirmative or positive:

Gal jis dar skaito? – Ne, jau nebeskaito.
Is he still reading? – No, he's not reading any longer.

Nuo to laiko ji niekam neberašo laiškų. (Formerly she *did* write.)
Since then she hasn't written letters to anyone.

Other words are also used to express negation. One frequently used is the pronoun **niekas** 'no-one, nothing', which is declined like other pronouns:

Niekas neatėjo.	No-one came.
Aš nieko nesuprantu.	I don't understand a thing.
Niekam nieko nesakyk.	Don't say anything to anyone.

In order to negate time, place, manner or character, quantity, and possession, we have:

niẽkad(à), niekuomèt	**Jis niekad man neskambina.**	He never phones me.
niẽkur	**Niekur neik iš namų.**	Don't leave home for anywhere.
niẽkaip	**Niekaip negaliu baigti darbo.**	I just can't finish the work.
nẽ kiek	**Nė kiek neskauda.**	It doesn't hurt at all.
niekienõ	**Niekieno knygos aš neskaitau.**	I'm not reading anyone's book.

Vocabulary

nẽ	not at all (emphatic negation) (don't confuse it with **neĩ ... neĩ ...** 'neither ... nor ...')
skaudėti, skaũda, skaudėjo	hurt, give pain (the construction uses the dat. to convey the person who feels the pain, and the acc. for the part of the body which causes the pain, with the v. in the third p. form, thus: **man skauda galvą** 'I have a headache')

You will see from the above examples that in Lithuanian two or more negatives do not transform a negative sentence into an affirmative one, but rather maintain and may even strengthen the negation.

The date

The word **mẽtai**, when meaning 'year', is used only in the plural form. When we wish to express the time when something happens, we simply use the word **metai** in the instrumental case:

šiaĩs mẽtais	this year
kitaĩs mẽtais	next year
praė̃jusiais/praeitaĩs mẽtais	last year
kiekvienaĩs mẽtais	every year

The adverbs **pérnai** 'last year' and **ùžpernai** 'two years ago' are also frequently used.

The precise year is conveyed using **ordinal** numerals, and the question 'When?' is answered by using the instrumental (in this case only the last component of the numeral is an ordinal and declined):

	Nominative	Instrumental
1995m.	**tūkstantis devyni šimtai devyniasdešimt penkti metai**	**tūkstantis devyni šimtai devyniasdešimt penktais metais**
1990m.	**tūkstantis devyni šimtai devyniasdešimti metai**	**tūkstantis devyni šimtai devyniasdešimtais metais**

tū́kstant/is, -(č)io (1)	thousand

Note the abbreviation for year in the first column of the table and for the day of the week below.

If we wish to express the whole date, then in Lithuanian we begin with the year, continue with the month, and conclude with the day. There are two ways of saying what the date is – **Kokia šiandien diena?**:

1995m. kovo 23 d.

1 **tūkstantis devyni šimtai devyniasdešimt penkti metai, kovo dvidešimt trečia (diena);**
2 **tūkstantis devyni šimtai devyniasdešimt penktų metų kovo dvidešimt trečia (diena).**

1996m. gruodžio 13 d.

1 **tūkstantis devyni šimtai devyniasdešimt šešti metai, gruodžio trylikta (diena);**
2 **tūkstantis devyni šimtai devyniasdešimt šeštų metų gruodžio trylikta (diena).**

And we have the same option if the question is 'When?' – **Kada?**:

1995 04 28

1 tūkstantis devyni šimtai devyniasdešimt penktais metais, balandžio dvidešimt aštuntą (dieną);
2 tūkstantis devyni šimtai devyniasdešimt penktų metų balandžio dvidešimt aštuntą (dieną).

1990 11 18

1 tūkstantis devyni šimtai devyniasdešimtais metais, lapkričio aštuonioliktą (dieną);
2 tūkstantis devyni šimtai devyniasdešimtų metų lapkričio aštuonioliktą (dieną).

Have you spotted the two differences?

Exercise 9a

Insert the appropriate words. Certain of them may need to be used more than once.

niekas	užpernai	nieko	niekada
metais	niekur	niekam	niekaip

(a) _____ negali man padėti.
(b) _____ negaliu atidaryti durų.
(c) _____ nėra namie.
(d) Ji _____ nevalgo.
(e) Šiais _____ mano pusbrolis važiuos į Indiją.
(f) Ar jis _____ buvo Kanadoje?
(g) Mes _____ čia nebuvome.
(h) Mano tėvas _____ nedirba.
(i) Atvažiuokite pas mus kitais _____ .
(j) _____ nereikia šito namo.

Exercise 9b

Which sentence in the right-hand column goes with those in the left?

(a) Ar tu ką nors supratai?
(b) Kada tu buvai Paryžiuje?
(c) Kas čia atėjo?
(d) Kada įkurtas Vilniaus universitetas?
(e) Ar čia kas nors yra?

1 Niekada niekur jo nemačiau.
2 Ne, nieko nėra.
3 Gal ateis rytoj.
4 Niekas. Vėjas atidarė duris.
5 Išėjo į banką.

(f) Ar jis niekada nebuvo Vilniuje?

(g) Niekur nematau savo žodyno.

(h) Gaila, kad niekas neatėjo.

(i) Gal žinai, kur direktorius?

(j) Ar pažįsti šį vaikiną?

6 Nė vieno žodžio.

7 1579 metais.

8 Pernai liepos mėnesį.

9 Manau, kad niekad.

10 Štai jis, ant lentynos.

Vocabulary

reikėti, reĩkia, reikėjo	be necessary (this is an impers. v., so you need only know the third p. form; the p. who needs something goes into the dat. case, and the thing needed goes into the gen. case – negation isn't important here! What you need may also be expressed by an inf.: **man reikia kambario, tau reikėjo dirbti**. Alternatively, except where an inf. is required, you may use the adj. **reikalĩng/as, -a** (1) 'necessary', which will agree in case, number, and gender with the thing needed, while the p. needing again goes into the dat. case: **jam reikalinga ta knyga**)
kàs nórs	anyone, anything (not with negatives)
įkùrt/as, -à (3)	founded (from the v. **įkùrti, įkuria, įkūrė**)
pažĩnti, pažįsta, pažĩno + acc.	know, be acquainted with (someone)

Exercise 9c

Say the following dates out loud (note the Lithuanian order):

(a) 1972 07 01

(b) 2001 03 06

(c) 1963 11 17

(d) 1950 09 30

(e) 1947 10 29

(f) 1985 02 02

(g) 1918 01 13

(h) 1994 12 24

(i) 2003 04 20

And now write out the same dates, in response to the question **kada?** (You might like to say them in response to **kada?** and to write them out in response to **kokia (šiandien) diena?** too.)

Dialogue 2 ▣▣

Ką nupirkti?

What should we buy?

Monika ir Bilas kalbasi apie būsimą žygį.

MONIKA:	Aš jau užsakiau bilietus. Gal nueitum į kasas nupirkti?
BILL:	Gerai. Mes važiuosim traukiniu?
MONIKA:	Taip, iki Šiaulių. O iš ten autobusu. Išvažiuosim iš Vilniaus penktadienį, aštuntą ryto, o grįšim kitą sekmadienį. Gerai?
BILL:	Puiku.
MONIKA:	Ar tu turi miegmaišį ir kuprinę?
BILL:	Taip, viską turiu. O kaip maistas?
MONIKA:	Viską virsime žygyje, o produktus pasiimsime iš Vilniaus.
BILL:	Ką man nupirkti?
MONIKA:	Virsime košę, sriubą, arbatą, kavą. Tu nupirk duonos, dešros ir kumpio.
BILL:	Ir viskas?
MONIKA:	Sūrio, sviesto, konservų, makaronų ir viso kito nupirks kiti. Įsidėk kelionei porą sumuštinių, sausainių.

Bilas maisto parduotuvėje perka produktus žygiui, kalba su pardavėja.

BILL:	Prašom 2 kepalus juodos duonos.
PARDAVĖJA:	Viskas?
BILL:	Ne, dar kilogramą dešros.
PARDAVĖJA:	Kokios?
BILL:	Rūkytos, bet nežinau, kuri skanesnė. Gal jūs man patartumėt?
PARDAVĖJA:	Siūlyčiau pirkti "lietuviškos", ji tikrai labai skani.
BILL:	Gerai, tada kilogramą "lietuviškos". Ir dar kilogramą rūkyto kumpio.
PARDAVĖJA:	Prašom.
BILL:	Kiek kainuoja?
PARDAVĖJA:	52 Lt, 70 ct.

Vocabulary

būsim/as, -a (3ª)	future, coming
užsakýti, užsãko, užsãkė	order, book, reserve

grį̃žti, grį̃žta, grį̃žo	return, come back, go back
miẽgmaiš/is, -io (1)	sleeping bag
maĩst/as, -o (2)	food
žygyjè (loc. of žỹgis)	during the trip, on the trip
prodùkt/as, -o (2)	product (in the pl. perhaps 'produce, food')
pasiim̃ti, pasìima, pasìėmė	take, get, buy (lit. 'take for oneself')
kõš/ė, -ės	porridge, *kasha*
sriub/à, -õs (4)	soup
arbat/à, -(ãt)os (2)	tea
kav/à, -õs (4)	coffee
dúon/a, -os (1)	bread
dešr/à, -õs (4)	sausage (*saucisson*)
kum̃p/is, -io (2)	ham, gammon
sū́r/is, -io (1)	cheese
svíest/as, -o (1)	butter (**eina kaip sviestu patepta** 'goes swimmingly')
konsèrv/ai, -ų̃ (1; pl. only)	conserves, tinned goods
makarõn/ai, -ų̃ (2; pl.)	macaroni (see language points below)
įsidė́ti, įsìdeda, įsidė́jo	put in, include (for oneself)
keliõnei (dat. of kelionė̃)	for the journey
por/à, -õs (4)	pair, a few
sumuštìn/is, -io (2)	sandwich
sausaĩn/is, -io (2)	biscuit, rusk (often pl.)
kẽpal/as, -o (3[b])	loaf
kilogrãm/as, -o (2)	kilo(gram)
rūkýt/as, -a (1)	smoked

Language points

Food and drink

Pieno produktai *Dairy products*

píen/as, -o (1)	milk	grietìn/ė, -ės (2)	whipped cream
svíest/as, -o (1)	butter	grietinė̃l/ė, -ės (2)	cream
sū́r/is, -io (1)	cheese		

Mėsos produktai *Meat*

kiaulíen/a, -os (1)	pork	dešr/à, -õs (4)	*saucisson*
jáutien/a, -os (1)	beef	dešrěl/ė, -ės (2)	sausage
vištíen/a, -os (1)	chicken	kum̃p/is, -io (2)	ham

Kiti produktai *Other products*

aliěj/us, -aus (2)	oil	banděl/ė, -ės (2)	bun, roll
mìlt/ai, -ų (1; pl. only)	flour	kiaušın/iai, -ių (2)	eggs
		makarõn/ai, -ų (2)	macaroni
dúon/a, -os (1)	bread	žuv/ıs, -iěs, -ų (4)	fish
batòn/as, -o (2)	long (white) loaf	sĩlk/ė, -ės (2)	herring

Gėrimai *Beverages*

kav/à, -õs (4)	coffee	al/ùs, -aũs (4)	beer
arbat/à, -(ãt)os (2)	tea	šampãn/as, -o (2)	champagne
sùlt/ys, -(č)ių (1; pl. only)	juice	degtın/ė, -ės (2)	vodka
vỹn/as, -o (2)	wine		

Daržovės *Vegetables*

bùlv/ė, -ės (1)	potato	pupěl/ė, -ės (2)	bean
mork/à, -os (2)	carrot	žırn/is, -io (1)	pea
svogūn/as, -o (2)	onion	agur̃k/as, -o (2)	cucumber
kopũst/as, -o (2)	cabbage	pomidòr/as, -o (2)	tomato

Vaisiai *Fruit*

obuol/ỹs, -io (3[a])	apple	apelsın/as, -o (2)	orange
kriáuš/ė, -ės (1)	pear	ananãs/as, -o (2)	pineapple
banãn/as, -o (2)	banana	citrin/à, -(ın)os (2)	lemon

Uogos *Nuts/berries*

vyšni/à, vỹšnios (2)	cherry	aviēt/ė, -ės (2)	raspberry
brãšk/ė, -ės (2)	strawberry	mėlỹn/ė, -ės (2)	bilberry

slyv/à, slỹvos (2)	plum	**ríešut/as, -o** (3^b)	walnut

Saldumynai *Sweets, desserts*

saldaĩn/is, -io (2)	sweet, piece of candy	**tòrt/as, -o** (1)	(large cream) cake
sausaĩn/is, -io (2)	biscuit, rusk	**pyragáit/is, -(č)io** (1)	pastry, (small) cake
led/aĩ, -ų̃ (4; pl. only)	ice cream	**uogiẽn/ė, -ės** (2)	jam

Vocabulary

gėrim/as, -o (1)	drink
daržóv/ė, -ės (1)	vegetable
vaĩs/ius, -aus (2)	fruit (piece of)
úog/a, -os (1)	berry
saldumýn/ai, -ų (1)	sweets, sweet things

The names of foodstuffs are usually used only in the singular, since they refer to uncountable items. Those which are countable, usually the names of fruits and vegetables, can have both the singular and the plural, but very often it is the plural which is encountered. The singular of these words is used only when we are talking of a single item:

Aȓ tùrite banãnų? Dúokite mán (víeną) banãną.

We can also use the words **makaronai, riešutai**, and **kiaušiniai** in the same way.

You may have noticed that the names of meats are characterized by the special suffix -**iena**, which is tacked on to the stems of the names of animals. It can be used to make other similar words too:

av/ìs, -iẽs (4; fem.) 'sheep' – **avíen/a, -os** (1)
triùš/is, -io (2) 'rabbit' – **triušíen/a, -os** (1)

If we wish to name or ask for a precise quantity, we use the following construction:

Prašom Prašyčiau Duokite	vieną kilogramą vieną kilogramą vieną puodelį vieną butelį du kepalus tris šimtus gramų šešis kilogramus	miltų žuvies kavos vyno duonos saldainių bulvių

The expression of quantity

In order to express a quantity without using numerals, the following words are frequently used:

pùs/ė, -ės (2) a half	trẽčdal/is, -io (1) a third	pusañtro (indeclinable) one and a half
dal/ìs, -iẽs (4) a part	ketvir̃t/is, -(č)io (2) a quarter	pustrẽčio (indeclinable) two and a half
por/à, -õs (4) a few	ketvirtãdal/is, -io (1) a quarter	

They are used with the genitive case:

pusė kilogramo riešutų
pusantro kilogramo apelsinų
pora bananų

The two indeclinable words do have forms for the feminine and plural (for plural-only nouns), namely **pusantrõs, pusantrų̃, pustrečiõs, pustrečiu.**

How to ask for advice

In Dialogues 1 and 2 you encountered phrases used when asking for advice:

Gal tu galėtum man patarti?
Gal tu patartum?
Gal jūs man patartumėt?

One can also ask for advice using the following expressions:

Aš noriu (norėčiau) su tavim (su jumis) pasitarti.
Patark (Patarkite) man ...
Būkite malonus (maloni), patarkite ...
Kaip tu (jūs) patartum(ėt)?

Exercise 9d

Look at the following shopping list and work out how you would ask for these items in the shop (note the use of the genitive singular in a few instances):

```
200g. sviesto
1 duonos
1 batonas
4 bandelės
1 kg. obuolių
0,5 kg. sūrio
4 alaus
2 kg. pomidorų
```

Exercise 9e

Complete the sentences, writing out the appropriate form of the words in parentheses:

(a) Monika perka _____ (3 kg., obuolys)
(b) Mums reikia nupirkti _____ (pienas, sūris, dešrelė, miltai)
(c) Ar tu nupirkai _____ (saldainis, tortas, ledai)
(d) Jonas nupirko _____ (2 buteliai, alus; 1 butelis, vynas; riešutas; bananas)
(e) Nupirkite _____ (5 kg., pomidoras; 2 kg., agurkas; grietinė; 1, duona; 1, batonas)
(f) Aš nupirksiu _____ (10, kiaušinis; aliejus; arbata; kava; 1 kg., cukrus)
(g) Reikia nupirkti _____ (1 kg., kiauliena; 1 kg., jautiena; 0,5 kg., makaronas; 2 kg., svogūnas; 1,5 kg. morka)

Note the use of the comma to convey the decimal 'point'.

Reading

Ką valgo lietuviai?

Ar žinote, kokį maistą labiausiai mėgsta lietuviai? Nuo senų laikų Lietuvoje populiarūs grūdų, mėsos ir pieno produktai, kai kurios daržovės, uogos. Lietuviai ypač mėgsta juodą ruginę duoną. Ją valgo kasdien per pusryčius, pietus ir vakarienę. Labai populiarūs Lietuvoje bulvių valgiai. Bulvės į Lietuvą atkeliavo tik XVII amžiuje, bet vėliau plačiai paplito. Jau XIX amžiuje jos tapo labai svarbi daržovė. Iš bulvių lietuviai dabar gamina daug įvairių patiekalų. Jas verda, kepa, troškina, valgo su mėsa, raugintu pienu, varške, deda į sriubas. Populiarūs tokie tradiciniai valgiai kaip bulviniai vėdarai, bulvių blynai, didžkukuliai. Iš kitų daržovių lietuviai valgo daug kopūstų, morkų, agurkų, svogūnų. XX amžiuje Lietuvoje paplito salotos, pomidorai, ridikėliai.

Nuo senų laikų svarbus produktas Lietuvoje yra pienas. Lietuviai mėgsta įvairių rūšių sūrį, sviestą, varškę. Iš mėsos produktų lietuviai labiausiai mėgsta kiaulieną, ypač rūkytą. Valgoma daug rūkytos dešros, kumpio. Dabar lietuviai nemažai valgo ir paukštienos, jautienos, mažiau avienos. Lietuvoje yra daug miškų, juose auga daug uogų, grybų, riešutų. Lietuviai mėgsta juos rinkti ir vartoti maistui.

Lietuviai paprastai valgo 3 kartus per dieną. Per pusryčius, o ypač per pietus mėgsta valgyti daug, o vakarienei gamina lengvus valgius: pienišką sriubą, blynus, mišraines. Per šventes Lietuvoje valgo daug įvairių mėsos patiekalų, žuvies, pyragų ir kitų saldumynų.

Vocabulary

nuõ senų laikų	from olden times
grúd/as, -o (3)	grain (often pl. 'cereals')
ýpač	particularly, especially
rugìn/is, -ė (2), adj.	rye
val̃g/is, -io (2)	dish, food
atkeliáuti, atkeliáuja, atkeliãvo	come, arrive
paplìsti, paplìñta, paplìto	become widespread
tàpti, tañpa, tãpo	become (+ nom. or instr.)
svarb/ùs, -ì (4)	important
gamìnti, gamìna, gamìno	make, produce

pātiekal/as, -o (3⁴ᵇ)	dish, food, course (as in 'three-course meal')
kèpti, kēpa, kēpė	bake, fry (trans. and intrans.)
troškìnti, troškìna, troškìno	stew
raugìnt/as, -a (1) ⋅	sour, fermented
varšk/ė̃, -ės (3)	cottage cheese
tradìcin/is, -ė (1)	traditional
bulvìn/is, -ė (2), adj.	potato
vėdar/as, -o (3ª)	sausage, *saucisson* (filled with potato or groats)
blȳn/as, -o (2)	pancake, *bliny*
dìdžkukul/is, -io (1)	dumpling (large; derived from **kukùl/is, -io** (2))
salot/à, -(õt)os (2)	lettuce, salad
ridikė̃l/is, -io (2)	radish
rū̃š/is, -ies (1), fem.	sort, type
válgoma	eaten (genderless form of pre. pass. pcple; here 'is eaten')
nemažaĩ, adv.	not a little
paukštíen/a, -os (1)	fowl (derived from **paūkšt/is, -(č)io** 'bird')
mažiaũ, adv.	less
grȳb/as, -o (2)	mushroom
riñkti, reñka, riñko	gather, collect
vartóti, vartója, vartójo	use (here followed by a dat., in the sense 'for')
píenišk/as, -a (1), adj.	milk (**píenin/is, -ė** when talking of teeth!)
mišraĩn/ė, -ės (2)	'Russian' salad
šveñt/ė, -ės (2)	holiday, feast day, celebration
pyrãg/as, -o (2)	bun, roll, white loaf, pie

Fill in the following box with foods which the Lithuanians eat:

Mėsa	Pienas	Daržovės	Kitas maistas

Write a few sentences about the most popular foods in your country.

10 Koks oras Lietuvoje?

What's the weather like in Lithuania?

By the end of this lesson you will have learnt:

- about reflexive verbs
- more expressions of time and place: **nuo**, **iki**, and **apie**
- how to talk about the weather
- about verbs of motion

Dialogue 1 ▫▫

Džiaugiuosi, kad paskambinai

I'm glad you phoned

Aldona parėjusi namo rado raštelį:

> Aldona,
> tau skambino Bilas. Prašė paskambinti telefonu 61 19 72.

ALDONA: Labas, Bilai. Čia Aldona.

BILL: Sveika, Aldona. Džiaugiuosi, kad paskambinai. Klausyk, norėčiau tau papasakoti įspūdžius iš kelionės.

ALDONA: Tikiuosi, įspūdžiai geri?

BILL: Taip, puikūs! Bet aš norėčiau pasikalbėti ne telefonu. Gal galėtume susitikti?

ALDONA: Žinoma. Tik ne šiandien ir ne rytoj. Mokausi nuo ryto iki vakaro. Poryt laikau egzaminą.

BILL: Tada gal poryt po egzamino?

ALDONA: Gerai. Tikiuosi, iki pirmos egzaminas baigsis.

BILL:	Tai susitinkam pirmą?
ALDONA:	Gal geriau pusę dviejų.
BILL:	Sutarta. O kur susitinkam?
ALDONA:	Ateik iki Sereikiškių parko. Ten netoli yra jauki kavinė.

Vocabulary

ór/as, -o (3)	weather
džiaũgtis, džiaũgiasi, džiaũgėsi	be glad (if in the sense 'be pleased/glad *about something*', then use the instr. for 'about sg')
parėj/usi, -usios (1)	come home (this is the fem. sing. nom. of the p. active pcple of pareĩti, pareĩna, parẽjo 'come (home)' agreeing with Aldona, thus 'Aldona on coming home/having come home ...'; masc. parẽj/ęs, -usio — see the reference section and Lesson 15)
raštẽl/is, -io (2)	note
telefòn/as, -o (2)	telephone number (here the instr. with the sense 'on 61 19 72')
įspūd/is, -(dž)io (1)	impression (ĩš + gen. 'of'; padarýti, padãro, padãrė įspūdį + dat. 'to make an impression on s.o.')
tikẽtis, tìkisi, tikẽjosi	hope (+ gen. 'for'; tikẽti + instr. 'believe/trust s.o./sg', + acc. 'believe in s.o./sg')
nuõ + gen. ikì + gen.	from ... to ... (time, place)
laikýti, laĩko, laĩkė	hold, take (exam), consider (+ acc. + instr. 'sg/s.o. [as/to be] sg/s.o.')
egzãmin/as, -o (3b)	exam
baĩgtis, baĩgiasi, baĩgėsi	finish, come to an end (non-refl. 'finish *something*')
Sereĩkiškių párk/as, -o (1)	Sereikiškės Park
teñ netolì	nearby (lit. 'there near')
jauk/ùs, -ì (4)	cosy, comfortable, convenient

Grammar

Reflexive verbs

Reflexive verbs, created with the formant **s(i)**, can have several meanings.

1 An action directed to oneself:

> **praūstis, praūsiasi, praūsėsi** wash (oneself) – compare **prausti** wash (sg./so.)
> **šukúotis, šukúojasi, šukãvosi** 'do one's hair' – compare **šukuoti** 'do so.'s hair'

Note that with **praustis**, if you wish to specify what part of your body you wash, you can simply add it in the accusative, e.g. **aš prausiuosi veidą** 'I wash my face'.

2 An action carried out in one's own interests, for one's own benefit (non-reflexively it could be for anyone):

> **piřktis, peřkasi, piřkosi** 'buy (for oneself)' – compare (see Lesson 9) **piřkti** 'buy'
> **nèštis, nēšasi, nēšėsi** 'carry (with one)' – compare **nèšti** 'carry'

3 An action performed with several participants:

> **kalbėtis, kaľbasi, kalbėjosi** 'converse' – compare **kalbėti** 'speak'
> **pỹktis, pỹkstasi, pỹkosi** 'be hostile to e.o.' – compare **pỹkti** 'get angry (añt + gen. 'at')

4 An action complete in itself, which happens on its own, often where a transitive verb is used intransitively:

> **keĩstis, keĩčiasi, keĩtėsi** 'change', exchange' – compare **keĩsti** 'change sg.'
> **baĩgtis, baĩgiasi, baĩgėsi** 'come to an end' – compare **baĩgti** 'finish sg.'

5 Sometimes being reflexive can completely change a verb's meaning:

> **tikėtis, tìkisi, tikėjosi** 'hope' (+ gen. 'for') – compare **tikėti** 'believe'
> **stebėtis, stēbisi, stebėjosi** 'be surprised' (+ instr. 'at') – compare **stebėti** 'observe, watch'

6 There are also verbs which exist only reflexively, in other words they are not used without the reflexive particle:

džiāugtis, džiaūgiasi, džiāugėsi 'be glad' (+ instr. 'at')
juōktis, juōkiasi, juōkėsi   'laugh' (+ ìš + gen. 'at')
šypsótis, šỹpsosi, šypsójosi   'smile'

7 Some verbs when used reflexively, and with an optional dative subject, acquire a softened, attenuated sense, something like 'feel like -ing':

norėtis, norisi, norėjosi   'feel like, have a desire for'
Mán nórisi válgyti.   'I feel like eating, I'm hungry.'

In Lithuanian the conjugation of reflexive verbs differs from that of simple or non-reflexive verbs, so it is imperative to learn the personal endings of all three verb conjugations. The conjugation type, as in the case of the simple verbs, is based on the third person ending of the present tense:

Type 1	-a	džiaugtis, džiaugiasi, džiaugėsi
Type 2	-i	tikėtis, tikisi, tikėjosi
Type 3	-o	mokytis, mokosi, mokėsi

You can see that, if the verb does not have a prefix, the reflexive formant **si** or **s** is simply attached to the end of the word, with the ending before the reflexive formant. In this lesson you will learn the present and past tenses of reflexive verbs. Thus:

Present tense

	Type 1	*Type 2*	*Type 3*
aš	**džiaugiúosi**	**tikiúosi**	**mókausi**
tu	**džiaugìesi**	**tikìesi**	**mókaisi**
jis, ji	**džiaūgiasi**	**tìkisi**	**mókosi**
mes	**džiaūgiamės**	**tìkimės**	**mókomės**
jūs	**džiaūgiatės**	**tìkitės**	**mókotės**
jie, jos	**džiaūgiasi**	**tìkisi**	**mókosi**

Past tense

	Type 1	Type 2	Type 3
aš	džiaugiaūsi	tikėjausi	mókiausi
tu	džiaugeīsi	tikėjaisi	mókeisi
jis, ji	džiaũgėsi	tikėjosi	mókėsi
mes	džiaũgėmės	tikėjomės	mókėmės
jūs	džiaũgėtės	tikėjotės	mókėtės
jie, jos	džiaũgėsi	tikėjosi	mókėsi

If the reflexive verb has a prefix (in the examples below creating a resultative nuance), then the reflexive formant -si- finds itself between the prefix and the root, and all the endings revert to being the same as when, or if, the verb was not reflexive, for example:

praustis, but **nusiprausti**   **aš nusiprausiu**
pirktis, but **nusipirkti**   **tu nusipirksi**
kéltis, but **atsikélti**   **jis atsikélé**

---

kéltis, kėliasi, kėlėsi   get up, rise (res. **atsikélti, atsìkelia, atsikėlé**)

It is worth bearing in mind that the negative particle **ne-** counts as a prefix, thus: **aš nesidžiaugiu**.

The prepositions of time and place nuõ, ikì and apiẽ

In earlier lessons and in the first dialogue of this lesson you came across the prepositions **nuo** and **iki**, used to express time: **nuo ryto iki vakaro, iki pirmos**. Both these prepositions are used with the genitive case and can indicate not only time, but also place:

nuo centro iki priemiesčio
nuo Vilniaus iki Kauno
nuo 'Gedimino' stotelės iki parko

Approximate time and place in the vicinity of something can be expressed by the preposition **apie** with the accusative case:

Atsikéliau apie šeštą valandą.
Ateik apie pietus.
Berniukas ilgai vaikščiojo apie namą.
Apie teatrą buvo daug žmonių.

| váikščioti, váikščioja, váikščiojo | walk about (see the section on verbs of motion in this lesson) |

Exercise 10a

Copy the following text, selecting and inserting the appropriate forms (you may usefully consult the section on verbs of motion in this lesson):

Aš paprastai _____ (keltis, keliasi, kėlėsi) labai anksti, apie šeštą valandą ryto. Greitai _____ (praustis, prausiasi, prausėsi), _____ (šukuotis, šukuojasi, šukavosi) ir vedu pasivaikščioti savo šunį. Mes dažnai nuo _____ (namai) nueiname iki _____ (miškas), apeiname apie _____ (ežeras), kuris yra prie miško. Mano šuo labai mėgsta bėgioti, o aš nelabai. Aš visada einu lėtai, kartais _____ (atsisėsti, atsisėda, atsisėdo) pailsėti, o jis vis bėgioja. Nuo _____ (ežeras) mes grįžtame kitu keliu. Apie _____ (8 val. 30 min.) mes jau namie. Tada aš _____ (maudytis, maudosi, maudėsi) po dušu, pusryčiauju ir sėdu _____ (mokytis, mokosi, mokėsi). Šuo _____ (atsigulti, atsigula, atsigulė) prie mano kojų ir ramiai guli. Taip aš _____ (mokytis, mokosi, mokėsi) iki _____ (pietūs).

Vocabulary

nueĩti, nueĩna, nuẽjo	go off, set off
apeĩti, apeĩna, apẽjo	go around (+ acc. or + **apiẽ** + acc.)
bėgióti, bėgiója, bėgiójo	run around
atsisėsti, atsisėda, atsisėdo	sit down
pailsėti, paìlsi, pailsėjo	take a rest
vìs	always, continually, still
máudytis, máudosi, máudėsi	have a bath (**máudyti** 'bathe s.o.')
dùš/as, -o (2)	shower (**dùšin/ė, -ės** (1) 'shower-room, cubicle' – mainly used in the Lithuanian of émigrés)
pùsryčiauti, -auja, -avo	have breakfast
sėsti, sėda, sėdo	sit down (also refl.; **atsisėsti** = res. nuance; **sėdėti, sėdi, sėdėjo** 'sit, be sitting (in a sitting position)')
atsigulti, atsìgula, atsìgulė	lie down
gulėti, gùli, gulėjo	lie (= 'be in a lying position')

Exercise 10b

Fill in the gaps:

Person	Present tense	Past tense
aš tu jis, ji, jie, jos mes jūs	juokiamės	
aš tu jis, ji, jie, jos mes jūs		maudžiausi
aš tu jis, ji, jie, jos mes jūs	ilsisi	

Dialogue 2 ◧◧

Ar nebuvo šalta?

Wasn't it cold?

Aldona ir Bilas susitiko ir kalbasi apie tai, koks oras buvo kelionėje

ALDONA: Koks buvo oras?
BILL: Neblogas. Kai atvažiavome į Šiaulius, buvo saulėta, gražu. Turėjome laiko truputį pasivaikščioti. Perėjome visą pėsčiųjų gatvę, užėjome į dviračių muziejų. Man labai patiko Šiauliai. Po to autobusu dar pervažiavome per naujus rajonus. Ten, žinoma, neįdomu. Daug standartinių daugiabučių namų, matėme ir gamyklą.
ALDONA: O ar žygyje nebuvo šalta?
BILL: Naktys buvo šaltokos, o dienos gana gražios, šiltos, saulėtos. Tiesa, vieną rytą lijo ir pūtė smarkus vėjas, bet popiet vėl buvo gražu.

ALDONA: O Kaune per atostogas buvo gana šalta, vėjuota. Tiesa, lijo tik vieną dieną, bet visą kitą laiką buvo debesuota, bjauru. Visai nesinorėjo eiti į lauką. Aš jaudinausi dėl tavęs, kad nesušaltum ir nesusirgtum.

BILL: Nieko, man Lietuvos klimatas patinka. Labai panašu kaip Anglijoje.

ALDONA: Tikrai?

Vocabulary

ór/as, -o (3)	weather, air
atvažiúoti, atvažiúoja, atvažiãvo	come, arrive
Šiaul/iaĩ, -ių̃ (4)	Šiauliai
saulė́t/as, -a (1)	sunny (derived from **sául/ė, -ės** (1) 'sun')
pasiváikščioti, -ioja, -iojo	take a walk
péreiti, péreina, pérėjo	cross, go across (+ acc.; the prefix **pér-** is always stressed)
pėsčių̃jų gãtv/ė, -ės (2)	pedestrian(ized) street (**pėsč/ias, -à** (3) adj.+ n. 'pedestrian' — here in the gen. pl. of the long form of the adj., thus 'of the pedestrians')
užéiti, užeĩna, užė̃jo	call in/on, visit (**pàs** + acc. 'on so.')
põ tõ	after that, then, next
pérvažiuoti, -uoja, -avo	drive, go through
peř + acc.	through, via, across
standártin/is, -ė (1)	standard, unexceptional
daugiabùt/is, -i (2)	with many apartments/flats; 'multi-apartment'
gamykl/à, gamỹklos (2)	factory
šaltók/as, -a (1)	chilly, coldish
lýti, lỹja, lìjo	rain
pū̃sti, pùčia, pū̃tė	blow (trans. and intrans.)
smark/ùs, -ì (4)	sharp, severe
vėj/as, -o (1)	wind
popiė̃t	after lunch, in the afternoon
vėjúot/as, -a (1)	windy
debesúot/as, -a (1)	cloudy
bjaur/ùs, -ì (4)	horrible, nasty, vile

visái	absolutely, completely, quite
norétis, nórisi, norèjosi	feel like (impers., used with the dat. of whoever 'feels like' – here left out; it would have been **man nesinorèjo** 'I didn't feel like...')
į̃ laūką	out (movement; without movement: **laukè**; both from **laūk/as, -o** 'field')
jáudintis, jáudinasi, jáudinosi	worry (**dė̃l** + gen. 'about'; non-refl. = 'worry, trouble so.'; note how the following verbs are neg., so that **kàd ne-** = 'lest')
sušálti, sušą̃la, sušálo	get very cold, freeze
susir̃gti, sùserga, susir̃go	fall ill
niẽko	no matter, that's nothing
klìmat/as, -o (1)	climate
panašù kaĩp	similar to, like (**panašù** = genderless form)
tikraĩ	really, actually, truly

Language points

The weather

If we want to ask someone about the weather, we say:

Koks šiandien oras?
Koks buvo oras?
Koks bus oras?

One can even use the plural in the same meaning: **oraĩ**.

Answers to such questions will often involve using an appropriate adjective:

nuostabùs	surprising, amazing
puikùs	splendid
gẽras	good
malonùs	pleasant
neblõgas	not bad
blõgas, prãstas	bad
šáltas, šaltókas	cold, chilly
šìltas	warm
kárštas	hot

tvankùs	stifling, close, stuffy
pérmainingas	changeable
baisùs, bjaurùs	awful, horrible, vile

In other words, when we answer using the word **oras**, we put the adjective in the masculine form.

The weather can also be characterized directly using an appropriate word describing the situation, that is, an adjective in the genderless form:

> **Šiandien saulėta, bet šalta.**
> **Vakar buvo debesuota, vėjuota.**
> **Rytoj bus tvanku.**
> **Šiandien slidu.**

Vocabulary

prāst/as, -à (4)	bad
tvank/ùs, -ì (4)	stifling, stuffy
pérmaining/as, -a (1)	changeable
bais/ùs, -ì (4)	awful, horrible, vile
slid/ùs, -ì (4)	slippery

There are also a few verbs which can be used to describe the weather. With most of them there is no need to express a subject. We simply say:

> **Šiandien lyja.**   **Žaibuoja.**
> **Vakar snigo.**   **Griaudžia.**

snìgti, sniñga, snìgo	snow
žaibúoti, žaibúoja, žaibāvo	lighten, flash
griáusti, griáudžia, griáudė	thunder

We might even add a noun indicating the subject; but this doesn't provide any more information:

> **Lietus lyja.**   **Sniegas sninga.**

However, we really do need a noun when we say:

> **Vėjas pučia.**

A few meteorological phenomena are conveyed by the following nouns:

kritul/iaĩ, -iũ (3^b)	precipitation
audr/à, -õs (4)	storm (also **áudr/a, -os** (1))
perkúnij/a, -os (1)	thunderstorm
griaustìn/is, -io (2)	thunder
žaĩb/as, -o (4)	lightning
pūg/à, -õs (4)	snow-storm, blizzard
plìkšal/a, -os (1)	icy roads, ice-covered ground
šlãpdrib/a, -os (1)	wet snow, rainy snow

Grammar

Verbs of motion

The most general verb conveying the idea of motion is **vỹkti, vỹksta, vỹko**. When we know more about the actual type of movement, then we can use verbs which include the following, which you have already encountered:

eĩti, eĩna, ẽjo (tìk pėsčiomìs!)
važiúoti, važiúoja, važiãvo (mašinà, autobusù, tráukiniu, dvìračiu)
skrìsti, skreñda, skrìdo (lėktuvù)
plaũkti, plaũkia, plaũkė (laivù, váltimi)
bėgti , bėga, bėgo

With such verbs we also often need to express direction. This, plus the resultative character of the action (see Lesson 2), is shown by a large number of verbal prefixes often used in conjunction with an appropriate preposition:

Prefix	Preposition	Example	Meaning
į-	**į** (+ acc.)	**įeiti į kambarį**	entering, going in
iš-	**iš** (+ gen.)	**išvažiuoti iš Vilniaus**	leaving, going out
per-	**per** (+ acc.)	**pereiti per gatvę**	crossing, going through, over
ap(i)-	**apie** (+ acc.)	**apeiti apie namą**	going round
pri-	**prie** (+ gen.)	**privažiuoti prie pašto**	approaching, coming up close to
už-	**už** (+ gen.)	**užeiti už kampo**	go behind, call at/in/on

> **kam̃p/as, -o** (4)   corner

The following diagram might help:

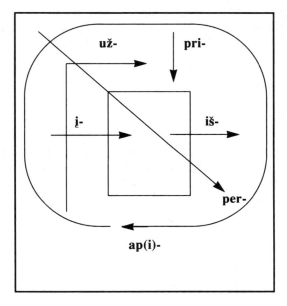

The very common prefixes **at-**, **nu-**, and **par-** might sometimes seem to have slightly similar meanings, but do note the nuances:

> **at-** indicates motion directed to oneself, to nearby: **atvažiuoti į Lietuvą**
>
> **nu-** indicates motion away from oneself, further away or from the top of something down to the ground: **nuvažiuoti į Angliją, nubėgti nuo kalno**
>
> **par-** can only convey motion homewards.

For Lithuanians the contrast between the state of being 'at home' (or in one's native land) and 'not at home' is extremely important; so when there is a wish to convey motion 'home' the prefix **par-** is always used: **parėjo, parvažiavo** uniquely conveys 'home', while **at-**, as in **ateiti, atvažiuoti, atvykti** is general: **į svečius, į teatrą, į miestą**.

Almost all the prefixes mentioned have more meanings, for example, **už-** may indicate a brief event: **Užeik pas mane minutėlei** 'Drop in to see me for a moment' (note this use of the dative case).

The verbs of motion with the prefixes **per-, ap-, pri-** can also be used without any preposition: **pereiti gatvę, apeiti namą, privažiuoti paštą.**

When motion is in several directions, there and back; or repetitive, one can express this using various suffixes:

> **važiuoti – važinėti, važinėja, važinėjo**
> **plaukti – pláukioti, pláukioja, pláukiojo** and **plaukýti, plaũko, plaũkė**
> **skristi – skraidýti, skraĩdo, skraĩdė**

The equivalent verb for **eiti** is a completely different word, which we met earlier:

> **váikščioti, váikščioja, váikščiojo**

Exercise 10c

Insert appropriate words:

Geras oras: saulėta, _____
Blogas oras: šlapdriba, _____

Exercise 10d

Complete the sentences:

(a) Rytoj jis tikisi nuvažiuoti į _____ .
(b) Džiaugiuosi, kad parvažiavai _____ .
(c) Ar Monikos brolis išvažiavo _____ .
(d) Ateik _____ .
(e) Mašina pervažiavo _____ .
(f) Lygiai devintą valandą ji privažiavo _____ .
(g) Vakar turėjome laiko ir apėjome _____ .
(h) Jei nori pamatyti Petrą, užeik _____ .
(i) Tikimės, kad atvažiuosite _____ .
(j) Tėvas įėjo _____ .

Exercise 10e   🔲🔲

Insert appropriate forms of the verbs **parvažiuoti, išvažiuoti, nuvažiuoti, privažiuoti, važiuoti, įeiti,** and **perbėgti.** Since the conversation refers to past events, in almost every instance it will be best to use the past tense.

LINAS:	Kada tu vakar _____ namo?
RITA:	Apie aštuntą.
LINAS:	Negali būti. Aš skambinau apie devynias, tavęs dar nebuvo.
RITA:	Man vakar labai nesisekė.
LINAS:	Kas atsitiko?
RITA:	Tu žinai, iki pietų turėjau būti Kaune. Iš Kauno _____ antrą valandą, bet staiga per kelią _____ juoda katė. Turėjau grįžti atgal ir _____ kitu keliu.
LINAS:	Dėl katės?
RITA:	Žinoma. Man visada nesiseka, kai kelią _____ juoda katė.
LINAS:	O kas buvo toliau?
RITA:	Nuo Kauno iki Vievio _____ sėkmingai. O kai _____ prie Vievio, prasidėjo baisi šlapdriba ir plikšala. Paskutinius 40 kilometrų _____ 2 valandas.
LINAS:	_____ sėkmingai?
RITA:	Nelabai. Tu žinai, prie Grigiškių yra didelis kalnas. Ten mašina paslydo ir aš _____ nuo kelio.
LINAS:	O varge! Tikiuosi, tau nieko neatsitiko?
RITA:	Ne, nieko baisaus nei man, nei mašinai. O paskutinė nelaimė, kad negalėjau _____ į namus.
LINAS:	Kodėl?
RITA:	Pasirodo, rankinukas su raktais liko Kaune.
LINAS:	Tai kaip vis dėlto _____?
RITA:	Kaimynas išlaužė duris.

Vocabulary

sėktis, sėkasi, sėkėsi	succeed, be successful (impers., used in third p. with dat. subject)
atsitìkti, atsitiñka, atsitìko	happen (+ dat. 'to so.')
atgãl	back (**teñ ir atgãl** 'there and back')
sėkmìngai, adv.	fine, succesfully (from **sėkmìng/as, -a** (1) 'successful')
Grìgišk/ės, -ių (1)	Grigiškės
paslýsti, paslýsta, paslýdo	skid, slip
vař̃g/as, -o (4)	hardship, misery, indigence; hard life, trouble (used in the voc. as an exclamation; **vargdiēn/is, -io** (2) 'poor, unfortunate man', fem. **vargdiēn/ė, -ės**)

neláim/ė, -ės (1)	misfortune
pasiródyti, pasiródo, pasiródė	appear, turn out
rankinùk/as, -o (2)	handbag
rãkt/as, -o (2)	key
ĺikti, liẽka, ĺiko	remain

Reading

Lietuvos orai šiandien, balandžio 11-ąją

Sinoptikų duomenimis, šiandien Lietuvoje numatomi debesuoti su pragiedruliais orai. Daugelyje rajonų krituliai. Vėjas šiaurės rytų, 6–11 m/sek., temperatūra dieną 1–6 laipsniai šilumos.

Vilniuje krituliai, temperatūra dieną 3–5 laipsniai šilumos.

Balandžio 11 d. vidutinė daugiametė temperatūra Vilniuje yra 4 laipsniai šilumos. Aukščiausiai šią dieną oro temperatūra buvo pakilusi 1920 metais – iki 23 laipsnių šilumos, o žemiausiai nukritusi 1902 metais – iki 10 laipsnių šalčio.

Balandžio 12 d. protarpiais krituliai. Temperatūra naktį nuo 3 laipsnių šalčio iki 2 laipsnių šilumos, dieną 1–6 laipsniai šilumos. Balandžio 13 d. vietomis krituliai. Naktį nuo 4 laipsnių šalčio iki 1 laipsnio šilumos, dieną 3–8 laipsniai šilumos.

Latvijoje šiandien rytiniuose rajonuose šlapdriba, temperatūra dieną 1–6 laipsniai šilumos.

Balandžio 12 d. šlapdriba, lietus. Temperatūra naktį nuo 1 laipsnio šalčio iki 3 laipsnių šilumos, dieną 2–7 laipsniai šilumos.

Balandžio 13 d. vietomis nedideli krituliai. Temperatūra naktį apie 0, dieną 3–8 laipsniai šilumos.

Baltarusijoje šiandien daugelyje rajonų krituliai. Temperatūra dieną 2–7 laipsniai šilumos.

Per kitas dvi paras vietomis krituliai. Temperatūra naktimis – balandžio 12-ąją nuo 1 laipsnio šalčio iki 4 laipsnių šilumos, 13-ąją nuo 4 laipsnių šalčio iki 1 laipsnio šilumos.

Kaliningrado srityje šiandien be kritulių. Temperatūra dieną 0–5 laipsniai šilumos.

Vakar Vilniuje

Žemiausia temperatūra naktį buvo 2 laipsniai šalčio, 15 valandą – 4 laipsniai šilumos. Atmosferos slėgis balandžio 9 d. 15 valandą buvo 736, balandžio 10 d. 15 valandą – 744 milimetrai.

Saulė		Mėnulis				Zodiakas
6:28	20:14	IV 08	IV 15	IV 22	IV 29	Avinas

Now fill in the following table:

Orai šiandien

Vieta	Oro temperatūra	Krituliai
Vilnius Lietuva Kaliningrado sritis Latvija Baltarusija	3-5 laipsniai šilumos	+

---

láipsn/is, -io (1)   degree

Vocabulary

sinòptik/as, -o (1)	weather forecasting
dúomen/ys, -ų (3[a]; pl.)	data
numãtom/as, -a (1)	supposed (**numatýti** 'forecast, foresee')
prãgiedrul/is, -io (1)	clear period
daũgel/is, -io (1)	majority, many
m/sek.	metres per second (**sekùnd/ė, -ės** (1) 'second')
šilum/a, -õs (3[b])	warmth
vidutìn/is, -ė (2)	average
daugiamēt/is, -ė (2)	perennial, over many years
aukščiáusiai, adv.	highest
pakìlti, pakỹla, pakìlo	rise (intrans.; here the p. pcple)
1920 mētais	in 1920
žemiáusiai, adv.	lowest
nukrìsti, nukriñta, nukrìto	fall, descend (p. pcple)
šált/is, -(č)io (2)	cold
prõtarp/is, -io (1)	interval (here: 'at intervals')
viētomis	in places (instr. pl. of **vietà**)
liet/ùs, -aũs (3)	rain
par/à, -õs (4)	day, 24 hours
žēm/as, -à (4)	low
atmosfer/à, -èros (2)	atmosphere
slēg/is, -io (2)	pressure

milimètr/as, -o (2)	millimetre
mėnùl/is, -io (2)	moon (compare **mė́nuo** 'month'; note in the dates how the month is given before the day)
zodiãk/as, -o (2)	zodiac
ãvin/as, -o (3ᵇ)	ram, Aries

Exercise 10f

Look at the weather map for Lithuania. Choose three Lithuanian cities and write out what the weather is like in them.

Lietuvos meteorologiniis žemėlapiis

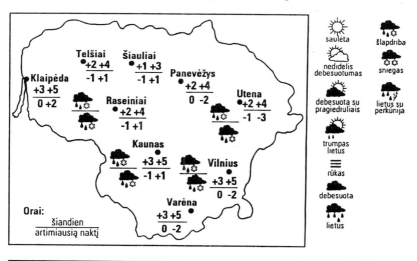

---

ar̃tim/as, -a (3ᵇ)	near (here: 'coming')

11 Geros sveikatos!

The best of health!

By the end of this lesson you will have learnt:

- the future tense, and the imperative and conditional moods of reflexive verbs
- how to talk about illness and health
- how to wish someone good health
- how to express someone's age
- how to use more pronouns
- about the gradation of adverbs: comparative and superlative

Dialogue 1 ▢▢

Labai blogai jaučiuosi

I feel really bad

Bilas kalbasi su viešbučio kaimynu, Petru

BILL: Kaip tau sekasi, Petrai?

PETRAS: Prastai. Labai blogai jaučiuosi.

BILL: Tikrai? Kas atsitiko?

PETRAS: Turbūt sergu. Reikės eiti pas gydytoją.

BILL: Ar ką nors skauda? Galvą? Skrandį? Širdį?

PETRAS: Ne, man niekada nieko neskauda. Bet neturiu apetito, nėra nuotaikos, blogai miegu.

BILL: Neturi apetito? Bet juk tu valgai gana dažnai.

PETRAS: Na taip, penkis kartus, kaip visi žmonės: pusryčius, priešpiečius, pietus, pavakarius ir vakarienę.

BILL: Ar ne per daug – penkis kartus? O kada guliesi?

PETRAS: Vėlai. Paprastai iki dvyliktos nakties žiūriu televizorių, paskui valgau vakarienę ir einu miegoti.

BILL: O kada keliesi?

PETRAS: Nemėgstu anksti keltis. Paprastai iš vakaro negaliu užmigti, o rytą miegu gerai ir ilgai.

BILL: Gal geriau išeik pasivaikščioti prieš miegą, nevalgyk taip vėlai vakarienės. Jeigu anksčiau keltumeisi ir anksčiau gultumeisi, tikrai būtų geriau. Nereikėtų jokių gydytojų.

PETRAS: Abejoju, kad tokie niekai padėtų.

BILL: Pabandyk. Linkiu tau pasveikti!

Vocabulary

sveikat/à, -(āt)os (2) — health (here in the gen., with a form of the v. **linkėti** understood)

prastaĩ — bad, not well (adv.)

jaũstis, jaũčiasi, jaũtėsi — feel (in oneself, intrans.; trans. **jaũsti**)

skrañdi/is, -(dž)io (2) — stomach

apetìt/as, -o (2) — appetite

núotaik/a, -os (1) — mood (on its own may indicate a sense of wellbeing)

priešpieč/iai, -ių (1; pl. only) — snack before lunch; the time before lunch

pavakar/iaĩ, -ių (3^{4b}) — afternoon snack

gul̃tis, gùlasi, gùlėsi — lie down, go to bed

ìš vãkaro — in the evening (may be extended to other nouns indicating periods of time)

užmìgti, užmiñga, užmìgo — fall asleep

miẽg/as, -o (4) — sleep

abejóti, abejója, abejójo — doubt (**abejõn/ė, -ės** (2) 'doubt'; **be ãbejo** 'probably, without doubt')

niẽk/ai, -ų (2; pl. only) — nonsense, little things ('nonsense' in the more nonsensical sense is **kvailỹst/ės, -(č)ių** (2), from **kvailýst/ė, -ės** (2) 'stupidity', **kvaĩl/as, -à** (4) 'stupid, silly': **darýti kvailystès** 'be stupid, do silly things', **kàs peĩ kvailýstės!** 'what nonsense!' – note that in this construction **peĩ** does not function like a prep.)

padėti, pàdeda, padėjo	help (+ dat.); put (in a lying position)
pabandýti, pabañdo, pabañdė	try, attempt, have a go (perf.; imperf. **bandýti**)
pasvéikti, pasvéiksta, pasvéiko	get better, recover (res.)

Grammar

The future tense, and the imperative and conditional moods of reflexive verbs

What is most important is to learn the present and past tenses of reflexive verbs. Their other forms, which we present here, are made up in the same way as ordinary verbs.

The *future tense* has the affix **s**, which is added to the endings of the infinitive, minus **-ti**, and the reflexive particle:

aš juok~~tis~~ + -s- -iuo- + -si- = juoksiuosi

aš	juoksiuosi	tikėsiuosi	mokysiuosi
tu	juoksiesi	tikėsiesi	mokysiesi
jis, ji	juoksis	tikėsis	mokysis
mes	juoksimės	tikėsimės	mokysimės
jūs	juoksitės	tikėsitės	mokysitės
jie, jos	juoksis	tikėsis	mokysis

Don't forget that the third person forms of the future tense do not have an ending, they end in the future affix **s** and the reflexive particle.

The *imperative mood* has its own formant, **k**, which is also joined to the infinitive stem, and to it are affixed its endings and the reflexive particle:

tu juok~~tis~~ + -k- + -is = juokis

tu	juokis	tikėkis	mokykis
mes	juokimės	tikėkimės	mokykimės
jūs	juokitės	tikėkitės	mokykitės

You already know that the second person singular does not have an ending, but ends in the imperative mood affix **k** and the reflexive particle.

The *conditional mood* is formed by adding **t** to the infinitive stem, then the personal endings and the reflexive particle:

aš juok~~tis~~ + t → č + -iau- + -si = juokčiausi

aš	juokčiausi	tikėčiausi	mokyčiausi
tu	juoktumeisi	tikėtumeisi	mokytumeisi
jis, ji	juoktųsi	tikėtųsi	mokytųsi
mes	juoktumės	tikėtumės	mokytumės
	or juoktumėmės	or tikėtumėmės	or mokytumėmės
jūs	juoktutės	tikėtutės	mokytutės
	or juoktumėtės	or tikėtumėtės	or mokytumėtės
jie, jos	juoktųsi	tikėtųsi	mokytųsi

Language points

Health

When we talk about health the most useful words include the following:

sir̃gti, ser̃ga, sir̃go	be ill (susir̃gti 'fall ill')
sveĩkti, sveĩksta, sveĩko	get better, recover (res. pasveĩkti)
gýdyti, gýdo, gýdė	treat, cure (nuõ 'of')
skaudėti, skaũda, skaudėjo	ache (dat. of 'who', acc. of 'what')
eĩti pàs gýdytoją	go to the doctor
kviẽsti, kviẽčia, kviẽtė gýdytoją	call the doctor (res. pakviẽsti)
gérti, gẽria, gérė váistus	take medicine (priẽš val̃gį 'before food', põ val̃gio 'after food')
lig/à, -õs (4)	illness (dėl̃ ligõs 'on account of illness')
ligón/is, -io (1)	ill person, patient (fem. ligón/ė, -ės (1))
ligónin/ė, -ės (1)	hospital
sveĩk/as, -à (4)	healthy
sveikat/à, -(ãt)os (2)	health
gýdytoj/as, -o (1)	doctor (dantų̃ gýdytojas 'dentist')
(medicìnos) sesẽl/ė, -ės (2)	nurse (medicin/à, -(ìn)os (2) 'medicine')
váist/ai, -ų (1; pl.)	medicine (in general; use the sing. for a single medicine; váistas nuõ galvõs skaudėjimo 'headache medicine'; also vaĩstas (4))
váistin/ė, -ės (1)	chemist's (also vaĩstinė (4))
temperatūr/à, -(ū̃r)os (2)	temperature
slog/à, -õs (4)	cold, head cold
angin/à, -(ìn)os (2)	tonsillitis

grìp/as, -o (2)	influenza, flu
bronchìt/as, -o (2)	bronchitis
plaũčių uždegìm/as, -o (2)	pneumonia (lit. 'inflammation of the lungs'; **plaũč/iai, -ių** (2) 'lungs')
žaizd/à, -õs (4)	wound
lū̃ž/is, -io (2)	fracture, break

The verb **skaudėti** can be used with two cases – the accusative and the nominative, but the accusative is more often used. Thus we have the following construction:

> dative + **skaudėti** + accusative

for example:

man skauda galvą	I have a headache
gerklę	I have a sore throat
dantį	I have toothache
širdį	I have a pain in my heart
skrandį	I have a stomach ache
pilvą	I have a stomach ache (more general)

Or we have:

> dative + **skaudėti** + nominative

for example:

> **man skauda galva, gerklė, dantis, širdis, skrandis, pilvas**

Vocabulary

gerkl/ė̃, -ė̃s (3)	throat
skrañd/is, -(dž)io (2)	stomach
pil̃v/as, -o (4)	belly

How to wish someone the best of health

We can use the following expressions to wish a sick person better, or to express a hope that a well person remains well (the translations are literal; note the construction after **linkéti**, which is 'understood' also in the third expression):

> **Linkiù (kuõ greičiaũ) pasvéikti**   I wish you to get better (as quickly as possible)

Linkiù kuõ geriáusios sveikãtos   I wish you the best of health
Gerõs táu (jùms) sveikãtos!   Good health to you!
Bũk svéĩkas (sveikà)!   Be healthy!

And if we toast someone's health, we say: **Į sveikãtą!**

Exercise 11a

Write an answer to the following letter:

Mielas Jurgi,

aš labai susirūpinau, kad tu sergi. Vitalija man papasakojo, kad staiga reikėjo kviesti gydytoją. Kaip dabar jautiesi? Laukiu tavo laiško.
Greičiau pasveik!

Bučiuoju

Zita

---

susirūpinti, susirūpina, susirūpino   get worried (res.; non-res. **rūpintis**)

Exercise 11b

Select the appropriate form from those in parentheses:

(a) Kas rytą (prausiuosi, prausiasi, prauskis) šaltu vandeniu ir nesirgsi nei sloga, nei gripu.
(b) Kad (jauskis, jaustumeisi, jausis) sveikas, valgyk sveiką maistą ir sportuok.
(c) Rytoj (kelsimės, keliasi, kėlėmės) anksti ir eisime pas gydytoją.
(d) Jos vaikai labai dažnai (sirgti, sirgs, serga).
(e) Po kelionės jo brolis staiga (suserga, susirgo, susirgs) plaučių uždegimu.
(f) Šiuos vaistus reikia (gerti, geria, gėrė) tris kartus per dieną po valgio.
(g) Jis visada sveikas, nes sveikai gyvena: anksti (keliasi, kėlėsi, kelsis), daug sportuoja, nerūko, negeria.
(h) Sveikai (maitintis, maitinkitės, maitintumėmės) ir nesirgsite skrandžio ligomis.

rūkýti, rūko, rūkė	smoke
maitìntis, maitìnasi, maitìnosi	eat, feed oneself (refl. of trans.
maitìnti 'feed')	

Dialogue 2 📼

Kiek jai metų?

How old is she?

Bilas ir Aldona tariasi, ką veiks savaitgalį

BILL: Ką veiki savaitgalį? Gal kur nors kartu nueitume?

ALDONA: Gaila, bet negaliu. Pažadėjau nuvažiuoti į Druskininkus pas senelę.

BILL: Tavo senelė gyvena Druskininkuose?

ALDONA: Ne, negyvena, ji ten dabar gydosi sanatorijoje. Klausyk, o gal važiuojam kartu? Pamatytum Druskininkus. Tai labai gražus Lietuvos kurortas, yra ką pažiūrėti. Kaip? Važiuojam?

BILL: Ar aš tau netrukdysiu būti su senele?

ALDONA: Ne, jokiu būdu. Taip bus dar įdomiau. Mes galėsim kartu su ja aplankyti gražiausias vietas.

BILL: Bet ar ji neserga?

ALDONA: Ne, ji visai sveika, tik žmonėms, kurie yra tokio amžiaus, labai gerai kartą per metus pasigydyti sanatorijoje. Žinai, vonios, masažai, gydomoji mankšta, baseinas, pirtis, pasivaikščiojimas po mišką ir kitokie dalykai.

BILL: O kiek jai metų?

ALDONA: Šešiasdešimt penkeri.

BILL: O! Mano senelei taip pat šešiasdešimt penkeri, o senelis už ją vyresnis. Jam dabar septyniasdešimt vieneri.

Vocabulary

tartis, tāriasi, tārėsi	discuss, consult one another, come to an arrangement (**sù** + instr.; **dėl** + gen. 'about'); consider oneself (+ instr.)

veĩkti, veĩkia, veĩkė	do; function, work; have an effect on (+ acc.)
gýdytis, gýdosi, gýdėsi	receive treatment (medical)
sanatòrij/a, -os	sanatorium
trukdýti, trùkdo, trùkdė	disturb, get in the way (+ dat. of whom one disturbs; also + instr. of what causes the disturbance, e.g. a request, and may be followed by the inf., giving a sense of 'prevent, hinder (someone from doing something)')
jókiu būdù	not at all, in no way (instr. of **jóks, jokià** (3) 'no, not a', and **būd/as, -o** (2) 'way, manner')
pasigýdyti, pasigýdo, pasigýdė	get some treatment (for oneself)
masãž/as, -o (2)	massage
gýdom/as(is), -a (-oji) (1)	medic(in)al
mankšt/à, -õs (4)	training, exercising, gymnastics
baseĩn/as, -o (2)	pool, swimming pool
pirt/ıs, -iẽs (4; fem.)	bathhouse, sauna
vyrèsn/is, -ė (4)	older

Language points

Talking about how old people are

The most usual way of asking someone about their age is as in the following construction:

Kiek (jums, jai, jam ... = dative) **metų?**

Special numerals are used to respond to such questions. All Lithuanian nouns which have only the plural form and express countable things are used with special numerals, of which there are altogether nine:

1	vienerì (3[a]), víenerios
2	dvejì (4), dvėjos
3	trejì (4), trėjos
4	ketverì (3[b]), kẽtverios
5	penkerì (3[b]), peñkerios
6	šešerì (3[b]), šẽšerios
7	septynerì (3[a]), septýnerios

8   aštuonerì (3ª), aštúonerios
9   devynerì (3ª), devýnerios

As you already know (see Lesson 9), the word **metai** in its meaning 'year' is only used in the plural, so the above numerals have to be used with it. For example:

> **Man (yra) dvidešimt vieneri (metai)**
> **Jam (yra) šešeri (metai)**
> **Jai (yra) keturiasdešimt devyneri (metai)**
> **Mano sūnui (yra) dveji (metai)**
> But: **Dukteriai (yra) dvylika (metų)**
> **Tau devyniolika (metų)**

Needless to say, these numerals can also be combined with other nouns which have only a plural form and refer to countable things, e.g., **dvejos durys** 'two doors', **treji vartai** 'three gates'. We can also use them to refer to 'pairs', thus: **dveji batai** 'two pairs of shoes', **ketverios pirštinės** 'four pairs of gloves'.

Grammar

Pronouns

You already know most of the case forms of the personal pronouns. There are some other pronouns which are similarly declined, for example, the very frequently encountered **kurìs, kurì** 'who, which', as in Dialogue 2: **žmonėms, kurie yra tokio amžiaus** ...

Here are its forms and those of the third person pronoun:

	Singular		*Plural*	
Nom.	jìs, jì	kurìs, kurì	jiẽ, jõs	kuriẽ, kuriõs
Gen.	jõ, jõs	kuriõ, kuriõs	jų̃	kurių̃
Dat.	jám, jái	kuriám, kuriái	jíems, jóms	kuríems, kurióms
Acc.	jį̃, ją̃	kurį̃, kurią̃	juõs, jàs	kuriuõs, kuriàs
Instr.	juõ, jà	kuriuõ, kurià	jaĩs, jomìs	kuriaĩs, kuriomìs
Loc.	jamè, jojè	kuriamè, kuriojè	juosè, josè	kuriuosè, kuriosè

The gradation of adverbs

Both in this lesson's dialogues and in earlier lessons you have already on several occasions encountered words such as **geriau, įdomiau**, and **daugiausia**. These are comparative and superlative forms created from adverbs or the genderless form, and here is how it is done:

The comparative

Adverb	ger~~ai~~ + -iaũ	= geriaũ
Adjective	ger~~a~~ + -iaũ	= geriaũ

The adverbs are usually used to define the circumstances of an event, for example:

Petras važiuoja greitai, o Jonas dar greičiau. Peter drives quickly, but Jonas drives even more quickly.

Šiandien jis jaučiasi geriau. Today he feels better.

The adjectives are used to define a general situation, for example:

Šiandien šilčiau negu vakar. Today it's warmer than yesterday.
Man Lietuvoje geriau negu užsienyje. I feel better in Lithuania than abroad.

> **ùžsien/is, -io** (1) abroad (an ordinary n.; the gen. serves to translate 'foreign' – see the example below)

The superlative

Adverb	ger~~ai~~ + -iáusiai	= geriáusiai
Adjective	ger~~a~~ + -iáusia	= geriáusia

Thus, similarly:

Iš visų užsienio kalbų jis geriausiai moka anglų kalbą. Of all foreign languages he knows English best.
Anksčiausiai namo parėjo brolis. (My) brother came home earliest of all.

and:

Liepos mėnesį Lietuvoje šilčiausia. It's warmest in Lithuania in July.

> **Man įdomiausia keliauti.** For me it's most interesting of all to travel.

Exercise 11c

Write out in words how old the following people are:

(a) mano tėvas, 56;	(e) ligonis, 84;	(i) tavo draugas, 7;
(b) mūsų motina, 49;	(f) jos duktė, 1;	(j) dėdė, 45;
(c) pusbrolis, 22;	(g) brolio sūnus, 8;	(k) jo žmona, 30;
(d) gydytojas, 38;	(h) pusseserė, 17;	(l) mano sesuo, 11.

Exercise 11d

Replace the italicized words with the appropriate forms of the pronouns **jis, ji**:

(a) Motina nupirko *vaikams* vaistų.
(b) Aš laukiau *Viktoro* visą dieną.
(c) Sekmadienį draugas pakvietė *Aldoną* į teatrą.
(d) Mes vakar matėme *tuos studentus* ligoninėje.
(e) Mano *dėdei* jau aštuoniasdešimt ketveri metai.
(f) Manau, kad vaikams geriau negerti *tokių vaistų*.
(g) Šiandien vėl susitikau *tas merginas*.
(h) Ar tu šiandien matei *gydytoją*?
(i) *Šiais vaistais* galima gydyti sunkias skrandžio ligas.
(j) Palinkėk *seserims* geros sveikatos.
(k) *Seselės* nebuvo gydytojo kabinete.
(l) Būtina pasirūpinti *ligoniu*.

---

būtina	indispensable, necessary (genderless form of **būtin/as, -à** (3^a))
pasirūpinti, pasirūpina, pasirūpino	to worry (+ instr. 'about')

Exercise 11e

Insert the appropriate forms of the pronouns **kuris, kuri**:

> Vakar aš aplankiau tetą, _____ gyvena mažame miestelyje. Mėgstu šias vietas. Tai apylinkės, _____ prabėgo mano vaikystė. Ten pievos, _____ bėgiojau su draugais, ežerai, _____ maudžiausi,

miškai, _____ vaikščiojau, grybavau, uogavau. Mano teta gyvena name, _____ statė jos senelis. Namas nėra didelis, bet gražus, patogus, jaukus. Teta man visada paruošia kambarį, _____ aš gyvenau mažas. Čia man viskas sava ir artima. Mano vaikystės draugai, _____ gyvena tame miestelyje, visada ateina su manim susitikti. Tai brangūs susitikimai, nes brangūs žmonės, _____ aš myliu.

Vocabulary

apýlink/ė, -ės (1)	area, district
prabė́gti, prabė́ga, prabė́go	pass by, elapse
vaikýst/ė, -ės (2)	childhood
píev/a, -os	meadow
grybáuti, grybáuja, grybãvo	collect mushrooms
uogáuti, uogáuja, uogãvo	collect berries
sãv/as, -à (4)	one's own, intimate, close
ar̃tim/as, -à (3^b)	close, intimate

Exercise 11f

Finish off the sentences, inserting the comparative or superlative, e.g.:

Šiandien gražu, bet vakar buvo dar gražiau.

(a) Pernai čia buvo šalta, bet šiemet dar _____.
(b) Visi kalbėjo įdomiai, bet _____ pasakojo profesorius iš Prahos.
(c) Visur gera, bet namie _____.
(d) Gerai žaidė visos komandos, bet jūsų – _____.
(e) Sunku buvo mokytis rusų kalbos, bet lietuvių – dar _____.
(f) Visur man linksma, bet su draugais _____.

šiẽmet (adv.)	this year

Exercise 11g

Write out the comparative and superlative forms of the words listed below, e.g.:

puiku → **puikiau** → **puikiausia**
gražiai → **gražiau** → **gražiausiai**

blogai, vėlai, aukštai, žemai, nuostabiai, turtingai, lėtai, lengva, sunku, karšta, pigu, brangu, šalta, aišku

turtìng/as, -a (1)	rich
l̃ėt/as, -à (4)	slow

Reading

Druskininkai

Lietuvos pietuose, miškingame Nemuno krante, ištisus metus veikia Druskininkų kurortas. Šiose gražiose vietose žmonės gyveno nuo akmens amžiaus. Galbūt ir jie suprato, kad geria ir prausiasi vandeniu, kuris gydo nuo visokių ligų, kad oras, kuriuo jie kvėpuoja — tikri vaistai.

Pirmasis Druskininkų šaltinių cheminę sudėtį ėmė tirti asmeninis karaliaus Stanislovo Augusto gydytojas 1790 metais. Druskininkų vandenimis pradėjo gydytis ir vietiniai žmonės, ir atvykėliai. Prieš pusantro šimtmečio Druskininkuose pradėjo steigti kurortą, statyti gydyklas. Dabar čia kasmet vien gydytis atvyksta beveik šimtas tūkstančių žmonių, dažnai atvažiuoja turistų iš visos Lietuvos ir kitų šalių.

Druskininkuose gydo ne tik vanduo. Žavios kurorto apylinkės su vaizdingais Nemuno krantais, seni pušynai, kurie saugo miestą nuo vėjų, ežerai, grynas oras — dideli kurorto privalumai. Druskininkuose nebūna staigių temperatūros svyravimų. Čia daugiau šiltų dienų negu kitose Lietuvos vietose. Šis kurortas — tai ramybės ir sveikatos kampelis. Čia lėtesnis gyvenimo tempas, graži medinė miesto architektūra, daug jaukių skverų, gėlynų, parkų, alėjų kelia geras emocijas tiek ligoniams, tiek Druskininkų gyventojams.

Druskininkų apylinkių gamtos garsai ir spalvos įkvėpė kūrybai vieną didžiausių Lietuvos kūrėjų, dailininką ir kompozitorių M.K. Čiurlionį. Druskininkuose prabėgo jo vaikystė, kūrybingiausios jaunystės vasaros. Ten, kur gyveno Čiurlionų šeima, dabar yra muziejus. Muziejų mėgsta Druskininkų gyventojai ir svečiai. Čia dažnai vyksta fortepijoninės muzikos koncertai, įvairūs vakarai, paskaitos.

Imagine that you were in Druskininkai. Write a short letter to a friend relating your impressions.

Vocabulary

miškìng/as, -a (1)	wooded, forest (adj.)
ìštisus metùs, adv.	all year round (**ìštis/as, -à** (3^b) 'whole, entire')
nuõ + gen.	since
akm/uõ, -eñs (3^b)	stone
ámž-ius, -iaus (1)	age
ór/as, -o (3)	air
kvėpúoti, kvėpúoja, kvėpãvo	breathe (+ instr. of what one breathes)
pirmàsis, pirmóji (3)	first (long adj. form; the meaning here is 'the first to ... was ...')
šaltìn/is, -io (2)	spring, source
chèmin/is, -ė (1)	chemical
sudėt/ìs, -iẽs (3^b; fem.)	composition
iñti, ìma, ė̃mė	begin; take
tìrti, tìria, týrė	investigate, study, do research into
asmenìn/is, -ė (2)	personal
karãl/ius, -iaus (2)	king
viẽtin/is, -ė (1)	local
atvỹkėl/is, -io (1)	visitor, newcomer (fem. **atvỹkėl/ė, -ės** (1))
priẽš + acc.	ago (note here that **pusañtro** does not show the acc. case)
šiñtmet/is, -(č)io (1)	century
steĩgti, steĩgia, steĩgė	found, set up, open
gydykl/à, -(ỹkl)os (2)	clinic, sanatorium (special medical treatment centre)
kasmė̃t	every year
víen	only, just
bevéik	almost
turìst/as, -o (2)	tourist (fem. **turìst/ė, -ės**)
šal/ìs, -iẽs (4; fem.)	country; side
žãv/ùs, -ì (4)	enchanting, fascinating, charming
vaizdìng/as, -a (1)	picturesque, full of images
pušýn/as, -o (1)	pine forest (**puš/ìs, -iẽs** (4; fem.) 'pine tree')
sáugoti, sáugo, sáugojo	protect (**nuõ** + gen. 'from')
privalùm/as, -o (2)	necessity, something indispensable; quality, merit
staig/ùs, -ì (4)	sudden

svyrãvim/as, -o (1)	change, vacillation
ramýb/ė, -ės (1)	tranquillity, peace, calm
kampēl/is, -io (2)	nook (dim. of **kam̃p/as, -o** (4) 'corner')
gyvēnim/as, -o (1)	life
tem̃p/as, -o (2)	tempo, rate, pace
skvèr/as, -o (2)	square (small and leafy)
gėlýn/as, -o (1)	flower-bed
emòcij/a, -os (1)	emotion
tíek ... tíek ...	both ... and ... (similar to the use of **iř ...** **iř ...**, **tíek pàt** 'as much', **vienódai** 'similarly, likewise'; **tíek** in this use is very common in the written language)
gyvéntoj/as, -o (1)	inhabitant (fem. **gyvéntoj/a, -os** (1))
gamt/à, -õs (4)	nature
gar̃s/as, -o (2)	sound
spalv/à, -õs (4)	colour
įkvẽpti, į̃kvėpia, į̃kvėpė	inspire; breathe in (trans.)
kūrýb/a, -os (1)	creation, work (the dat. here conveys the same as if one had **įkvėpė, kàd kùrtų ...**)
didžiáus/ias, -ia (1)	greatest
kūrėj/as, -o (1)	creator, founder, artist
kompozìtor/ius, -iaus (1)	composer (fem. **kompozìtor/ė, -ės** (1))
kūrybìng/as, -a (1)	creative
jaunỹst/ė, -ės (2)	youth (time of life)
fortepijõnin/is, -ė (2)	piano (adj.; **fortepijõn/as, -o** (2) 'piano')
mùzik/a, -os (1)	music
paskait/à, -õs (3[b])	lecture, reading

12 Reikia pasipuošti

Got to get smartly dressed

By the end of this lesson you will have learnt:

- how to talk about clothes
- about diminutives
- about the gradation of adjectives
- about adjectives with suffixes
- how to pay someone a compliment
- how to congratulate someone and wish them well
- how to convey the sequence of events
- about the pronominal forms of adjectives
- about the past frequentative tense

Dialogue 1 💽

Ar padėsi išsirinkti?

Will you help me choose?

Bilas ir Aldona ruošiasi į Vytauto ir Linos dukters Birutės gimtadienį.
Jie eina pirkti dovanų. Be to, Bilas nori nusipirkti naujų drabužių

ALDONA: Manau, kad geriausia būtų eiti į universalinę parduotuvę.
Ten yra prekių ir vaikams, ir suaugusiems.

BILL: Gerai, eikim. Aš norėčiau nusipirkti pavasarinį švarką arba
ploną megztinį. Tu man padėsi išsirinkti?

ALDONA: Žinoma. Tu sakei, kad tau dar reikia marškinių.

BILL: Taip taip, dar norėčiau nusipirkti marškinius. Reikia pasi-
puošti Birutės gimtadieniui. O ką tu žadi pirkti Birutei?

ALDONA: Ji – mano krikšto dukra. Kasmet jai nuperku kokį gražų
drabužį: suknelę, sijonuką, megztinį. Ji mėgsta nešioti
gražius drabužius, puoštis. Šiemet norėčiau nupirkti jai
raudonus batelius prie jos naujos suknelės raudonais

taškučiais. Jai labai tinka raudona spalva.

Bilas ir Aldona jau universalinėje parduotuvėje

BILL: Kur eisim pirmiausia?
ALDONA: Siūlau pirmiausia nupirkti tau švarką, po to ieškoti megztinio ir marškinių, o paskui eiti pirkti dovanų. Žiūrėk, štai vyriškų drabužių skyrius.
BILL: Na, paieškokim gražaus švarko.
ALDONA: Ateik, čia tavo dydžio švarkai. Ar nepatinka šitas languotas?
BILL: Neblogas. Reikėtų pasimatuoti.
ALDONA: Žiūrėk, šitas dryžuotas taip pat gražus. Nenori?
BILL: Nelabai. Geriau pasimatuosiu languotą ir šitą šviesų.
ALDONA: Man atrodo, šviesusis tau per didelis, truputį per platus, rankovės per ilgos. Aš paklausiu pardavėjos, gal jie turi mažesnių.

Kreipiasi į pardavėją

ALDONA: Atsiprašau, ar neturėtumėt mažesnio dydžio tokio švarko?
PARDAVĖJA: Gaila, bet tokios spalvos neturime. Mažesnių yra šviesiai pilkų ir rusvų. Prašom pažiūrėti štai čia.
ALDONA: O dabar, Bilai, renkis pilkąjį. Žinai, man šitas gražiausias. Kaip tau?
BILL: Tu teisi, geriausias šitas. Kiek jis kainuoja?
ALDONA: Žiūrėk, kaina štai čia – 189 litai. Man atrodo, ne per brangu.

See the language points below for quite a few of the new items in this dialogue.

Vocabulary

pasipuõšti, pasipuõšia, pasìpuošė	dress up, adorn oneself (res. of **puõštis, puõšiasi, puõšės**)
ruõštis, ruõšiasi, ruõšėsi	get ready, prepare (here **į** + acc. = 'to go to (something)'; more often, or with a slightly different meaning, + dat.)
gimtādien/is, -io (1)	birthday (also **gimìmo dienà**, used in Dialogue 2; **gimìm/as, -o** 'birth')
dovan/à, -õs (3ª)	gift
tìkti, tiñka, tìko	be suitable, suit (+ dat.)
universãlin/is, -ė (1)	universal (**universãlinė parduotùvė** 'department store')

pronunciation practice, dialogues and role-playing exercises, recorded by native speakers of Lithuanian, and are an invaluable aid to improving your language skills.

If you have been unable to obtain the course pack, the double cassette (ISBN 0-415-12104-3) can be ordered separately through your bookseller or, in case of difficulty, send payment with order to Routledge Ltd, ITPS, Cheriton House, North Way, Andover, Hants SP10 5BE, or to Routledge Inc., 29 West 35th Street, New York, NY 10001, USA.

The publishers reserve the right to change prices without notice.

CASSETTES ORDER FORM

Please supply one/two/ .... double cassette(s) of

Colloquial Lithuanian, Ramoniene and Press.

ISBN 0-415-12104-3

Price £13.99* incl. VAT
       $24.95 (Can. $34.95)*

☐ I enclose payment with order.
☐ Please debit my Access/Mastercharge/Mastercard/Visa/American Express. Account number:

Expiry date ....

Name ....

Address ....

....

Date ....

Signature ....

Order from your bookseller or from:

ROUTLEDGE LTD
ITPS
Cheriton House
North Way
Andover
Hants
SP10 5BE
ENGLAND

ROUTLEDGE INC.
29 West 35th Street
New York
NY 10001
USA

prēk/ė, -ės (2)   sg on sale, item of goods (very often pl.)

suáug/ęs, -usio (1)   adult, grown-up (fem. **suáug/usi, -usios**; declines as a p. act. pcple)

pavasarìn/is, -ė (2)   spring (adj.)

plón/as, -à (3)   fine; slender, subtle

krìkšt/as, -o (4)   baptism, christening (**krìkšto dukrà** 'goddaughter')

taškùt/is, -(č)io (2)   dot, spot (dim. of **tãšk/as, -o** (4))

pirmiáusia   first of all

výrišk/as, -a (1)   male, man's, men's, masculine

skȳr/ius, -iaus (2)   department, section; chapter

dȳd/is, -(dž)io (2)   size

langúot/as, -a (1)   check (adj.)

pasimatúoti, -túoja, -tãvo   try on (clothes)

dryžúot/as, -a (1)   striped

plat/ùs, -ì (4)   wide, broad

kreĩptis, kreĩpiasi, kreĩpėsi   address, turn to, speak to (į̃+ acc. 'to')

šviẽsiai   bright, light (adv.)

pìlk/as, -à (3)   grey

rùsv/as, -à (4)   brownish

štaĩ čià   here, right here (adv. used to attract attention; here could be rendered as 'at these')

teis/ùs, -ì (4)   right, correct

Language points

Clothing, and wearing things

First, here are a few important items of vocabulary related to clothing:

suknėl/ė, -ės (2)   dress

sijōn/as, -o (2)   skirt

bliuzėl/ė, -ės (2), palaidìn/ė, -ės (2)   blouse

pált/as, -o (1)   overcoat

kailin/iaĩ, -ių̃ (3ᵃ; pl. only)   fur coat

lietpalt/is, -(č)io (1)   raincoat

striùk/ė, -ės (2)   jacket (man's and woman's)

megztìn/is, -io (2)   jumper, sweater, knitted garment

kéln/ės, -ių̃ (1)   trousers

džìns/ai, -ų (1; pl. only)	jeans
kostiùm/as, -o (2)	suit (**máudymosi kostiùmas** 'swimming costume')
švar̃k/as, -o (2)	jacket
marškin/iaĩ, -ių̃ (3ᵇ; pl. only)	shirt
kaklāraišt/is, -(č)io (1)	tie (**parìšti, pàriša, parìšo** + acc. 'do ("one's tie")')
šãlik/as, -o (1)	scarf, muffler
skarēl/ė, -ės (2)	headscarf, kerchief
kepùr/ė, -ės (2)	cap (**užsidéti, užsìdeda, užsidéjo** '+ acc. put on')
skrybél/ė, -ẽs (2)	hat
pir̃stin/ė, -ės (1)	glove
nósin/ė, -ės (1)	handkerchief
akin/iaĩ, -ių̃ (3ᵇ; pl. only)	spectacles, glasses
skẽt/is, -(č)io (2)	umbrella (**išskẽsti, ìšskečia, ìšskėtė** + acc. 'open')
bãt/as, -o (2)	shoe
batēl/is, -io (2)	boot (ankle-high)
šlepẽt/ės, -(č)ių (2)	slippers
kójin/ė, -ės (1)	stocking
pėdkeln/ės, -ių (1; pl. only)	tights
ãvalyn/ė, -ės (1)	footwear
drabùž/is, -io (2)	item of clothing (**apatìniai drabùžiai** 'underclothes', **viršutìniai drabùžiai** 'outer clothes')
papuošal/aĩ, -ų̃ (3⁴ᵇ)	jewellery, 'decorations' (sing. **pãpuošalas**)
sag/ė, -ẽs (4)	brooch
sēg/ė, -ės (2)	buckle, fastening, clasp
karõl/iai, -ių (2)	beads
apýrank/ė, -ės (1)	bracelet
aũskar/as, -o (3ᵇ)	earring
žíed/as, -o (3)	ring
rankóv/ė, -ės (1)	sleeve
apýkakl/ė, -ės (1)	collar
užtrauktùk/as, -o (2)	zip

Various verbs are used with these words:

reñgtis, reñgiasi, reñgėsi and **vìlktis, vélkasi, vìlkosi** are used with words denoting clothes;

máutis, máunasi, móvėsi are used with the words **kelnės** and **pirštinės;**
aũtis, aũnasi, ãvėsi are used with the words **batai** and **kojinės.**

All these verbs can be used with either the instrumental or the accusative case, thus:

Rengiasi paltą.	She puts her overcoat on.
Maukis kojines!	Put your stockings on!
Avėsi batais.	He put his shoes on.
Vilkis lietpalčiu!	Put your raincoat on!

One may convey a resultative nuance with these verbs by using the prefixes **ap-** 'on' and **nu-** 'off':

Apsirenk megztinį!	Put a sweater on!
Nusiavė batus.	She took her shoes off.

The verb **nešióti, nešiója, nešiójo** 'to wear' is used with the accusative case, as in Dialogue 1:

Ji mėgsta nešioti gražius drabužius.	She likes wearing beautiful clothes.

In the vocabulary above a couple of other useful verbs were given.

Diminutives

Lithuanian very often makes use of words with a diminutive or affectionate sense. They are very frequently used when addressing children, or when talking about children and their things. Such words are used with different prefixes, which may be added even to names, e.g. **Zita – Zitutė, Alė – Alytė, Algis – Algiukas**, when one wishes to show affection for someone. Lots of such words are used particularly in folk songs, the **dainos**, and in other folkloric works. Typical diminutive suffixes include:

-ẽlis, -ẽlė:	added to noun stems with one syllable before the ending: **batas – batelis, knyga – knygelė**
-̃elis, -̃elė:	added to noun stems with more than one syllable before the ending (this includes words like **akm/uo, -ens**): **vakaras – vakarėlis, šalikas – šalikėlis**
-(i)ùkas:	**sijonas – sijonukas, vaikas – vaikiukas, akmuo – akmenėlis**
-ýtė:	**mama – mamytė, ranka – rankytė**

-ùtė: sesuo – sesutė, kėdė – kėdutė

The accent class of all but -ýtė is (2); -ýtė has the fixed accent pattern, thus (1).

In Dialogue 1 we encountered **sijonukas, bateliai,** and **taškučiai.** In a few words the diminutive sense has faded, e.g., **suknelė, skarelė.**

Grammar

The gradation of adjectives

In Lesson 11 you learnt gradation of adverbs and of the genderless, indeclinable, form of adjectives. But already on several occasions you have been confronted by gradation forms of declined forms of adjectives too; these are formed with suffixes with which you are already familiar, that of the comparative belonging to accent class (2), and that of the superlative to accent class (1). Here they are, fully declined (we give you the names of the cases in Lithuanian):

Singular

	Comparative		Superlative	
	Masculine	Feminine	Masculine	Feminine
Vardininkas	mažėsnis	mažėsnė	mažiáusias	mažiáusia
Kilmininkas	mažėsnio	mažėsnės	mažiáusio	mažiáusios
Naudininkas	mažėsniam	mažėsnei	mažiáusiam	mažiáusiai
Galininkas	mažėsnį	mažėsnę	mažiáusią	mažiáusią
Įnagininkas	mažesniù	mažesnė	mažiáusiu	mažiáusia
Vietininkas	mažėsniame	mažėsnėje	mažiáusiame	mažiáusioje

Plural

	Comparative		Superlative	
	Masculine	Feminine	Masculine	Feminine
Vardininkas	mažesnì	mažėsnės	mažiáusi	mažiáusios
Kilmininkas	mažėsnių	mažėsnių	mažiáusių	mažiáusių
Naudininkas	mažėsniems	mažėsnėms	mažiáusiems	mažiáusioms
Galininkas	mažesniùs	mažesnės	mažiáusius	mažiáusias
Įnagininkas	mažėsniais	mažėsnėmis	mažiáusiais	mažiáusiomis
Vietininkas	mažėsniuose	mažėsnėse	mažiáusiuose	mažiáusiose

If we wish to compare dissimilar things, in other words, when we wish to express 'than', we use the following constructions:

> comparative + **negù** + nominative
> comparative + **už** + accusative

Thus:

Vilnius didesnis negu Kaunas.	Vilnius is bigger than Kaunas.
Birutė jaunesnė negu Marytė.	Birutė is younger than Marytė.
Languotas švarkas gražesnis už vienspalvį.	The check jacket is nicer than the plain one.
Vasara šiltesnė už pavasarį.	Summer is warmer than spring.

vienspaĺv/is, -ė (2)	plain, lit. 'one-coloured'

The formation of adjectives

In Dialogue 1 there were several adjectives composed from other words using various suffixes. You should know a few popular models for creating adjectives. This can help you yourself to create new words, and in particular to understand such creations in a text you read or hear, for instance when you know the meaning of the word from which the adjective has been formed. A very common adjectival suffix is **-inis, -inė** (most often accent class (2)):

žiema	→ **žiemìn/is, -ė** (2)	winter
pavasaris	→ **pavasarìn/is, -ė** (2)	spring
linas	→ **linìn/is, -ė** (2)	linen
medvilnė	→ **medvilnìn/is, -ė** (2)	cotton

Moreover, you also already know the suffix **-ingas, -inga** (accent class (1)):

turtas	→ **turting/as, -a**	rich
laimė	→ **laiming/as, -a**	happy
mada	→ **mading/as, -a**	fashionable

Dialogue 1 contained adjectives with the very common suffix **-iškas, -iška**:

vyras	→ **výrišk/as, -a** (1)	male, man's, men's, masculine
vaikas	→ **vaĩkišk/as, -a** (1)	child's, children's
móteris	→ **móterišk/as, -a** (1)	female, woman's, women's, feminine

To express shades of colours you can use adjectives combined with adverbs, e.g. **šviẽsiai mė́lynas** 'bright blue', **tamsiai rùdas** 'dark brown'. However, similar meanings may be obtained by using suffixes, and to convey a bright or light nuance one can use **-svas, -sva**:

raudónas	→ raũsv/as, -à (4)	reddish
rùdas	→ rùsv/as, -à (4)	brownish
žãlias	→ žalsv/as, -à (4)	greenish

Finally, the following adjectives have been formed by the addition of suffixes:

-úotas, -úota (1) *-ė́tas, -ė́ta* (1)

dryžúot/as, -a striped **gėlė́t/as, -a** covered with flowers
langúot/as, -a check **taškúot/as, -a** dotted

Vocabulary

lìn/as, -o (4)	linen, flax
mė́dviln/ė, -ės (1)	cotton
tur̃t/as, -o (2)	wealth, riches
mad/à, -õs (4)	fashion
drỹž/is, -io (4)	stripe
láng/as, -o (3)	check, square (also 'window')
tãšk/as, -o (4)	dot, point

Exercise 12a

Compare the following series of nouns in a sentence, e.g.:

draugė, teta, pusseserė: Mano draugė vyresnė už pusseserę, bet jaunesnė už mano tetą.

(a) žiema, pavasaris, vasara
(b) suknelė, sijonas, bliuzelė
(c) namas, butas, kambarys
(d) kailiniai, megztinis, marškiniai
(e) mašina, dviratis, lėktuvas
(f) bankininkas, darbininkas, profesorius

bánkinink/as, -o (1) banker (derived from **bánk/as, -o** (1) 'bank')

Exercise 12b

Compare two people whom you know well (for example, your father and mother, or two friends), and write a few lines about them.

Exercise 12c

Compose a sentence using the superlative degree of adjectives and the words given, along the lines of the following example:

Vilniuje gyvena 598 000, Kaune 433 000, o Klaipėdoje 208 000 gyventojų.

Vilnius yra didžiausias Lietuvos miestas.

(a) Sidabrinė sagė kainuoja 32 litus, auskarai – 29 litus, o auksinis žiedas – 340 litų.
(b) Mano tėtei 70 metų, jo broliui – 69, o jų tėvui – 93.
(c) Nemuno ilgis yra 937 kilometrai, Neries – 510 kilometrų, o Dubysos – 139 kilometrai.
(d) Mano butas yra dviejų kambarių, mano sesers – vieno kambario, o mūsų tėvų – 5 kambarių.
(e) Dviratis važiuoja 20 kilometrų per valandą greičiu, automobilis – 140 kilometrų per valandą, o lėktuvas skrenda 800 kilometrų per valandą.

Vocabulary

sidabrìn/is, -ė (2)	silver (adj.; from the noun **sidãbr/as, -o** (2))
auksìn/is, -ė (2)	gold(en) (adj.; from the noun **áuks/as, -o** (1))
per vãlandą	per hour
greĩt/is, -(č)io (2)	speed (here the instr. 'in speed')

Exercise 12d

Join the words in the following two columns:

(a) vasarinis   per trumpos
(b) šalikėlis   tamsiai rudi
(c) suknelė   žiedas
(d) sidabrinis   vilnonis
(e) melsva   auksiniai

(f)	bateliai	paltas
(g)	megztinis	vaikiškas
(h)	kelnės	languota
(i)	dryžuotas	skrybėlė
(j)	auskarai	pirštinės
(k)	žieminės	kaklaraištis

---

vilnōn/is, -ė (2) woollen (from **vìln/a, -os** (1) 'wool')
mēlsv/as, -à (4) bluish

Dialogue 2 ◘◘

Sveikinu

Congratulations!

Aldona sveikina Birutę

ALDONA: Sveikinu tave, Birute. Būk visada sveika ir linksma.
BIRUTĖ: Labai ačiū. Kas čia? O! Kokie gražūs bateliai! Ar galiu juos iškart apsiauti?
ALDONA: Žinoma, vaikeli. Pasimatuok, ar jie tau geri.
BIRUTĖ: Kaip tik! O kokią suknelę man prie jų apsivilkti? Gal naująją, su raudonais taškučiais?
ALDONA: Pabandyk. Aš manau, prie jos turėtų tikti.

Birutės sveikinti ateina Bilas

BILL: Birute, kaip tu gražiai atrodai! Tau labai tinka šita suknelė ir naujieji bateliai. Sveikinu tave su gimtadieniu. Ko tau palinkėti? Būk visada graži ir linksma kaip šiandien.
BIRUTĖ: Labai labai jums ačiū. Kokia gera diena gimtadienis. O mano seneliai gimimo dienų nešvęsdavo. Lietuvoje seniau dažniausiai švęsdavo tik vardo dieną. Visi Jonai kartu, visi Petrai kartu, visos Onos kartu.
ALDONA: Taip, Joninės ir dabar Lietuvoje didelė šventė. Ir ne tik Joninės. Kiti vardadieniai Lietuvoje taip pat nuo seno būdavo ir dabar tebėra švenčiami.
BIRUTĖ: Mama jau kviečia prie stalo. Pirmiausia pavalgysim, po to bus mūsų su broliais koncertas, tada mūsų piešinių paroda, o paskui valgysime ledus. Gerai?

Vocabulary

svéikinti, svéikinu, svéikino	congratulate (+ acc. + sù + instr. 's.o. on sg')
iškar̃t	immediately, straight away
kaĩp tìk	perfect (= 'a perfect fit, just right')
priẽ + gen.	with (= 'for sg to go with sg else')
linkéti, liñki, linkéjo	wish (+ dat. of p. being wished and gen. of what is being wished)
švę̃sti, šveñčia, šveñtė	celebrate (+ acc.; šveñčiam/as, -a (1) 'celebrated' (pres. pass. part.))
var̃do dien/à, -õs (4)	nameday (also vardãdien/is, -io (1))
kartù	together
Jonìn/ės, -ių (2; pl. only)	St John's Day (also Jõnin/ės, -ių (1))
ir̃	also, even
nuõ sẽno	from a long time ago
tebėrà	is/are still, exist(s), is/are available
priẽ + gen.	to (here 'to the table, to eat')
mẽs sù + instr.	X and me/us
piešin/ỹs, -io (3[b])	drawing (from piẽšti, piẽšia, piẽšė 'draw')
led/aĩ, -ų̃ (4; pl. only)	icecream (lẽd/as, -o (4) 'ice')

Grammatical note

Particular note should be taken of the sentence **Birutės sveikinti ateina Bilas** 'Bill comes to congratulate Birutė' in Dialogue 2. Lithuanian has a flexible word order, something which is facilitated by the inflectional complexity of the language; in other words, the endings make it very clear what the relationship is between the words and who does what, so the order does not have to be very fixed, as it does in English. It can, however be more complex: very often one starts a sentence with information that is already familiar, and ends it with information that is new. In such situations, what is familiar would very often have a definite article (**the**) in English, while what is not familiar would have the indefinite article (**a, an**), or 'some, any', or nothing.

You possibly may be confused also by the use of the genitive case of **Birutė**; after all, **sveikinti** takes the accusative. What we have here is an optional, and very common, occurrence whereby the infinitive of a transitive verb coming after a verb of motion, in this case 'comes to congratulate', has its object in the genitive rather than the accusative. This reflects an earlier state of affairs, where in Lithuanian a verb of motion was not followed by the infinitive but by the accusative case of a verbal noun. If you compare 'to see John' and 'the sight *of* John', you can see why the genitive is used.

Language points

How to pay someone a compliment

If you want to praise someone, use one of the following expressions:

Tù (Jũs) labaĩ gražiaĩ atródai (atródote)!	You look really fine!
Táu (Jùms) labaĩ tiñka (šì suknẽlė, naujà šukúosena, ...).	This dress/This new hairdo really suits you.

Congratulations and good wishes

When we offer someone official congratulations, we either say or write:

Svéikinu (Svéikiname) jùs jubiliejaus (gimtadienio, švenčių) próga.
Congratulations on your anniversary (birthday, celebrations).

Unofficially we often use the construction **svéikinu sù** + instr., e.g.:

Svéikinu sù vardādieniu, sù Naujaĩsiais mẽtais
Congratulations on your nameday. Happy New Year!

When we congratulate someone, we often simultaneously wish them something, e.g. **sveikãtos** 'health', **láimės** 'good fortune, happiness', **džiaũgsmo** 'joy', **sėkmẽs** 'success, good luck', e.g.:

Linkiù jùms sėkmẽs! or **Sėkmẽs!**

Alternatively, we might use the imperative of **bũti** followed by an appropriate adjective, e.g.:

Bũk (Bũkite) laimìng/as, -a (-i, -os)! lit. 'Be happy!'

·*Vocabulary*

jubiliėj/us, -aus (2)	jubilee, anniversary
próg/a, -os (1)	occasion (also **prog/à, -õs** (4); here the instr. preceded by the gen., in the sense 'on the occasion of, by reason of,...')

Grammar

The sequence of events

In both dialogues in this lesson you encountered expressions conveying one event following another:

Pirmiáusia ..., põ tõ ..., õ tadà ..., õ pãskui ...
First ..., after that ..., and then ..., and then ...

To signal the end of such sequences you can use such expressions as:

galiáusiai, paskiáusiai, galŭ galè, pagaliaũ, po vìsko finally

> **gãl/as, -o** (4)   end

The pronominal forms of adjectives

Dialogues 1 and 2 contained long forms of adjectives: **šviesusis, pilkạji, naujạją**. Those adjectives which are used in gradation (i.e. those with the endings **-as, -a; -us, -i**) are sometimes used in the long, or pronominal, form:

báltas → baltàsis, baltà → baltóji
gražùs → gražùsis, gražì → gražióji

The above forms are rather rare. They are sometimes used if one wishes to set something apart from other things, to emphasize its special, particular character. The pronominal forms are more often used to express sorts or types, and are used in terminology, e.g.:

lengvóji prãmonė, sunkióji prãmonė, ilgíeji bal̃siai, trumpíeji bal̃siai
light industry, heavy industry, long vowels, short vowels

These forms are not restricted to adjectives either, thus:

pìrmas → pirmàsis, pirmóji; añtras → antràsis, antróji

Here is the declension of the pronominal forms of **mãž/as, -à** (4) and **graž/ùs, -ì** (4):

Singular

	Masculine	Feminine	Masculine	Feminine
V.	mažàsis	mažóji	gražùsis	gražióji
K.	mãžojo	mažõsios	grãžiojo	gražiõsios
N.	mažájam	mãžajai	gražiájam	grãžiajai
G.	mãžąji	mãžąją	grãžųji	grãžiąją
Į.	mažúoju	mažája	gražiúoju	gražiája
V.	mažãjame	mažõjoje	gražiãjame	gražiõjoje

Plural

	Masculine	Feminine	Masculine	Feminine
V.	mažíeji	mãžosios	gražíeji	grãžiosios
K.	mažũjų	mažũjų	gražiũjų	gražiũjų
N.	mažíesiems	mažõsioms	gražíesiems	gražiõsioms
G.	mažúosius	mažąsias	gražiúosius	gražiąsias
Į.	mažaĩsiais	mažõsiomis	gražiaĩsiais	gražiõsiomis
V.	mažúosiuose	mažõsiose	gražiúosiuose	gražiõsiose

In the above table, you will see that the pronominal forms are, as it were, doubly declined, with one ending after another. This is because they are, historically, the basic adjective, which declines like a noun, to which the third person pronoun, **jis, ji**, has been attached, giving a more definite, particularized, and in a sense relativized nuance, i.e. 'that which is, say, *big*, a *big* one'. If you know Russian, then its 'long' adjectives have exactly the same origin as the pronominal adjectives of Lithuanian, though the component parts have been very obscured by contractions over time. Lithuanian has changed much less.

Vocabulary

prãmon/ė, -ės (1)	industry	**vienãskait/a, -os** (1)	singular
baĩs/is, -io (2)	vowel	**daugìskait/a, -os** (1)	plural

The past frequentative tense

In addition to the three tenses which you already know, Lithuanian also has another tense to express past time: the *past frequentative tense*. It is different from the simple past in that it describes events which occurred more than once in the past. It emphasizes frequency, habit, or repetition. This tense is exceptionally easy to form. All you do is remove the **-ti** of the infinitive, add the suffix **-dav-** and the past tense endings (plus the reflexive particle if appropriate), and retain the accent pattern of the infinitive throughout:

aš	rašy~~ti~~ + -dav- +	-au	= rašýdavau
tu		-ai	= rašýdavai
jis, ji		-o	= rašýdavo
mes		-ome	= rašýdavome
jūs		-ote	= rašýdavote
jie, jos		-o	= rašýdavo

Here are a couple more examples:

Kai buvau mažas, į mokyklą važiuodavau dviračiu.
When I was little, I used to go to school by bike.

Seniau jis dažnai eidavo į kiną.
Formerly he would often go to the cinema.

Exercise 12e

Write at least five sentences about what you used to do when you were little. For example:

Rytais aš miegodavau ilgai, o keldavausi tik dešimtą ar vienuoliktą valandą.

Exercise 12f

Insert the appropriate forms of the pronominal adjective:

(a) Lietuvoje daug _____ mokyklų.   (**aukštoji**)
(b) Šiandien susitikau dukters _____ mokytoją.   (**pirmoji**)
(c) Senelis jaučiasi blogai, naktį kvietėme _____ pagalbą. (**greitoji**)
(d) Sveikinu jus _____ metų proga.   (**Naujieji**)
(e) Pirkome sunkvežimį ir _____ mašiną.   (**lengvoji**)

Vocabulary

greit/óji, -ōsios (4) **pagálb/a, -os** (1) ambulance (lit. 'rapid help')
suñkvežim/is, -io (1) lorry, truck
mašin/à, -(ın)os (2) car (the adj. **lengv/óji, -ōsios** (4) is
  optional; it suggests the conveyance of
  passengers)

Reading 1

Read through the following letters of congratulation. Match them to the
five events listed after them.

1

> Mielas Jonai,
> sveikinam Tave ir visą Tavo šeimyną su tokiu
> svarbiu visiems Jums įvykiu. Būkite sveiki ir
> laimingi! Daug stiprios sveikatos Vidai ir mažajam
> sūneliui.
>
> Petraičiai

2

> Brangioji mama,
> linksmų Tau Kalėdų ir Naujųjų metų! Mes visi
> Tau linkime kuo geriausios sveikatos, daug laimės
> ir džiaugsmo.
>
> Algis ir Regina

3

> Mieli kolegos,
> sveikiname Jus visus instituto jubiliejaus proga.
> Linkime sėkmės visuose Jūsų darbuose, entuziaz-
> mo, kuo geriausios darbo nuotaikos ir kūrybinės
> sėkmės.
>
> Fizikos fakulteto
> dekanatas

4

> Tėveli,
> sveikinu Tave su vardo diena. Būk visada toks sveikas, linksmas ir laimingas kaip šiandien.
>
> Tavo Sauliukas

5

> Brangieji,
> tegu meilė ir laimė lydi Jus visą gyvenimą!
>
> Jūsų seneliai

(a) 50 metų Fizikos institutui.
(b) Joninės, birželio 23 diena.
(c) Vestuvės.
(d) Gimė kūdikis.
(e) Gruodžio 25 diena.

Reading 2 ▣

Read the following reminiscences in the first paragraph, then respond to the request, given in Lithuanian for once, in the second paragraph.

Kai aš buvau jaunas, pasaulis buvo tobulesnis. Jaunuoliai buvo daug mandagesni, ramesni. Moterys vaikščiodavo elegantiškais drabužiais, su ilgomis gražiomis suknelėmis, vyrai darbe ir gatvėje nešiodavo kostiumus, kaklaraiščius. O dabar negali žmogus atskirti merginų ir vaikinų. Visi su džinsais, ilgais plaukais, odinėmis striukėmis. Anksčiau vaikai klausydavo savo tėvų, o moterys savo vyrų. O dabar?

O kaip jūs manote? Parašykite kelis sakinius, kokius drabužius kokiomis progomis nešiodavo mūsų proseneliai ir ką jūs nešiojate dabar (darbe, teatre, kelionėje, pliaže ar kur kitur). Pavyzdžiui: **Seniau vyrai teatre nešiodavo ...**

> Mįslė (*Riddle*): Vasarą su kailiniais, o žiemą ir be marškinių.
> (*The solution to the riddle is at the end of the lesson.*)

Vocabulary

Petráit/is, -(č)io (1)
Petraitis (a surname; here used in the pl. as a way of referring to the couple or family, e.g. 'the Peters')

šeimýn/a, -os (1)
family, household

svarb/ùs, -ì (4)
important (here followed by a dat.: 'for everyone')

įvyk/is, -io (1)
event

stipr/ùs, -ì (4)
strong, solid

fìzik/a, -os (1)
physics

fakultèt/as, -o᷈ (2)
faculty

dekanãt/as, -o (2)
dean's office (in university; **dekãn/as, -o** (2) 'dean' (fem. **dekãn/ė, -ės** (2))

tegù
let, may (in wishes)

lydéti, lýdi, lýdėjo
accompany (+ acc.)

vestùv/ės, -ių (2; pl. only)
wedding

gìmti, gìmsta, gìmė
be born

kū̃dik/is, -io (1)
baby

pasául/is, -io (1)
world

tóbul/as, -à (3ᵃ)
perfect

jaunuõl/is, -io (2)
young man (**jaunuõl/ė, -ės** 'young woman')

mandag/ùs, -ì (4)
polite

atskìrti, àtskiria, atskýrė
separate, differentiate (+ acc. **nuõ** + gen. 's.o./sg. from s.o./sg.')

ódin/is, -ė (1)
leather (adj.)

klausýti, klaũso, klaũsė
listen to, obey (+ gen.)

kaĩp jū̃s mãnote?
what do you think?

kel/ì, kēl/ios, -ių (4; pl. pron.)
several, a few (agrees with the word it qualifies)

sakinỹs, -io (3ᵇ)
sentence

prósenel/is, -io (1)
forefather, ancestor (fem. **prósenel/ė, -ės**)

pliãž/as, -o (2)
beach

kitur̃
elsewhere (**kur̃ kitur̃** 'anywhere else')

pãvyzdžiui
for example (set expression, dat. of **pavyzd/ỹs, -(dž)io** (3ᵇ) 'example, specimen, sample')

mįsl/ė, -ẽs (4)   riddle, puzzle

įminìm/as, -o (2)   solution (to a riddle; the verb is **įmiñti,**
             ** įmena, įminė** + acc.))

Mįslės įminimas: **medis**

13 Pietūs restorane

Dinner in a restaurant

In this lesson you revise and consolidate your knowledge of the grammar and vocabulary which you learnt in Lessons 8–12, and you will also learn:

- about indirect speech
- about the formation of Lithuanian surnames
- about nouns formed from verbs
- about passive participles

Dialogue 1 🔲

Kviečiu į restoraną

I invite you to a restaurant

Aldona ir Bilas susitinka universitete

BILL: Ar nematei šiandien Roberto?

ALDONA: Ne. O kodėl klausi?

BILL: Jis man skambino šį rytą. Sakė, kad niekaip negali tavęs surasti. Jis nori pakviesti mus abu į restoraną.

ALDONA: Žinau, kad rytoj jo gimimo diena. O aš norėjau jus abu rytoj pasikviesti vakarienės. Robertui jau seniai pažadėjau iškepti bulvinių blynų, jis labai juos mėgsta.

Prie jų prieina Robertas

ROBERT: Sveiki, aš visur jūsų ieškau.

ALDONA: Robertai, aš kviečiu rytoj vakare į svečius. Bus bulvinių blynų. Tavo gimtadienio proga iškepsiu obuolių pyragą.

ROBERT: Ačiū, Aldona. O aš kviečiu jus pietų į restoraną.

ALDONA: Puiku! O kur mes eisime?
ROBERT: Siūlau į 'Stiklius'.
BILL: Man atrodo, tai geriausias restoranas.

Vocabulary

piẽt/ūs, -ų̃ (4)	dinner, lunch
restorãn/as, -o (2)	restaurant
kláusti, kláusia, kláusė	ask (+ acc. + gen. 's.o. (about) sg.')
suràsti, surañda, surãdo	find (res. of ràsti, rañda, rãdo)
pasikviẽsti, pasikviẽčia, pasìkvietė	invite (to one's place; the gen. form of **vakariẽnė** is here a sort of 'gen. of goal/purpose/aim', thus 'for dinner'; we have the same use of **piẽtūs** in the second half of the dialogue; this use of the gen. is not restricted to meals!)
pažadėti, pàžada, pažadėjo	promise (res. of **žadėti, žãda, žadėjo**; the p. to whom sg. is promised goes in the dat.)
iškèpti, ìškepa, ìškepė	bake, fry (res. of **kèpti, kẽpa, kẽpė**; both also intrans.)
bulvìn/is, -ė (2)	potato (adj.)
blỹn/as, -o (2)	pancake (**bulvìniai blỹnai** 'latkes'; do note how Lithuanian makes very regular use of the gen. case in a part., i.e. 'some', sense)
prieĩti, prieĩna, priẽjo priẽ + gen.	come up to, approach
visuř	everywhere
ieškóti, íeško, ieškójo + gen.	look for, seek
obuolių̃ pyrãg/as, -o (2)	apple pie

Grammar

Indirect speech

In Dialogue 1 you had a sentence incorporating some indirect speech:

Sakė, kad niekaip negali tavęs surasti.
She said that she just *couldn't* find you.

As you can see, in Lithuanian reported speech, in other words, what someone is reported to have said, is conveyed somewhat differently from in English. The tenses of the verbs, that is, the verb which reports and that or those which convey what is reported, are not in accord one with each other, but convey the real times of the events. The sentence above translates into English as 'She said that she simply couldn't find you', whereas what she actually said was: 'I simply can't find him'. This use of the present tense is retained in Lithuanian – as you can see, however, Lithuanian doesn't go the whole hog, in that the pronouns appropriate to the indirect speech are retained. Compare the following:

Jis sako, kad tu išvažiuoji.	**Jis sakė, kad tu išvažiuoji.**
Jis sakė, kad tu išvažiuoji.	**Jis sakė, kad tu išvažiavai.**
Jis pasakys, kad tu išvažiuoji.	**Jis sakė, kad tu išvažiuosi.**

Work out what the above sentences mean in English (Hint: you should note that the tense of at least the reported speech in the right-hand column differs in Lithuanian and English).

Dialogue 2 💿

Ko norėtumėt užsakyti?

What would you like to order?

Aldona, Bilas ir Robertas restorane. Prieina padavėjas

PADAVĖJAS: Laba diena. Ko norėtumėt užsakyti?
ROBERT: Mes norime skaniai papietauti ir išgerti šampano.
PADAVĖJAS: Štai meniu. Norėtumėt šaltų patiekalų?
ROBERT: Taip. Na, rinkitės, bičiuliai.
ALDONA: Liežuvio su krienais.
BILL: O aš – silkės su grybais.
ROBERT: Aš taip pat. Prašom vieną liežuvio ir du silkės su grybais.
PADAVĖJAS: Ar norėsite sriubos?
ROBERT: Manau, kad taip. Ar ne?
ALDONA: Taip, aš norėčiau.
BILL: Aš taip pat. Pripratau Lietuvoje pietums valgyti sriubą.
ROBERT: Ar galėtumėt pasiūlyti?
PADAVĖJAS: Turime grybų, naminės daržovių sriubos, šaltibarščių, vištienos sultinio su pyragėliais.
ROBERT: Aš renkuosi šaltibarščius. Ar jie su bulvėm?

PADAVĖJAS:	Taip.
ALDONA:	Aš norėčiau grybų sriubos.
BILL:	Aš – šaltibarščių. O ką patartumėt iš karštų patiekalų? Gal turite ko nors lietuviško?
PADAVĖJAS:	Iš antrų patiekalų siūlyčiau vėdarų, cepelinų, keptos žuvies, labai skanus vištienos kotletas, jautienos kepsnys.
BILL:	Aš nenoriu mėsos. Gal vėdarų.
ALDONA:	Aš taip pat norėčiau vėdarų.
ROBERT:	Gerai. Du vėdarų, o man jautienos kepsnį. Dar butelį šampano, apelsinų sulčių ir mineralinio vandens.
PADAVĖJAS:	Viskas?
ROBERT:	Taip, viskas.

Vocabulary

padavėj/as, -o (1)
waiter (fem. **padavėj/a, -os** (1) 'waitress')

užsakýti, užsãko, užsãkė
order, place an order (note the use of gen. **ko** here; there is a part. sense, but one also uses the gen. where a particular item is in one's mind)

skan/ùs, -ì (4)
tasty

papietáuti, papietáuja, papietãvo
have lunch, dinner (res. of **pietáuti**)

išgérti, ìšgeria, išgérė
drink (resultative of **gérti**)

šampãn/as, -o (2)
champagne

meniù (indecl. masc.)
menu

pãtiekal/as, -o (3^{4b})
course, dish

riñktis, reñkasi, riñkosi
choose (for o.s.; + acc.)

liežùv/is, -io (2)
tongue

kriẽn/as, -o (4)
horseradish

pripràsti, priprañta, priprãto
get used, become accustomed (+ inf., or **priẽ** + gen. 'to sg')

pietùms
dinner (dat. of **piẽtūs**, conveying purpose)

namìn/is, -ė (2)
home-made

šaltìbaršč/iai, -ių (1)
cold beetroot soup

sultin/ỹs, -io (3^b)
bouillon

pyragẽl/is, -io (2)
pirozhki, small pies

bulv/ė, -ės (1)
potato (**bulvėm** is a truncation of the instr.

pl., **bulvėmis**, something very common
in spoken Lithuanian)

kàs nórs   something, anything

vė́dar/as, -o (3ᵃ)   sausage (with potato or oats filling)

cepelìn/as, -o (2)   a large oval dumpling made of grated
potato with a meat or cottage cheese
filling

kotlèt/as, -o (2)   meatball

kepsn/ỹs, -io (4)   roast, baked dish

apelsìn/as, -o (2)   orange

sùlt/ys, -(č)ių (1; pl. only)   juice

minerãlin/is, -ė (1)   mineral

Exercise 13a

Group the following words into five groups, according to their meaning:

pigus, perkūnija, plaukti, turtingas, vištiena, vaikščioti, plikšala,
marškiniai, krituliai, išskristi, bandelė, auksinis, apvažiuoti, dėmėtas,
makaronai, šlapdriba, striukė, nuskristi, grietinėlė, pereiti, kelnės,
per didelis, kumpis, megztinis, moteriškas, uogienė, parbėgti, kak-
laraištis, silkė, kojinės, gėlėtas, kriaušė, pūga.

---

dėmė́t/as, -a (1)   spotty, covered in spots (**dėm/ė̃, -ė̃s** (4) 'spot, stain')

Exercise 13b

How might you answer the following questions using **taip** and **ne**?

Example:

   Ar tu pirksi šį paltą?   Taip, žinoma.
                                        Taip, man jis labai patinka.
                                        Norėčiau, bet jis man per brangus.
                                        Ne, jis man netinka.
                                        Ne, neturiu tiek pinigų.

(a) Ar galėtum paskolinti man 50 litų?
(b) Ar ateisi sekmadienį į vakarėlį?
(c) Ar šiandien Vilniuje geras oras?
(d) Gal žinai, kiek dabar laiko?
(e) Ar tau patinka ši suknelė?
(f) Ar tu kiekvienais metais važiuoji į užsienį?

'(g) Ar pirksite šį tortą?
(h) At tikitės greitai parvažiuoti?
(i) Gal tau čia liūdna?

---

tikėtis, tikisi, tikėjosi hope (+ gen. = 'for')

Exercise 13c

Continue the thought: complete the following sentences and add one or two new ones to each.

(a) Paprastai aš keliuosi septintą valandą, bet sekmadieniais ...
(b) Mums reikia skubėti. Vytuk, greičiau kelkis...
(c) At atsimeni mano draugę Zitą? Ji pirko dryžuotą suknelę ...
(d) Kalnuose oras buvo nuostabus: nuo ryto iki vakaro ...
(e) Mes apvažiavome visą Lietuvą. Pirmiausia nuvažiavome ...
(f) Šiandien pripirkau vaikams visokių drabužių: sūnui ...
(g) Norėčiau su tavim pasitarti. Man siūlo ...
(h) Prašom pusantro kilogramo svogūnų, ...
(i) Man labiausiai patinka rugpjūtis: ...
(j) Jis labai netikėtai susirgo. Pakilo temperatūra, ...
(k) Ji visada atrodė labai graži. Nešiodavo madingus ...

Vocabulary

atsimiñti, atsìmena, atsìminė	remember (intr. or tr.)
pripiřkti, prìperka, pripiřko	buy (in addition, to complete sg.; a lot)
netikėtai	unexpectedly (**netikėt/as, -a** (1) 'unexpected')
pakìlti, pakỹla, pakìlo	rise, get higher (intr.)

Exercise 13d

Kęstutis ir Zigmas visada prieštarauja vienas kitam. Paskaitykite Kęstučio mintis ir parašykite, kaip mano Zigmas. (We thought you might like the instructions in Lithuanian for a change.)

Kęstutis	*Zigmas*
Geriausia atostogauti kalnuose.	**Ne, ten labai pavojinga.** **Geriausia atostogauti prie jūros.**

Šiandien labai maloni diena.
Gražiausia mūsų grupės mergina
   yra Viktorija.
Sveikiausia yra valgyti mėsą.
Reikia kiekvieną dieną anksti keltis.
Nereikia niekam skolinti pinigų.
Šis pyragas labai skanus.
Tas paltas per ilgas.
Gražiausias laikas – ruduo.

Vocabulary

prieštaráuti, prieštaráuja, prieštarãvo	contradict (+ dat.)
víenas kìtam	each other, one another (note how the first component is in the nom. case, either masc. or fem., sing. or pl. as appropriate, while the second component goes into the case which the v. requires, here a dat. object; see if you can find an example in Reading 1 too)
pavojìng/as, -a (1)	dangerous

Exercise 13e ●●

Read the following text about Aldona's Sunday. A few days later she writes a letter to her cousin Živilė. Rewrite Aldona's letter, recounting her Sunday in the first person and the past tense.

Lietingas sekmadienis

Šio sekmadienio oras tikrai bjaurus. Šalta, pučia baisus vėjas. Aldona sėdi namuose, geria karštą arbatą su medumi ir skaito detektyvą. Staiga suskamba telefonas. Aldona atsiliepia ir išgirsta Bilo balsą. Jis kviečia ją į kiną. 'Lietuvos' kino teatre rodo naują filmą. Aldona sutinka. Apsirengia lietpaltį, pasiima skėtį ir išeina. Jie susitinka prie teatro. Pasirodo, kad naujasis filmas – labai linksma komedija. Jie juokiasi visą laiką kaip maži vaikai. Po filmo Bilas siūlo pasivaikščioti. Jie nueina į Sereikiškių parką. Lietus vis lyja, oras darosi dar šaltesnis. Aldona peršąla ir rytojaus dieną suserga gripu. Jai pakyla temperatūra, pradeda skaudėti galvą, gerklę. Aldona smarkiai kosi. Tenka kviesti gydytoją, gerti vaistus, visą savaitę gulėti lovoje.

Vocabulary

(Pay special attention to the prefixed verbs and their resultative sense.)

lietìng/as, -a (1)	rainy
detektỹv/as, -o (1)	crime novel; detective
suskambéti, sùskamba, suskambėjo	ring out, resound (res.)
atsiliēpti, atsiliēpia, atsìliepė	call back, respond (may be res.; also 'say sg. good or bad about s.o.': **geraĩ ... apiẽ** + acc., or 'have an effect on': + dat.)
išgir̃sti, išgir̃sta, išgir̃do	hear (res.)
pér̃šalti, pér̃šąla, pér̃šalo	catch cold; get cold (may be res.)
smark/ùs, -ì (4)	severe
kósėti, kósi, kósėjo	cough
tèkti, teñka, tēko	have to, be obliged to (a sense of fate)

Reading 1 🔲

Try, without using a dictionary or the glossary, to read through the following extract from an interview with the pianist Aldona Dvarionaitė, daughter of the composer Balys Dvarionas. Note that Lithuanians either disregard initials or give the full name. At the end of the interview you will find a series of statements linked to the text. Are they correct or incorrect? Then, using a dictionary or the glossary (the words you are unlikely to know are in the Lithuanian–English Glossary rather than in the usual place, after the text), see if you can work out any sections that you still do not understand. To get you started, here are the opening instructions in Lithuanian:

Pabandykite perskaityti be žodyno ištrauką iš interviu su pianiste Aldona Dvarionaite, kompozitoriaus Balio Dvariono dukra. Po interviu rasite teiginių, susijusių su tekstu. Atsakykite, ar jie tiesingi, ar ne. Po to išsiaiškinkite visus neaiškumus su žodynu.

Kada gimsta muzikos poveikio jėga

Prieš porą savaičių Vilniaus Menininkų rūmų Raudonojoje salėje įvyko vakaras su pianiste Aldona Dvarionaite. Su ja kalbasi muzikologė Živilė Ramoškaitė

ŽR: Savo vakarui pasirinkote romantišką programą, XIX – XX amžių sandūroje sukurtą muziką, kuri, kaip sakė vakaro vedėjas Edmundas Gedgaudas, – neatsitiktinė jūsų gyvenime. Tikriausiai labai svarbu surasti ir pasirinkti tą muziką, per kurią gali pasakyti daug ir prasmingai. Ar ne tuomet atsiranda ir tikroji poveikio jėga?

AD: Kad pasirinkau tokią programą, įtakos turėjo keli dalykai. Groju muziką, kuri man kaip asmenybei labai artima. K.Šymanovskio 'Fantazija', sukurta 1906 metais, buvo skirta mano pedagogui, profesoriui Henrikui Neuhausui, kuris buvo ir pirmasis jos atlikėjas. A.Skriabino kūryba mano repertuare užima svarbią vietą. Šis kompozitorius tvirtai ir nuoširdžiai tikėjo, kad muzika gali atplėšti žmogų nuo kasdieninio gyvenimo, nuo rūpesčių, išlaisvinti jo sielą, kad muzika gali padaryti žmogų laimingą, o pasaulį daug geresnį ir tobulesnį. Man ši jo idėja iki šios dienos yra nepaprastai graži ir reikšminga. Gal tai apskritai svarbiausia, ką mes darome ir galime šiame pasaulyje padaryti.

Koncerto pabaigoje grojau tėvelio Balio Dvariono kūrinius. Tos pjesės, iš kurių vėliau buvo sudaryta 'Mažoji siuita', būdavo rašomos gegužės mėnesį ir dovanojamos man gimtadienio proga, – esu gimusi gegužės 18-tą. Taigi ši muzika primena man brangiausius dalykus – tėvus, jų aplinką.

ŽR: Ar jūsų tėvelis turėjo jums įtakos kaip pianistas?

AD: Sunku pasakyti. Ir jis, ir mama turėjo nepaprastos įtakos kaip žmonės, sukūrė labai menišką atmosferą, kurioje augau. Visos kalbos buvo apie meną, apie muziką, o žmonės, kurie mūsų namuose lankėsi, man iki šios dienos yra kaip broliai ir seserys. Praėjo daug metų nuo tėvo mirties, ir dabar dar geriau suvokiu, kiek daug jie man davė, kiek laimės suteikė tasai nuolatinis buvimas meno pasaulyje. Nuo pat vaikystės, nuo pat atsiradimo čia ... Visuomet būnu laiminga, jeigu kas pasako, kad esu panaši į tėvą ir mamą. Kuo daugiau praeina laiko nuo jų pasitraukimo iš šio pasaulio, tuo dažniau mintyse su jais kalbuosi.

ŽR: Paminėjote, kad atlikėjui svarbu justi publiką. Kaip jūs jaučiate įvairių kraštų publiką, kuo ji panaši ir kuo skiriasi?

AD: Iš vienos pusės, publika visur panaši tuo, kad tai žmonės, kurie myli meną, muziką. Juk niekur žmonės neina į koncertus per prievartą. O skirtumus gali pajusti ta prasme, kad vienam mieste publika labiau išmano muzikinę literatūrą, jaučia subtilybes, apie kurias 'kalbi' koncerte, o kitame – ne. Kita vertus, įtakos turi vienos ar kitos tautos temperamentas. Net keturis kartus grojau Ispanijos publikai, kuri savo ekspresyviu dalyvavimu man labai artima.

ŽR: Lietuvos publika tikrai spontaniškumu nepasižymi ...

AD: Gal čia įtakos turi ir mūsų gamta. Lietuvoje palyginti mažai saulės, daug lietaus, debesų. Tai negali neveikti žmonių. Pagaliau pažiūrėkime į mūsų tautos muziką: joje daug ilgesio, liūdesio... Mes ilgesingi ir nemokame parodyti savo ekstazės, savo jausmų. Nesakau, kad tai blogai, tiesiog tokie esam. Jeigu mylim, tai tylim.

ŽR: Tačiau kartais tą tylą sunku ištverti ir kantrybės pritrūksta.

AD: Galbūt dėl to, kad gimiau gegužės mėnesį, man malonesni ir artimesni žmonės, kurie sugeba išreikšti savo ekspresiją ir žodžiais, ir darbais. Aš manau, kadangi neturime per daug saulės, tai jos trūkumą turėtų kompensuoti patys žmonės – daugiau spinduliuoti, daugiau apšviesti vieni kitus.

ŽR: Girdėjau apie tokią saulėtą jūsų namų atmosferą. Abu jūsų tėveliai sugebėjo suburti aplink save didelį būrį buvusių mokinių ir ne mokinių, kurie visuomet buvo laukiami ir priimami.

AD: Taip. Apskritai mūsų namų durys visąlaik buvo atviros. Neprisimenu vakaro, kad jos būtų kam nors uždarytos. Tėvai visus laikė savo vaikais ir labai visus mylėjo. O man ir dabar jie visi yra kaip tikri broliai ir seserys, kaip tikri šeimos nariai, kuriuos man paliko tėvai.

Now respond to the following statements:

	Taip	Ne
(a) Pianistė mėgsta kasdienišką muziką.	____	____
(b) B.Dvarionas kurdavo dukrai muziką gimtadienių proga.	____	____

(c) Tėvų namai A.Dvarionaitei – brangiausias
    prisiminimas. _____ _____
(d) A.Dvarionaitė gimė rudenį. _____ _____
(e) Dvarionų namuose nemėgo kalbėti apie kūrybą. _____ _____
(f) Tėvų namuose dažnai būdavo svečių. _____ _____
(g) Pianistė kasdien kalbasi su savo tėvais. _____ _____
(h) A.Dvarionaitė nevertina ekspresyvių klausytojų. _____ _____
(i) Tautos temperamentą veikia ir gamta. _____ _____

Using this interview as the basis, write a short story about the pianist A. Dvarionaitė.

Grammar

Lithuanian surnames

In Reading 1 you came across Lithuanian surnames and probably realized that the surnames of Lithuanian men and women are different. Men's surnames most often have endings such as **-as, -a, -is, -ys, -(i)us**. Women's surnames are formed from men's using various suffixes; the surnames of married and unmarried women are themselves different. Thus, unmarried women's surnames are formed from men's surnames by the addition of the following suffixes:

-aitė	to surnames in **-as, -a**	Ramonas, Šurna	→ **Ramonaitė, Šurnaitė**
-utė	to surnames in **-us**	Vaitkus, Butkus	→ **Vaitkutė, Butkutė**
-ytė	to surnames in **-is, -ys**	Šaltis, Budrys	→ **Šaltytė, Budrytė**
-ūtė	to surnames in **-ius**	Katilius, Milius	→ **Katiliūtė, Miliūtė**

Married women's surnames are formed from men's surnames by adding the suffix **-ienė**, thus:

    Žemaitis → Žemaitienė; Vaitiekūnas → Vaitiekūnienė; Vaišvila → Vaišvilienė

We don't give the accents, as there is considerable variation.

Nouns formed from verbs

In quite a few lessons, and particularly in this one, we have encountered nouns describing actions:

kláusim/as, -o (1)	question ((**už**)**dúoti**, (**už**)**dúoda**, (**ùž**)**dãvė kláusimą** 'ask a question' (dat. of the person asked), **atsakýti, atsãko, atsãkė į kláusimą** 'answer ...'
pastãtym/as, -o (1)	performance, production (of a play, etc.); construction (**pastatýti, pastãto, pastãtė** 'put, set up, establish, put on, build')
póveik/is, -io (1)	influence, effect, action (+ dat. 'on'; **padarýti, padãro, padãrė póveikį** + dat. 'influence, have an effect on')
el̃gsen/a, -os (1)	behaviour (**el̃gtis, el̃giasi, el̃gėsi** 'behave (**sù** + instr. 'with towards'))
buvìm/as, -o (2)	existence

It is important to be aware that from all verbs (if we take the past tense stem) we can regularly create words describing actions, using the suffixes **-imas** or **-ymas**, for example:

-imas

bė́gti, bė́ga, bė́go – bėgìm/as, -o (2)
tylė́ti, tỹli, tylė́jo – tylė́jim/as, -o (1)
nèšti, nẽša, nẽšė – nešìm/as, -o (2)

-ymas

rašýti, rãšo, rãšė – rãšym/as, -o (1)
skaitýti, skaĩto, skaĩtė – skaĩtym/as, -o (1)
darýti, dãro, dãrė – dãrym/as, -o (1)

These will often give an **-ing** noun in English.

Passive participles

In the interview which we have just read, and in several texts in earlier lessons, we have encountered some *declined* verbal forms – participles: **rašomos, dovanojamos, laukiami, priimami, sukurta, skirta, sudaryta**.

These are passive participles. Most often they are to be found in the written language, especially in scientific or technical styles. Present passive participles, with a basic meaning of something like 'which/who is X-ed', are formed by adding **-mas, -ma** to the third person form of the present tense, thus third conjugation and polysyllabic (i.e., 'more than two syllables') verbs have fixed stress (1), while others follow accent class (3):

> **dirba** – **dìrbamas, dirbamà** (3)
> **myli** – **mýlimas, mylimà** (3)
> **skaĩto** – **skaĩtomas, skaĩtoma** (1)

In addition to the masculine and feminine forms of this participle, there is also the genderless form, used with the 'subject' in the genitive case, if the subject is expressed, and with an 'unexpected-action' sense (the accent is that of the masculine nominative singular, without the **-s**):

> **kaĩbama, sãkoma, rãšoma, išeĩta**

(You may notice that passive participles can be formed from intransitive verbs, i.e. verbs where there is no 'direct object' to become the 'subject'.)

The past passive participles are formed from the infinitive minus **-ti**, to which is added **-tas, -ta**, thus (accent class (1) if the infinitive is polysyllabic, otherwise (3) if the underlying accent is falling, e.g. **báltas**, and (4) if the underlying accent is rising, e.g. **sēnas**):

> **sukùrti** – **sukùrtas, sukurtà** (3)
> **skaitýti** – **skaitýtas, skaitýta** (1)
> **mylėti** – **mylėtas, mylėta** (1)

Just as with the present passive participle, here too we have a genderless form:

> **rašýta, kalbėta**

Both the present and the past passive participles are declined like adjectives ending in **-as, -a**, with the accent classes determined as mentioned above.

Quite often, in English after a passive participle we have a 'by' expression, e.g. 'books read by Englishmen'. In Lithuanian this is conveyed using the genitive case on its own – see Riddle 2 below. Also frequent is the use of participles to convey 'it is X-ed, people X'; some examples of this will be found in Lesson 14.

Mįslės

(a) Susiūtas, bet ne drabužis, su lapais, bet ne medis, ne žmogus, o viską pasakoja.

(b) Ne žmogaus padarytas, gardumas neapsakytas.

(The answers are at the end of the lesson.)

Exercise 13f

Insert two or three appropriate adjectives under each noun:

suknelė	*plaukai*	*oras*	*pirštinės*
taškuota	**rusvi**	**nuostabus**	**baltos**
_____	_____	_____	_____

Exercise 13g

Describe in writing your best friend to someone you don't know.

Exercise 13h

Complete the story, making use of the following sequence of prompts:

Visą naktį niekaip negalėjau užmigti ...
Kai pagaliau prieš šešias užmigau ...
Atsikėliau ...
Jaučiausi ...
Skaudėjo galvą, ...
Pirmiausia, kai atėjau į darbą, manęs laukė staigmena ...
Kai pamačiau tą keistą žmogų, kuris buvo apsirengęs, ...
Po to ...
Nespėjau apsidairyti, kai ...
Išėjau pietauti tik ...
Valgykloje buvo daug žmonių, triukšminga. Maistas buvo visai neskanus: sriuba ...
Užvalgiau ant vieno danties ('labai mažai, truputį') ir išbėgau ...
Tada ...
To dar nebuvo gana, vakare, eidamas namo, ...
Pagaliau, kaip perkūnas iš giedro dangaus ('labai netikėtai') ...

And now think of a title for the story!

214

Vocabulary

staigmen/à, -õs (3ᵇ)	surprise, something unexpected
añt víeno dantiẽs	very little (as explained in parenthesis)
eĩdam/as, -a	going (this is a special participial form, formed by replacing the -ti of the inf. with -damas – always a nom., and referring to the subject of the sentence)
giẽdr/as, -à (4)	clear
dang/ùs, -aũs (4)	sky (the whole set phrase means, as explained in parentheses, 'very unexpectedly')

Exercise 13i

Insert the appropriate reflexive verbs into the gaps:

nusipirkti, susitikti, domėtis, juoktis, apsirengti, baigtis, mokytis

Example: **Aš daviau Povilui savo adresą. Mes *susitiksime* per atostogas.**

(a) Šiandien šalta, _____ žieminį paltą.
(b) Parodyk man šitą albumą, aš _____ daile.
(c) Aš atiduosiu jai tą knygą. Mes _____ rytoj.
(d) Mes palauksime tavęs po spektaklio. Ar jis _____ iki dešimtos vakaro?
(e) Jis labai linksmas žmogus, visą laiką _____
(f) Tu neturi šiltų drabužių. _____ storą švarką arba megztinį.
(g) Mes domimės užsienio kalbomis. Šiais metais _____ latvių kalbos.

Vocabulary

albùm/as, -o (2)	album
ikì + gen.	before (in addition to the normal sense of 'until, up to, as far as')
domėtis, dõmisi, domėjosi	be interested (+ instr. 'in')
ùžsienio	foreign (gen. of ùžsien/is, -io (1) 'abroad', thus used as a sort of indecl. adj.)

Exercise 13j

Form women's surnames for the following:

Vaitkūnas	*Vaitkūnaitė*	*Vaitkūnienė*
Petrulis	———	———
Dirgėla	———	———
Vilkas	———	———
Girdenis	———	———
Gimbutas	———	———
Bareikis	———	———
Butkus	———	———
Kubilius	———	———
Žvalionis	———	———

Exercise 13k

Fill in the gaps in the table below with either verbal nouns or infinitives:

pirkti	
	atsiradimas
važiuoti	
	dalyvavimas
klausti	
kalbėti	
	buvimas
eiti	
	miegojimas
sirgti	
matyti	
	valgymas

Vocabulary

atsiradìm/as, -o (2) origin, appearance
dalyvãvim/as, -o (1) participation (+ loc. 'in')

Reading 2

Read through the following text, inserting the appropriate passive participles into the gaps:

pastatytas, vaidinami, įkurtas, pradėta, įsteigti, žinomų, saugomas, dėstomi, skaitoma, pastatytų, ruošiami, švenčiamos, saugoma, sukaupta

Vilniaus universitetas

Vilniaus universitetas buvo _____ 1579 metais. Tai seniausia Šiaurės Europos aukštoji mokykla. Iš pradžių universitete buvo tik 2 fakultetai: teologijos ir filosofijos. Vėliau buvo _____ juridinis, gamtos mokslų ir medicinos fakultetai. Dauguma tuometinio Vilniaus universiteto profesorių buvo svetimtaučiai, visi dalykai buvo _____ lotyniškai. Jau tada buvo šiek tiek _____ mokyti lietuvių kalbos.

Šiuo metu Vilniaus universitete studijuoja apie 14 000 studentų, čia _____ 35 sričių specialistai. Universitete dirba maždaug 1 700 mokslo darbuotojų bei dėstytojų. Šiandieninį universitetą sudaro 12 fakultetų (Matematikos, Fizikos, Chemijos, Gamtos, Medicinos, Filologijos, Istorijos, Komunikacijos, Ekonomikos, Filosofijos, Teisės, Kauno humanitarinis), 97 katedros, 25 klinikos, 2 institutai, 4 universitetiniai centrai, mokslinė biblioteka, astronomijos observatorija, botanikos sodas, Šv.Jonų bažnyčia. Universiteto mokslinės bibliotekos funduose _____ apie 5 milijonus leidinių. Čia _____ viena iš dviejų pasaulyje _____ pirmosios lietuviškos knygos egzempliorių.

Senieji universiteto rūmai yra senamiestyje. Tai ištisas kvartalas namų, _____ gotikos, renesanso, baroko, klasicizmo stiliais. Šį didžiausią ir sudėtingiausią Vilniaus senamiesčio ansamblį ištisus keturis šimtmečius kūrė geriausi krašto architektai. Dabar vidiniuose universiteto kiemuose vyksta kultūrinis gyvenimas. Čia _____ šventės, įvairiausi minėjimai, _____ spektakliai, _____ poezija. Senuosiuose universiteto rūmuose mokosi Filologijos ir Istorijos fakultetų studentai, čia yra mokslinė biblioteka ir rektoratas. Centriniai universiteto rūmai yra valstybės _____ architektūros ir meno paminklas. Kiti universiteto padaliniai išsibarstę po visą Vilnių, o 1970–1980 _____ studentų miestelis su bendrabučiais ir mokymosi korpusais yra rytiniame Vilniaus pakraštyje, miško parke.

·*Vocabulary*

įkùrt/as, -à (3)	founded, created
įsteĩgti, įsteĩgia, ĩsteigė	found, organize, set up
sáugoti, sáugo, sáugojo	look after, keep, preserve
dėstyti, dėsto, dėstė	teach, expound
sukaũpti, sukaũpia, sùkaupė	concentrate, accumulate (trs.)
iš pradžių̃	at first (also **iš pradžiõs**, from **pradž/ià, -õs** (4) 'beginning')
fakultèt/as, -o (2)	faculty
teològij/a, -os (1)	theology, divinity
filosòfij/a, -os (1)	philosophy
jurìdin/is, -ė (1)	law (adj.; **téis/ė, -ės** (1) 'law, right')
móksl/as, -o (1)	science (**gamtõs mókslai** 'natural sciences')
daugum/à, -õs (3ᵇ)	majority
svetimtaũt/is, -(č)io (2)	foreigner
dalỹk/as, -o (2)	subject, thing
lotỹniškai	in Latin (**lotỹnišk/as, -a** (1) 'Latin')
srit/ìs, -iẽs (4)	field (of study), subject area
specialìst/as, -o (2)	specialist (fem. **specialìst/ė, -ės** (2))
maždaũg	more or less, approximately (adv.)
darbúotoj/as, -o (1)	worker (skilled), scientist (fem. **darbúotoj/a, -os** (1))
dėstytoj/as, -o (1)	teacher, lecturer (fem. **dėstytoj/a, -os** (1))
šiandenìni/is, -ė (2)	today's (adj.)
sudarỹti, sudãro, sudãrė	form, comprise, make up
fìzik/a, -os (1)	physics
chèmij/a, -os (1)	chemistry
filològij/a, -os (1)	language and literature
istòrij/a, -os (1)	history
komunikãcij/a, -os (1)	communication (studies)
ekonòmik/a, -os (1)	economics
humanitãrin/is, -ė (1)	humanities (adj.; often used with **mókslai**)
kãtedr/a, -os (1)	department (with a Chair)
klìnik/a, -os (1)	clinic
universitètin/is, -ė (1)	university (adj.)
mókslin/is, -ė (1)	scientific, academic
astronòmij/a, -os (1)	astronomy

observatòrij/a, -os (1)	observatory
botãnik/a, -os (1)	botany
bažnýči/a, -os (1)	church
fònd/as, -o (1)	holdings (here in pl.)
leidin/ỹs, léidinio (3ᵃ)	publication
egzempliõr/ius, -iaus (2)	copy
ìštis/as, -à (3ᵇ)	whole
rū́m/ai, -ų (1)	palace (fine central buildings)
kvartãl/as, -o (2)	district
gòtik/a, -os (1)	Gothic (noun)
renesáns/as, -o (1)	Renaissance
baròk/as, -o (1)	Baroque
klasicìzm/as, -o (1)	Classicism
stìl/ius, -iaus (2)	style
sudėtìng/as, -a (1)	complex, complicated
ansámbl/is, -io (1)	ensemble
architèkt/as, -o (2)	architect (fem. **architèkt/ė, -ės** (2))
vidìn/is, -ė (2)	inner, internal
kiẽm/as, -o (4)	courtyard
vỹkti, vỹksta, vỹko	happen, take place; go; be successful
kultū́rin/is, -ė (1)	cultural (from **kultū́r/à, -ū̃ros** (2))
rektorãt/as, -o (1)	rectorate (university central buildings)
centrìn/is, -ė (2)	central
valstýb/ė, -ės (1)	state
pamiñkl/as, -o (2)	monument
padalin/ỹs, -ìnio (3⁴ᵇ)	section, (sub-)division
išsibarstýti, išsibar̃sto, išsibar̃stė	spread, scatter (here the nom. pl. masc. of the p. act. part. 'scattered')
miestẽl/is, -io (2)	village (in the sense, as here, of 'student village')
mókym/asis, -osi (1)	learning, study (a refl. verbal noun, here used in the gen. as a sort of indecl. adj.)
kòrpus/as, -o (1)	block, building; corps

Mįslių įminimai: (a) **knygà**;   (b) **medùs**

14 Važiuojame į pajūrį

We go to the seaside

By the end of this lesson you will have learnt:

- some words for crockery, cutlery, and the bed
- about the adverbial participle and the gerunds
- how to ask permission
- how to give someone permission and to forbid someone
- how to talk about your holidays, the seaside, and relaxation
- how to contradict, or not agree with, someone
- about compound words
- about the formation of abstract nouns from adjectives

Dialogue 1 ◖◗

Aš nenorėčiau sutikti

I wouldn't agree

Bilas ir Aldona kartu su Vytauto ir Linos šeima ruošiasi į pajūrį. Jie tariasi dėl kelionės

VYTAUTAS: Aš manau, patogiausia bus važiuoti mūsų mašina. Taip važiuodami galėsime daugiausia pamatyti, užsukti į įdomiausias vietas.

ALDONA: Aš nenorėčiau sutikti. Mašina juk bus sunku privažiuoti prie jūros. Draudžiama įvažiuoti į visus kurortus, niekur negalima pasistatyti mašinos.

VYTAUTAS: Tu neteisi, Aldona. Žinoma, norint įvažiuoti į Palangą ar Nidą, būtina gauti leidimą. Reikia tik už tai sumokėti mokestį ir viskas. O mašiną bus galima palikti mokamoje stovėjimo aikštelėje prie kempingo. Aš nematau čia jokių problemų.

BILL:	O kaip su maistu? Ar mes valgysime valgyklose, restoranuose?
ALDONA:	Jeigu važiuojam mašina, aš siūlau valgį virtis patiems. Taip bus skaniau ir pigiau. Be to, sezono metu kurortų valgyklose ir restoranuose labai daug žmonių.
LINA:	Gerai, aš paimsiu visus indus: puodus, arbatinį, puodelius, lėkštes, šaukštelius, šaukštus, šakutes, peilius ir staltiesę. Mes turime turistinę dujinę viryklę, bus patogu virti. Gal dar paimti ir taures, jei nusipirktume, pavyzdžiui, vyno?
ALDONA:	Žinoma, gali prireikti. Paimk dar ir keptuvę. Pajūryje bus galima nusipirkti šviežios žuvies, galėsime skaniai išsikepti.
BILL:	O kaip patalynė? Ar reikia ką nors pasiimti?
VYTAUTAS:	Kempinguose galėsime viskągauti: antklodes, pagalves, užvalkalus, paklodes, rankšluosčius. Jeigu nori, ten leidžiama naudotis ir savo patalyne, miegmaišiais. Taip būtų pigiau, bet labai daug visko reikia vežtis. Gal geriau neimkime nebūtinų daiktų.
ALDONA:	O grįždami galėsime sustoti Kaune, apžiūrėti miestą. Pailsėjus gamtoje, galima pažiūrėti ir miesto įžymybių.

Vocabulary

sutìkti, sutiñka, sutìko	agree ('with' = **sù** +instr.; also 'meet' + acc., 'have an attitude towards' + **sù** + instr., 'get on well with' + **sù** +instr.)
tařtis, tãriasi, tãrėsi	discuss ('with' = **sù** + instr.; object of discussion = **dĕl** + gen.)
užsùkti, ùžsuka, užsùko	pop in, make a detour (also 'wind up, tighten (a screw)')
privažiúoti, privažiúoja, privažiãvo	approach, get close to
kuròrt/as, -o (1)	resort, spa, holiday place
pasistatýti, pasistãto, pasistãtė	park (+ acc.; also 'build (for o.s.)')
gáuti, gáuna, gãvo	get, receive, obtain
leidìm/as, -o (2)	permission, permit (also 'publication')
sumokéti, sumóka, sumokėjo	pay (res. of **mokéti, móka, mokėjo**)
mókest/is, -(sč)io (1)	payment, (also 'tax, rent, fee, subscription')
iř vìskas	and that's that

palìkti, palìeka, palìko
leave, abandon (trans.; also 'bequeath' and, intrans., 'remain, stay')

mókam/as, -a (1)
paying (subject to payment)

stovéjim/as, -o (1)
parking (used in gen. preceding **vietà** 'parking place, rank', **aikštēl/ė, -ės** (2) 'car park')

kem̃ping/as, -o (1)
campsite (often for **autoturìst/as, -o** 's.o. using a car for holiday' (1; fem. **autoturìst/ė, -ės** (1))

pàt/s, -ì (4)
self (the dat. here reinforces the dat. refl. particle on **vìrti** 'cook', namely 'cook our food for ourselves'; preceded by **tàs/tà, pàts** conveys 'the same')

bè tõ
moreover, and anyway

sezòn/as, -o (2)
season (here in the sense of 'high season', 'tourist season')

metù
during (the instr. of **mēt/as, -o** (2) 'time', often used with an agreeing pro., e.g. **šiuõ metù** 'at the moment' or preceding gen., as here)

iñd/as, -o (2)
piece of crockery or cutlery (**pláuti, pláuna, plóvė indùs** 'wash the dishes')

púod/as, -o (1)
pot, pan

arbãtin/is, -io (1)
teapot

puodēl/is, -io (2)
pot, pan (small); cup

lēkšt/ė, -ės (2)
plate (also **lėkšt/ė, -ẽs** (4) – if for soup, qualify with **gilì** 'deep' (**gil/ùs, -ì** (4)); **lėkštēl/ė, -ės** (2) 'small plate, saucer')

šaukštēl/is, -io (2)
spoon (small)

šáukšt/as, -o (1)
spoon

šakùt/ė, -ės (2)
fork (also 'branch')

peĩl/is, -io (2)
knife (**pjáuti, pjáuna, pjóvė** 'cut', **lenktìnis peĩlis** 'penknife')

stálties/ė, -ės (1)
tablecloth (**užtiẽsti, užtiẽsia, ùžtiesė stãlą stáltiese** 'lay the table')

turìstin/is, -ė (1)
tourist (adj.)

dùjin/is, -ė (1)
gas (adj.; noun = **dùj/os, -ų** (2))

virỹkl/ė, -ės (2)
stove, cooker

taur/ė̃, -ẽs (4)
glass (e.g., for wine)

vỹn/as, -o (2)
wine

prireĩkti, prireĩkia, prìreikė
come in useful, necessary

keptùv/ė, -ės (2)	frying pan (**kèpti, kẽpa, kẽpė** 'bake, fry' (trans. and intrans.)
išsikèpti, išsìkepa, išsìkepė	bake, fry (for o.s.; may be + acc.)
pãtalyn/ė, -ės (1)	bed, bed things
añtklod/ė, -ės (1)	blanket
pagálv/ė, -ės (1)	pillow (lit. 'under-head')
ùžvalkal/as, -o (1)	pillow case
paklõd/ė, -ės (2)	sheet
rañkšluost/is, -(sč)io (1)	towel (**šlúostyti, šlúosto, šlúostė rankàs rañkšluosčiu** 'wipe one's hands with a towel')
naudótis, naudójasi, naudójosi	use (+ instr.)
labaĩ daũg vìsko	very many things, all sorts of things
vèžtis, vēžasi, vēžėsi	convey, carry (by some means of transport)
sustóti, sustója, sustójo	stop, pause (intrans.)
įžymýb/ė, -ės (1)	sight (of things worth seeing in a place), celebrity (of a famous person) (**įžym/ùs, -ì** (4) 'famous, notable, remarkable')

Grammar

The adverbial participle and the gerunds

Lithuanian has a number of verbal forms which indicate the circumstances of an action, how they are connected with another action, or arise from a secondary action. You came across such forms in Dialogue 1: **važiuodami, grįždami, norint, pailsėjus**. When both actions (the basic one and the secondary one) are accomplished by the same *actor* or *agent*, the *adverbial participle*, or *special adverbial active participle*, is used. Both actions are simultaneous. Thus:

Grįždami galėsime sustoti Kaune.
On the way back (lit. "Returning") we can stop in Kaunas.

Taip važiuodami galėsim daugiausia pamatyti.
By travelling in such a way we shall be able to see a maximum of things.

These adverbial participles are formed from the infinitive, removing **-ti** and adding the suffixes:

	Singular	Plural
Masculine	-damas	-dami
Feminine	-dama	-damos

As you can see, they change only for gender and number; they do not change for case, since they always agree with the grammatical subject, which is in the nominative case.

The *gerunds*, or *special gerunds*, refer to circumstances which arise from an action which is carried out by *another agent*. If the action of both agents is simultaneous, then the *present gerund* is used. It is formed from the third person of the present tense, without the ending and adding the suffixes:

Conjugation I	**dìrba**	+ **-ant**	= **dìrbant**
Conjugation III	**válgo**	+ **-ant**	= **válgant**
Conjugation II	**tỹli**	+ **-int**	= **tỹlint**

The agent of the action conveyed by the gerund is expressed in the dative case:

Turistai iškeliavo anksti, saulei tekant.
The tourists set off early, when the sun was rising.

Mums išvažiuojant, buvo gražus oras.
When we drove off, the weather was fine.

Note in the two examples how what is important is the *simultaneity* of the events: the main verbs may well be in the past tense, but the present gerund is still used.

If the action of the basic agent takes place later than that of the subsidiary agent, the accompanying action is conveyed using the *past gerund*, which is formed from the stem of the past tense, removing the ending and adding the suffix **-us** (**-ius** for Conjugation III verbs):

važiãvo	+ **-us**	= **važiãvus**
ẽjo	+ **-us**	= **ẽjus**
dãrė	+ **-us**	= **dãrius**
skaĩtė	+ **-us**	= **skaĩčius**

Examples:

Atėjus vasarai, visi nori atostogauti.
When summer has arrived, everyone wants to go on holiday.

Laivui išplaukus, prasidėjo didelė audra.
When the ship had sailed off, a great storm arose.

If the verb is reflexive, and not negative or without a prefix, then the reflexive particle appears on the end of the gerund in the form -**is**, e.g., **juokiantis**.

The gerunds are often used in impersonal expressions, that is, where the subject is not indicated:

Susirgus reikia kreiptis į gydytoją.	If you fall ill, you must go to the doctor.
Norint įvažiuoti į kurortą, būtina turėti leidimą.	If you want to go to a resort, you must have a permit.

---

išplaūkti, išplaūkia, ìšplaukė   sail off, depart (by boat)

Language points

How to ask permission

Often, when we want to do something, we need to ask permission. To do this in Lithuanian we usually use phrases followed by the infinitive form of the verb:

Atsiprašaū, ař àš galéčiau (atidarýti lángą, paskam̃binti, ...)
Ař gālima (važiúoti, sustóti, ...)
Ař nebū́tų gālima ...
Ař čià léidžiama ...
Léisk, léiskite ...

Vocabulary

atidarýti, atidāro, atidārė	open (trans.; intrans. = **atsidarýti, atsidāro, atsidārė**)
léidžiam/as, -à (3ª)	possible, admissible
léisti, léidžia, léido	let, allow, permit, publish, throw, spend (time) (as you can see, lots of meanings. In that of 'allow', the p. permitted to do something is in the dat. case, and if sg. is permitted, it is in the acc. case; see Exercise 14e for the construction 'ask permission')

How to permit, not permit, and prohibit or forbid

We can allow someone to do something using phrases such as the following:

Taĩp, prãšom.	Yes, go ahead.
Taĩp, žìnoma, prãšom ...	Yes, of course, please ... + inf.
Be ãbejo, prãšom ...	Certainly, please ... + inf.
Geraĩ, léidžiu.	Fine, go ahead. (lit. "I permit")
Léidžiama.	That's OK.

And we can forbid people as follows:

Nè, negãlima.	No, that's not possible.
Nè, čià neléidžiama ...	No, here you can't ... + inf.
Nè, jókiu būdù.	No, no way.
Draudžiù.	No (lit. "I forbid")
Draũdžiama.	That's not allowed.

Vocabulary

draũsti, draũdžia, draũdė	forbid, prohibit (+ dat. of the p. forbidden, and the acc. or inf. of whatever is forbidden)
draũdžiam/as, -à (3^b)	forbidden, prohibited (įėjìmas draũdžiamas 'no entry')

Exercise 14a

Select the appropriate form:

(a) Lietui (lydamas, lyjant) nemalonu būti lauke.
(b) (Laukiant, laukdami) draugų jie garsiai kalbėjosi.
(c) Kartu (keliaujant, keliaudami) galima greitai susidraugauti.
(d) Tėvui (parėjus, eidamas), visi susėdo prie stalo.
(e) (Keliaujant, keliaudami) visi pavargome.
(f) Mums (grįždami, grįžtant) namo, pradėjo lyti lietus.
(g) (Eidama, einant) į universitetą, ji susitiko seną pažįstamą.

susidraugáuti, -gáuja, -gãvo	make friends, become friends
susė́sti, susė́da, susė́do	sit down, settle down (may have a sense of several people)
pavar̃gti, pavar̃gsta, pavar̃go	get tired, become tired (**pavar̃g/ęs, -usi** (1) 'tired'; also 'become poor')

Exercise 14b

Complete the following sentences:

Example: **Sningant vaikščiojome po mišką.**

(a) Vairuodama mašiną ...
(b) Visiems juokiantis ...
(c) Dainuodami ...
(d) Studijuodamas universitete ...
(e) Prasidėjus paskaitai ...
(f) Važiuodamas dviračiu ...
(g) Skaisčiai šviečiant saulei ...
(h) Pasibaigus egzaminams ...
(i) Eidamos namo ...
(j) Virdama pietus ...

paskait/à, -õs (3[b])	lecture
skaĩsčiai	brightly (**skaist/ùs, -ì** (4) 'clear, bright, fresh')
šviẽsti, šviẽčia, šviẽtė	shine (intrans.); enlighten (trans.)

Exercise 14c

Provide the circumstances in which something is done or happens.

Example: **Labai sunkiai dirbant galima greitai pavargti.**

(a) _____ atostogauti nemalonu.
(b) _____ ji susitiko savo seną draugą.
(c) _____ mes išvažiavome iš miesto.
(d) _____ aš nemėgstu būti pajūryje.
(e) _____ jie linksmi maudėsi jūroje.
(f) _____ bičiuliai išvažiavo atostogų.

Exercise 14d

Write out how you would ask permission in the following situations:

(a) Jūs esate iškilmingame priėmime pas savo direktorių. Jums būtinai reikia skubiai paskambinti į kitą miestą.
(b) Bare daug žmonių. Prie vieno staliuko yra viena laisva vieta.
(c) Jums būtinai savaitgaliui reikia mašinos, kurią galite pasiskolinti iš tėvų.
(d) Traukinio vagone labai karšta, jūs norite atidaryti langą, o prie lango sėdi sena moteris.

Vocabulary

iškilmìng/as, -a (1)	solemn, official
priėmìm/as, -o (2)	reception
bãr/as, -o (2)	bar
staliùk/as, -o (2)	small table, table in restaurant, etc.
vagòn/as, -o (2)	carriage (in train)
sėdėti, sėdi, sėdėjo	sit, be sitting (not 'sit down', which is **sėsti, sėda, sėdo**)

Exercise 14e

Write out how you would allow someone to do something or forbid someone from doing something in the following situations:

(a) Jūsų 14 metų sūnus prašo leisti į 10 dienų kelionę dviračiais.
(b) Jūsų 15 metų duktė prašo leisti pasikviesti 20 draugų į vakarėlį namie.
(c) Jūsų kambario draugas bendrabutyje nori laikyti šunį.
(d) Jūs rengiatės egzaminui, o jūsų kambario draugas prašo leidimo įjungti televizorių.

Vocabulary

kambario draũg/as, -o (4)	room mate (for fem. use **draũg/ė, -ės** (4))
laikýti, laĩko, laĩkė	keep, hold
reñgtis, reñgiasi, reñgėsi	prepare, get ready (intrans.; 'for' = dat.; trans. = **reñgti, reñgia, reñgė**)

įjùngti, įjùngia, įjùngė   turn on (+ acc.; **išjùngti, išjùngia, išjùngė** + acc. 'turn off')

Dialogue 2 📼

Ne, jokiu būdu

No, no way

Draugai toliau tariasi dėl kelionės

ALDONA: Aš pasiimsiu fotoaparatą, būsiu kelionės fotografė. Vytautas rūpinsis mašina: vairavimu, benzinu ir t.t. Jis taip pat sudarys maršrutą, numatys nakvynes. Linos rūpestis – maistas. O kelionės dienoraštį teks rašyti tau, Bilai. Gerai?

BILL: Ne, jokiu būdu! Lietuviškai rašyti aš dar gerai nemoku. Nebent angliškai.

LINA: Gerai, juodraštį parašyk angliškai, o po to kartu galėsim išversti į lietuvių kalbą. Aš manau, visas įdomumas ir bus tavo įspūdžiai.

ALDONA: Pagalvokim, ką dar reikia pasiimti. Aš paimsiu kamuolį, pliaže pažaisime. Pajūryje galėsim išsinuomoti burlentes, vandens dviračius. Pasiimk, Bilai, ką nors šilčiau apsirengti. Pajūryje gali būti vėsoka.

BILL: O ar jūros vanduo šaltas?

VYTAUTAS: Mūsų jūra šalta. Vanduo sušyla tik liepos gale, rugpjūčio mėnesį. Bet mes maudomės ir birželį. Dauguma lietuvių labiau mėgsta poilsiauti prie Baltijos jūros negu, pavyzdžiui, prie Juodosios jūros ar kur kitur. O koks malonumas karštą dieną maudytis vėsioje jūroje!

ALDONA: Palangos pliažas labai malonus. Gera gulėti ant švaraus balto smėlio. Jeigu nori pavėsio, nepatinka degintis saulėje, galima eiti į pušyną, kuris yra prie pat jūros. Man labiausiai patinka būti kopose arba prie jūros, prie pat vandens. Mėgstu dideles bangas.

BILL: Girdėjau, kad prie Baltijos jūros ir dabar galima rasti gintaro. Ar tiesa?

ALDONA: Tikrai, niekur kitur pasaulyje nerandama tiek daug gintaro, kiek Baltijos pakrantėse. Tu matei, kiek gintaro papuošalų nešioja lietuvaitės. O Palangoje yra unikalus gintaro muziejus. Ten pasakojama apie gintaro istoriją, daugybė eksponatų rodo įvairiausias gintaro formas ir rūšis. Mes būtinai ten nueisime.

LINA: Ar tu, Bilai, girdėjai kokią legendą ar padavimą apie gintarą?

BILL: Ne. Būtų labai įdomu išgirsti.

LINA: Yra daug įvairių padavimų apie pajūrį. Mes tau papasakosime važiuodami.

Vocabulary

toliaũ	further (used with a v. to convey 'continue to...' or 'carry on -ing')
fotoaparãt/as, -o (2)	camera
fotogrãf/ė, -ės (2)	photographer (masc. **fotogrãf/as, -o** (2))
rū́pintis, rū́pinasi, rū́pinosi	look after, take care of (+ instr.)
vairãvim/as, -o (1)	driving (**vaĩr/as, -o** (4) 'steering wheel', **vairúoti, vairúoja, vairãvo** (+ acc.) 'drive', **vairúotoj/as, -o** (1) 'driver' (fem. **vairúotoj/a, -os** (1))
benzìn/as, -o (2)	petrol, gas
iř t.t.	etc. (= **iř taĩp toliaũ**)
sudarýti, sudãro, sudãrė	devise, create (also 'conclude', of an agreement)
maršrùt/as, -o (2)	route, itinerary
numatýti, numãto, numãtė	anticipate, foresee, plan (in advance)
nakvýn/ė, -ės (1)	overnight stop (**pasilìkti, pasiliẽka, pasilìko nakvynės** 'stay overnight')
rū́pest/is, -(sč)io (1)	care (here: 'responsibility'; often in the pl.: 'fuss, cares')
dienórašt/is, -(šč)io (1)	diary, log
nebeñt	provided, unless, if only
júodrašt/is, -(šč)io (1)	draft, rough copy
išveřsti, išveřčia, ìšvertė	translate ('from ... into ...' = **ìš** + gen. **į̃** + acc.)
pagalvóti, pagalvója, pagalvójo	think, consider (res. of **galvóti, galvója, galvójo**; 'about' = **apiẽ** + acc.)
kamuol/ỹs, kãmuolio (3b)	football (the ball, not the sport)
išsinúomoti, -moja, -mojo	hire, rent

bùrlent/ė, -ės (1)	windsurfing board
vėsók/as, -a (1)	coolish
sušı̇̃lti, sušỹla, sušı̇̃lo	warm up (intrans.; trans. = sušı̇̃ldyti, sušı̇̃ldo, sušı̇̃ldė)
máudytis, máudosi, máudėsi	bathe, go swimming
daugum/à, -õs (3ᵇ)	majority, most (+ gen.)
labiaũ mė́gti, mė́gsta, mė́go	prefer
poilsiáuti, poilsiáuja, poilsiãvo	rest, be on holiday
Báltijos jū́r/a, -os (1)	Baltic (Sea)
Juodó/ji jū́r/a, -õsios (3) -os (1)	Black Sea
kuř̃ kituř̃	somewhere/anywhere else
malonùm/as, -o (2)	pleasure
vės/ùs, -ì (4)	cool
gulė́ti, gùli, gulė́jo	·lie, be lying (not 'lie down', which is atsigul̃ti, atsìgula, atsìgulė)
smė̃l/is, -io (2)	sand (also smėl/ỹs, -io (4))
pavė́s/is, -io (1)	shade, cool (n.)
dė̃gintis, dė̃ginasi, dė̃ginosi	become tanned, brown, sunburnt (dė̃ginti, dė̃gina, dė̃gino 'burn' (trans.); dègti, dẽga, dẽgė 'burn' (trans. and intrans.))
pušýn/as, -o (1)	pine forest
priẽ pàt + gen.	very near (pàt (indecl.) self, 'the very' (emphatic particle)
kop/à, kõpos (2)	dune
bang/à, -õs (4)	wave (sea and radio)
ràsti, rañda, rãdo	find (res. suràsti, surañda, surãdo)
giñtar/as, -o (3ᵇ)	amber
tikraĩ	exactly, indeed (tìkr/as, -à (4) 'true, correct'); probably
niẽkur kituř̃	nowhere else (with a neg. v.)
pakrañt/ė, -ės (1)	shore, coast
unikal/ùs, -ì (4)	unique, the only one
daugýb/ė, -ės (1)	many, the many (+ gen.)
eksponãt/as, -o (2)	exhibit (eksponúoti, eksponúoja, eksponãvo 'exhibit')
fòrm/a, -os (1)	form
rū́š/is, -ies (1; fem.)	sort
padavìm/as, -o (2)	legend, tradition

Language points

How to contradict someone

If you simply have to contradict someone, or disagree with someone's opinion or suggestion, then you might find one or more of the following constructions appropriate (the English translations are rather literal – don't be too put off by them, as the expressions are all perfectly normal):

Nenorėčiau sutìkti.	I wouldn't like to agree.
Nemanaū.	I don't think so.
Tù (jũs) neteisùs (neteisì).	You aren't right.
Àš nesutinkù.	I don't agree.
Àš prieštaráuju.	I contradict.
Netiesà.	Not true.
Taĩ neteisýbė.	That's an untruth.
Ką̃ tù (jũs)!	What d'you mean?

Compound words

In earlier lessons you have come across words made up of several words. Many nouns and adjectives may be formed in this way, for example:

1 Nouns

From two nouns:

arbãtžol/ės, -ių (1) tea (leaves)	(**arbat/à, -(ãt)os** (2) 'tea (drink)' + **žol/ė̃, -ẽs** (4) 'grass, herb')
vỹnuog/ė, -ės (1) grape	(**vỹn/as, -o** (2) 'wine' + **úog/a, -os** (1) 'berry')

From an adjective and a noun:

bendrãbut/is, -(č)io (1) hostel	(**beñdr/as, -à** (4) 'general, common' + **bùt/as, -o** (2) 'flat')
suñkvežim/is, -io (1) lorry, truck	(**sunk/ùs, -ì** (4) 'heavy' + **vežìm/as, -o** (2) 'cart, carrying')

From a numeral and a noun:

trẽčdal/is, -io (1) third	(**trẽči/as, -à** (4) 'third' + **dal/ìs, -iẽs** (4) 'part')

antrãdien/is, -io (1) Tuesday (**añtr/as, -à** (4) 'second' + **dien/à,
-õs** (4) 'day')

From a verb and a noun:

gyvénviet/ė, -ės (1) (**gyv/énti, -ěna, -ěno** 'live' + **viet/à,
settlement -(ět)os** (2) 'place')

2 Adjectives

From an adjective and a noun:

šviesiaplaũk/is, -ė (2) blond (**švies/ùs, -ì** (4) 'light' + **plauk/aĩ,
-ũ** (3) 'hair')

From a numeral and a noun:

dvikõj/is, -ė (2) two-legged/ (**dù, dvì** 'two' + **kój/a, -os** (1) 'leg,
footed foot')

Compound words most often have the nominative endings **-is** (gen. **-io**;
masc.) and **-ė** (fem.). There is also a group of words which have the
nominative ending **-a**, and which may refer both to men and to women.
Such words are usually emotionally coloured, with a negative nuance.
Thus:

eĩget/a, -os (1)	beggar
užúomarš/a, -os (1)	forgetful person
nenúoram/a, -os (1)	restless person, fidget
nekláužad/a, -os (1)	disobedient person
garbétrošk/a, -os (1)	ambitious person
akìplėš/a, -os (1)	braggart, boastful person

Abstract nouns formed from adjectives

In Lesson 13 you learnt how to form nouns of action from verbs. In the
second part of this lesson you have come across abstract nouns describ-
ing a particular quality or characteristic: **įdomumas, malonumas**. Such
words are formed from adjectives in **-as** and **-us**. Indeed, from all such
adjectives one can quite regularly form descriptive nouns with the suffix
-umas:

gẽras	→ **gerùm/as, -o** (2)	goodness, kindness
blõgas	→ **blogùm/as, -o** (2)	badness
nuobodùs	→ **nuobodùm/as, -o** (2)	boredom, tedium

įdomus	→	**įdomùm/as, -o** (2)	interest

From some adjectives one may also form abstract nouns in other ways, for instance, with the prefix **-ybė** (**tamsùs** → **tamsýb/ė, -ės** (1) 'darkness', **saldùs** → **saldýb/ė, -ės** 'sweetness'), as well as by simply changing the ending (in this case the vowel of the root often changes too):

gražùs	→	**grõž/is, -io** (2)	beauty
gĕras	→	**gĕr/is, -io** (2)	good, goodness
drąs/ùs, -ì (4)	→	**drąs/à, -õs** (4)	bravery, daring
švarùs	→	**švar/à, -õs** (4)	cleanliness, tidyness
svarbùs	→	**svarb/à, -õs** (4)	importance, significance
šáltas	→	**šaĩt/is, -(č)io** (2)	cold, coldness

Exercises 14f

Work out the the component parts of the following words:

(a) savaitraštis
(b) laikrodis
(c) senamiestis
(d) lietpaltis
(e) viešbutis
(f) kairiarankis

(g) kaklaraištis
(h) vasarnamis
(i) rankšluostis
(j) savaitgalis
(k) laikraštis
(l) rankraštis

(m) bendrabutis
(n) švarraštis
(o) žemėlapis
(p) miegmaišis
(q) geležinkelis

Using the glossary or, better still, a dictionary, check what they mean.

Exercise 14g

Read through the following text, inserting the omitted words:

**nemalonumas, abejojus, nusibodus, vasarnamį, atšilus,
nenorėdama, degintis, nutarimas, ramybės, suradus,
maudytis, dirbant, nenuorama, puikumėlis, žaisdami, tylos**

Daug ir sunkiai _____, būtina ir pailsėti. Atėjus vasarai, _____ orams, Jurgis Jovaiša su šeima nutarė išvažiuoti atostogų. Jis ilgai tarėsi su žmona, kur geriausia važiuoti. Jurgis siūlė važiuoti kur nors į kalnus. Jaunystėje jie mėgdavo kalnų žygius. Tačiau žmona, _____ jokių sunkumų, siūlė važiuoti prie jūros. Ji mėgsta _____ pliaže, _____ jūroje, vaikščioti po Palangos parką, palydėti saulę ant Palangos tilto.

Jurgis visaip priešinosi, nes jis nemėgsta atostogų prie jūros. Ten visur minios žmonių, pliaže nėra net kur atsigulti. Svetimi vaikai, _____ kamuoliu, šūkauja nuo ryto iki vakaro, nėra nei _____, nei _____ O kokia nuobodybė be tikslo vaikštinėti po parką arba pajūrį! Tris dienas _____, pagaliau buvo nuspręsta atsisakyti abiejų pasiūlymų ir važiuoti į _____ prie miško ir ežero. Žinoma, toks _____ patiko ne visiems šeimos nariams. Labiausiai nepatenkinta liko _____ duktė Aistė. Praleisti dvi savaites be draugų, miške – didžiausias _____! Galų gale, visiems _____ ginčytis, Aistė nutarė pasikviesti kartu ir draugę. _____ gerą išeitį, nuotaika visiems pagerėjo. Tai _____ – atostogos!

Vocabulary

abejóti, abejója, abejójo	doubt (+ instr. or dẽl + gen.)
nusibósti, nusibósta, nusibódo	bore
atšìlti, atšýla, atšìlo	warm up a little (intrans.)
nutarìm/as, -o (2)	decision, edict
ramýb/ė, -ės (1)	peace, calm
puikumẽl/is, -io (2)	wonderful thing (diminutive of the abstract n. **puikùm/as, -o** (2), derived from the adj. **puik/ùs, -ì** (4))
tìlt/as, -o (1)	bridge
visaĩp	in every way possible
príešintis, príešinasi, príešinosi	resist, counter
mìni/à, -õs (4)	crowd, mass (+ gen.)
šūkauti, šūkauja, šūkavo	shout loudly, exclaim
nuobodýb/ė, -ės (1)	boredom, tedium
tìksl/as, -o (4)	aim
vaikštinėti, vaikštinėja, vaikštinėjo	walk, wander
nusprésti, nuspréndžia, nuspréndė	decide
atsisakýti, atsisãko, atsisãkė	reject, refuse (+ gen. or **nuõ** + gen.)
pasiúlym/as, -o (1)	suggestion
nepaténkint/as, -a (1)	dissatisfied, unhappy
praléisti, praléidžia, praléido	spend (time) (also: 'miss (lesson, etc.)', 'overrun time limit')
giñčytis, giñčijasi, giñčijosi	argue ('about' = **dẽl** + gen.)
nutar̃ti, nùtaria, nùtarė	decide, decree
išeit/ìs, - iẽs (3b; fem.)	way out, solution
núotaik/a, -os (1)	mood, disposition
pageréti, pagerėja, pagerėjo	improve (intrans.)

Exercise 14h

Which word is the odd one out?

(a) antklodė, pagalvė, suknelė, paklodė
(b) baisumas, karštis, kvailystė, auksinis
(c) skridimas, blogumas, gydymas, ėjimas
(d) šviesiaplaukis, mėlynakis, savaitgalis, ilgakojis
(e) šaukštelis, šakutė, lėkštutė, pagalvėlė

Vocabulary

baisùm/as, -o (2)	fear, dread, dreadful quality
kar̃št/is, -(šč)io (2)	heat, sultry weather
kvailỹst/ė, -ės ((2)	stupidity (**kvaĩl/as, -à** (4) 'stupid';
	kvail/ỹs, kvaĩlio (4) 'stupid person')
skrìdìm/as, -o (2)	flight (a 'flight', when talking in aviation
	terms, is **skrỹd/is, -(dž)io** (2))
ilgakõj/is, -ė (2)	long-legged
lėkštùt/ė, -ės (2)	small plate, saucer

Exercise 14i

Write down what crockery or cutlery you need, when you want to eat or drink (see Dialogue 1).

(a) virtas bulves   (e) sriubą   (i) picą
(b) kavą   (f) mineralinį vandenį   (j) uogienę
(c) mėsą   (g) mišrainę   (k) žuvį
(d) košę   (h) tortą   (l) šampaną

pic/à, pìcos (2)   pizza

Exercise 14j

Here's one of our final e-mail messages. We hope you'll see the amount of coordination and concentrated effort, on the part of many people, that goes into these language textbooks. In his book *The Abolition of Man* C. S. Lewis states that: 'I doubt whether we are sufficiently attentive to the importance of elementary textbooks'. How right he is! Well, now it's your turn to add the accents.

Date:	Mon., 31 Jul 1995 15:12:17 +0100
From:	Lit.Stud@FIF.VU.lt
To:	J.I.Press@qmw.ac.uk
Subject:	Re: Textbook

Mielas Profesoriau,
aciu uz laiskus. Siandien issunciu zemelapius. Atsiprasau, kad
veluoju, bet darbo nespejo laiku baigti mano paprasyta kartografe.
Man atrodo, bus naudinga ideti etnografiniu sriciu ir administracinio
suskirstymo zemelapius. Kadangi tokiu skelbtu niekur nera, as
uzsakiau. Kurie yra publikuoti, ten, mano nuomone, per daug
smulkios informacijos, kuri musu knygai trukdys. Administracinis
Lietuvos suskirstymas nuo 1996 metu keiciasi, todel nenorejau deti
senos informacijos. Stai todel veluoju su zemelapiais. Ar dar vis
negaunate 16 pamokos?
Su linkejimais is Vilniaus,
Meilute

Vocabulary

kartogrāf/ė, -ės (2)	cartographer (masc. kartogrāf/as, -o (1))
suskìrstym/as, -o (1)	division
skélbti, skélbia, skélbė	publish, declare
įdéti, į̃deda, įdéjo	insert, place
štaĩ todė̃l	so that's why

Reading 🔲🔲

See if you can order the following paragraphs into a single text:

(a)   Kažkur netoli šito kalno Lietuvos didysis kunigaikštis Kęstutis
sutiko nuostabaus grožio vaidilutę Birutę, karštai ją pamilo ir panoro
vesti. Pasisodino kunigaikštis ant žirgo gražiąją palangiškę ir
išsivežė į savo sostinę Trakus. Taip Birutė tapo kunigaikštiene, susi-
laukė sūnų ir dukterų. Garsusis Lietuvos didysis kunigaikštis
Vytautas – tai Birutės ir Kęstučio pirmagimis.

(b)   Atvykus į Palangą, pasisveikinus su jūra ant Palangos tilto, apžvelgus balto smėlio paplūdimį ir kopas, verta pamatyti Palangos įžymybes. Grįždami nuo tilto, pasukime į ūksmingą alėją, kuri nuves prie senovinio lietuvių alkakalnio – Birutės kalno (alkakalnis 'senovės lietuvių šventovė').

(c)   Palanga tapo neatsiejama nuo Birutės vardo. Dainos apie ją nuskambėjo po visą Lietuvą. Žmonės rinkdavosi ant kalno garbinti Birutės. Net kai jau visai sunyko pagonybė, minios žmonių plaukdavo melstis prie Birūtės kapo ir prašyti, kad ji iš šventovės aukštybių pažvelgtų į jų sunkų gyvenimą. Birutė iki šiol yra meilės gimtajam kraštui simbolis, kuris įkvepia poetus, dailininkus, kompozitorius.

(d)   Papėdėje mus sutinka skulptorės K.Petrikaitės-Tulienės sukurta Birutės statulėlė, visada papuošta gėlėmis. Kopiame į kalną, nuo kurio atsiveria puikus reginys į jūrą. Čia gera pasiklausyti jūros ošimo, pamąstyti. Padavimas pasakoja, kad kalno viršūnėje buvo senovės lietuvių kulto vieta. Čia dievams degino šventąją ugnį, kurią saugojo aukuro prižiūrėtojos – vaidilutės.

(e)   Žuvus Kęstučiui, Birutė grįžo į Palangą ir toliau tarnavo seniesiems pagonių dievams. Čia ji ir mirė. Birutės kalne ar prie jo buvo ir palaidota. Birutė – paskutinė Lietuvos kunigaikštienė, likusi ištikima senajam lietuvių tikėjimui.

1) _____, 2) _____, 3) _____, 4) _____, 5) _____

Vocabulary

kažkuř	somewhere
dìd/is, -ì (4)	grand, great
kunigáikšt/is, -(šč)io (1)	prince, duke (**didỹsis kunigáikštis** 'Grand Duke, Great Prince')
vaidilùt/ė, -ės (2)	priestess (**vaidilùt/is, -(č)io** (2) 'priest')
pamìlti, pamìlsta, pamìlo	fall in love with (+ acc.)
panõrti, panõrsta, panõro	desire, get a desire (synonymous with **panoréti, panóri, panoréjo**)
vèsti, vẽda, vẽdė	marry (also 'lead; be in charge of') (+ acc.)
pasisodìnti, pasisodìna, pasisodìno	place, put
žìrg/as, -o (3)	steed, horse
išsivèžti, išsìveža, išsìvežė	take away, off (by some conveyance)

tàpti, taṁpa, tãpo — become (often + instr. of n., + nom. of adj.)

susiláukti, susiláukia, susiláukė — await (+ gen.)

gars/ùs, -ì (4) — famous

paplūdim/ỹs, pāplūdimio (3⁴ᵇ) — beach

pasùkti, pàsuka, pasùko — turn

ūksmìng/as, -a (1) — shady

alėj/a, -os (1) — path

nuvèsti, nùveda, nùvedė — lead (on foot)

senóvin/is, -ė (1) — ancient

alkākaln/is, -io (1) — sacred hill or mountain where sacrifices are made (**ãlk/as, -o** (2) 'place where sacrifices are made, often a hill' + **káln/as, -o** (3) 'mountain')

šventóv/ė, -ės (1) — holy place, temple

neatsiėjam/as, -a (3ᵇ) — indistinguishable, inseparable (pass. part. from **(neat)siėti, (neat)siėja, (neat)siėjo**, the root v. meaning 'tie' link' ('to, with' = **sù** + instr.))

dain/à, -õs (4) — song

nuskambėti, nùskamba, nuskambėjo — resound

riñktis, reñkasi, riñkosi — gather, come together

gárbinti, gárbina, gárbino — pay respects to, honour, glorify

sunỹkti, sunỹksta, sunỹko — fall into decay; become sickly

pagonýb/ė, -ės (1) — paganism

plaūkti, plaūkia, plaūkė — sail

meĺstis, meĺdžiasi, meĺdėsi — pray (**meĺsti, meĺdžia, meĺdė** 'beg, beseech')

kãp/as, -o (4) — grave (**kap/aĩ, -ų** (4) 'cemetery')

aukštýb/ė, -ės (1) — height

pažveĺgti, pàžvelgia, pàžvelgė — cast eyes on, look into (+ į̃ + acc.)

méil/ė, -ės (1) — love

giṁt/as, -à (4) — native

siṁbol/is, -io (1) — symbol

papéd/ė, -ės (1) — foot (of mountain, monument)

skùlptor/ė, -ės (1) — sculptor, sculptress (masc. **skùlptor/ius, -iaus** (1))

statuĺėl/ė, -ės (2) — statue (dim.; **statul/à, -ùlos** (2) 'statue')

papuõšti, pàpuošia, pàpuošė — adorn, embellish

kópti, kópia, kópė — ascend, climb (+ į̃ + acc.)

atsivérti, atsìveria, atsivérė	open out (intrans.)
regin/ỹs, -io (3ᵇ)	view ('over' = į̃ + acc.)
ošìm/as, -o (2)	sound, murmur (of the sea, in a forest)
pamąstýti, pamą̃sto, pamą̃stė	think
viršū́n/ė, -ės (1)	top, summit
senóv/ė, -ės (1)	antiquity, olden times
kùlt/as, -o (1)	cult
diẽv/as, -o (4)	god
ugn/ìs, -iẽs (4; fem.)	fire
aūkur/as, -o (3ᵇ)	sacrificial altar
prižiūrė́toj/a, -os (1)	guardian, supervisor
žū́ti, žū́va, žùvo	perish, die ('from' = nuõ + gen.); disappear
tarnáuti, tarnáuja, tarnãvo	serve (+ dat.)
pagón/is, -io (1)	pagan, heathen (fem. pagón/ė, -ės (1))
paláidoti, paláidoja, paláidojo	bury, inter
paskutìn/is, -ė (2)	last
lìkti, liẽka, lìko	become; stay, remain
ìštikim/as, -à (3⁴ᵇ)	true, faithful, devoted
tikė́jim/as, -o (1)	faith ('in' = + instr.)

15 Kaime

In the countryside

By the end of this lesson you will have learnt:

- some names for animals and birds
- about the active participles
- concessive, 'contrastive', and other sentence patterns
- indefinite pronouns and adverbs

Dialogue 1 ▣

Ar esi matęs ...?

Have you seen ...?

Bilas su draugais lietuviais keliauja. Gražioje vietoje jie sustojo pailsėti

ALDONA: Ar tu esi kada nors matęs gandrą?

BILL: Žinoma, ir ne vieną kartą mačiau filmuose.

ALDONA: Žiūrėk, štai ten vienas skrenda ir tuoj nutūps į savo lizdą, o kitas vaikšto pievoje.

BILL: Taip, matau. Kokie gražūs paukščiai! Gaila, aš nedaug paukščių pažįstu. Kaip įdomu juos stebėti gyvoje gamtoje.

LINA: Ir klausytis jų čiulbėjimo. Aš labiausiai mėgstu pavasariais klausytis lakštingalų, o vaikai visada labai džiaugiasi, išgirdę gegutę. Jie pažįsta daugiau paukščių negu aš. Senelis išmokė. Aš atpažįstu tik visiems žinomus: žvirblį, kregždę, gandrą, gulbę, pelėdą, genį, balandį, varną, dar vieną kitą.

VYTAUTAS: Ne viską pasakei, Lina. Juk pažįsti ne tik laukinius, bet ir naminius: vištą, gaidį, žąsį, antį, kalakutą.

LINA: Nejuokauk. Argi kas nors nepažįsta naminių paukščių ir gyvulių?

ALDONA: Yra šiais laikais miestiečių, kurie nėra matę daugelio gyvūnų ir paukščių. Nebent tik zoologijos soduose ar filmuose.

VYTAUTAS: Lietuvoje tokių beveik nėra. Visi turi giminių ar pažįstamų kaime, dažnai ten būna, mato ir gyvulius, ir paukščius, ir visokius augalus, juos gerai pažįsta. Nors aš esu gimęs mieste, bet mano tėvai, seneliai ir proseneliai yra gimę ir gyvenę kaime. Mums visiems artimas gamtos pasaulis.

(See Language points below for the names of animals and birds.)

Vocabulary

pailsėti, paìlsi, pailsėjo	rest, take a rest (also **pasilsėti, pasìlsi, pasilsėjo**)
nutũpti, nùtupia, nùtūpė	perch, settle, land (of plane)
píev/a, -os (1)	meadow
paūkšt/is, -(šč)io (2)	bird
stebėti, stēbi, stebėjo	observe (+ acc.)
čiulbėjim/as, -o (1)	chirping, twittering
lakštiñgal/a, -os (1)	nightingale
atpažìnti, atpažįsta, atpažìno	recognize
dár víeną kìtą	and a few others (acc. because of the sentence structure)
laukìn/is, -ė (2)	wild (lit. 'of the field', from **laūk/as, -o** (4) 'field')
namìn/is, -ė (2)	domestic, house
gyvul/ỹs, -io (3ª)	animal
juokáuti, juokáuja, juokãvo	joke
aȓgi	really?, surely not? (emphatic interr. particle)
šiaĩs laikaĩs	these days (adv.)
miestiẽt/is, -(č)io (2)	town-dweller (fem. **miestiẽt/ė, -ės** (2))
daũgel/is, -io (1)	many (a) (+ gen. pl.)
zoològijos sõd/as, -o (2)	zoo
visók/s, -ia (1)	all sorts of, all manner of
áugal/as, -o (3ª)	plant

Language points

Some names for animals and birds

Domestic animals

šuõ, šuñs (4)	dog	av/ìs, -iẽs (4; fem.)	sheep
kat/ė̃, -ẽs (4)	cat	kiaũl/ė, -ės (2)	pig
arkl/ỹs, árklio (3)	horse	triùš/is, -io (2)	rabbit
kárv/ė, -ės (1)	cow	ožk/à, -õs (3)	goat

Domestic birds

višt/à, vìštos (2)	hen, chicken	ánt/is, -ies (1; fem.)	duck
		žą̃s/ìs, -iẽs (4; fem.)	goose
gaid/ỹs, gaĩdžio (4)	cock(erel)	kalakùt/as, -o (2)	turkey

Wild animals

vil̃k/as, -o (4)	wolf	tìgr/as, -o (2)	tiger
mešk/à, -õs (4)	bear	liū̃t/as, -o (2)	lion
kìšk/is, -io (2)	hare	žiraf/à, -ãfos (2)	giraffe
bríed/is, (dž)io (1)	elk	drambl/ỹs,	
vover/ė̃, -ė̃s (3ᵃ)	squirrel	dram̃blio (4)	elephant
ež/ỹs, ėžio (4)	hedgehog	lãp/ė, -ės (2)	fox

Wild birds

gañdr/as, o (2)	stork	žvìrbl/is, -io (1)	sparrow
gul̃b/ė, -ės (2)	swan	krėgžd/ė, -ės (2)	swallow
peléd/a, -os (1)	owl	gegùt/ė, -ės (2)	cuckoo
balañd/is,		gen/ỹs, gẽnio (4)	woodpecker
-(dž)io (2)	pigeon	várn/a, -os (1)	crow

You'll find lots more names of birds and animals in this lesson.

Grammar

Active participles

In Lesson 13 you encountered the passive participles. In Dialogue 1 of this lesson there were some *active* participles: **matęs, gimęs, išgirdę**. The active participles occur for the present, past, past frequentative, and future tenses. Most frequently encountered and used are the present and past active participles, while the past frequentative and future participles are, in the present-day general Lithuanian, extremely rare (though very easy to form!), and for that reason we have omitted them here.

The *present active participles* are formed from the third-person stem of the present tense, to which are added:

	Singular		Plural	
	Masculine	Feminine	Masculine	Feminine
Conjugation I	-antis	-anti	-antys	-ančios
Conjugation III	-antis	-anti	-antys	-ančios
Conjugation II	-intis	-inti	-intys	-inčios

A few examples:

    dìrba – dìrbantis, dìrbanti; dìrbantys, dìrbančios
    rãšo – rãšantis, rãšanti; rãšantys, rašančios
    tỹli   – tỹlintis, tỹlinti; tỹlintys, tỹlinčios

There are also shorter forms for the nominative singular and masculine plural, namely **dirbąs, mylįs**, and **dirbą, mylį** respectively, but they are less frequently used.

The *past active participles* are formed from the past stem, with the addition of singular **-ęs** (masc.), **-usi** (fem.), and plural **-ę** (masc.) and **-usios** (fem.). For example (and note the palatalizing **-i-** in Conjugation III):

    dìrbo – dìrbęs, dìrbusi; dìrbę, dìrbusios
    rãšė – rãšęs, rãšiusi; rãšę, rãšiusios
    gìmė – gìmęs, gìmusi; gìmę, gìmusios

In Lithuanian the active participles can fulfil three sorts of function: they can convey some *quality* (like adjectives) or some *circumstance* (like the special adverbial participles and gerunds) connected with the action, or they can convey *the action itself* (in the formation of periphrastic or compound tenses, or in indirect speech).

The participles which occur in Dialogue 1 convey the action itself and the circumstances surrounding the action. Participles are declinable, but when they are used as in that dialogue they occur only in the nominative case (singular or plural, masculine or feminine).

Participles can assist in the formation of several periphrastic or compound tenses. The tenses most frequently encountered are formed with the auxiliary or helping verb **būti** and the past active participle (note how the masculine or feminine form must be selected, according to the gender of the subject):

àš esù mãtęs, mãčiusi	mẽs ẽsame mãtę, mãčiusios
tù esì mãtęs, mãčiusi	jūs ẽsate mãtę, mãčiusios
jìs, jì yrà mãtęs, mãčiusi	jiẽ, jõs yrà mãtę, mãčiusios

The usual meanings of these compound tenses are as follows:

1 to denote an action which took place in the past not at a precisely determined moment, but which is relevant to the present (more precisely, to the time of the tense of the helping verb):

Áš esù mãtęs gañdrą.	I *have* seen a stork.	PERFECT
Àš buvaũ mãtęs gañdrą.	I *had* seen a stork.	PLUPERFECT

2 to denote a resultative situation, or the result of an action:

Jìs yrà sukūręs daũg eilėrãščių.	He *has* written many poems.	PERFECT
Jìs bùvo sukūręs daũg eilėrãščių.	He *had* written many poems.	PLUPERFECT

These compound tense forms, in present-day Lithuanian (and especially the spoken or colloquial language), are not used in any consistent way; they very often serve as synonyms of the simple past tense.

The past active participles also very frequently convey the circumstances of an action. This is similar to the circumstances conveyed by the special adverbial participle, circumstances which arise from a secondary action carried out by the *same* agent. The only difference is that the tense of the action described by the special adverbial participle coincides with the time of the basic action of the sentence, while that expressed by the participle occurs *earlier* than that of the basic action. Thus:

Vaikaĩ džiaũgiasi, išgìrdę gegùtę.	The children are overjoyed now they have heard the cuckoo.
Paválgęs jìs išėjo į dárbą.	Having eaten, he went off to work.

---

eilėrašt/is, -(šč)io (1)   poem (the first component is eil/ė̃, -ė̃s (4) 'line,
row, queue, layer, stratum'; the second
component you know, if only from Lesson 14!)

Exercise 15a

Form participles from the following verbs:

	Present tense	Past tense
eiti, eina, ėjo		
važiuoti, važiuoja, važiavo		
mėgti, mėgsta, mėgo		
mylėti, myli, mylėjo		
daryti, daro, darė		
dainuoti, dainuoja, dainavo		
tylėti, tyli, tylėjo		
imti, ima, ėmė		
dėti, deda, dėjo		
pirkti, perka, pirko		
statyti, stato, statė		
duoti, duoda, davė		
turėti, turi, turėjo		
žinoti, žino, žinojo		
mokėti, moka, mokėjo		
virti, verda, virė		
miegoti, miega, miegojo		

Exercise 15b

Convert the italicized sentence into a circumstantial expression, thereby making the two sentences into one:

Example: *Jie pavalgė pietus.* Po to jie išvažiavo į kaimą.
Pavalgę pietus, jie išvažiavo į kaimą.

(a) *Jis parašė laišką.* Po to jis išėjo į paštą.
(b) *Mes nusimaudėme ežere.* Po to išėjome grybauti.
(c) *Monika atvyko į Vilnių.* Pirmiausia ji nuėjo į Gedimino pilį.
(d) *Ji užtiesė staltiesę, padėjo ant stalo lėkštes, šakutes, peilius, taures.* Tada ėmė laukti svečių.
(e) *Tėvai sulaukė vaikų.* Jie buvo labai laimingi.
(f) *Berniukas atsikėlė.* Jis apsirengė paltą, užsidėjo kepurę, apsiavė batus ir išbėgo į kiemą.
(g) *Motina nupirko jautienos, daržovių, prieskonių.* Ji išvirė skanius pietus.

Vocabulary

pãšt/as, -o (2)	post office (pãšto dėžùt/ė, -ės (2) 'post box', óro pãštas 'air mail', pãštinink/as, -o (1), fem. pãštinink/ė, -ės (1) 'postal worker, postman')
nusimáudyti, nusimáudo, nusimáudė	bathe (res.)
užtiẽsti, užtiẽsia, ùžtiesė	cover, lay (table)
iñti, ìma, ėmė	begin, start; take, collect
láukti, láuķia, láukė	wait for (+ gen.; res.: suláukti)
atsikélti, atsìkelia, atsikėlė	get up, go up; move (and live somewhere else)
užsidėti, užsìdeda, užsidėjo	put on + acc. (bandage, hat, spectacles)
prieskon/is, -io (1)	seasoning, dressing (often pl.; ãštrūs prieskoniai 'hot, sharp, spicy seasoning' – aštr/ùs, -ì (4) 'sharp')
išvìrti, išvérda, ìšvirė	cook, boil (res.)

Exercise 15c

Select the appropriate form:

(a) (atėjęs, atėjus, ateidamas) rudeniui, paukščiai išskrenda į pietus.
(b) (išvažiavus, išvažiavusi, išvažiuojanti) į gamtą, ji būna labai paten-kinta.
(c) Mano senelis yra (gimdamas, gimęs, gimstąs) 1905 metais.
(d) Kas nėra (matantis, matęs, matydami) gandro ar gulbės?
(e) (išskalbęs, išskalbianti, išskalbusi) paklodes, užvalkalus, rankšluosčius, ji pagaliau galėjo pailsėti.
(f) Ar tu esi (būdamas, buvęs, esantis) Londone?
(g) Mano brolis yra daug (keliaujant, keliavusi, keliavęs) po Lietuvą.

išskal̃bti, išskal̃bia, ìšskalbė	wash (clothes; res. of skal̃bti, skal̃bia, skal̃bė; skalbìmo mašin/à, -(ìn)os (2) 'washing machine', skalbìmo miltēl/iai, -ių (2) 'washing powder')

Dialogue 2 ▣

Užsukime pas ūkininką

Let's drop in on the farmer

Draugų kelionė tęsiasi

BILL: Na, Vytautai, koks tolesnis mūsų maršrutas?
VYTAUTAS: Tai priklausys nuo jūsų pasirinkimo. Galime nesustodami važiuoti iki pajūrio ir nakvoti jau kempinge prie jūros. Antras variantas – pasukti link Nemuno ir, važiuojant panemunėmis, apžiūrėti ten esančias pilis. Trečias – užsukti pas mano pusbrolį, gyvenantį už 20 kilometrų nuo čia. Jis yra ūkininkas, gyvena dideliame gražiame vienkiemyje. Netoli yra senoviškas etnografinis lietuvių kaimas. Manau, kad Bilui galėtų būti įdomu pamatyti tipišką Lietuvos kaimo sodybą.
BILL: Nors man įdomu būtų viskas, bet šįkart aš rinkčiausi paskutinį variantą – į kaimą.
ALDONA: Ar kas nors prieštaraujate? Man atrodo, kad Bilui būtų įdomu ne tik kaimo sodybos, ūkis, gyvuliai, bet ir kaimo žmonės, jų gyvenimo būdas. Lietuvos kaimuose dar yra daug archaiškų dalykų.
BILL: Ar tavo pusbrolis, Vytautai, turi daug gyvulių?
VYTAUTAS: Aš dabar gerai nežinau. Seniai jau čia nesu buvęs, bet anksčiau turėdavo ir karvių, ir arklių, ir kiaulių. Avių, ožkų neaugino, bet ten būdavo daug naminių paukščių. Kartu su pusbrolio šeima gyvena ir jo tėvas – mano dėdė. Nors jis jau pagyvenęs žmogus, bet dar gana stiprus. Dėdė nuo seno prižiūri bites, jis ir jaunystėje dirbo bitininku. Galbūt gautume paragauti pirmojo šių metų medaus.

Vocabulary

užsùkti, ùžsuka, užsùko	drop in, call at/on (a person = **pàs** + acc.; a place = **į̃** + acc.)
ū́kinink/as, -o (1)	farmer (fem. **ū́kinink/ė, -ės** (1))
tę̃stis, tę̃siasi, tę̃sėsi	continue (trans. = **tę̃sti, tę̃sia, tę̃sė**)
nà	well (interjection)
tolèsn/is, -ė (2, 4)	further, subsequent, 'after that'

priklausýti, priklaũso, priklaũsė	depend ('on' = **nuõ** + gen.)
pasirinkìm/as, -o (2)	choice, selection
nakvóti, nakvója, nakvójo	spend the night
variánt/as, -o (1)	variant
pasùkti, pàsuka, pasùko	turn (trans. and intrans.)
liñk + gen.	towards, in the direction of
panemun/ė, -ės (3⁴ᵇ)	area near the Nemunas
ùž + gen. (km., etc.) **nuõ** + gen.	from (distances)
víenkiem/is, -io (1)	farm, homestead
senóvišk/as, -a (1)	old, ancient, as in the old days
etnogrãfin/is, -ė (1)	ethnographic
tìpišk/as, -a (1)	typical
sodýb/a, -os (1)	estate
šį̃kart	on this occasion
bū̃d/as, -o (2)	way, manner, style
archãišk/as, -a (1)	archaic, ancient
dalýk/as, -o (2)	thing, object (note the useful phrases: **Kàs peř dalýkas?** 'What's up? What's the matter?' (in the **kàs peř** ...? 'what sort of ... (is this, etc.)?' construction peř does not behave like a prep.), and **Dalýkas tàs, kàd** ... 'It's a question/matter of ...')
augìnti, augìna, augìno	breed, rear; cultivate
pagyvẽn/ęs, -usi (1)	elderly (lit. 'someone who has lived')
stipr/ùs, -ì (4)	strong
nuõ sẽno	from way back, from a long time ago
prižiūrė́ti, prižiū̃ri, prižiūrė́jo	keep, look after (+ acc.)
bìt/ė, -ės (2)	bee
bìtinink/as, -o (1)	beekeeper (fem. **bìtinink/ė, -ės** (1))
paragáuti, paragáuja, paragãvo	taste, try
med/ùs, -aũs (4)	honey

Patarlės

1 Iř pelédai sàvo vaĩkas gražùs.
2 Susìkalba kaĩp kiaũlė sù žą̃sinu.
3 Tylì kiaũlė gìlią šãknį knìsa.
4 Geriaũ žvìrblis rañkoje negù bríedis gìrioje.

Use a dictionary or the glossary to work out for yourself the meaning of these proverbs. In what situations would it be appropriate to use them?

Do you know any equivalents in your own language?

> **patarl/ė, -ės** (3^b)   proverb, saying

Grammar

The use of active participles to describe qualities and characteristics

It has already been mentioned that the active participles, in addition to describing circumstances and actions, can describe the qualities and characteristics of the 'agent' of the action. In this function both the present and past active participle can be used:

čià gyvénantis žmogùs	= **žmogus, kuris čia gyvena**
teñ ėsanti pilìs	= **pilis, kuri ten yra**
dainãvusi mergáitė	= **mergaitė, kuri dainavo**
nubėgęs vaĩkas	= **vaikas, kuris nubėgo**

Such participles are very similar in their usage to adjectives:

suáugęs žmogùs 'a grown-up person'

vėdęs výras 'a married man'

ištekėjusi móteris 'a married woman'

pagyvėnęs žmogùs 'an elderly person'

išsigañdęs berniùkas 'a frightened boy'

susijáudinusi merginà 'an excited girl'

sutrìkęs studeñtas 'an upset student'

įsimylėjęs vaikìnas 'a young man in love'

pasìtikintis savimì darbúotojas 'a self-confident worker'

Vocabulary

išsigą̃sti, išsigą̃sta, išsigañdo	be afraid, fear (+ gen.)
susijáudinti, susijáudina, susijáudino	become excited
sutrìkti, sutriñka, sutrìko	be disturbed, infringed, become upset, break down (of health), become confused/embarrassed
įsimylėti, įsimýli, įsimylėjo	fall in love ('with' = + acc.)
pasitikėti, pasìtiki, pasitikėjo	rely on, trust in (+ instr.)

These participles are declinable and in the sentence in which they occur they agree in case, gender, and number with the noun to which they refer. For a full table see the reference section.

A few sentence patterns

In the dialogues there have been a few sentence types which it would be well worth while learning. First, concession is most often expressed using the pattern

nórs ..., bèt ...   although ..., [but] ...

For example:

Nors man įdomu būtų viskas, bet šįkart aš rinkčiausi paskutinį variantą.	Although everything would be interesting for me, this time I would select the last variant.
Nors esu gimęs mieste, bet labai mėgstu kaimą.	Although I was born in a town, I really like the countryside.

Contrast can be expressed as follows:

nè tìk ..., bèt iř ...   not only ..., but also ...

For example:

Bilui būtų įdomu ne tik kaimo sodybos, bet ir žmonės.	Bill will be interested by not only the village estates, but also the people.
Buvau ne tik Vilniuje, bet ir Kaune.	Not only was I in Vilnius, but also Kaunas.

A very common sentence construction uses **taĩ priklaũso nuõ...** (+ gen.) 'it depends on...':

Tai priklauso nuo tavęs.	That depends on you./That's up to you.
Tai priklauso nuo daug ko.	That depends on a lot.

The preposition **nuo** *has* to be there; you cannot say 'That depends' or 'Ça dépend', as in English and French. Sometimes the situation needs some further qualification, which will be provided by a subordinate clause:

Tai priklauso nuo to, ar ...	It depends whether/if ...
Tai priklauso nuo to, kaip ...	It depends how ...
Tai priklauso nuo to, kada ...	It depends when ...

For example:

> **Tai priklauso nuo to, ar**　　It depends whether everything goes
> **viskas vyks pagal planą.**　　according to plan.
>
> **Tai priklauso nuo to, kaip**　It depends how our parents behave.
> **elgsis tėvai.**
>
> **Tai priklauso nuo to, kada**　It depends when you arrive.
> **jūs atvykstate.**

> **pagal̃ + acc.**　　according to; along (the length of)
> **plān/as, -o (4)**　plan; small map

Indefinite pronouns and adverbs

In this and other lessons you have encountered words which point to a
quality, number, place, or time which is not precisely known. These
include declinable pronouns, e.g.:

kàs nórs	someone or something, (it's not important who or what)
kóks nórs, kokià nórs	some sort of, (it's not important what)
kažkàs	someone or something, (it's not clear who or what)
kažkóks, kažkokià	some sort of, (it's not clear what)

The following, indeclinable, adverbs are similar:

kur̃ nórs	somewhere, (it's not important where)
kadà nórs	sometime, (it's not important when)
kaĩp nórs	somehow, (it's not important how)
kiek nórs	as many or much as you like
kažkur̃	somewhere, (it's not clear where)
kažkadà	sometime, (it's not clear when)
kažkaĩp	somehow, (it's not clear how)
kažkíek	who knows how many?

The last two of each group give a useful hint on their rendering into
English, which conveys the **norėti** 'want, wish' background of **nórs** and
the **kàs žìno?** 'who knows?' background of **kaž-** (one also comes across
kažin in these expressions, e.g. **kažin kada**).

Exercise 15d

Rewrite the following sentences, transforming the italicized verbs into participles:

Example: **Žmonės, kurie *gyvena* Aukštaitijoje, vadinami aukštaičiais.**
Žmonės, gyvenantys Aukštaitijoje, vadinami aukštaičiais.

Sutikau draugą, kuris *grįžo* iš Kanados.
Sutikau draugą, grįžusį iš Kanados.

(a) Mergaitė žiūri į gandrą, kuris *skrenda* virš pievos.
(b) Susitikome su profesoriais, kurie *dirba* Vilniaus universitete.
(c) Studentai, kurie neseniai *parvažiavo* iš užsienio, papasakojo apie savo kelionę.
(d) Žmonės, kurie kaime *turi* ūkį, yra ūkininkai.
(e) Nemėgstu vaikų, kurie *verkia*.
(f) Man dažnai rašo laiškus studentai, kurie *studijavo* mūsų universitete.
(g) Vakar matėme merginas, kurios sekmadienį *dainavo* koncerte.
(h) Vaikai dažnai važiuoja pas senelę, kuri *gyvena* kaime.

viřš + gen.	over, above
veřkti, veřkia, veřkė	cry, weep (+ gen. in the sense 'weep for, lament')
pel/ė, -ės (4)	mouse

Exercise 15e

Write a reply using the construction **priklauso nuo**:

Example: Ar važiuosi rytoj prie upės?
Tai priklauso nuo oro.

(a) Ką planuoji veikti vasarą?
(b) Ar jūs pirksite namą?
(c) Kada pradedate naują projektą?
(d) Ar galėsi atostogauti kartu su mumis?
(e) Kas galės atvykti į konferenciją?
(f) Ar kas nors iš jūsų gali atlikti šį darbą?

vei̇kti, vei̇kia, vei̇kė	do
projèkt/as, -o (2)	project
konfereñcij/a, -os (1)	conference

Exercise 15f

Read through the following text, inserting an appropriate word from the list below into the gaps (some words may be appropriate in more than one gap):

ne tik ..., bet ir ...; priklauso nuo; ieškantį; nors ..., bet ...; baigęs; yra palikę; kaip nors; aplankęs; mirę; apgalvoję; kokio nors; susirūpinę.

_____ mokslus, pradėjau ieškoti darbo. Baigiau _____ žemės ūkio akademiją, _____ biznio mokyklą. Jau buvau nesėkmingai _____ keletą firmų, kai netikėtai gatvėje sutikau savo vaikystės draugą Vidmantą, taip pat _____ _____ darbo. _____ abu buvome _____ savo reikalais, _____ sutarėm užbėgti į kavinę išgerti kavos. Ten staiga Vidmantui šovė į galvą ('staiga atėjo į galvą') mintis kartu įkurti gyvulių fermą. Jo seneliai, dabar jau _____ gyveno kaime. Jie _____ jam palikimą – didelį ūkį. Didžiuliai tvartai šiuo metu stovėjo tušti, be jokios naudos. _____ mes abu nelabai išmanėme apie gyvulis, _____ nutarėme _____ pabandyti nupirkti 30 karvių, 50 arklių, 50 veršelių ir 50 kumeliukų. Gerai _____ pirmuosius žingsnius, pradėjome rūpintis banko paskola ir gyvulių auginimo specialistais. Reikia pasakyti, kad mums sekėsi visai neblogai. Tuo stebėjosi _____ mūsų tėvai ir draugai, _____ mes patys. Keista, bet gyvenime daug kas _____ atsitiktinumų.

Vocabulary

aplankýti, aplañko, aplañkė	visit
apgalvóti, apgalvója, apgalvójo	think over, think out, consider, weigh up (+ acc.)
akadèmij/a, -os (1)	academy
bìzn/is, -io (2)	business, affair
nesėkmìngai	unsuccessfully
reĩkal/as, -o (3b)	affair
sutar̃ti, sùtaria, sùtarė	agree, come to an agreement
užbė́gti, užbė́ga, užbė́go	pop in, drop in (į̃ + acc. 'at (a place)', pàs + acc. 'on (a person)')

šáuti, šáuna, šóvė	fire, shoot; place; rush (**šáuti į galvą** 'occur (to s.o.), come into one's head')
palikìm/as, -o (2)	inheritance
didžiùl/is, -ė (2)	huge
tvárt/as, -o (1)	cattle-shed, byre
tùšči/as, -à (4)	empty
išmanýti, išmãno, išmãnė	understand, know sg. about (+ acc. or, as here, + **apiẽ** + acc.; **jìs tokių dalýkų neišmãno** 'he has no idea about such things')
veršẽl/is, -io (2)	calf
kumeliùk/as, -o (2)	foal
žiñgsn/is, -io (2)	step
paskol/à, -õs (3[b])	loan
augìnim/as, -o (1)	breeding, growing, cultivation (**augìnti, augìna, augìno** 'grow' (trans.))
specialìst/as, -o (2)	specialist (fem. **specialìst/ė, -ės** (2))
stebėtis, stẽbisi, stebėjosi	be surprised, amazed ('at' = + instr.)
keĩst/as, -à (4)	strange
daũg kàs	lots of things (replace **kàs** with other pronouns and adverbs to obtain other meanings)
atsitiktinùm/as, -o (2)	chance

Exercise 15g

Here's an e-mail message, revealing some of the fun we had trying to meet our deadline. Don't take the formality too seriously – it's just how things seem to be done! It's for you to provide the accents, turning it into correct Lithuanian. Understanding the message should at this stage be quite straightforward – and there's a very useful phrase towards the end.

Date:	Thu. 3 Aug 1995 15:30:20 +0100
From:	Lit.Stud@FIF.VU.lt
To:	J.I.Press@qmw.ac.uk
Subject:	Re: Textbook

Mielas Profesoriau,

aciu uz laiska. Ar gavote faksa su 16 pamokos taisymu? Ar nesate gaves 14 ir 15 pamoku taisymo? Ar nereiketu man dar karta issiusti jo kopijos faksu?

Lietuviskai mes sakome "Jokiu problemu".

Aciu uz viska,

Meilute

Reading

Try to read through the following text without using a dictionary or the glossary and answer the questions. Then sort out any problems of comprehension you may still have by looking things up.

Raudonkojis raudonsnapis

Baltasis gandras yra vienas didžiausių ir gražiausių mūsų krašto paukščių – aukštas, ištįsusiu kaklu, ilgomis kojomis. Jis yra visas baltas, tik sparnų plunksnos juodos, snapas ir kojos skaisčiai raudoni. Baltojo gandro ilgis iki 102 centimetrų (jeigu jį matuotume skrendantį), sveria apie 4 kilogramus.

Raudonsnapis gandras – puikus medžiotojas. Išmokti medžioti jį privertė gamta, nes gandras lesa tik gyvius. Visas jo maistas – žeme bėgiojantys ir šokinėjantys gyviai, todėl paukštis paskui juos vaikščioja ar net bėgioja. Skraidančius vabalus, paukščiukus jis gaudo ir ore. Nustatyta, kad gandras lesa ne tik vabalus, varles, bet ir peles, žiurkėnus, kurmius, gyvates, driežus, žiogus, sliekus, žuvis.

Baltieji gandrai pradeda perėti sulaukę 3–4 metų amžiaus. Yra žinoma, kad gandrų gyvenimo trukmė 25–30 metų. Europos baltieji gandrai skrenda žiemoti į Afriką. Iš Lietuvos jų kelionė trunka apie du mėnesius. Gandrų kelias į žiemavietes sudaro apie 10 tūkstančių kilometrų. Ilga ir varginanti kelionė iš gandrų reikalauja daug jėgų. Jie skrenda ir dieną, ir naktį, dažnai pasinaudodami oro srovėmis iškyla labai aukštai. Iškilęs į 1 kilometro aukštį, gandras neplasnodamas gali nuplaniruoti apie 30 kilometrų. Vidutinis skridimo greitis apie 60 kilometrų per valandą. Keista, bet retai kam pasiseka pamatyti išskrendančius gandrus. Jų pulkai skrenda tyliai, be to, labai aukštai, lengvai iškildami virškalnų, viršijančių 2–3 kilometrus.

Baltieji gandrai – labai sena paukščių grupė. Archeologų duomenys rodo, kad gandrai gyveno prieš 100 milijonų metų.

Gandrai yra paplitę Europoje, Azijoje, Afrikoje, Amerikos žemyne. Kas dešimt metų gandrai skaičiuojami visame areale – teritorijoje, kur tik jie gyvena. Paskutinis tarptautinis skaičiavimas vyko 1984 metais. Lietuvoje tuo metu gyveno apie 18 tūkstančių gandrų. 1974 metais Lietuvoje perėjo 6 700 baltųjų gandrų porų, Latvijoje – 6 100, Estijoje – 1 060. Gana gausu baltųjų gandrų Lenkijoje, yra jų ir Vokietijoje. Danijoje 1981 metais buvo likę tik 25 baltųjų gandrų poros, Olandijoje 1970 metais – 7 poros, Belgijoje prieš dešimtmetį perėjo tik viena pora, Prancūzijoje – taip pat. Šveicarijoje išnykstantys gandrai buvo vėl įveisti, Ispanijoje šiuo metu yra daugiau kaip 20 tūkstančių gandrų porų, Portugalijoje – apie 3 tūkstančius. Maroke – apie 13 tūkstančių, Alžyre – apie 2 tūkstančius, Tunise – 200 porų. Jau 500 metų baltieji gandrai neperi Anglijoje.

Ne tik Lietuvoje, bet ir kituose kraštuose gandrai yra mylimiausi paukščiai, nešantys laimę namams. Gandrai yra nuolatiniai sodybų, kaimų gyventojai. Pasakojama, kad šie paukščiai dovanoja mažus vaikelius, be kurių namai nebūna laimingi. Gandrai minimi šimtuose dainų, pasakų, patarlių, mįslių. Liaudyje išlikę pietarų, susijusių su šiuo paukščiu. Sakoma, kad gandrą užmušęs ar gandralizdį sugriovęs žmogus niekada nebus laimingas.

And now here are the questions. As in Lesson 13, just answer 'yes' or 'no'.

	Taip	Ne
(a) Gandrai yra raudonos spalvos paukščiai.	____	____
(b) Žiemą Europos gandrai praleidžia Afrikoje.	____	____
(c) Gandrai maitinasi gyvūnais.	____	____
(d) Gandrai skrenda 30–40 kilometrų per valandą greičiu.	____	____
(e) Gandrai skrenda iki Afrikos 3–4 metus.	____	____
(f) Nedaug gandrų yra Lenkijoje.	____	____
(g) Lietuviai myli gandrus, kuria apie juos dainas.	____	____

Finally, describe a bird or animal which is particularly popular in your country. In Lithuanian this request goes approximately as follows:

Aprašykite savo šalies žmonių mėgiamą paukštį ar gyvūną.

16 Gamta, sportas, televizija

Nature, sport, and television

By the end of this lesson you will have learnt:

- how to express reason, cause, and objective
- about parenthetic words and expressions
- how to talk about plants and life in the country
- how to talk about sport, music, and television
- about yet more prefixed verbs

Dialogue 1

Kas čia auga?

What's growing here?

Bilas su draugais svečiuose pas Vytauto gimines kaime. Vytauto dėdė, Bilas ir Aldona apžiūrinėja sodybą

DĖDĖ: Pabūkite pas mus ilgiau. Dabar pats vasaros gražumas. Miškuose ir soduose pilna uogų, šiemet anksčiau negu paprastai sirpsta vyšnios, serbentai, avietės, mėlynės. Matyt, dėl tokios šilumos. Žiūrėkit, kaip žydi pievos ir darželiai, šilta ir malonu. Prisivalgytumėt iki soties uogų, skanaus naminio maisto, prisikvėpuotumėt tyro oro. Ar kur nors geriau rasite?

BILL: Tikrai, čia pas jus labai gera. Tokia graži sodyba, didžiulis sodas, kiemas, niekur to nesu matęs. O gandralizdis su gandrais ant stogo – kaip iš filmo.

DĖDĖ: Negalėčiau gyventi mieste. Aš mėgstu kaimą, mišką. Šitą sodą pats ir sodinau prieš daugelį metų. Yra 30 obelų, 9 kriaušės, vyšnių ir slyvų, vaiskrūmių nė neskaičiuoju.

BILL: O eglės aplink sodybą irgi jūsų sodintos?

DĖDĖ: Tai dar mano tėvo. Jis sugalvojo ir apsodino sodybą. O ten už tvenkinio ąžuolai ir liepos taip pat mano tėvuko sodinti. Kai gimdavo sūnus, jis pasodindavo ąžuolą, kai duktė – liepą. Ten ir auga 5 ąžuolai ir 3 liepos, nes mes esam 5 broliai ir 3 seserys. Jau dideli medžiai. Ir mes visi jau nebejauni.

ALDONA: O gėlynų gražumas! Niekada tokių darželių nesu mačiusi.

DĖDĖ: Tai dėl to, kad mūsų gėlininkės rūpestingos. Marti ir anūkės labai mėgsta gėles. Nuo pat ankstyvo pavasario čia vis kas nors žydi: tulpės, narcizai, rožės, lelijos. Aš nė pavadinimų visų nežinau.

ALDONA: O ar galima pažiūrėti jūsų laukus, daržus? Galbūt Bilui būtų įdomu pažiūrėti, ką augina lietuviai.

DĖDĖ: Štai ten auga javai: rugiai, miežiai, avižos. Kviečių, kukurūzų mes savo ūkyje neauginame. O daržuose – bulvės, burokai, kopūstai, kitos daržovės. Galite pažiūrėti, jeigu įdomu. Bet gal įdomiau būtų nueiti į mišką? Jau ir grybai pradeda dygti, galite pagrybauti.

BILL: Deja, aš nemoku grybauti, nepažįstu grybų.

DĖDĖ: Ar pas jus miškuose jie neauga?

BILL: Pas mus neįprasta grybauti. Mes grybus perkame parduotuvėje. Bet mišką ir aš mėgstu. Kai važiavome, mačiau netoliese gražų pušyną.

DĖDĖ: Tiesą sakant, mūsų apylinkėse pušynų mažai. Čia auga daugiau lapuočiai medžiai: beržai, uosiai, alksniai, ąžuolai, prie sodybų klevai, liepos, kaštonai.

ALDONA: Eikim, Bilai, į mišką. Gal rasim ir grybų pietums.

Vocabulary

spòrt/as, -o (1)	sport
televìzij/a, -os (1)	television ('viewing' rather than 'the set')
apžiūrinėti, apžiūrinėja, apžiūrinėjo	look around, examine, 'visit'
sodýb/a, -os (1)	farm
pabúti, pabūna, pabùvo	stay (a certain time)
gražùm/as, -o (2)	beauty, beautiful time/period
siřpti, siřpsta, siřpo	ripen (intr.)
serbeñt/as, -o (2)	currant (**raudoníeji, baltíeji, juodíeji** ...)
aviẽt/ė, -ės (2)	raspberry
mėlỹn/ė, -ės (2)	bilberry (also 'bruise'; 'azure '(of the sky)
šìlum/à, -õs (3[b])	warmth
žydėti, žýdi, žydėjo	bloom, flower

píev/a, -os (1)	meadow
prisiválgyti, prisiválgo, prisiválgė	eat one's fill ('of' = gen.)
sót/is, -ies (1)	satiety (**ikì sóties** 'until one is full')
prisikvėpúoti, -kvėpúoja, -kvėpãvo	breathe in all one can, fill one's lungs ('with' = gen.) .
týr/as, -à (3)	pure, clean
fìlm/as, -o (1)	film
sodìnti, sodìna, sodìno	plant
daũgel/is, -io (1)	many (+ gen. or, in the sense 'many of us', + **ìš** + gen.)
vaĩskrūm/is, -io (1)	bush (bearing berries)
nẽ ne-	not even
skaičiúoti, skaičiúoja, skaičiãvo	count
sugalvóti, sugalvója, sugalvójo	think, have/conceive the idea (res.)
apsodìnti, apsodìna, apsodìno	plant (around)
tvenkin/ỹs, -io (3^b)	pond
kaĩ	whenever
pasodìnti, pasodìna, pasodìno	plant (note how the use of the p. frequentative here is quite compatible with the use of a res. form)
gėlinink/ė, -ės (1)	florist, flower-seller (masc. **gėlinink/as, -o** (1))
rūpestìng/as, -a (1)	particular, careful
ankstýv/as, -a (1) .	early
pavadìnim/as, -o (1)	name; title
burõk/as, -o (2)	beetroot
dýgti, dýgsta, dýgo	begin to grow, come up
pažìnti, pažįsta, pažìno	know, be acquainted with, recognize (+ acc.)
įprast/as, -à (3^b)	normal, usual (**įpràsti, įprañta, įprãto į** + acc. 'get used to' – antonym: **atpràsti, atprañta, atprãto nuõ** + gen.)
netolíese	nearby (adv.)
mažaĩ	few, little (adv. and quantitative word, followed by the gen., though the flexibility of Lithuanian word order allows variation, as here)

(See below for some words related to the country estate and plants.)

Language points

The farm or estate, trees, fruit, flowers, and cereals

Sodyba *The farm*

kiĕm/as, -o (4)	yard, courtyard	**gėlýn/as, -o** (1)	flower-bed
sõd/as, -o (2)	garden, orchard	**daržėl/is, -io** (2)	flower-bed
tvárt/as, -o (1)	cow-shed, byre	**tvor/à, -õs** (4)	fence
dařž/as, -o (4)	kitchen garden	**vařt/ai, -ų** (2)	gate
laūk/as, -o (4)	field		

Medžiai *Trees*

béržas, -o (3)	birch	**kaštõn/as, -o** (2)	chestnut
ą́žuol/as, -o (3[a])	oak	**líep/a, -os** (1)	lime
ẽgl/ė, -ės (2)	spruce, fir	**úos/is, -io** (1)	ash
puš/ıs, -iẽs, -ų̃ (4)	pine	**ãlksn/is, -io** (2)	alder
klẽv/as, -o (4)	maple		

Vaismedžiai *Fruit-trees*

obel/ıs, -iẽs/		**vyšn/ià,**	
obẽls, -ų̃		**vỹšnios** (2)	cherry-tree
(3[a]; fem.)	apple-tree	**slyv/à, slỹvos** (2)	plum-tree
kriáuš/ė, -ės (1)	pear-tree		

Vaisius *Fruit*

obuol/ỹs, -io (3[a])	apple	**vyšn/ià, vỹšnios** (2)	cherry
kriáuš/ė, -ės (1)	pear	**slyv/à, slỹvos** (2)	plum

Gėlės *Flowers*

tùlp/ė, -ės (1)	tulip	**lelij/à, -os** (2)	lily
narcìz/as, -o (2)	narcissus	**gvazdìk/as, -o** (2)	pink,
rõž/ė, -ės (2)	rose	carnation	

Javai *Cereals*

rug/ỹs, -io (4)	rye	**aviž/à, -os** (3[b])	oats
kviet/ỹs, -(č)io (4)	wheat	**kukurū̃z/as, -o** (2)	maize
miẽž/is, -io (2)	barley		

Patarlės

1 Obuolys nuo obels netoli ritasi.
2 Kuo į girią giliau, tuo medžių daugiau.
3 Nėra rožių be dyglių.
4 Kiekviena pušis savo šilui oša.

Work out translations for these proverbs, and try to identify equivalents or near equivalents in your own language.

Vocabulary

rìstis, rìtasi, rìtosi	roll (intr.)
kuõ + comp., ... tuõ + comp.	the ___er ..., the ___er
dygl/ỹs, -io (4)	thorn
šìl/as, -o (4)	coniferous forest
õšti, õšia, õšė	murmur (of a forest or the sea)

Grammar

The expression of cause or reason

In Dialogue 1 you encountered ways of expressing cause or reason. Although there are several ways of expressing this, one of the most frequent is a prepositional construction with dėl + genitive case. Here are a few examples (you should be able to understand them without translation – a few words are listed below):

> **sirpti dėl šilumos**
> **neateiti dėl ligos**
> **jaudintis dėl ateities**
> **liūdėti dėl nesėkmės**
> **pykti dėl niekų**
> **neatvykti dėl kelių priežasčių**

Cause and reason may frequently be expressed by linking sentences with conjunctions such as nès; dėl to, kàd; todėl, kàd. The conjunction kadángi is typical of scientific, journalistic, and official styles. Thus:

> **Brolis neatvažiavo todėl, kad serga.**
> **Atvažiuok greičiau, nes visos uogos sode jau sirpsta.**
> **Jis dėl to ir užėjo pas mus, kad pradėjo lyti.**

Kadangi šiais metais sausa vasara, derlius gali būti nedidelis.

Do note the punctuation, namely the comma preceding **kàd**, and the way in which the compound conjunctions may be split (the third example).

Vocabulary

jáudintis, jáudinasi, jáudinosi	become excited
liūdéti, liūdi, liūdéjo	be sad (also + gen., in the sense of 'longing for')
nesėkm/ė, -ės (4)	misfortune, failure
niēk/ai, -ų (2)	trivia, nothing, nonsense
deřl/ius, -iaus (2)	harvest

The expression of objective

In Lithuanian objective may be expressed in various ways. In several of the lessons in this course objective was conveyed by using the infinitive of the verb:

Eisiu valgyti.	I'll go to eat.
Važiuokime pasižiūrėti.	Let's go and take a look.
Nuėjo maudytis.	They went off for a swim (lit. 'to bathe').
Atsisėdo pailsėti.	He sat down for a rest (lit. 'to rest').
Išėjo grybauti.	She went to pick mushrooms.

Objective can also be expressed using certain case forms without prepositions:

(a) the genitive case (most often with verbs of motion):

Pareiti namo pietų (valgyti).	To come home for dinner ('eat').
Važiuoja atostogų.	They go on holiday.
Pakvietė kavos (išgerti).	They invited us for coffee ('drink').

As can be seen from the examples, the infinitive may sometimes be attached as well.

(b) the dative case:

Pasiruošti paskaitai.	To get ready for a lecture.
Pirksiu maisto vakarienei.	I'll buy food for dinner/supper.
Kepa pyragą gimtadieniui.	He bakes a cake for the birthday.
Ieško vietos nakvynei.	She looks for a place for the night.

Exercise 16a

Describe a typical farm or country garden. What does it look like? What is cultivated there? What kinds of trees and flowers does it have?

Exercise 16b

Complete the sentences with an expression of cause or reason:

(a) Tėvas parvažiavo linksmas ...
(b) Tėvai su vaikais susipyko ...
(c) Negalėsiu atvažiuoti pas tave ...
(d) Mergaitė verkė ...
(e) Jis negalėjo visko padaryti ...
(f) Mes labai skubėjome ...

Exercise 16c

Complete the following sentences using the various ways of expressing an objective:

(a) Rašytojas išvažiavo — susipažinti su kolegomis iš užsienio.
— _____
— _____
— _____

(b) Maža mergaitė eina — _____
— _____
— _____
— _____

(c) Studentas iš Anglijos atvyko — _____
— _____
— _____
— _____

d) Direktoriaus duktė ruošiasi — _____
— _____
— _____
— _____

e) Eikime — _____
— _____
— _____
— _____

koleg/à, -(èg)os (2)   colleague (fem. kolèg/ė, -ės (2))

Dialogue 2 ▄▄

Žiūrėsime krepšinį

We'll watch the basketball

Kelias dienas Bilas su draugais išbuvo pas Vytauto gimines kaime. Kai jie susiruošė važiuoti toliau, pradėjo smarkiai lyti. Dėdė kalbasi su Bilu ir Aldona, kviečia pabūti dar ilgiau

DĖDĖ: Ką gi jūs veiksite tokiu oru prie jūros? Pranešė, kad lis rytoj ir poryt. Ko gero bus naudingiau pasilikti čia ir palaukti geresnio oro.

BILL: O ką tokiu oru veiksime čia?

DĖDĖ: Žiūrėsime televizorių, savaime suprantama. Argi jūs nežiūrite krepšinio? Kaip tik šiomis dienomis įdomiausios Europos vyrų krepšinio čempionato rungtynės. Lietuvos krepšininkai laimėjo daug rungtynių ir dabar kovos dėl aukso ar sidabro medalių.

BILL: Tikrai, girdėjau, šią savaitę visuose troleibusuose, kavinėse, gatvėje visi tik ir kalba apie krepšinį, apie Lietuvos komandą. Matyt, Lietuvoje krepšinis labai populiarus?

ALDONA: Taip, visa Lietuva stebi rungtynes, ypač kai vyksta svarbūs čempionatai.

BILL: Žinoma, krepšinis įdomus žaidimas, tačiau aš labiau mėgstu žaisti futbolą, lauko tenisą.

ALDONA: Tada tu galėsi arba žiūrėti ką nors kitką, arba eiti miegoti. Per lietų saldus miegas. O Lietuvos televizija, mačiau programą, rodys kažkokį nuotykių ar fantastinį filmą, po to žinių laidą ir dar koncertą. Atrodo, gros Čiurlionio kvartetas.

BILL: Ne, Aldona. Ir aš noriu pamatyti garsiuosius krepšininkus Arvydą Sabonį ir Šarūną Marčulionį. Nežiūrėsiu nei filmo, nei koncerto.

Vocabulary

kel/ı, kẽl/ios, -ių (4)	several (agrees with the word it qualifies)
išbúti, išbūna, išbùvo	spend (time)
susiruõšti, susiruõšia, susìruošė	be about to, prepare to
smar̃kiai	heavily, strongly, severely (adv. from **smark/ùs, -ì** (4))
gì	emphatic particle (mustn't come first, and tends to lose its stress)
pranèšti, pràneša, prànešė	communicate, announce (+ acc. of message and dat. of p. to whom)
kõ gẽro	who knows, it may be (sense of apprehension)
naudìng/as, -a (1)	useful, advantageous
saváime suprañtama	needless to say, it goes without saying (**suprañtam/as, -à** (3ᵇ) 'understandable, clear')
čempionãt/as, -o (2)	championship
rungtỹn/ės, -ių (2; pl)	competition
krẽpšinink/as, -o (1)	basketball player (fem. **krẽpšinink/ė, -ės** (1))
laimẽti, laĩmi, laimẽjo	win (+ acc. or loc.; antonyms: **pralaimẽti, pralaĩmi, pralaimẽjo** or the more general **pralõšti, pralõšia, pràlošė** and **praràsti, praráñda, prarãdo** 'lose')
kovóti, kovója, kovójo	struggle, fight (**dẽl** or **ùž** '+ gen. for'; **sù** + instr. or **priẽš** + acc. 'against')
medãl/is, -io (2)	medal
tìk ir̃	only (here: 'all everyone does is talk ...')
kománd/a, -os (1)	team
matýt	clearly, probably
kìtkas (like *kàs*)	something else (**tar̃p kìtko** 'incidentally')
kažkók/s, -ià (3)	some or other
núotyk/is, -io (1)	adventure
kvartèt/as, -o (2)	quartet
gars/ùs, -ì (4)	famous

(See the Language points below for some words related to sport.)

Language points

Television

When we talk about television and things on television, e.g., films and sport, we often use words such as the following:

Televizija *Television*

program/à, -(ãm)os (2)	programme list(ing)
laid/à, -õs (4)	programme
dìktor/ius, -iaus (1)	speaker, presenter (fem. **dìktor/ė, -ės** (1))
žurnalìst/as, -o (2)	journalist (fem. **žurnalìst/ė, -ės** (2))
žiūróv/ai, -ų (2)	spectators, viewers (sing. **-as, -ė**)
komentãtor/ius, -iaus (1)	commentator (fem. **komentãtor/ė, -ės** (2))
žìn/ios, -ių (4)	news
naujíen/os, -ų (1)	new things, latest news

Filmas *Film*

fìlm/as, -o (1)	film
dokumeñtin/is, -ė (2)	documentary
vaidýbin/is, -ė (1)	dramatic
nuotykių	adventure (gen. pl. of **núotyk/is, -io** (1))
detektỹvin/is, -ė (1)	whodunnit, detective
fantãstin/is, -ė (1)	fantastic, science fiction
animãcin/is, -ė (1)	cartoon
seriãl/as, -o (2)	series

Sportas *Sport*

krepšìn/is, -io (2)	basketball
tinklìn/is, -io (2)	volleyball
lengv/óji atlètika, -õsios -os (4, 1)	track athletics
čiuožìm/as, -o (2)	skating
plaukìm/as, -o (2)	swimming
jojìm/as, -o (2)	horse-riding
fùtbol/as, -o (1)	football

Veiksmažodžiai **Verbs**

ródyti, ródo, ródė	show
transliúoti, -iúoja, -iãvo	broadcast, transmit
žiūrėti, žiūri, žiūrėjo	watch
vaidỉnti, vaidỉna, vaidỉno	play (part), act (**kine, filme, teatre, spektaklyje**)
žaĩsti, žaĩdžia, žaĩdė	play (game – **žaidimą, krepšinį, futbolą, ...**)
gróti, grója, grójo	play (instrument – **muzikos instrumentais**)

Grammar

Parenthetic words and phrases

Very often, when we are speaking or writing, we need to express our own point of view on what is being said or to qualify what exactly it is we are saying. In order to do this we use various words or even phrases. You have already met quite a few such parenthetic words and phrases in the dialogues and texts of earlier lessons, as well as in those in this lesson. Here is a useful list of a few of them, with untranslated examples (some words are given in a list at the end of the section).

1 The speaker's point of view (doubt, supposition, verifiability, persuasion) may be expressed in the following ways:

be ãbejo	probably, doubtless
matýt	clearly, certainly, of course
atródo	apparently, it seems
kõ gẽro	who knows; it may be (an expression of apprehension)
tiĕsą sãkant	truth to tell
áišku	clearly, it's clear
žỉnoma	of course, it's well known
(saváime) suprañtama	it goes without saying

Some examples:

Jūs, be abejo, norite uogų.
Matyt, jis ką tik grįžo.
Atrodo, ten auga ąžuolai.

Ko gero, bus lietaus.
Tiesą sakant, gerai nežinau, kada tai bus.
Aišku, laimės ši komanda.
Savaime suprantama, jis atbėgo pirmas.

2 The source of a communication or of some news, or an author's decision may be expressed using the following parenthetic words:

anót + gen.	in the words of
gen. + **duomenimìs**	according to the data of
gen. + **núomone**	in the opinion of
gen. + **supratimù**	in the opinion of, according to the understanding of

Some examples:

Anot mano tėvo, kiekviena pušis savo šilui ošia.
Oro biuro duomenimis, šiandien laukiama kritulių.
Direktoriaus nuomone, tai didelis pelnas.
Mano supratimu, tai labai gerai padaryta.

3 The juxtaposition of various arguments (bringing one into relief, comparing, contrasting, etc.) may be expressed as follows:

išskýrus + acc.	except (for)
atvirkščiaĩ	on the contrary (also: 'the wrong way round')
príešingai	on the contrary
añtra veřtus	on the other hand
vadìnasi	consequently, that is, in other words
žodžiù	in a word, putting it briefly
bejè	by the way, incidentally
be tõ	besides, moreover, in addition
pãvyzdžiui	for example

Some examples:

Atėjo visi, išskyrus mokytoją.
Atvirkščiai, esu jam dėkingas.
Priešingai, mes labai džiaugiamės.
Antra vertus, tai labai įdomu.
Vadinasi, išvykstame rytoj anksti rytą.
Žodžiu, viskas sùtarta.
Beje, tu žadėjai rytoj sugrįžti.
Be to, reikės paskubėti.

Pasodinkite medį, pavyzdžiui, beržą.

4 An emotional attitude may be conveyed as follows:

láimei	fortunately
dejà	unfortunately

Some examples:

Laimei, buvo geras oras.
Deja, nebeturiu daugiau pinigų.

Vocabulary

ką tìk	just (in 'have just' sentences)
biùr/as, -o (2)	bureau, office
peĩn/as, -o (4)	profit
dėkìng/as, -a (1)	grateful (+ dat.)

Exercise 16d

Out of each group of parenthetic words and phrases given above, select two words or phrases and make up sentences with them.

Grammar

Verbs with prefixes

You already know a great deal about Lithuanian verbs with prefixes (see especially Lessons 2 and 10). With prefixes it is possible to make lots of verbs with many varied meanings. Verbal prefixation is in fact one of the most complex features of the Lithuanian language, which has at its disposal the following twelve prefixes:

ap- (api-), at- (ati-), į-, iš-, nu-, pa-, par-, per-, pra-, pri-, su-, už-.

Sometimes it is even possible to create, from one basic verb, new verbs with all twelve prefixes, for example:

**eiti: apeiti, ateiti, įeiti, išeiti, nueiti, paeiti,
  pareiti, pereiti, praeiti, prieiti, sueiti, užeiti**

Here each prefix adds a different nuance to the movement indicated by the basic verb.

Prefixes do not, however, change the meaning of a verb in an entirely uniform manner. You are most familiar with those prefixes which may underline that an action is resultative or, as described above, give nuance to the direction of the action. This lesson also contains prefixes conveying other sorts of meanings, for example the sense of:

1 carrying out an action lasting a particular time, a short time, or just a little:

   pa-: pabūti, palaukti, pavažinėti, pagyventi, pagrybauti

2 carrying out a more intense, fuller action (to satiety, the end, altogether, completely):

   pri-: pripasakoti, primeluoti, privežti, pridėti, pripilti, prinokti, prisirpti
   per-: pernokti, peraugti, persivalgyti, peršalti ('too much')

3 carrying out an action repeatedly, again:

   per-: perdaryti, perrašyti, perdažyti, pertvarkyti

Vocabulary

pérnokti, pérnoksta, pérnoko	become over-ripe (**nókti, nóksta, nóko** 'ripen')
šálti, šą̃la, šãlo	become cold
dažýti, dãžo, dãžė	paint
tvarkýti, tvař̃ko, tvař̃kė	tidy up (note **tvark/à, -õs** (4) 'order, tidiness': **pàs mùs visuř̃ tvarkà** 'everything's fine here', **tvarkãrašt/is, -(šč)io** (1) 'timetable')

So, from one and the same verb, using various prefixes, one can create words with different meanings (resultative, directional, etc.):

pasodinti:	plant until finished
apsodinti:	plant around (say, around the edge of or here and there)
prisodinti:	plant lots
persodinti:	plant once again, anew

Sometimes particular meanings for a word are provided not only by the prefix but also by an attached reflexive particle:

| valgyti | → persivalgyti | eat too much, over-eat |
| gìmti | → išsigìmti | die out, become extinct, degenerate |

There are also instances where verbal prefixes, once attached to verbs, can give them a completely new and unique meaning, apparently quite unconnected with the verb from which the new verb has been created:

duoti	→ parduoti	give	sell
nešti	→ pranešti	carry	announce
laimėti	→ pralaimėti	win	lose
rasti	→ prarasti	find	lose
rodyti	→ atrodyti	show	seem
klausyti	→ priklausyti	listen to	depend
gauti	→ apgauti	get, receive	deceive
mesti	→ apsimesti	throw	pretend to be
sakyti	→ įsakyti	say	command
eiti	→ apsieiti	go	do without

Vocabulary

apgáuti, apgáuna, apgãvo	deceive
mèsti, mẽta, mẽtė	throw
apsimèsti, apsìmeta, apsìmetė	pretend to be (+ nom.)
įsakýti, įsãko, įsãkė	command, order (+ dat. of p. commanded)
apsieĩti, apsieĩna, apsiẽjo	do without, manage without (bè + gen.)

Exercise 16e

Select appropriate prefixes for the following verbs:

(a) A: Liepa taip užaugo, kad visos gėlės jau pavėsyje.
   B: Taip, būtinai reikės tulpes ir narcizus kitais metais ...
      sodinti (ne-, pri-, per-) į kitą vietą.
(b) A: Viršininko dabar nėra. Gal galite truputį ...laukti (pa-, su-)?
   B: Ačiū, aš ...eisiu (į-, at-, par-) kitą kartą.
(c) A; Sutikau vakar gėlių parodoje Indrę. ...buvau (ne-, iš-, pa-)
      mačiusi jos nuo universiteto baigimo. ...ėjome (su-, į-, nu-)
      kavos ir išsėdėjome kavinėje 4 valandas.
   B: Tai ...kalbėjote (prisi-, nesi-, susi-) iki soties.
(d) A: Šiandien labai blogai jaučiuosi.
   B: Kas atsitiko?

A: Atrodo, vakar ...valgiau (prisi-, persi-, pa-) uogų sode.

(e) A: Tekstas ...rašytas (pa-, ne-, pri-) nelabai gerai. Ką darysime?

      B: Aš ...rašysiu (pa-, nu-, per-) iki rytojaus.

Exercise 16f

Divide the following words into four groups on the basis of their meaning:

futbolas, alksnis, rugys, gulbė, eglė, tenisas, pušis, žvirblis, miežis, tinklinis, pelėda, plaukimas, vyšnia, krepšinis, varna, uosis, ąžuolas, jojimas, kukurūzas, genys, bėgimas, aviža, klevas, gegutė, kvietys, čiuožimas, kaštonas.

Vocabulary

užáugti, užáuga, užáugo	grow (become big)
viršinink/as, -o (1)	boss, leader (fem. **viršinink/ė, -ės** (1))
kìtą kartą	another time
baigìm/as, -o (2)	end (here: 'graduation')
išsėdėti, išsėdi, išsėdėjo	sit (for a certain time; also 'sit to the end')

Exercise 16g

And here's the last e-mail before the book was finally delivered. Just add the accents, as usual.

Date:	Wed, 2 Aug 1995 13:44:17 +0100
From:	Lit.Stud@FIF.VU.lt
To:	J.I.Press@qmw.ac.uk
Subject:	Re: Textbook

Mielas Profesoriau,
labai aciu uz laiska. Puiku, kad pagaliau gavote 16 pamoka. Laukiu jos vertimo, pasistengsiu greitai perskaityti. As rugpjucio 4 - 9 dienomis busiu Varsuvoje, Rytu ir Vidurio Europos studiju kongrese. Tikiuosi, iki sios keliones galesiu Jums faksu issiusti 6 pamokos taisymus. Atsakyma i Jusu klausimus del kirciu issiusiu faksu.
Linkejimai is Vilniaus,
Meilute

Reading 1 🔳

Read the following poem by the celebrated Lithuanian poet Salomėja Nėris and write out, in a few sentences, what you feel it basically conveys.

Kaip žydėjimas vyšnios

Mūsų dienos – kaip šventė
Kaip žydėjimas vyšnios, –
Tai skubėkim gyventi,
Nes prabėgs – nebegrįš jos!

Tai skubėkime džiaugtis! –
Vai, prabėgs – nebegrįš jos!
Mūsų dienos – kaip paukščiai,
Kaip žydėjimas vyšnios.

žydėjim/as, -o (1)	flowering, blooming
prabėgti, prabėga, prabėgo	pass, elapse
vaĩ	alas

Reading 2 🔳

Read through the following text and select the correct answer to the comprehension questions which follow it:

Iš Lietuvos krepšinio istorijos

Krepšinis atkeliavo į Lietuvą 1922 metais gerokai pavėlavęs. Tuo metu jis jau buvo žaidžiamas ne tik įvairiuose Amerikos bei Europos kraštuose, bet ir olimpinėse žaidynėse. Kai įvyko pirmosios krepšinio rungtynės Lietuvoje, šiai sporto šakai jau buvo sukakę 30 metų.

1904 metais krepšinis debiutavo olimpinėse žaidynėse, kur rungtyniavo vien amerikiečių komandos. Pirmasis Europos čempionatas įvyko tik 1935 metais, o pasaulio – 1950 metais. Europoje krepšinis, atkeliavęs iš Amerikos, plito pamažu.

Lietuvoje krepšinį populiarinti ėmė Steponas Darius. Kilęs iš Žemaitijos vidurio, garsusis lakūnas kartu su Stasiu Girėnu, augusiu taip pat Žemaitijoje, įėjo į mūsų krašto istoriją kaip didvyriški Atlanto nugalėtojai. Jie vieni iš pirmųjų pasaulyje perskrido šį vandenyną 1933 metais. Steponas Darius, pagyvenęs Amerikoje, kaip ir daugelis ten studijavusių įvairių Europos ir kitų šalių studentų, susižavėjo krepšiniu ir skatino susidomėjimą juo savo šalyje.

Nepriklausomos Lietuvos krepšininkai pirmąkart dalyvavo Europos vyrų krepšinio čempionate, surengtame Latvijos sostinėje Rygoje 1937 metais. Latviai tuo metu turėjo salę, kurioje tilpo maždaug 3600 žiūrovų. Šiose pirmenybėse Europos čempionais tapo Lietuvos komanda. Čempionato nugalėtojus su didžiausiu džiaugsmu ir pagarba sutiko tėvynė. Traukiniu grįžtančius iš Rygos krepšininkus kiekvienoje Lietuvos geležinkelio stotyje su gėlėmis ir dainomis sveikino minios žmonių.

Laimėjimas Rygoje 1937 metais sužadino jaunimo entuziazmą. Krepšinį ypač pamėgo moksleiviai, sparčiai augo pamaina.

1939 metais Europos čempionatas vyko Kaune. Buvo pastatyta talpi sporto halė, kurioje, anot to meto spaudos, galėjo tilpti iki 13 000 žiūrovų. Dėl medalių kovojo 8 komandos. Lietuvos rinktinė lengvai skynėsi kelią į čempionus. Tos krepšinio rungtynės išjudino visą Lietuvą – nuo didžiausio iki mažiausio.

Po daugiau kaip pusės amžiaus, 1992 metais, vėl nepriklausomos Lietuvos vyrų krepšinio komanda dalyvavo olimpinėse žaidynėse Barselonoje ir iškovojo bronzos medalius. 1995 metais Lietuvos rinktinė žaidė 29-ajame Europos vyrų krepšinio čempionate Graikijos sostinėje Atėnuose ir laimėjo sidabro medalius. Lietuvos krepšinio žvaigždės – Arvydas Sabonis ir Šarūnas Marčiulionis. Arvydas buvo išrinktas geriausiu Europos krepšininku.

Testas

1 Lietuvoje krepšinį pradėta žaisti:
   (a) prieš 30 metų;
   (b) prieš 73 metų;
   (c) nuo 1904 metų;
   (d) nuo 1935 metų.

2 Krepšinį žaisti Lietuvoje skatino:
   (a) Amerikos studentai;
   (b) Žemaitijos gyventojai;
   (c) sportininkai, gyvenantys už Atlanto;
   (d) garsus Lietuvos lakūnas.

3 1937 metų Europos vyrų krepšinio čempionate Lietuvos rinktinė:
   (a) laimėjo aukso medalius;
   (b) tapo Latvijos čempionais;
   (c) Rygoje iškovojo sidabro medalius;
   (d) dainuodama sveikino Latvijos krepšininkus

4 1995 metais Atėnuose Lietuvos komanda:
   (a) lengvai nugalėjo 7 komandas;
   (b) laimėjo prieš 13 000 žaidėjų;
   (c) laimėjo antrąją vietą;
   (d) iškovojo visus medalius.

Vocabulary

gerókai	really, pretty, fairly
olìmpin/is, -ė (1)	Olympic
žaidỹn/ės, -ių (2; pl.)	games
įvỹkti, įvỹksta, įvỹko	take place
šak/à, -õs (4)	branch, type
sukàkti, sukañka, sukãko	be completed, fulfilled, over
debiutúoti, debiutúoja, debiutãvo	have its debut
rungtyniáuti, -niáuja, -niãvo	compete
víen	only (adv.)
plìsti, pliñta, plìto	spread, become widespread
pamažù	little by little, gradually
populiãrinti, populiãrina, populiãrino	make popular
vidur/ỹs, -io (3[b])	centre, middle
lakū̃n/as, -o (2)	aviator, pilot (fem. **lakū̃n/ė, -ės** (2))
dìdvyrišk/as, -a (1)	heroic
nugalėtoj/as, -o (1)	conqueror (fem. **nugalėtoj/a, -os** (1))
pérskristi, pérskrenda, pérskrido	fly over, cross by plane (+ acc.)
vandenýn/as, -o (1)	ocean
susižavėti, susìžavi, susižavėjo	be captivated, enthralled by (+ instr.)
skãtinti, skãtina, skãtino	encourage, stimulate
susidomėjim/as, -o (1)	interest ('in' = + instr.)
sureñgti, sureñgia, sùrengė	organize, set up
sãl/ė, -ės (2)	hall, 'stadium'
tìlpti, teĩpa, tiĩpo	take up places (here: 'contain')
pirmenýb/ės, -ių (1)	team championship (synonym: **varžýb/os, -ų** (1))

tàpti, tampa, tãpo	become (+ nom. of adj., instr. of noun)
laimėjim/as, -o (1)	win
sužãdinti, sužãdina, sužãdino	excite, arouse, evoke
jaunìm/as, -o (2)	young people
mokslei̇̃v/is, -io (2)	student (fem. **mokslei̇̃v/ė, -ės** (2))
spar̃čiai	quickly (from **spart/ùs, -ì** (4))
pamain/à, -õs (3^b)	shift
vỹkti, vỹksta, vỹko	take place
talp/ùs, -ì (4)	capacious
hãl/ė, -ės (2)	hall (also: 'covered market')
spaud/à, -õs (4)	press
skìntis, skìnasi, skýnėsi	make, clear (also non-refl.; here the refl. emphasizes the team's clearing the way for itself – note that these refl. particles are often latent datives, allowing the v. to have an acc. object)
išjùdinti, išjùdina, išjùdino	move, arouse
iškovóti, iškovója, iškovójo	win (presupposing a struggle)
brònz/a, -os (1)	bronze
rinktìn/ė, -ės (2)	team (representative team)
žvaigžd/ė, -ė̃s (4)	star
išriñkti, ìšrenka, išriñko	choose, select (+ instr. for the person chosen to be something)
žaidėj/as, -o (1)	player (fem. **žaidėj/a, -os** (1))

Reference section

What follows is an outline of Lithuanian grammar, which should be helpful when used in conjunction with the lessons. On the whole, the complete tables will be found here, while the lessons may contain only partial tables and extra information.

Grammatical terms used in this book

accent   a particular type of emphasis which is given to one vowel or syllable of a word; occasionally such emphasis may occur twice. It may simply make one vowel stand out among the others, and is then referred to as 'stress', or 'dynamic stress'. Alternatively, it may be in the form of the relative length or shortness of the emphasized vowel or syllable, or in the contour of the emphasis, in that the pitch of the voice may rise or fall over the duration of the vowel or syllable. Lithuanian has no single rule as to where the emphasis lies: it is characterised by a combination of stress, length-shortness, and rising/falling contour (a detailed presentation of Lithuanian accent patterns is beyond the scope of this book). In this book we retain the traditional presentation in the spelling (though it should be noted that the accent is only actually given in books on language and linguistics), but take the practical and acceptable approach of setting aside the rising/falling contour, which is distinguished, if not observed, only in long vowels or syllables. Thus, stressed vowels may be long or short. See the introduction and this section below for more information.

	The difficulty, for learners of Lithuanian, really only concerns declension.
accusative	case of the direct object (see below): **mẽs gir̃dime automobìlį** 'we hear a car'.
adjective	modifies a noun, answers the question 'what is X like?': **storà knygà** 'a *thick* book'; **įdomì pãsaka** 'an *interesting* story'.
adverb	modifies action, answers the question 'how': 'he reads *slowly*'; 'John does this *well*'. Also gives information about time, place, etc., e.g. **šiañdien** 'today', **tolì** 'far off'.
article	'*the* book' (definite); '*a* library' (indefinite). Lithuanian has no articles, though it goes without saying that it must convey definiteness and indefiniteness, just like English. To some extent Lithuanian does this through word order, what is definite, and hence more familiar, coming first.
aspiration	the puff of air which accompanies the pronunciation of sounds to varying extents, e.g. in standard English *p* at the beginning of a word is accompanied by quite noticeable aspiration; people from northern England have much less aspiration in their *p, t, k*, something which is close to the situation in Lithuanian, though at the end of words Lithuanians do aspirate them.
cardinal	numeral indicating how many (*one, two* ...).
case	form of a word (noun, adjective, pronoun) showing the function of that word in a sentence; expressed by an ending.
conjugation	set of verb endings indicating who or what is carrying out the action, and when: 'Lina reads', **Linà skaĩto**.
dative	case of the indirect object (see below).
declension	set of case endings (see 'case' above).
definite	see 'article' above.
direct object	thing/person at which a verbal action is directed: 'she bought the book', 'we saw John'.
ending	element(s) added to the stem of a word: *book+s*. It may be difficult in Lithuanian to separate the ending proper from the stem or base.
gender	'natural' gender: distinction of sex (male/female);

	'grammatical' gender: distinction of declensional types according to the ending in the nominative singular. Lithuanian has masculine and feminine.
genitive	case of possession, often equivalent to English 'of': 'the capital of England', 'England's capital'.
gerund	indeclinable forms of the verb which convey a 'when, if, because ...' clause in English. If the subject is expressed, it must be different from the subject of the main clause, and is placed in the dative case – the so-called 'dative absolute' construction. Thus: **Atvažiãvus į̃ Vılnių, reĩkia nusipiȓkti miẽsto plãną** 'Once arrived in Vilnius, it is necessary to buy a city plan' **Jõnui skaĩtant, Aldonà atsisėdo** 'While Jonas was reading, Aldona sat down'. Lithuanian has a special adverbial participle, used where the subjects are identical, e.g., **Važiúodamas į̇ Vılnių, aš džiaugiúosi** 'As I go to Vilnius, I rejoice'.
imperative	the verb form used to convey commands: **'Parašýk čià tuõj!'** 'Write this down immediately!'
indefinite	see 'article' above.
indirect object	recipient of the direct object (see above): **mókytojas dãvė knỹgą studeñtui** 'the teacher gave a book to a student'.
instrumental	case expressing 'by means of'.
interjection	a word or phrase expressing emotion: 'Oh!'
lexicon	the set of words ('lexical items') that make up the vocabulary of a language; sometimes = 'vocabulary'.
locative	case of location, e.g. **miestè** 'in the city'; in Lithuanian this case is never used with a preposition.
mood	a verb form conveying the attitude of the speaker to what is being said, e.g. the *indicative* mood conveys plain statements, as in 'I am reading a book', and the *conditional* mood hints as an underlying condition or 'if': 'I would like to go to Kaunas'.
nominative	case of the subject (see below).
noun	object (*pencil*), person (*John; woman*), or concept (*freedom*).
ordinal	numeral indicating relative order ('how-manieth': *first, second ...*).

palatalization	the modification of the pronunciation of a consonant when it is almost simultaneously accompanied by a *y*-sound; thus the variations of the *ss, t, d,* and *n* in English *issue, tune, dew, new.* Consonants preceding front vowels (in Lithuanian **e, ę, ė, i, į, y,** and **i** between a preceding consonant and following back vowel, i.e. **a, ą, o, u, ų, ū**), and consonants preceding such consonants, are palatalized in Lithuanian, though the palatalization is slight.
paradigm	a set of declined or conjugated forms, e.g., the present paradigm of **eĩti** 'go', is **einù, einì, eĩna, eĩname, eĩnate, eĩna.** We often use the alternative term 'table'.
participle	an *-ing* form of a verb which means the same as 'who/which ...', e.g. 'He phoned the man selling a canoe' (= 'who was selling'). The past participle of Lithuanian is also used in the formation of periphrastic or compound tenses referring to past events, roughly equivalent to English 'I have done, you will have done, she had done', etc.
plural	when reference is to more than one item or person.
prefix	element added to the beginning of, for example, a verb to denote an action different from that of the unprefixed verb: 'Jack *pre*paid the bill'; 'I *under*estimated him', or a noun: *down*side. The prefix may be added to words which don't exist on their own, e.g. *main*tain.
preposition	grammatical word relating two things/people: 'a book *in* a library'; 'the letter *from* mother'. Use of a preposition in Lithuanian requires that the following word occurs with a particular case ending. Do note, however, that expressions of place where English has 'in, at' (without any movement) are expressed in Lithuanian by the use of the locative case without any preposition.
pronoun	personal 'I, you'; possessive 'my, your'; interrogative 'who? what?', demonstrative 'this, that', etc.
root	the core of a word, to which can be added prefixes, derivational suffixes, stem-marking suffixes, endings, e.g. **vyr-, mam-, sūn-.**

singular	when reference is to a single person or item, e.g. 'a pencil', or something collective or uncountable, e.g. 'foliage', 'honey'.
stem	the form of a word minus the ending, e.g. **vyra-** (known as the **a**-declension), **sūnu-** (known as the **u**-declension). In verbs, that portion between the root and the ending may be referred to as the 'theme', namely **-a-, -i-, -o-**, thus *the three conjugations.*
stress	greater emphasis on one vowel/syllable within a word: compare the two different places of stress in Eng. *cóntent* vs. *contént*. See *accent*.
subject	actor; thing/person carrying out the main action of a sentence: 'John read the article'.
suffix	a word-formational element: e.g. Eng. *-tion, -ment, -ness, -er* (the speaker); Lith. **-ininkas**.
tense	time as expressed by the verb (past, present, future, etc.).
verb	word expressing action: 'Louise writes letters'.
vocative	case of address: 'John!' Nouns in Lithuanian have a distinct vocative form in the singular: **Výtautai!**
voice	in pronunciation, a sound articulated with accompanying vibration in the throat (the vocal cords or folds), e.g. 'voiced' *z* as against 'voiceless' *s*; in the verb, the contrast between, for example, the 'active' voice in 'John sees Mary', and the 'passive' voice in 'John is seen by Mary'.
word-formation	the process of building words from a given word or base form: 'transform' → 'transformation'.

Accent types

Lithuanian vowels (and diphthongs) may be stressed or unstressed, may be differentiated for length or shortness, and if long and stressed are differentiated for rising or falling pitch. Short stressed vowels bear a grave accent, e.g. **šìtas**, long stressed vowels with rising pitch or tone (also known as 'Accent 2') bear a circumflex accent, e.g. **nãmas**, and long stressed vowels with a falling pitch or tone (also known as 'Accent 1') bear an acute accent, e.g. **výras**. In reality, rising pitch means there is more emphasis towards the end of the vowel or diphthong – the pronunciation is rather drawn-out, while falling pitch means there is more emphasis towards the beginning – and the pronunciation strikes one as more sudden, sharper. As already mentioned in the introduction, these three accent marks (known as diacritics) are not written in everyday Lithuanian, but are restricted to linguistic works. We use them in this course only in the introduction, Lithuanian-English and English-Lithuanian glossaries, this reference section, and in the word lists and other appropriate places in the lessons.

The distinction between length and shortness need not be as difficult as it may seem. The vowels written **ą, ę, ė, į, y, ų, ū** are always long, and the vowels written **i, u** are always short (though a diphthong of which they are a component may be long). The vowels **a, e, o** may be long or short – when unstressed **a** and **e** will be short, while **o** is short in loans from other languages, and long in native Lithuanian words.

Most of the parts of speech will present you with no problems as regards stress, etc. The verb, as you will learn, is very simple from this point of view, with the stress, in the present and past tenses, *either* fixed off the ending *or* fixed on the ending in the 'I' and 'thou' forms and off it in the other forms; in the other tenses it is the infinitive stress which prevails. It is the nominal forms, viz. nouns, adjectives, pronouns, and certain numerals which can seem to present an insurmountable obstacle. For the purposes of this course, however, what is important is for you to listen and repeat, with guidelines from us. You must never let the complexities get in the way; ignore them for a while, by all means, as it is better to say something however 'incorrectly' than to say nothing. Basically, there are the following accent classes for nominal forms: 1, 2, 3, $3^a/3^{4a}$, $3^b/3^{4b}$, 4; however, there is considerable variation in the language.

Overall, we note that Class 1 words have a fixed stress, the dative singular tends not to be stressed on the ending (except for the masculine of class '3' and '4' adjectives), and the accusative singular never is, with the exception of monosyllables, the words **kurìs** 'who, which' and **an/às** 'that (yonder)', and a few isolated forms where the accusative singular has a different origin, e.g. **manè** 'me'. There will be lots of examples in the tables in the following sections, in composing which Ambrazas 1985 and Dambriūnas, et al. 1966 have been used.

Declension tables

Nouns

There are five declension types (I–V), subgrouped into 1–3, 4–5, 6–8, 9–10, and 11–12. We give one example for each (plus extras where necessary), however great or small the number in each group. The tables are summary, and omit some variation. It is useful to note that in spoken Lithuanian the locative ending in a vowel + **j** + **e** very often loses the **e**, the stress if necessary shifting to the preceding syllable, e.g. **Lietuvojè** – **Lietuvõj**, and the final **-s** of the dative plural may be lost (this latter feature is not restricted to the noun).

Class I

1	2	3	3
výras (1)	**kẽlias** (4)	**arklỹs** (3)	**peĩlis** (2)
'man'	'way'	'horse'	'knife'

Singular

N.	**výras**	**kẽlias**	**arklỹs**	**peĩlis**
G.	**výro**	**kẽlio**	**árklio**	**peĩlio**
D.	**výrui**	**kẽliui**	**árkliui**	**peĩliui**
A.	**výrą**	**kẽlią**	**árklį**	**peĩlį**
I.	**výru**	**keliù**	**árkliu**	**peiliù**
L.	**výre**	**kelyjè**	**arklyjè**	**peĩlyje**
V.	**výre**	—	**arklỹ**	**peĩli**

Plural

N./V.	**výrai**	**keliaĩ**	**arkliaĩ**	**peĩliai**
G.	**výrų**	**kelių̃**	**arklių̃**	**peĩlių**
D.	**výrams**	**keliáms**	**arkliáms**	**peĩliams**
A.	**výrus**	**keliùs**	**árklius**	**peiliùs**
I.	**výrais**	**keliaĩs**	**arkliaĩs**	**peĩliais**
L.	**výruose**	**keliuosè**	**arkliuosè**	**peĩliuose**

Class II / *Class III*

4	5	6	7
sūnùs (3)	**korìdorius** (1)	**rankà** (2)	**žinià** (4)
'son'	'corridor'	'hand, arm'	'item of news'

Singular

N.	sūnùs	korìdorius	rankà	žinià
G.	sūnaũs	korìdoriaus	rañkos	žiniõs
D.	sū́nui	korìdoriui	rañkai	žìniai
A.	sū́nų	korìdorių	rañką	žìnią
I.	sūnumì	korìdoriumi	rankà	žinià
L.	sūnujè	korìdoriuje	rañkoje	žiniojè
V.	sūnaũ	korìdoriau	rañka	žìnia

Plural

N./V.	sū́nūs	korìdoriai	rañkos	žìnios
G.	sūnų̃	korìdorių	rañkų	žinių̃
D.	sūnùms	korìdoriams	rañkoms	žinióms
A.	sū́nus	korìdorius	rankàs	žiniàs
I.	sūnumìs	korìdoriais	rañkomis	žiniomìs
L.	sūnuosè	korìdoriuose	rañkose	žiniosè

	Class III		**Class IV**	
	7	8	9	10
	martì (4)	aikštė̃ (3)	šird̃ìs (3; fem.)	žvėrìs (3; masc.)
	'daughter-in-law'	'square'	'heart'	'(wild) animal'

Singular

N.	martì	aikštė̃	šird̃ìs	žvėrìs
G.	marčiõs	aikštė̃s	širdiẽs	žvėriẽs
D.	mar̃čiai	áikštei	šìrdžiai	žvė́riui
A.	mar̃čią	áikštę	šìrdį	žvė́rį
I.	marčià	áikšte	širdimì	žvėrimì
L.	marčiojè	aikštėjè	širdyjè	žvėryjè
V.	martì	áikšte	širdiẽ	žvėriẽ

Plural

N./V.	mar̃čios	áikštės	šìrdys	žvė́rys
G.	marčių̃	aikščių̃	širdžių̃	žvėrių̃
D.	marčióms	aikštėms	šìrdìms	žvėrìms
A.	marčiàs	áikštes	šìrdis	žvė́ris
I.	marčiomìs	aikštėmìs	širdimìs	žvėrimìs
L.	marčiosè	aikštėsè	širdysè	žvėrysè

Class V

11 **akmuõ** (4; masc.) 'stone'	11 **šuõ** (4; masc.) 'dog'	12 **sesuõ** (3; fem.) 'sister'	12 **duktẽ** (3; fem.) 'daughter'

Singular

N.	akmuõ	šuõ	sesuõ	duktẽ
G.	akmeñs	šuñs	seseřs	dukteřs
D.	ãkmeniui	šùniui	sẽseriai	dùkteriai
A.	ãkmenį	šùnį	sẽserį	dùkterį
I.	ãkmeniu	šuniù	sẽseria, seserimì	dùkteria, dukterimì
L.	akmenyjè	šunyjè	seseryjè	dukteryjè
V.	akmeniẽ	šuniẽ	seseriẽ	dukteriẽ

Plural

N./V.	ãkmenys	šùnys	sẽserys	dùkterys
G.	akmenų̃	šunų̃	seserų̃	dukterų̃
D.	akmenìms	šunìms	seserìms	dukterìms
A.	ãkmenis	šunìs	sẽseris	dùkteris
I.	akmenimìs	šunimìs	seserimìs	dukterimìs
L.	akmenysè	šunysè	seserysè	dukterysè

An oddity here is **ménuo** (1) 'moon, month', which inserts the syllable **-es-** but has the first declension endings of a noun like **peĩlis**.

Adjectives

Declension types I–III are found here, subgrouped according to the ending of the nominative singular. Not all adjectives have the long, or pronominal, forms, and we just give one example here, for illustration. The vocative is always identical with the nominative. There is also a genderless form, corresponding on its own to 'it is x' (without the expression of the verb **būti**) and with the appropriate tense of that verb to 'it was', etc. This form is identical to the nominative singular masculine without the final **-s**, e.g. **šálta** 'it's cold'.

I/III
laimìngas (1) 'happy'

	Singular Masc.	Fem.	Plural Masc.	Fem.
N./V.	laimìngas	laimìnga	laimìngi	laimìngos
G.	laimìngo	laimìngos	laimìngų	laimìngų
D.	laimìngam	laimìngai	laimìngiems	laimìngoms
A.	laimìngą	laimìngą	laimìngus	laimìngas
I.	laimìngu	laimìnga	laimìngais	laimìngomis
L.	laimìngame	laimìngoje	laimìnguose	laimìngose

I/III
geriáusias (1) 'best'

	Singular Masc.	Fem.	Plural Masc.	Fem.
N./V.	geriáusias	geriáusia	geriáusi	geriáusios
G.	geriáusio	geriáusios	geriáusių	geriáusių
D.	geriáusiam	geriáusiai	geriáusiems	geriáusioms
A.	geriáusią	geriáusią	geriáusius	geriáusias
I.	geriáusiu	geriáusia	geriáusiais	geriáusiomis
L.	geriáusiame	geriáusioje	geriáusiuose	geriáusiose

I/III
medìnis (2) 'wooden'

	Singular Masc.	Fem.	Plural Masc.	Fem.
N./V.	medìnis	medìnė	medìniai	medìnės
G.	medìnio	medìnės	medìnių	medìnių
D.	medìniam	medìnei	medìniams	medìnėms
A.	medìnį	medìnę	mediniùs	medinės
I.	mediniù	medinė	medìniais	medìnėmis
L.	medìniame	medìnėje	medìniuose	medìnėse

II/III
gražùs (4) 'beautiful, handsome'

	Singular Masc.	Fem.	Plural Masc.	Fem.
N./V.	gražùs	gražì	grãžūs	grãžios
G.	gražaũs	gražiõs	gražiũ	gražiũ
D.	gražiám	grãžiai	gražíems	gražióms

A.	grãžų	grãžią	gražiùs	gražiàs
I.	gražiù	gražià	gražiaĩs	gražiomìs
L.	gražiamè	gražiojè	gražiuosè	gražiosè

I/III
baltàsis (3) (long/pronominal form) 'white'

	Singular		*Plural*	
	Masc.	*Fem.*	*Masc.*	*Fem.*
N./V.	baltàsis	baltóji	baltíeji	báltosios
G.	báltojo	baltõsios	baltū́jų	baltū́jų
D.	baltájam	báltajai	baltíesiems	baltósioms
A.	báltąjį	báltąją	baltúosius	baltą́sias
I.	baltúoju	baltája	baltaĩsiais	baltõsiomis
L.	baltãjame	baltõjoje	baltuõsiuose	baltõsiose

II/III
gražùsis (4) (long/pronominal form) 'beautiful, handsome'

	Singular		*Plural*	
	Masc.	*Fem.*	*Masc.*	*Fem.*
N./V.	gražùsis	gražióji	grãžieji	grãžiosios
G.	grãžiojo	gražiõsios	gražiū́jų	gražiū́jų
D.	gražiájam	grãžiajai	gražíesiems	gražiósioms
A.	grãžųjį	grãžiąją	gražiúosius	gražią́sias
I.	gražiùoju	gražiája	gražiaĩsiais	gražiõsiomis
L.	gražiãjame	gražiõjoje	gražiuõsiuose	gražiõsiose

Remember that the comparative and superlative forms are created by adding **-èsnis/-èsnė** and **-iáusias/-iáusia** respectively to the stem of the positive form. See the verbs section for full tables of the participles.

Pronouns

Personal pronouns

	'I'	'you' (sing.; fam.)	'we'	'you' (pl; form.)	'self'
N.	aš	tù	mẽs	jū̃s	—
G.	manę̃s	tavę̃s	mū́sų	jū́sų	savę̃s
D.	mán	táu	mùms	jùms	sáu
A.	manè	tavè	mùs	jùs	savè

I.	manimì	tavimì	mumìs	jumìs	savimì
L.	manyjè	tavyjè	mumysè	jumysè	savyjè

The genitives of **mẽs** and **jũs** are also used as possessive adjectives and pronouns, viz. 'our, ours, your, yours'. The final -**ì** of the instrumental of **aš, tù**, and **sav-** may be lost in spoken Lithuanian, giving, e.g. **maniñ**. As we shall see below, this also applies to the personal pronouns of the third person. For **aš, tù**, and **savę̃s**, we have the special genitive forms **màno, tàvo**, and **sàvo**. None of these possessives is declinable. Remember that **savę̃s** is used for any person, when it refers back to the subject of the clause.

	'he, it'	'she, it'	'they' (masc.)	'they' (fem.)
N.	jìs	jì	jiẽ	jõs
G.	jõ	jõs	jų̃	jų̃
D.	jám	jái	jíems	jóms
A.	jį̃	ją̃	juõs	jàs
I.	juõ	jà	jaĩs	jomìs
L.	jamè	jojè	juosè	josè

Try not to confuse the plural forms with the forms of **jũs**. Declined like **jìs** are the demonstrative **šìs** 'this', and the relative **kurìs** 'who, which'.

Demonstrative pronouns

			tàs 'that'	
	Singular		*Plural*	
	Masc.	*Fem.*	*Masc.*	*Fem.*
N.	tàs	tà	tiẽ	tõs
G.	tõ	tõs	tų̃	tų̃
D.	tám	tái	tíems	tóms
A.	tą̃	tą̃	tuõs	tàs
I.	tuõ	tà	taĩs	tomìs
L.	tamè	tojè	tuosè	tosè

Identical are **šìtas** 'this' (the stress may be retained on the first syllable), **anàs** 'that' (yonder) (final stress), **katràs** 'which' (of two) (final stress), and **kàs** 'who, what' (singular forms masc. only, though reference may be plural; alternative genitive **kienõ** 'whose' (interr. and rel.)).

Indefinite and 'other' pronouns

Declined like **víenas** 'one' (see the numbers section below) are **kìtas** '(an)other', **vìsas** 'all', and **tìkras** '(a) certain'.

tóks 'such (a); "like that one"'

	Singular		Plural	
	Masc.	Fem.	Masc.	Fem.
N.	tóks	tokià	tokiẽ	tókios
G.	tókio	tokiõs	tokių̃	tokių̃
D.	tokiám	tókiai	tokíems	tokióms
A.	tókį	tókią	tókius	tókias
I.	tókiu	tókia	tokiaĩs	tokiomìs
L.	tokiamè	tokiojè	tokiuosè	tokiosè

Declined like **tóks** are **šióks, šìtoks** 'such (a); "like this one"', **anóks** 'such (a); "like that one (yonder)"', **kóks** 'what (sort of), which', **jóks** 'no, none, not a', **visóks** 'every sort of', **kitóks** 'another sort of', and **vienóks** 'similar; "of the same sort"'. The stress is fixed in those with two syllables in the nominative singular masculine.

pàts 'self'

	Singular	Plural
N.	pàts	pãtys
G.	patiẽs	pačių̃
D.	pačiám	patíems
A.	pãtį	pačiùs
I.	pačiù	pačiaĩs
L.	pačiamè	pačiuosè

Note **tàs pàts** 'the same' and the indeclinable particle **pàt** 'very even', e.g. **čia pat** 'right here', **tas pat** 'the very'.

Numerals

Cardinal (a)	Cardinal (b)	Ordinal	Numeral
víenas, vienà	vienerì, víenerios	pìrmas, pirmà	1
dù, dvì	dvejì, dvẽjos	añtras, antrà	2
trỹs	trejì, trẽjos	trẽčias, trečià	3
keturì, kẽturios	ketverì, kẽtverios	ketvir̃tas, ketvirtà	4
penkì, peñkios	penkerì, peñkerios	peñktas, penktà	5
šešì, šẽšios	šešerì, šẽšerios	šẽštas, šeštà	6
septynì, septýnios	septynerì, septýnerios	septiñtas, septintà	7
aštuonì, aštúonios	aštuonerì, aštúonerios	aštuñtas, aštuntà	8

devynì, devýnios	devynerì, devýnerios	deviñtas, devintà	9
dẽšimt	—	dešiñtas, dešimtà	10
vienúolika	—	vienúoliktas, vienúolikta	11
dvýlika	—	...	12
trýlika	—	...	13
keturiólika	—	...	14
penkiólika	—	...	15
šešiólika	—	...	16
septyniólika	—	...	17
aštuoniólika	—	...	18
devyniólika	—	...	19
dvìdešimt	—	dvidešiñtas, dvidešimtà	20
trìsdešimt	—	...	30
kẽturiasdešimt	—	...	40
peñkiasdešimt	—	...	50
šẽšiasdešimt	—	...	60
septýniasdešimt	—	...	70
aštúoniasdešimt	—	...	80
devýniasdešimt	—	...	90
šiñtas	—	usually definite šimtàsis, šimtóji	100
dù šimtaĩ	—	(from here on not normally used)	200
trỹs šimtaĩ	—		300
keturì šimtaĩ	—		400
penkì šimtaĩ	—		500
šešì šimtaĩ	—		600
septynì šimtaĩ	—		700
aštuonì šimtaĩ	—		800
devynì šimtaĩ	—		900
tū́kstantis	—	tū́kstantàsis, tū́kstantóji	1000
dù tū́kstančiai	—		2000
trỹs tū́kstančiai	—		3000
keturì tū́kstančiai	—		4000
...			
milijõnas	—		1000000

Cardinals

For the cardinal (a) forms, **víenas – devynì** agree in case and gender (and redundantly, number) with the noun or noun phrase they qualify. The other cardinals are followed by the genitive plural. The 'tens' are indeclinable (there *are* declinable forms, but we do not use them in this course). In compound numbers the components are simply placed one after the other, without any conjunctions, and all the numbers which can decline do decline, with the final component determining the form of the noun or noun phrase counted, thus '21' is followed by a singular, '25' by a plural, etc. The cardinal (b) forms are used with nouns which occur only in the plural, even though they refer to single items, e.g. **mẽtai** 'year', and when referring to pairs, e.g. **penkerì bãtai** 'two pairs of shoes'.

Ordinals

The ordinals behave morphologically just like adjectives, agreeing in case, number, and gender; in compound ordinals only the final component has the ordinal form, just like in English. They are very often found in their definite form, e.g. **trečiàsis výras** 'the third man', **devintóji pamokà** 'Lesson 9'.

The ordinals have a special form, obtained by removing the final -s of the nominative singular masculine, without any effect on accentuation. It means 'first/in the first place,...'. Thus: **pìrma, añtra, trẽčia ...**

Collectives

Collectives (for groups of people/animals, and for approximation; followed by the genitive plural; fixed stress) are:

    dvẽjetas, trẽjetas, kẽtvertas, peñketas, šẽšetas, septýnetas, aštúonetas, devýnetas

Fractions

These are formed by preceding the appropriate form of the feminine *definite* adjective by the number of parts. The feminine gender is chosen because of the feminine word for part, **dalìs, -iẽs**. Thus: **vienà penktóji** 'one fifth', **šẽšios penkióliktosios** 'six fifteenths', **dẽšimt tūkstantūjų** 'ten thousandths'. Needless to say, such forms are rare in everyday conversation. However, there are special words for those which are more widespread. Thus:

    pùsė, -ės 'half', **ketvir̃tis, -čio** 'quarter' (both declined as nouns as indicated)

trěčdalis, -io, ketvirtãdalis, penktãdalis, šeštãdalis, ... 'third, ...'
(note how these fractions decline like the masculine noun **brólis**, not
like the feminine noun **dalìs**)

pusañtro 'one and a half', **pustrẽčio** 'two and a half', **pusketvìřto**
'three and a half', and so on (these forms are indeclinable, changing
only for gender and number, namely fem. **pusantrõs**, pl. **pusantrų̃**.
Thus: **pusšẽšto lìto** '5.50 litas', **pustrečiõs dienõs** 'two-and-a-half
days', **pusantrų̃ mė́tų** 'eighteen months'.

Overall, the fractions are followed by the genitive singular of the noun
or noun phrase counted.

	víenas		**dù, dvì**	**trỹs**
	Masc.	*Fem.*	*Masc./Fem.*	*Masc./Fem.*
N./V.	víenas	vienà	dù/dvì	trỹs
G.	víeno	vienõs	dviejų̃	trijų̃
D.	vienám	víenai	dvíem	trìms
A.	víeną	víeną	dù/dvì	trìs
I.	víenu	víena	dvíem	trimìs
L.	vienamè	vienojè	dviejuosè/dviejosè	trijuosè/trijosè

	keturì/kẽturios		**septynì/septýnios**	
	Masc.	*Fem.*	*Masc.*	*Fem.*
N./V.	keturì	kẽturios	septynì	septýnios
G.		keturių̃		septynių̃
D.	keturíems	keturióms	septyníems	septynióms
A.	kẽturis	kẽturias	septýnis	septýnias
I.	keturiaĩs	keturiomìs	septyniaĩs	septyniomìs
L.	keturiuosè	keturiosè	septyniuosè	septyniosè

The only problems with '4–9' concern accentuation. '5–6' have ending
stress except for the nominative singular feminine; '8–9' are accented
like **septynì/septýnias**. In summary, '2' is special, '1, 7, 8, 9' = (3), '4' =
(3b), and '3, 5, 6' = (4).

The tens may be regarded as indeclinable. The teens (accent type 1)
decline like feminine nouns in **-a**, with the exception that the accusative
is identical to the nominative. **Šim̃tas** (accent type 4: short stressed end-
ing in the instrumental and locative singular and accusative and locative
plural, long acute ending in the dative plural, and long circumflex end-
ing elsewhere in the plural) declines like a masculine noun in **-as**, as
does **milijõnas** (accent type 2, i.e. short stressed ending in instrumental

singular and accusative plural: **milijonų, milijonùs**), and **tū́kstantis, -(č)io** (accent type 1) declines like the masculine noun **brólis**.

The accent types of the numerals used with plural-only nouns are **dvejì, trejì** (4), **abejì, ketverì, penkerì, šešerì** (3ᵇ), and **vienerì, septynerì, aštuonerì, devynerì** (3ᵃ). Examples:

	trejì/trė̃jos		penkì/peñkios	
	Masc.	*Fem.*	*Masc.*	*Fem.*
N./V.	trejì	trė̃jos	penkerì	peñkerios
G.	trejų̃		penkerių̃	
D.	trejíems	trejóms	penkeríems	penkerióms
A.	trej-ùs, -ìs	trejàs	peñker-ius, -is	peñkerias
I.	trejaĩs	trejomìs	penkeriaĩs	penkeriomìs
L.	trejuosè	trejosè	penkeriuosè	penkeriosè

	aštuonerì/aštúonerios	
	Masc.	*Fem.*
N./V.	aštuonerì	aštúonerios
G.	aštuonerių̃	
D.	aštuoneríems	aštuonerióms
A.	aštúoner-ius, -is	aštúonerias
I.	aštuoneriaĩs	aštuoneriomìs
L.	aštuoneriuosè	aštuoneriosè

Verbs

The forms of most Lithuanian verbs can be derived in a straightforward fashion once one knows the infinitive, the third person present, and the third person past. There is a simple rule which enables one to dispense with giving the first-person forms, namely that if the accent in the third-person or stem form is rising or short (the tilde or grave accent), then the stress will be mobile. In other words:

> if the penultimate syllable of the present or past stem bears the falling intonation (an acute accent, or a grave in an **i/u** + **l/r/m/n** diphthong), or if any accent falls on any preceding syllable, then the stress position is fixed; consequently, if the penultimate syllable of the present or past stem bears a rising intonation (a tilde) or is short (bears a grave accent), then the stress is mobile. Exception: certain suffixed verbs in **-yti**, e.g. **kirmýti, kirmìja, kirmìjo**, with fixed stress.

If there is space within the printing constraints of the lists, we always give the full forms of the infinitive, third-person present, and third-person past; if the verb is irregular, space is created as necessary. Thus:

> **dìrbti, dìrba, dìrbo** **rašýti, rãšo, rãšė**
> **dainúoti, dainúoja, dainãvo** **laiméti, laĩmi, laimė́jo**
> **grį̃ž/ti, grį̃žta, grį̃žo**

In the past tense entry it is clear that if the third-person ending is **-ė**, then the first-person singular ending will be **-iau** (with **-i-**). The future does not need to be given specially; one simply remembers that the formant is **-s(i)-**, and that if the consonant **z** or **s** precedes it, the two coalesce as **s**, and that if the consonant **š** or **ž** precedes it, they coalesce as **š**, thus:

> **ràsti** → **ràs-** + **-s(i)-** → **ràsiu**, etc.
> **vèžti** → **vèž-** + **-s(i)-** → **vèšiu**, etc.

For the imperative, if the infinitive ending is preceded by **-g-** or **-k-**, then they coalesce with the imperative formant **-k(i)-** as **k**, e.g.:

> **baĩgti** → **baĩg-** + **-k(i)-** → **baĩk!**, etc.

Remember that the reflexive particle is appended to the verb except when the verb is negated or has a prefix, in which case it is inserted between the negative particle or prefix and the root. Prefixed and negative reflexive verbs may have a different stress pattern from the simple verb.

There are three conjugations, based on the themes **-a-**, **-i-**, and **-o-**; the basic endings are as follows (for each person the present is given in the first row and the past, if different, in the second):

	Simple		*Reflexive*	
	Singular	*Plural*	*Singular*	*Plural*
1 p.	-(i)u	-me	-(i)uosi/-(i)uosi/-ausi	-mės
	-(i)au		-(i)ausi	
2 p.	-i	-te	-iesi/-iesi/-aisi	-tės
	-ai (if -iau, then -ei)		-aisi (if -iausi, then -eisi)	–
3 p.	-(i)a/-i/-o	-a/-i/-o	-(i)asi/-isi/-osi	-asi/-isi/-osi
	-o/-[...]o/-ė	-o/-[...]o/-ė	-osi/-[...]osi/-ėsi	-osi/-[...]osi/-ėsi

Note that the first and second person plural endings are appended to the third person endings (there are slight changes in the future and conditional), with the reflexive particle displaced to the end. The final **-e** of the first and second person plural endings may be lost in spoken Lithuanian.

There follow a few examples of the conjugation of first, second, and third conjugation verbs.

Conjugation I (-a-): dìrbti, -a, -o 'work'

	Pres.	*Past*	*Fut.*	*Imperf.*	*Cond.*	*Imp.*
1 p.	dìrbu	dìrbau	dìrbsiu	dìrbdavau	dìrbčiau	—
2 p.	dìrbi	dìrbai	dìrbsi	dìrbdavai	dìrbtum	dìrbk!
3 p.	dìrba	dìrbo	dìr̃bs	dìrbdavo	dìrbtų	—
1 p.	dìrbame	dìrbome	dìrbsime	dìrbdavome	dìrbtume	dìrbkime!
					dìrbtumėme	
2 p.	dìrbate	dìrbote	dìrbsite	dìrbdavote	dìrbtute	dìrbkite!
					dìrbtumėte	
3 p.	dìrba	dìrbo	dìr̃bs	dìrbdavo	dìrbtų	—

Conjugation I (-a-): susitì/kti, -nkù, -ñka, -kaũ, -ko 'meet (each other)'

	Pres.	*Past*	*Fut.*	*Imperf.*	*Cond.*	*Imp.*
1 p.	susitinkù	susitikaũ	susitìksiu	susitìkdavau	susitìkčiau	—
2 p.	susitinkì	susitikaĩ	susitìksi	susitìkdavai	susitìktum	susitìk!
3 p.	susitiñka	susitìko	susitìks	susitìkdavo	susitìktų	—
1 p.	susitiñkame	susitìkome	susitìksime	susitìkdavome	susitìktume	susitìkime!
					susitìktumėme	
2 p.	susitiñkate	susitìkote	susitìksite	susitìkdavote	susitìktute	susitìkite!
					susitìktumėte	
3 p.	susitiñka	susitìko	susitìks	susitìkdavo	susitìktų	—

Conjugation I (-ia-): baĩg/ti, -iù, -ia, -ė 'finish'

	Pres.	*Past*	*Fut.*	*Imperf.*	*Cond.*	*Imp.*
1 p.	baigiù	baigiaũ	baĩgsiu	baĩgdavau	baĩgčiau	—
2 p.	baigì	baigeĩ	baĩgsi	baĩgdavai	baĩgtum	baĩk!
3 p.	baĩgia	baĩgė	baĩgs	baĩgdavo	baĩgtų	—
1 p.	baĩgiame	baĩgėme	baĩgsime	baĩgdavome	baĩgtume	baĩkime!
					baĩgtumėme	
2 p.	baĩgiate	baĩgėte	baĩgsite	baĩgdavote	baĩgtute	baĩkite!
					baĩgtumėte	
3 p.	baĩgia	baĩgė	baĩgs	baĩgdavo	baĩgtų	—

Conjugation II (-i-): gal/ėti, -iù, -i, -ėjo 'be able, can'

	Pres.	Past	Fut.	Imperf.	Cond.	Imp.
1 p.	galiù	galėjau	galėsiu	galėdavau	galėčiau	—
2 p.	galì	galėjai	galėsi	galėdavai	galėtum	galėk!
3 p.	gãli	galėjo	galės	galėdavo	galėtų	—
1 p.	gãlime	galėjome	galėsime	galėdavome	galėtume	galėkime!
					galėtumėme	
2 p.	gãlite	galėjote	galėsite	galėdavote	galėtute	galėkite!
					galėtumėte	
3 p.	gãli	galėjo	galės	galėdavo	galėtų	—

Conjugation III (-o-): mat/ýti, -aũ, -o, mačiaũ, -ė 'see'

	Pres.	Past	Fut.	Imperf.	Cond.	Imp.
1 p.	mataũ	mačiaũ	matýsiu	matýdavau	matýčiau	—
2 p.	mataĩ	mateĩ	matýsi	matýdavai	matýtum	matýk!
3 p.	mãto	mãtė	matỹs	matýdavo	matýtų	—
1 p.	mãtome	mãtėme	matýsime	matýdavome	matýtume	matýkime!
					matýtumėme	
2 p.	mãtote	mãtėte	matýsite	matýdavote	matýtute	matýkite!
					matýtumėte	
3 p.	mãto	mãtė	matỹs	matýdavo	matýtų	—

Conjugation III (-o-): mók/ytis, -osi, -ėsi 'study, learn'

	Pres.	Past	Fut.	Imperf.	Cond.	Imp.
1 p.	mókausi	mókiausi	mókysiuosi	mókydavausi	mókyčiausi	—
2 p.	mókaisi	mókeisi	mókysiesi	mókydavaisi	mókytumeisi	mókykis!
3 p.	mókosi	mókėsi	mókysis	mókydavosi	mókytųsi	—
1 p.	mókomės	mókėmės	mókysimės	mókydavomės	mókytumės	mókykimės!
					mókytumėmės	
2 p.	mókotės	mókėtės	mókysitės	mókydavotės	mókytutės	mókykitės!
					mókytumėtės	
3 p.	mókosi	mókėsi	mókysis	mókydavosi	mókytųsi	—

Conjugation III (-o-): mók/ytis, -osi, -ėsi 'study, learn' (negative)

	Pres.	Past	Fut.	Imperf.	Cond.
1 p.	nesimókau	nesimókiau	nesimókysiu	nesimókydavau	nesimókyčiau
2 p.	nesimókai	nesimókei	nesimókysi	nesimókydavai	nesimókytum
3 p.	nesimóko	nesimókė	nesimókys	nesimókydavo	nesimókytų

1 p.	nesimókome	nesimókėme	nesimókysime	nesimókydavome	nesimókytume
2 p.	nesimókote	nesimókėte	nesimókysite	nesimókydavote	nesimókytumėme nesimókytute
3 p.	nesimóko	nesimókė	nesimókys	nesimókydavo	nesimókytumėte nesimókytų

Imp.: **nesimókyk!, nesimókykime!, nesimókykite!**

Irregular: būti, esù.., buvaū '*be*'

	Pres.	Past	Fut.	Imperf.	Cond.	Imp.
1 p.	esù	buvaū	būsiu	būdavau	būčiau	—
2 p.	esì	buvaī	būsi	būdavai	būtum	būk!
3 p.	yrà	bùvo	bùs	būdavo	būtų	—
1 p.	ēsame	bùvome	būsime	būdavome	būtume būtumėme	būkime!
2 p.	ēsate	bùvote	būsite	būdavote	būtute būtumėte	būkite!
3 p.	yrà	bùvo	bùs	būdavo	būtų	—

Lithuanian is rich in participial forms, corresponding to English 'writing, who is writing, who was writing, who will be writing, having written, who has written, while she is/was writing', and so on. The participles proper are used when 'who/which does/did', etc. is understood. They retain their verbal functions in the sense of governing objects, but decline in ways reminiscent of adjectives rather than conjugating like verbs. First, here is a concise table giving basic information, then some example paradigms.

Verb	Tense, etc.	3 p.	Participle	Notes
dìrbti	pres. act.	dìrba	dirbąs	Replace the 3 p. with **-(i)ąs, -įs, -ąs**
baīgti	pres. act.	baīgia	baigiąs	(more commonly: **-(i)antis, -intis, -antis**)
turéti	pres. act.	tùri	turįs	
rašýti	pres. act.	rāšo	rašąs	
dìrbti	fut. act.	diřbs	diřbsiąs	Add **-ias**, etc. to the 3 p. (more commonly: **-iantis**)
baīgti	imperf. act.	baīgdavo	baīgdavęs	Replace **-o** with **-ęs**, etc.

dìrbti	p. act.	dìrbo	dìrbęs	Replace -o with -ęs, etc., and -ė
turéti	p. act.	turėjo	turėjęs	with -ęs/-ius- (in which case, -t-
skaitýti	p. act.	skaĩtė	skaĩtęs	and -d- become -č-, -dž-, resp.
dìrbti	special adv.	—	dìrbdamas	Replace -ti with -damas, etc.
rašýti	pres. ger.	—	rãšant	Remove -i from the nom. sg. fem.
turéti	pres. ger.	—	tùrint	of the pres. pcple. act.
turéti	p. ger.	turėjo	turėjus	Replace final -o with -us.
skaitýti	p. ger.	skaĩtė	skaĩčius	Replace final -ė with -ius (note -č-, -dž- from -t-, -d- resp.).
dìrbti	pres. pass.	dìrba	dìrbamas	Add -mas, etc., to the 3 p.
turéti	pres. pass.	tùri	tùrimas	
baĩgti	p. pass.	—	baĩgtas	Replace -ti with -tas, etc.
rašýti	p. pass.	—	rašýtas	

The reflexive forms are restricted, and basically add **-is** after masculine nominative singular, **-s** after feminine nominative singular, and otherwise **-si** after a vowel and **-is** after a consonant.

Only those tables are given where the declension is different from that of normal adjectives. The special adverbial participle only occurs in the nominative, viz. **-as, -a, -i, -os**, and the two adverbial participles or gerunds, the first corresponding to simultaneous or overlapping actions and the second to anterior actions, are indeclinable.

dìrbąs 'working' – present participle active
(the future and imperfect are identical in declension)

| | Singular | | Plural | |
	Masc.	Fem.	Masc.	Fem.
N.	dirbąs	dìrbanti	dirbą	dìrbančios
	dìrbantis		dìrbantys	
G.	dìrbančio	dìrbančios	dìrbančių	dìrbančių
D.	dìrbančiam	dìrbančiai	dìrbantiems	dìrbančioms
A.	dìrbantį	dìrbančią	dìrbančius	dìrbančias
I.	dìrbančiu	dìrbančia	dìrbančiais	dìrbančiomis
L.	dìrbančiame	dìrbančioje	dìrbančiuose	dìrbančiose

turėjęs 'having' – past active participle

	Singular		Plural	
	Masc.	*Fem.*	*Masc.*	*Fem.*
N.	turėjęs	turėjusi	turėję	turėjusios
G.	turėjusio	turėjusios	turėjusių	turėjusių
D.	turėjusiam	turėjusiai	turėjusiems	turėjusioms
A.	turėjusį	turėjusią	turėjusius	turėjusias
I.	turėjusiu	turėjusia	turėjusiais	turėjusiomis
L.	turėjusiame	turėjusioje	turėjusiuose	turėjusiose

skaĩtęs 'reading' – past active participle
(given to illustrate the effect of **-i-** on **-t-, -d-**)

	Singular		Plural	
	Masc.	*Fem.*	*Masc.*	*Fem.*
N.	skaĩtęs	skaĩčiusi	skaĩtę	skaĩčiusios
G.	skaĩčiusio	skaĩčiusio	skaĩčiusių	skaĩčiusių
D.	skaĩčiusiam	skaĩčiusiai	skaĩčiusiems	skaĩčiusioms
A.	skaĩčiusį	skaĩčiusią	skaĩčiusius	skaĩčiusias
I.	skaĩčiusiu	skaĩčiusia	skaĩčiusiais	skaĩčiusiomis
L.	skaĩčiusiame	skaĩčiusioje	skaĩčiusiuose	skaĩčiusiose

The special adverbial participle (in Lithuanian known as the 'half-participle') and the two adverbial participles or gerunds are used typically to translate 'when someone is doing something'; the special participle is used when the subject of the main clause is identical with the subject of the participle, and the gerunds are used when the subjects are different (in which case the gerund's subject is in the dative) or there is no subject (this is the 'dative absolute' construction). The other active participles are typically an alternative to 'who/which' clauses. The passive participles are used with the verb **būti** to render the passive voice (the present passive participle may render 'action' while the past passive participle renders 'state'). A (rare) future passive may be formed by adding **-imas**, etc. to the 3 p. future. By adding **-nas**, etc. to the infinitive one obtains a form roughly meaning 'to be done', known as a participle of necessity. Thus: **Šitas dárbas yrà baĩgtinas** 'This work is to be finished'. This participle also has a genderless form, with a sense 'one is to/has to ...'.

Adverbs

Kaĩp? *'how?'*

Adverbs are formed from adjectives by replacing -as with -ai, and -us with -iai, with -t- and -d- respectively becoming -č- and -dž- in the latter case. The same applies to the superlative; as for the comparative, it is formed by suffixing -iau to the simple form. Thus: **gēras** → **geraĩ**, **platùs** → **plačiaĩ**, **gražùs** → **gražiaĩ**, **geraĩ** → **geriaũ**, **geriaũ** → **geriáusiai**. Associated with these are a whole host of Lithuanian adverbs with, or without, specialized meanings. For example: **labaĩ** 'very', **vìsiškai ne-** 'not at all' ("quite" without the negative), **būtinaĩ** 'absolutely, without fail, by all means', **mielaĩ** 'with pleasure', **atsargiaĩ** 'carefully', **tikriáusiai** 'most probably', **Laimìngai!** 'Good luck!', **lietùviškai** 'in Lithuanian' (you can extend this to all languages), **daũg** and **kuř kàs** + comparative 'much ...-er' (**negù** is the word for 'than').

There follow a few rather common expressions which, although not adverbs, might be included here: **taĩp** 'yes', **nè** 'no', **āčiū** 'thank you', **prāšom** 'please' (+ infinitive); 'here you are', **atsiprašaũ** 'excuse me', **gál** 'perhaps (also a mild interrogative particle)', **malonù** 'it's a pleasure ...' (+ infinitive), **kaĩp** 'how, as', **nè taĩp** 'not so ...', **tìk** 'only', **taĩp sáu** 'so-so, OK, not too bad', **gaĩla** 'it's a pit, too bad, unfortunately', **nèrà už ką̃** 'don't mention it' (in response to 'thank you'), **víen (tìk)** 'only, alone, on its own', **niēko tókio** 'that's OK', **gālima** 'that's possible', **šiek tíek** 'a little', **tuomèt** 'then, in that case', **žìnoma** 'of course', **ganà** 'enough', **kartù** 'together', and **turbū́t** 'most probably'.

Kadà? *'when?'*

šiañdien	today	**vãkar**	yesterday
rýt/rytój	tomorrow	**porýt**	in two days
ùžvakar	two days ago	**rýtą**	in the morning
vakarè	in the evening	**diēną**	in the daytime/afternoon
nāktį	during the night		

Several of these are accusative cases, and in fact the accusative is by far the case most frequently used to convey time during which things are done and certain rough points of time, e.g. 'on' (day), in' (month), 'in' (season). To say *'this* morning', *'tomorrow* evening', *yesterday* afternoon', etc., simply precede the appropriate adverb with **šiañdien, rytój, vãkar**. For 'this' one also finds the appropriate form of **šìs** 'this' (**šį̃, šią̃, šìtame**). Use this pattern for the follow expressions:

'next': the appropriate form of **kìtas**, 'every' that of **kiekvíenas** (you may also precede the appropriate noun with the indeclinable **kàs**, e.g. **kas rýtą**, or **kas-** may be prefixed to a stump form, e.g. **kasvãkar, kasrýt, kasmèt, kasžiẽm, kasnãkt, kasdiẽn**).

'all, the whole': the appropriate form of **vìsas**.

'last': the appropriate form of **pràeitas**.

'Ago' is **priẽš** + acc., and 'so many times a week, etc.' is the appropriate number of times, using **kar̃tas** time', in the accusative, followed by **per̃** + acc., e.g. **dù/trìs kartùs per̃ saváitę** 'twice/three times a week'. For years, however, one uses the instrumental of **mẽtai**, namely **mẽtais**, thus **šiaĩs mẽtais, praeitaĩs mẽtais, kitaĩs mẽtais, kiekvienaĩs mẽtais** (also used for 'in a particular year'). To convey 'in ten days', one uses **už** + gen.: **už dẽšimt dienų̃**.

Other useful adverbs are **ankstì** 'early', **anksčiaũ** 'earlier, formerly', **ankščiáusiai** 'earliest', **per̃ ankstì** 'too early', **vėlaĩ** 'late', **vėliaũ** 'later', **per̃ vėlaĩ** 'too late', **ilgaĩ** 'for a long time (French *pendant longtemps)*', **seniaĩ** 'long ago, long since (French *depuis longtemps)*', **greĩtai** or **netrùkus** 'soon', and **tuõj** 'soon, immediately'.

A few other time adverbs are: **dabar̃** 'now', **jaũ** 'already', **dár** 'still, yet', **niekadà** 'never' (obligatory **ne-** accompanies a verb), **ką̃ tìk** 'just now, just this moment', **retaĩ** 'seldom', **vė̃l** 'again', **laikinaĩ** 'temporarily', for the time being', **kadà nórs** 'sometime, when it suits', **iš añksto** 'in advance', **tadà** 'then', **tuõ metù** 'then, at that time', **nuõ tadà** 'from that time, since then', **vìs, visadà, vìsàd, visuomèt** 'always', **nuõlat, nuolatõs** 'constantly', **nuõ pàt rýto** 'from the very morning' (extend **nuõ**, and the indeclinable **pàt**, from this expression), **lėtaĩ** 'slowly', **namiẽ** 'at home', **namõ** '(to) home', and **lýgiai** 'exactly, precisely'. 'Approximately' may be conveyed by the preposition **apiẽ** + accusative.

For the days of the week, months and seasons see respectively Lessons 3, 8 and 6.

Kur̃? *'where?'*

The basic words for 'here' and 'there' are respectively **čià** and **teñ**. They also serve for 'to here, hither' and 'to there, thither'. Moreover, **čià** is also an indeclinable pronoun after the manner of French *ce*, German *es/das*, and Italian *ci*, in that it means 'it, they'. Roughly synonymous is the more frequently encountered **taĩ**. Thus: **Kàs taĩ yrà?** 'What's that?'

Also useful in this context are **niẽkur (ne-)** 'nowhere', **visuŕ** 'everywhere', **ìš kuŕ?/ìš teñ/ìš čià** 'from where?/from there/from here', **kituŕ** 'elsewhere', **tiẽsiai** 'straight (on)', **štaĩ/štaĩ čià** 'here, right here', **kaĩ kuŕ** 'in some places', **kuŕ nórs** 'somewhere', in some place which suits you', **netolíese** 'not far away', **artì** 'near(by)' (also used as a preposition + genitive), **į̃ kaĩrę** 'to the left', **kairėjè** 'on the left', **į̃ dẽšinę** 'to the right', and **dešinėjè** 'on the right'.

Kodė̃l? *'why?'*

If you are answering a question which includes the word **kodė̃l**, any word for 'because' is usually omitted. Thus: **Kodė̃l tù Vìlniuje? – Àš atvykaũ pàs senẽlę** 'Why are you in Vilnius?' – '(Because) I'm visiting my grandmother'. One word for 'because, for' is **nès**. Words for 'therefore' include **todė̃l** and **tàd**.

Negatives

We have mentioned a few negatives above. Of course, not all are adverbs, but here is a small selection. Remember the need in Lithuanian, when a verb is involved, to have 'double negatives', as occur in despised colloquial Engish! Thus; **neĩ ... neĩ ... (ne-)** 'neither ... nor ...', **niẽkas (ne-)** 'nobody, nothing' (most common is **niẽko ne-**), **neĩ víenas (ne-)** 'not a single ...', **niẽkur (ne-)** 'nowhere', **niẽkad/niekadà/niekadõs/ niekuomèt (ne-)** 'never'.

Prepositions

1 + Accusative

apiẽ	about, concerning	**pàs**	in the possession of,
apliñk	around, alongside		at the house of,
į̃	to, into		with, etc.
pagãl	along, beside; according	**pãskui**	behind, after
	to	**peŕ**	through, across; during,
paleĩ	along, near		within (time)
		priẽš	ago; before; against
		prõ	past

2 + Genitive

abı̇pus	on both sides (of)	**lı̇g(i)**	until, till; up to, as
anàpus	on that side (of)		far as
anót	in the words (of)	**liñk**	towards, in the
añt	on		direction of
artì	near	**netolı̇**	near
aukščiaū	above, higher	**nuõ**	from
	(than)	**pir̃m, pirmà**	before, earlier
bè	without		(than), in front of
dė̃l	for (the sake of),	**priē**	near, at
	because of, on	**šalià**	near, alongside
	account of	**šiàpus**	on this side (of)
gretà	near, beside	**tar̃p**	between
ı̇š	from, out of	**tolı̇ nuõ**	far from
ı̇š põ	from under	**toliaū**	further (than),
ı̇š tar̃p	from between		beyond
ı̇š ùž	from behind	**vidùj**	inside
išilgaı̇	along	**viẽtoj**	instead of
įstrižaı̇	across (obliquely,	**vir̃š, viršùj,**	
	slantwise)	**viršuñ**	above
ikı̇	until, till; up to,	**žemiaū**	below, lower
	as far as		(than)

3 + Instrumental

sù	with	**tiẽs**	opposite; nearby;
sulı̇g	according to; the		in front of
	size of		

4 + Accusative and genitive

ùž	+ acc.	for, in return for
	+ gen.	in, within (a period of time); behind

5 + Accusative, genitive, and instrumental

põ	+ acc.	in, through, about, around; distributive expressions
	+ gen.	after
	+ instr.	under

Põ and **ı̇ki** may be found with the dative in a few fixed expressions.

Conjunctions

(a) A few coordinating conjunctions

'And' :

beī	and (not to join sentences)	**neī**	not even (with a negative verb)
čia` ... čià	now ... now ...	**neī ... neī ...**	neither ... nor ... (with a negative verb)
iř	and		
iř ... iř ...	both ... and ...		

'But' :

bèt	but	**vìs dèltõ**	nonetheless
bètgi	but, however	**vìs tíek**	nonetheless
õ	but, and	**tuõ tárpu**	while, whereas
tačiaũ	however	**užtàt, užtaī**	but then, but on the other hand
tìk(taī)	only, but		

One may place **õ** and **bèt** before **tačiaũ** and the last four.

'Or' :

ař	or	**arbà**	or
ař ... ař ...	either ... or ...	**arbà ... arbà ...**	either ... or ...

Ohers:

bũtent	namely	**taī yrà**	that is, i.e.
nelýgu	depending (on)	**todèl**	so, therefore, for that reason
kaīp antaī	(as) for example		
taī(gi)	so, and so		

(b) A few subordinating conjunctions

dẽl tõ kàd	because, for the reason that		with unreal as well as real conditions)
ìki, ñg(i),			
kõl(ei)	while, until	**jéigu tìk**	if only
ìki tìk	until	**jóg**	that, in order that
jéi, jéigu	if (**jéigu** is used		(see **kàd**)

juõ ... juõ ...	the (comp.) ... the (comp.) ... (also **juõ ... tuõ ...** and **kuõ ... tuõ ...**)	**kadángi**	since, as
		kaĩ tìk	as soon as
		kaĩp	as (= 'like')
		lýg, taŕtum, taŕsi	as if (may be combined as **lýg taŕtum**; often followed by the conditional)
kàd (tìk)	that, in order that (with several senses in addition to the bare 'that'); also to balance preceding phrases with **tàs, tóks, taĩp, tíek)**		
		kõl tìk	while
		negù, nekaĩp	than
		nès	for, because
		nórs, nórint	although (may be balanced by **tačiaũ** or **õ**)
kàd iŕ, tegùl (iŕ)	even if, although		
kadà, kaĩ	when	**tàd**	so that
kadà/lìg(i)/võs tìk	just as	**tuõ tárpu kaĩ**	while (also **kaĩ tuõ tárpu**)

The conjunction **taĩ** is often used together with many conjunctions, as a way of balancing the clauses, e.g. **jéi ..., taĩ ...** 'if ..., (then) ...'

References, selected bibliography, information on travel and courses

The Lithuanian language: a few grammars, textbooks, and dictionaries

Ambrazas, V. (ed.) (1985) *Грамматика литовского языка*, Vilnius: Mokslas.

Baronas, J. (1967) *Rusų-lietuvių kalbų žodynas*, Vilnius: Mintis.

Dambriūnas, L., A. Klimas, and W.R. Schmalstieg (1966) *Introduction to Modern Lithuanian*, Brooklyn, New York: Franciscan Fathers. (Fourth edition: 1990).

Keinys, St. (1993) *Dabartinės lietuvių kalbos žodynas*, Vilnius: Mokslo ir enciklopedijų leidykla.

Lemchenas, Ch. (1968) *Trumpas mokyklinis rusų-lietuvių kalbų žodynas*, Kaunas: Šviesa.

Lyberis, A. (1988) *Lietuvių-rusų kalbų žodynas*, Vilnius: Mintis.

Orvidienė, E. (1968) *Lietuvių kalbos vadovėlis*, Vilnius: Mintis.

Paulauskienė, A. and L. Valeika (1994) *Modern Lithuanian*, Vilnius: Žodynas.

Piesarskas, Br. and Br. Svecevičius (1995) *Lithuanian Dictionary,* London and New York: Routledge. (With a supplement on spelling, pronunciation, and grammar by Ian Press, initially built on the introduction and reference sections of this course, which themselves were subsequently adapted in the light of its contents. Though the body of the dictionary lacks grammatical glossing and accentual information, we recommend it to you as a first step.

Svecevičius, B. (1991) *Lietuviški-angliški pasikalbėjimai turistams*, Kaunas: Aura.

Tekorienė, D. (1990) *Lithuanian. Basic Grammar and Conversation*, Kaunas: Spindulys.

Books about the language

Sabaliauskas, A. (1973) *Noted Scholars of the Lithuanian Language*, trans. W. R. Schmalstieg, and R. Armentrout, Chicago: Akademinės skautijos leidykla and Dept. of Slavic Languages, Pennsylvania State University.

Schmalstieg, William R. (1982) 'The Lithuanian Language – Past and Present', in *Lituanus. The Lithuanian Quarterly*, 28/1, Special Issue.

Books about Lithuania itself

Juodokas, A. et al. (1994) *Lithuania*, Kaunas: Spindulys.

Tourism

(Compiled from information provided by the Embassy of Lithuania, London)

—— (1994) *Baltic States and Kaliningrad – a travel survival kit: Lonely Planet*, Lonely Planet Publications.

—— (1993) *Baltic States: Insight Guides*, APA Publications.

—— (1993) *Baltic States (Estonia, Latvia, Lithuania): Hayit's Budget Travel*, Hayit Publishing.

—— (——) *Bed and Breakfast Lithuania*, Zoom International, Evanston, IL 60204, USA.

—— (1995) *Guide to Lithuania*, Bradt Publications.

—— (1993) *Lithuania, Latvia and Estonia* (map), Bartholomew.

Travel to Lithuania

Lithuania has an amenable climate (mean annual temperature of +6.1°C, January average -4.9°C, July average +17°C).

Three useful travel agents in the UK are: *Rochdale Travel Centre*, 66 Drake St., Rochdale, Lancs., OL16 1PA, tel. 01706 868 765, *Regent Holidays UK Ltd.*, 15 John Street, Bristol BS1 2HR, tel. 0117 921 1711, fax: 0117 925 4866 and *Gunnel Travel*, Hayling Cottage, Stratford St Mary, Colchester CO7 6JW, tel.: 01473 828 855, fax: 01473 828 866).

Alternatively, contact Lithuanian Airlines in the UK on tel.: 01293 551 737, fax: 01293 553 321 and in Vilnius on tel.: +370 2 752 588/600, fax: +370 2 35 48 52, or *Air Lithuania* in Kaunas on +370 7 22 97 06.

By sea there are daily ferries from Sassnitz on the island of Rügen to Klaipėda, and ferries from Kiel to Klaipėda. Rail and road links are good.

Lithuanian associations

A good starting point here is the newspaper *Europos lietuvis* 'Europe's Lithuanian', which until recently was published in London; now it is published jointly in London and Vilnius, and is printed in the latter, though it still reflects UK, and other western, interests. The newspaper's addresses are: Lithuanian House Ltd., 2, Ladbroke Gardens, London W11 2PT, UK (tel.: 0171 727 2470, fax: 0171 792 8456; this is also the address of the Lithuanian Association in Great Britain) and *Europos lietuvis*, A. Strazdelio 1, Vilnius 2600, Lietuva (tel.: +370 2 62 24 66, fax: +370 2 61 49 84). In Scotland regular meetings and classes are held at the *Scottish–Lithuanian Club*, 79A Calder Road, Mossend Bellshill, Lanarkshire ML4 1PX (contact Mr J. Blue, tel.: 01698 745354). Another good contact is Nicol Watt, 29 Ladysmith Road, Edinburgh EH9 3EU.

Embassies, etc.

The Lithuanian Embassy (**Lietuvos Respublikos Ambasada**) in the UK is at 84 Gloucester Place, London W1H 3HN, tel.: 0171 486 6401, fax: 0171 486 6403. Other Embassies include: USA: 2622 16th St. N.W., Washington D.C., 20009 (tel +1 212 354 7849/7840, fax: +1 212 354 7911); Canada (Honorary Consul): 235, Yorkland Boulevard, Suite 502, Willowdale, Ontario M2J 4Y8 (tel.: +1 416 494 8313, fax: +1 416

494 4382); Israel (Embassy): P.O. Box 21174, Weizman Street Station, Tel Aviv 61211 (tel./fax: +972 3 528 0549, tel.: +972 52 537 710).

Bookstore

A bookshop (and much else) is: Baltic Stores & Co., 11, London Lane, Bromley, Kent BR1 4HB, England, tel.: 0181 460 2592, fax: 0181 402 9403.

Education

In the UK the School of Slavonic and East European Studies of the University of London has good library holdings and occasionally a native language assistant. Its address is: Senate House, Malet Street, London, WC1E 7HU (0171 636 8000/637 4934). A serious commitment to Lithuanian is projected for the School of Modern Languages, St. Salvator's College, University of St Andrews, St Andrews, Fife KY16 9AL, Scotland, tel.: 01334 476 161, ext. 2949, fax: 01334 465 677 (e-mail: jip@st-andrews.ac.uk). For the Social Sciences and the Baltic region, a place to contact in the UK is the University of Bradford: Richmond Road, Bradford, BD7 1DP. In the USA the linguistic hub for many years has been Pennsylvania State University, where the recently retired specialist, and doyen of Lithuanian Studies outside Lithuania, was Professor William R. Schmalstieg. The address is: Department of Slavic Languages, The Pennsylvania State University, University Park, Pa. 16802.

One good way of getting to Lithuania may be to go as a teacher of English; in this case a useful contact is: Mr. J. Rimka, Teacher Training Department, Ministry of Education and Science, A. Volano 2/7, 2600 Vilnius, Lithuania, tel.: +370 2 61 76 49, fax: +370 2 61 20 77 – send a CV and two references.

But, above all, go to Lithuania to learn Lithuanian. The first stop has to be the Lithuanian Studies Department of the University of Vilnius, where there is a whole range of extremely thorough and useful language courses, lasting thirty, four, or two weeks, at beginners, intermediate, and advanced levels. These give qualifications and include a full academic and cultural programme. For further details write to: Lituanistinių studijų katedra/Department of Lithuanian Studies, Vilniaus universitetas/Vilnius University, Universiteto 3, 2734 Vilnius, Lietuva/ Lithuania, tel./fax.: +370 2 61 07 86, e-mail: lit.stud@FLF.VU.lt.

Key to the exercises

We have not attempted here to give answers to all the exercises and readings. In some exercises, there is not always a single, correct answer, or the phrasing of the answer is dependent on the individual's response to the question.

Lesson 1

1a

A few examples: Marijos butas, studentės kambarys, motinos knyga, anglės kambarys, lietuvės butas.

1b

(a) yra, Norvegijos; (b) esame, Paryžiaus; (c) yra, Kauno; (d) esi, Helsinkio: (e) esu, Lenkijos; f) esate, Atėnų.

1c

(a) gyvenu, gyveni, gyvena, gyvename, gyvenate, gyvena; (b) turiu, turi, turi, turime, turite, turi; (c) skaitau, skaitai, skaito, skaitome, skaitote, skaito; (d) manau, manai, mano, manome, manote, mano; (e) žinau, žinai, žino, žinome, žinote, žino.

1d

(a) Laba diena! Aš esu studentas iš Anglijos; (b) Ten yra universitetas; (c) Aš esu Aldona, iš Lietuvos; (d) Karla yra italė, iš Italijos; (e) Iš kur jūs esate/tu esi?; (f) Ar jūs mėgstate/tu mėgsti keliauti?; (g) Ne; (h) Ar ji gyvena čia?; (i) Ar jis yra Aldonos draugas?

Lesson 2

2a

(a) Aš gyvenu Kaune; (b) Jūs gyvenate bute; (c) Mes esame viešbutyje; (d) Taip, šeima gyvena Vilniuje; (e) Jis studijuoja institute; (f) Kur gyvena Aldona?; (g) Tu skaitai bibliotekoje; (h) Jie rašo kambaryje.

2b

(a) Berniuk, ateik čia!; (b) Pone, skambinkite į policiją!; (c) Erikai, gyvenk Vilniuje!; (d) Gydytojau, pasitikite draugę!; (e) Profesoriau, atvažiuokite į Lietuvą!; (f) Petrai, palydėk Aldoną!; (g) Baly, gyvenk(it(e) Petro bute!

2c

(a) Kur jis gyvena?; (b) Iš kur jūs atvažiuojate?; (c) Kur ji dabar eina?; (d) Kur gyvena Bilo šeima?; (e) Ar jie eina į stotį?; (f) Gal jūs suprantate angliškai?; (g) Ar ji kalba angliškai arba lietuviškai?

2d

yra, Norvegijoje, kalba, itališkai, yra iš, vardas, ji, dirba, nori, gyventi.

2e

(a) miestas; (b) brolis; (c) iš; (d) šeima; (e) berniuk.

Lesson 3

3a

atsiprašau, kaip nueiti; eikite, pasukite, dešinę, kairę; jis toli, labai ačiū, nėra už ką.
atsiprašau, kaip, universitetą; tiesiai, centro, pasukite, kairę, tiesiai, universitetas; nėra už ką.

3b

(a) šeši universitetai; (b) devynios mergaitės; (c) trys draugai; (d) vienuolika autobusų; (e) penki dviračiai; (f) dvidešimt metrų; (g) septyniolika dėstytojų.

3c

(a) (9) Ar tu kalbi angliškai? Ne, tik vokiškai ir prancūziškai; (b) (6) Kuo tu važiuoji į darbą? Einu pėsčiomis; (c) (1) Ar tu mėgsti važiuoti dviračiu? Ne, tik automobiliu; (d) (7) Ką tu mėgsti daryti sekmadieniais? Eiti į kiną; (e) (3) Kur gyvena tavo tėvai? Kaime, prie ežero; (f) (2) Ar tu groji pianinu? Taip, ir smuiku; (g) (10) Kur tu dirbi? Vilniaus banke; (h) (5) Kaip tau sekasi? Ačiū, puikiai; (i) (8) Ar tu esi iš Lenkijos? Taip, bet mano tėvai lietuviai; (j) (4) Ar tu dažnai žiūri televizorių? Paprastai savaitgalio vakarais.

3d

važiuoju, važiuoji, važiuoja, važiuojame, važiuojate; eiti, einu, eini, einame, einate; žaidžiu, žaidi, žaidžia, žaidžiame, žaidžiate; daryti, darau, daro, darome, darote; myliu, myli, myli, mylime, mylite; mėgti, mėgstu, mėgsta, mėgstame, mėgstate.

Lesson 4

4a

(a) turi; (b) turi; (c) turi; (d) neturi; (e) neturi; (f) turi; (g) turiu; (h) turime; (i) neturite; (j) turi.

4b

(a) Jonas nemyli Linos; (b) Mes turime namą; (c) Jie neturi dukters; (d) Tu turi draugę; (e) Aš turiu seserį; (f) Mano sesuo nemyli savo žento; (g) Ji turi pusseserę; (h) Mes neskaitome laikraščių/laikraščio; (i) Vygantas turi seserį; (j) Tėvas myli šunis; (k) Ar tu nerašai laiško?

4c

(a) jos; (b) jo; (c) tavo; (d) mano; (e) savo; (f) jų; (g) jūsų; (h) mūsų.

4d

jūs, savo; jūsų; žmona; vaikai; sūnus, mokosi; anūkę, anūką; jos, ji.

4e

(a) ramus − triukšmingas; (b) teta − dėdė; (c) jis − ji; (d) šiltas − šaltas; (e) šuo − katė; (f) didelis − mažas; (g) mūsų − jūsų; (h) senelis − anūkas; (i) sausas − šlapias; (j) žentas − marti; (k) gydytojas − ligonis; (l) vedęs − ištekėjusi; (m) trečiadienis − ketvirtadienis; (n) miegamasis − svetainė.

4f

(a) mokytojai; (b) valgykloje; (c) neturi; (d) vairuotojas; (e) kambariai; (f) turi; (g) didelė; (h) pusseserės; (i) anūką; (j) sūrus; (k) šaltas; (l) pusbrolis; (m) svetainėje; (n) šviesus.

Lesson 5

5a

(a) Kas turi didelį butą?; (b) Kiek čia yra kambarių?; (c) Ką jis labiausiai mėgsta?; (d) Kur yra daug paveikslų?; (e) Kokios yra svetainės sienos?; (f) Koks stalas yra vidury kambario?; (g) Kas stovi kampe?; (h) Koks kilimas yra ant grindų?; (i) Kur yra daug gėlių?; (j) Kieno miegamasis yra mažas?; (k) Kas čia yra?; (l) Kada draugas mėgsta būti namie?

5b A few suggestions:

langai − dideli, aukšti, mediniai; dėdė − senas, mažas, mielas; kėdė − maža, juoda, apvali; tėvai − mieli, jauni, gražūs; lubos − aukštos, mėlynos, medinės; šaldytuvas − baltas, naujas, didelis; statybininkas − mažas, jaunas, lietuvis; virtuvė − šviesi, balta, didelė; butas − mažas, gražus, senas; spintos − didelės, žalios, naujos; lova − medinė, maža, sena; lentyna − ruda, nauja, negraži; durys − geležinės, juodos, senos; policininkas − mielas, jaunas, anglas.

5c

prie, gera, ramu, gražūs, geras, name, teta, jos, kambariai, tarp, parko, puikios, raudonos, geltonos, ten.

Reading 2

bus (būsiu), sveikas (sveiki), ant (prie), geltonas (geltoni), raudonas (raudoni), stalai (stalas), televizoriai (televizorius), patogus (patogiai), Varšuvos (Varšuvą), knygelė (knygelę), tarp (ant), jus (jūsų), tavęs (tave).

5d

15: penkiolika; 21: dvidešimt vienas; 36: trisdešimt šeši; 10: dešimt; 5: penkios; 46 85 13: keturiasdešimt šeši, aštuoniasdešimt penki, trylika (or: keturi, šeši, aštuoni, penki, vienas, trys); 41 17 22: keturiasdešimt vienas, septyniolika, dvidešimt du; 73 54 61: septyniasdešimt trys, penkiasdešimt keturi, šešiasdešimt vienas; 61 72 97: šešiasdešimt vienas, septyniasdešimt du, devyniasdešimt septyni; 36 92 29: trisdešimt šeši, devyniasdešimt du, dvidešimt devyni.

5e

(a) pigiai: (b) greitai; (c) tyliai; (d) aiškiai; (e) maloniai; (f) atsargiai.

5f

(a) ateisite; (b) bus; (c) pirks; (d) nuveš; (e) parduos; (f) rašysiu; (g) būsime; (h) žydės.

5g

(a) manęs; (b) tavęs; (c) mane; (d) jus; (e) jos; (f) juos.

Lesson 6

6a

(a) (6) Jeigu turėčiau laiko, ateičiau pas jus šį vakarą; (b) (5) Jeigu būtų sekmadienis, važiuotume į Trakus; (c) (7) Jei jis turėtų pinigų, pirktų naują mašiną; (d) (9) Kas norėtų važiuoti šią žiemą į kalnus?; (e) (1) Labai prašyčiau nevėluoti į paskaitas; (f) (3) Norėčiau paklausti, kada išvyksta traukinys į Kauną; (g) (8) Ji eitų pasivaikščioti, jei vakare būtų geras oras; (h) (2) Ar norėtum nueiti į kavinę, jeigu aš tave pakviesčiau?; (i) (4) Prašytume paskambinti rytoj rytą.

6b

(a) niekada; (b) rytoj; (c) visada; (d) kiekvieną dieną; (e) anksti; (f) visą sekmadienį; (g) užvakar.

6c

(a) važiuojame; (b) eina; (c) atostogausiu; (d) einate/eisite; (e) grįžo; (f) lauksime; (g) skaitėte.

6e

(a) bėgti; (b) rašyti; (c) parduoti; (d) žaisti; (e) suprasti.

Lesson 7

7a

(a) šie; (b) tuos; (c) akys; (d) juos; (e) nosimi; (f) akių; (g) kurie; (h) šiuos.

7b

(a) vakar; (b) vakaruose; (c) vakar; (d) vakare; (e) vakaruose; (f) vakar; (g) vakar.

7c A few examples:

Per vasarą mes buvome prie jūros/Ispanijoje; Per visą dieną jie dirbo gamykloje; Per savaitę aš gyvenu Vilniuje, bet savaitgaliais aš grįžtu namo, į Trakus; Po spektaklio tu grįžai į darbą; Po valandos aš būsiu namie; Po kelių dienų jūs būsite kaime.

7d

We leave it to you to compose sentences including expressions on the model **Lietuvos vakaruose,** ... etc.

7e

(a) pirko, pirks; (b) dirba, dirbs; (c) skaitau, skaitė; (d) važiavome, važiuosime; (e) buvo, bus; (f) neinu, nėjau; (g) esi, būsi.

7f

(a) po, prie, nuo, iš; (b) sesuo, žentas, anūkas, dėdė; (c) automobilis, autobusas, troleibusas, lėktuvas; (d) statybininkas, darbininkas, vairuotojas; (e) skaitau, turiu, esu; (f) ranka, koja, nosis; (g) spinta, lentyna, kėdė; (h) baltas, geltonas, mėlynas; (i) jūs, tu, jie, jos; (j) šeši, du, trys; (k) rusiškai, lenkiškai, pracūziškai; (l) tavo, jo, jų, mūsų.

Reading

yra, šalis, šiaurėje, pietuose, gyvena; upės, į, iš, ilgio, įteka; Lietuvos, dalyje, ir; nėra, sostinė, prie, turi, miestai.

Lesson 8

8a

(a) devynios valandos, devinta valanda; devynios; (b) dvylika valandų, dvidešimt septynios minutės; dvidešimt septynios po dvylikos; (c) trylika valandų, trisdešimt minučių; pusė dviejų; (d) septynios valandos, penkiasdešimt minučių; be dešimt aštuonios; (e) aštuonios valandos, penkios minutės; penkios po aštuonių; (f) keturios valandos, dešimt minučių; dešimt minučių po keturių; (g) dešimt valandų, dvidešimt viena minutė; dvidešimt viena minutė po dešimtos; (h) dvidešimt pirma valanda, aštuonios minutės; aštuonios minutės po devynių; (i) keturiolika valandų, penkiolika minučių; penkiolika po dviejų; (j) penkidika valandų, keturiasdešimt penkios minutės; be penkiolikos keturios; (k) dvidešimt valandų, aštuonios minutės; aštuonios minutės po devynių; (l) dvidešimt trys valandų, penkiasdešimt penkios minutės; be penkių dvylika.

8b

(b) pusė septynių.

And here is the dialogue:

ROBERT: Kiek dabar valandų?
ALDONA: Dar tik pusė septynių. Bilas sakė, kad ateis vėliau. Aš manau, mes dar galime pasivaikščioti dešimt minučių.
ROBERT: Kada jam reikia būti universitete? Šeštą?
ALDONA: Ne, penktą.
ROBERT: Tai jis gali čia ateiti anksčiau negu sakė. Gal eikime prie teatro.
ALDONA: Gerai, kaip nori.
ROBERT: Žiūrėk, štai ir Bilas ateina!
ALDONA: Bilai, tu juk sakei, kad būsi čia be penkiolikos septynios!
BILL: O aš atėjau anksčiau.

8c

(a) Teta mėgsta skaityti įdomius romanus; (b) Rytoj tu rašysi broliui laišką; (c) Mums patinka šis baletas; (d) Vasarą jiems labai malonu pabūti Lietuvoje; (e) Man šiandien buvo labai karšta teatre; (f) Jam visada įdomu pasivaikščioti po senamiestį; (g) Bilas skolino draugui įdomią knygą; (h) Draugams čia visada linksma; (i) Birželio mėnesį ji važiuoja į Angliją; (j) Liepos mėnesį tėvas mėgsta atostogauti.

Lesson 9

9a

(a) niekas; (b) niekaip; (c) nieko; (d) nieko; (e) metais; (f) užpernai; (g) niekada; (h) niekur; (i) metais; (j) niekam.

9b

(a) Ar tu ką nors supratai? 6 Nė vieno žodžio; (b) Kada tu buvai Paryžiuje? 8 Pernai liepos mėnesį; (c) Kas čia atėjo? 4 Niekas. Vėjas atidarė duris; (d) Kada įkurtas Vilniaus universitetas? 7 1579 metais; (e) Ar čia kas nors yra? 2 Ne, nieko nėra; (f) Ar jis niekada nebuvo Vilniuje? 9 Manau, kad niekad; (g) Niekur nematau savo žodyno. 10 Štai jis, ant lentynos; (h) Gaila, kad niekas neatėjo. 3 Gal ateis rytoj; (i) Gal žinai, kur direktorius? 5 Išėjo į banką; (j) Ar pažįsti šį vaikiną? 1 Niekada niekur jo nemačiau.

9c *Examples of both variants are given within (i) and (ii).*

i) Data: tūkstantis devyni šimtai septyniasdešimt antri metai, liepos pirma; (b) du tūkstančiai pirmi metai, kovo šešta; (c) tūkstantis devyni šimtai šešiasdešimt trečių metų lapkričio septyniolikta; (d) tūkstantis devyni šimtai penkiasdešimti metai, rugsėjo trisdešimta; (e) tūkstantis devyni šimtai keturiasdešimt septintų metų spalio dvidešimt devinta; (f) tūkstantis devyni šimtai aštuoniasdešimt penkti metai, vasario antra; (g) tūkstantis devyni šimtai aštuoniolikti metai, sausio trylikta; (h) tūkstantis devyni šimtai devyniasdešimt ketvirtų metų gruodžio dvidešimt ketvirta; (i) du tūkstančiai trečių metų balandžio dvidešimta.

ii) Kada?: tūkstantis devyni šimtai septyniasdešimt antrų metų liepos pirmą; (b) du tūkstančiai pirmų metų kovo šeštą; (c) tūkstantis devyni šimtai šešiasdešimt trečių metų, lapkričio septynioliktą; (d) tūkstantis devyni šimtai penkiasdešimtų metų rugsėjo trisdešimtą; (e) tūkstantis devyni šimtai keturiasdešimt septintais metais, spalio dvidešimt devintą; (f) tūkstantis devyni šimtai aštuoniasdešimt penktų metų vasario antrą; (g) tūkstantis devyni šimtai aštuonioliktų metų sausio tryliktą; (h) tūkstantis devyni šimtai devyniasdešimt ketvirtais metais, gruodžio dvidešimt ketvirtą; (i) du tūkstančiai trečiais metais, balandžio dvidešimtą.

Lack of space prevents us from giving all the variants.

9d

Do this for yourself on the basis of Dialogue 2.

9e

(a) tris kilogramus obuolių; (b) pieno, sūrio, dešrelių, miltų; (c) saldainius, tortą, ledus; (d) du butelius alaus, vieną butelį vyno, riešutų, bananų; (e) penkis kilogramus pomidorų, du kilogramus agurkų, grietinės, vieną duonos, vieną batoną; (f) dešimt kiaušinių, aliejaus, arbatos, kavos, vieną kilogramą cukraus; (g) vieną kilogramą kiaulienos, vieną kilogramą jautienos, pusę kilogramo makaronų, du kilogramus svogūnų, pusantro kilogramo morkų.

Lesson 10

10a

keliuosi, prausiuosi, šukuojuosi, namų, miško, ežerą, atsisėdu, ežero, pusę devynių, maudausi, mokytis, atsigula, mokausi, pietų.

10b

juokiuosi, juokiesi, juokiasi, –, juokiatės; juokiausi, juokeisi, juokėsi, juokėmės, juokėtės; maudausi, maudaisi, maudosi, maudomės, maudotės; –, maudeisi, maudėsi, maudėmės, maudėtės; ilsiuosi, ilsiesi, –, ilsimės, ilsitės; ilsėjausi, ilsėjaisi, ilsėjosi, ilsėjomės, ilsėjotės.

10c

Geras oras: gera, malonu, puiku, nuostabu, šilta, karšta. Blogas oras: bloga, prasta, šalta, šaltoka, baisu, bjauru.

10d Some suggestions:

(a) Šiaulius; (b) namo; (c) iš Kauno; (d) į teatrą; (e) gatvę; (f) prie mokyklos; (g) miestą; (h) pas mane; (i) pas mus; (j) į kambarį.

10e

parvažiavai, išvažiavau, perbėgo, važiuoti, perbėga, važiavau, privažiavau, važiavau, parvažiavai, nuvažiavau, įeiti, įėjai.

Lesson 11

11b

(a) prauskis; (b) jaustumeisi; (c) kelsimės; (d) serga; (e) susirgo; (f) gerti; (g) keliasi; (h) maitinkitės.

11c

(a) Mano tėvui penkiasdešimt šešeri metai; (b) mūsų motinai keturiasdešimt devyneri metai; (c) pusbroliui dvidešimt dveji metai; (d) gydytojui trisdešimt aštuoneri metai; (e) ligoniui aštuoniasdešimt ketveri metai; (f) jos dukteriai vieneri metai; (g) brolio sūnui aštuoneri metai; (h) pusseserei septyniolika metų; (i) tavo draugui septyneri metai; (j) dėdei keturiasdešimt penkeri metai; (k) jo žmonai trisdešimt metų; (l) mano seseriai vienuolika metų.

11d

(a) jiems; (b) jo; (c) ją; (d) juos; (e) jam; (f) jų; (g) jas; (h) ji; (i) jais; (j) joms; (k) jos; (l) juo.

11e

kuri, kuriose, kuriose (or kuriomis), kuriuose, kuriuose, kurį, kuriame, kurie, kuriuos.

11f

(a) šalčiau; (b) įdomiausiai; (c) geriausia; (d) geriausiai; (e) sunkiau; (f) linksmiausia.

11g

blogiau – blogiausiai, vėliau – vėliausiai, aukščiau – aukščiausiai, žemiau – žemiausiai, nuostabiau – nuostabiausiai, turtingiau – turtingiausiai, lėčiau – lėčiausiai;
lengviau – lengviausia, sunkiau – sunkiausia, karščiau – karščiausia, pigiau – pigiausia, brangiau – brangiausia, šalčiau – šalčiausia, aiškiau – aiškiausia.

Lesson 12

12c

(a) Auksinis žiedas yra brangiausias papuošalas; (b) Mano tėvo tėvas (*or* Mano senelis) seniausias žmogus; (c) Nemunas yra ilgiausia upė; (d) Mano tėvų butas yra didžiausias; (e) Lėktuvas greičiausias.

12d

(a) vasarinis – paltas; (b) šalikėlis – vaikiškas; (c) suknelė – languota; (d) sidabrinis – žiedas; (e) melsva – skrybėlė; (f) bateliai – tamsiai rudi;

(g) megztinis – vilnonis; (h) kelnės – per trumpos; (i) dryžuotas – kaklaraištis; (j) auskarai – auksiniai; (k) žieminės – pirštinės.

12f

(a) aukštųjų; (b) pirmąją; (c) greitąją; (d) Naujųjų; (e) lengvąją.

Reading 1

(a) = 3; (b) = 4; (c) = 5; (d) = 1; (e) = 2.

Lesson 13

13a

pigus, turtingas, auksinis, dėmėtas, per didelis, gėlėtas, moteriškas; perkūnija, plikšala, krituliai, šlapdriba, pūga; plaukti, vaikščioti, išskristi, apvažiuoti, nuskristi, pereiti, parbėgti; vištiena, bandelė, makaronai, grietinėlė, kumpis, uogienė, silkė, kriaušė; marškiniai, striukė, kelnės, megztinis, kaklaraištis, kojinės.

Reading 1

(a) ne; (b) taip; (c) taip; (d) ne; (e) ne; (f) taip; (g) ne; (h) ne; (i) taip.

13i

(a) aš apsirengsiu; (b) domiuosi; (c) susitiksime; (d) baigsis; (e) juokiasi; (f) nusipirk; (g) mokomės.

13j

Petrulienė, Petrulytė; Dirgėlienė, Dirgėlaitė; Vilkienė, Vilkaitė; Girdenienė, Girdenytė; Gimbutienė, Gimbutaitė; Bareikienė, Bareikytė; Butkuvienė, Butkutė; Kubilienė, Kubiliūtė; Žvalionienė, Žvalionytė.

13k

pirkimas, atsirasti, važiavimas, dalyvauti, klausimas, kalbėjimas, būti, ėjimas, miegoti, sirgimas, matymas, valgyti.

Reading 2

įkurtas, įsteigti, dėstomi, pradėta, ruošiami, sukaupta, saugoma, žinomų, pastatytų, švenčiamos, vaidinami, skaitoma, saugomas, pastatytas.

Lesson 14

14a

(a) lyjant; (b) laukdami; (c) keliaujant; (d) parėjus; (e) keliaudami; (f) grįžtant; (g) eidama.

14f

(a) savaitė, raštas; (b) laikas, rodyti; (c) senas, miestas; (d) lietus, paltas; (e) viešas, butas; (f) kairė, ranka; (g) kaklas, raištis (*raĩšt/is, -(šč)io* (2) 'band; (shoe-)lace'); (h) vasara, namas; (i) ranka, šluostyti; (j) savaitė, galas; (k) laikas, raštas; (l) ranka, raštas; (m) bendras, butas; (n) švarus, raštas; (o) žemė, lapas (*lãp/as, -o* (2) 'leaf'); (p) miegoti, maišas; (q) geležinis, kelias.

14g

dirbant, atšilus, nenorėdama, degintis, maudytis, žaisdami, ramybės, tylos, abejojus, vasarnamį, nutarimas, nenuorama, nemalonumas, nusibodus, suradus, puikumėlis.

14h

(a) suknelė; (b) auksinis; (c) blogumas; (d) savaitgalis; (e) pagalvėlė.

14j

Date: Mon,. 31 Jul 1995 15:12:17 +0100
From: Lit.Stud@FIF.VU.lt
To: J.I.Press@qmw.ac.uk
Subject: Re: Textbook

Mielas Profesoriau,
ačiū už laiškus. Šiandien išsiunčiu žemėlapius. Atsiprašau, kad vėluoju, bet darbo nespėjo laiku baigti mano paprašyta kartografė.

Man atrodo, bus naudinga įdėti etnografinių sričių ir administracinio suskirstymo žemėlapius. Kadangi tokių skelbtų niekur nėra, aš užsakiau. Kurie yra publikuoti, ten, mano nuomone, per daug smulkios informacijos, kuri mūsų knygai trukdys. Administracinis Lietuvos suskirstymas nuo 1996 metų keičiasi, todėl nenorėjau dėti senos informacijos. Štai todėl vėluoju su žemėlapiais. Ar dar vis negaunate 16 pamokos?
Su linkėjimais iš Vilniaus,
Meilutė

Reading

(1) b, (2) d, (3) a, (4) e, (5) c.

Lesson 15

15a

	Present tense	Past tense
eiti, eina, ėjo	einantis, einanti	ėjęs, ėjusi
važiuoti, važiuoja, važiavo	važiuojantis, važiuojanti	važiavęs, važiavusi
mėgti, mėgsta, mėgo	mėgstantis, mėgstanti	mėgęs, mėgusi
mylėti, myli, mylėjo	mylintis, mylinti	mylėjęs, mylėjusi
daryti, daro, darė	darantis, daranti	daręs, dariusi
dainuoti, dainuoja, dainavo	dainuojantis, dainuojanti	dainavęs, dainavusi
tylėti, tyli, tylėjo	tylintis, tylinti	tylėjęs, tylėjusi
imti, ima, ėmė	imantis, imanti	ėmęs, ėmusi
dėti, deda, dėjo	dedantis, dedanti	dėjęs, dėjusi
pirkti, perka, pirko	perkantis, perkanti	pirkęs, pirkusi
statyti, stato, statė	statantis, statanti	statęs, stačiusi
duoti, duoda, davė	duodantis, duodanti	davęs, davusi
turėti, turi, turėjo	turintis, turinti	turėjęs, turėjusi
žinoti, žino, žinojo	žinantis, žinanti	žinojęs, žinojusi
mokėti, moka, mokėjo	mokantis, mokanti	mokėjęs, mokėjusi
virti, verda, virė	verdantis, verdanti	viręs, virusi
miegoti, miega, miegojo	miegantis, mieganti	miegojęs, miegojusi

15b

(a) Parašęs laišką, jis išėjo į paštą; (b) Nusimaudę ežere, mes išėjome grybauti; (c) Atvykusi į Vilnių, Monika pirmiausia nuėjo į Gedimino pilį; (d) Užtiesusí staltiesę, padėjusi ant stalo lėkštes, šakutes, peilius, taures, ji ėmė laukti svečių; (e) Sulaukę vaikų, tėvai buvo labai laimingi; (f) Atsikėlęs berniukas apsirengė paltą, užsidėjo kepurę, apsiavė batus ir išbėgo į kiemą; (g) Nupirkusi jautienos, daržovių, prieskonių., motina išvirė skanius pietus.

15c

(a) Atėjus rudeniui, paukščiai išskrenda į pietus; (b) Išvažiavusi į gamtą, ji būna labai patenkinta; (c) Mano senelis yra gimęs 1905 metais; (d) Kas nėra matęs gandro ar gulbės?; (e) Išskalbusi paklodes, užvalkalus, rankšluosčius, ji pagaliau galėjo pailsėti; (f) Ar tu esi buvęs Londone?; (g) Mano brolis yra daug keliavęs po Lietuvą.

15d

(a) Mergaitė žiūri į gandrą, skrendantį virš pievos; (b) Susitikome su profesoriais, dirbančiais Vilniaus universitete; (c) Studentai, neseniai parvažiavę iš užsienio, papasakojo apie savo kelionę; (d) Žmonės, kaime turintys ūkį, yra ūkininkai; (e) Nemėgstu verkiančių vaikų; (f) Man dažnai rašo laiškus studentai, studijavę mūsų universitete; (g) Vakar matėme merginas, sekmadienį dainavusias koncerte; (h) Vaikai dažnai važiuoja pas senelę, gyvenančią kaime.

15f

baigęs; ne tik; bet ir; aplankęs; ieškantį; kokio nors; nors; susirūpinę; bet; mirę; yra palikę; nors; bet; kaip nors; apgalvoję; ne tik; bet; priklauso nuo.

15g

Date:	Thu. 3 Aug 1995 15:30:20 +0100
From:	Lit.Stud@FIF.VU.lt
To:	J.I.Press@qmw.ac.uk
Subject:	Re: Textbook

Mielas Profesoriau,

ačiū už laišką. Ar gavote faksą su 16 pamokos taisymu? Ar nesate gavęs 14 ir 15 pamokų taisymo? Ar nereikėtų man dar kartą išsiųsti jo kopijos faksu?

Lietuviškai mes sakome "Jokių problemų".

Ačiū už viską,

Meilutė

Reading

(a) Ne; (b) Taip; (c) Taip; (d) Ne; (e) Ne; (f) Ne; (g) Taip.

Lesson 16

16e

(a) persodinti; (b) palaukti, ateisiu; (c) nebuvau, nuėjome, prisikalbėjote; (d) persivalgau; (e) parašytas, perrašysiu.

16f

futbolas, tenisas, tinklinis, plaukimas, krepšinis, jojimas, bėgimas, čiuožimas;
alksnis, eglė, pušis, vyšnia, uosis, ąžuolas, klevas, kaštonas;
rugys, miežis, kukurūzas, aviža, kvietys;
gulbė, žvirblis, pelėda, varna, genys, gegutė.

16g

Date:	Wed, 2 Aug 1995 13:44:17 +0100
From:	Lit.Stud@FIF.VU.lt
To:	J.I.Press@qmw.ac.uk
Subject:	Re: Textbook

Mielas Profesoriau,
labai ačiū už laišką. Puiku, kad pagaliau gavote 16 pamoką.

Laukiu jos vertimo, pasistengsiu greitai perskaityti. Aš rugpjūčio 4 – 9 dienomis būsiu Varšuvoje, Rytų ir Vidurio Europos studijų kongrese. Tikiuosi, iki šios kelionės galėsiu Jums faksu išsiųsti 16 pamokos taisymus. Atsakymą į Jūsų klausimus dėl kirčių išsiųsiu faksu.

Linkėjimai iš Vilniaus,
Meilutė

Reading 2

Test: (1) b; (2) d; (3) a; (4) c.

Lithuanian–English glossary

Figures given in parentheses indicate the accent class to which a word belongs. These are explained in full on pp. 281–2 of the reference section.

abejóti, abejója, abejójo — doubt (+ instr. or **dél** + gen.; **abejõn/ė, -ès** (2) 'doubt'; be **ãbejo** 'probably, without doubt')

abù, fem. abì — both

ãčiū ùž + acc. — thank you for...

ãdres/as, -o (3^b) — address

aikšt/ė̃, -ẽs (3) — square (in town)

áiškinti, áiškina, áiškino — explain

áišku — clearly, it's clear

ak/ìs, -iẽs (4; fem.) — eye

akadèmij/a, -os (1) — academy

akìplėš/a, -os (1) — braggart, boastful person

akin/iaĩ, -ių̃ (3^b; pl. only) — spectacles, glasses

akm/uõ, -eñs (3^b) — stone

ãktor/ius, -iaus (1) — actor (fem. = **ãktor/ė, -ès** (1))

albùm/as, -o (2) — album

alėj/a, -os (1) — path

alió — hello (on the phone)

alkãkaln/is, -io (1) — sacred hill or mountain where sacrifices are made

ãlksn/is, -io (2) — alder

Alžỹr/as, -o (2) — Algeria, Algiers

ambasãdor/ius, -iaus (1) — ambassador (voc. here; fem. **ambasãdor/ė, -ès** (1))

amerikiẽt/is, -(č)io (2) — American (masc., noun; fem. **amerikiẽt/ė, -ès** (2))

Amèrik/a, -os (1) — America

ámž-ius, -iaus (1) — age

an/às, -à — that (over there)

angin/à, -(ìn)os (2) — tonsillitis

ángl/as, -o (1) — Englishman

Ánglij/a, -os (1) — England

ángliškai — English (as **lietuviškai**)

ánglų kalb/à, -õs (4) — English language (the)

animãcin/is, -ė (1) — cartoon (film)

anksčiaũ — earlier

ankstì — early, soon

ankstýv/as, -a (1) — early

anót + gen. — in the words of

ansámbl/is, -io (1) — ensemble

añt víeno dantiẽs — very little (**añt** 'on')

ánt/is, -ies (1; fem.) — duck

añtklod/ė, -ės (1) — blanket

añtra veřtus — on the other hand

añtr/as, -à (4) — second, no. 2

anū̃k/as, -o (2) — grandson

anū̃k/ė, -ės (2) — granddaughter

apačiojè, adv. — on the bottom,

apeĩti, apeĩna, apė̃jo | below (loc. sing. of **apač/ià, -iõs** (3^b) 'bottom') go around (+ acc. or + **apiẽ** + acc.)
apelsìn/as, -o (2) | orange
apetìt/as, -o (2) | appetite
apgalvóti, apgalvója, apgalvójo | think over, think out, consider, weigh up (+ acc.)
apgáuti, apgáuna, apgãvo | deceive
apiẽ + acc. | at about (time), around (approximation); about, concerning
apýkakl/ė, -ės (1) | collar
apýlink/ė, -ės (1) | area, district
apýrank/ė, -ės (1) | bracelet
ãplank/as, -o (3^b) | folder
aplankýti, aplañko, aplañkė | visit
apliñk + acc. | around (prep.; also adv.)
aplink/à, -õs | milieu, environment, surroundings
aprašýti, aprãšo, aprãšė | describe
apsiẽiti, apsiẽina, apsiẽjo | do without, manage without (bè + gen.)
apsimèsti, apsìmeta, apsìmetė | pretend to be (+ nom.)
apsisprésti, -éndžia, -éndė | decide, take a decision (dėl + gen. 'on, about')
apskritaĩ | overall, in general
apsodìnti, apsodìna, apsodìno | plant (around)
apšviẽsti, apšviẽčia, àpšvietė | enlighten, fill with light
apval/ùs, -ì (4) | round

apžiūrinéti, apžiūrinéja, apžiūrinéjo | look around, examine, 'visit'
apžvalgìn/is, -ė (2) | general, summary (adj.)
ar̃ | if, whether (in indirect questions)
arbà | or
arbat/à, -(ãt)os (2) | tea
arbãtin/is, -io (1) | teapot
archãišk/as, -a (1) | archaic, ancient
archeológ/as, -o (2) | archeologist (fem. **archeológ/ė, -ės** (2))
architèkt/as, -o (2) | architect (fem. **architèkt/ė, -ės** (2))
areãl/as, -o (2) | area, region
ar̃gi | really?, surely not? (emphatic interr. particle)
ar̃tim/as, -à (3^b) | close; intimate
artimiáus/ias, -ia (1) | nearest
asmenìn/is, -ė (2) | personal
asmenýb/ė, -ės (1) | individual, person
astronòmij/a, -os (1) | astronomy
àš | I
ateĩti, ateĩna, atẽjo | come (on foot)
atgal̃ | back (teñ ir atgal̃ 'there and back')
atidarýti, atidãro, atidãrė | open (trans.; intrans. = **atsidarýti, atsidãro, atsidãrė**)
atkeliáuti, atkeliáuja, atkeliãvo | come, arrive
atléiskit | forgive me, I'm sorry

atlikėj/as, -o (1)   performer (fem.
     atlikėj/a, -os
     (1); from **atlìkti,**
     atliėka, atlìko
     'perform, carry
     out')

atmosfer/à,   atmosphere
-(èr)os (2)

atostogáuti,   to be on holiday,
atostogáuja,   to spend one's
atóstogãvo   holidays
atóstog/os,   holiday
-ų (1) (pl. only)

atpažìnti,   recognize
atpažį̃sta,
atpažìno

atplė̃šti, atplė̃šia,   separate, tear away
atplė́šė

atródo   apparently, it
     seems

atródyti, atródo,   seem, look (here
atródė   used with the
     dat.)

atsakýti, atsãko,   reply, answer
atsãkė

atsibósti,   make someone
atsibósta,   fed up (the
atsibódo   person 'fed up'
     goes in to the
     dat.)

atsigul̃ti,   lie down
atsìgula,
atsìgulė

atsikélti,   get up, go up;
atsìkelia,   move (and live
atsikėlė   somewhere else)

atsiliẽpti,   call back, respond
atsiliẽpia,
atsìliepė

atsimiñti,   remember (intr.
atsìmena,   or tr.)
atsìminė

atsiprašaũ   excuse me, I'm
     sorry

atsirad̃ım/as,   origin, appearance
-o (2)

atsisakýti,   reject, refuse
atsisãko,   (+ gen. or **nuõ**
atsisãkė   + gen.)

atsisė́sti,   sit down

atsisė́da,
atsisė́do
atsitìkti,   happen (+ dat.
atsitiñka,   'to s.o.')
atsitìko

atsitiktinùm/as,   chance
-o (2)

atsivérti,   open out (intrans.)
atsìveria,
atsivérė

atskiraĩ, adv.   separately, apart
     (from **ãtskir/as,**
     -à (3[b]) 'separate')

atskìrti,   separate,
àtskiria,   differentiate
atskýrė   (+ acc. **nuõ** +
     gen. 's.o./sg.
     from s.o./sg.')

atskrìsti,   to arrive by plane
àtskrenda,
atskrìdo

atšìlti, atšýla,   warm up a little
atšìlo   (intrans.)

atvažiúoti,   come (some means
atvažiúoja,   of conveyance
atvažiãvo   understood)

atvažiúoti,   come, arrive
atvažiúoja,
atvažiãvo

atvỹkėl/is, -io (1)   visitor, newcomer
     (fem. **atvỹkėl/ė,**
     -ės (1))

atvỹkti,   arrive, come
atvỹksta,
atvỹko

ãtvir/as, -à (3[b])   open (also fig., e.g.
     'frank')

atvirkščiaĩ, adv.   the other way
     round, the wrong
     way round

audr/à, -õs (4)   storm (also **áudr/a,**
     -os (1))

áugal/as, -o (3[a])   plant

áugti, áuga, áugo   grow (intr.; trans.
     augìnti, augìna,
     augìno)

augìnim/as,   breeding, growing,
-o (1)   cultivation
     (**augìnti,**
     augìna, augìno

augìnti, augìna, augìno — 'grow' (trans.)) breed, rear; cultivate

auksìn/is, -ė (2) — gold(en) (adj.; from the noun **áuks/as, -o** (1))

aukščiáusiai, adv. — highest

áukšt/as, -à (3) — tall

aũkšt/as, -o (2) — floor, storey

aukštaũg/is, -ė (2) — tall

aukštýb/ė, -ės (1) — height

aũkšt/is, -(šč)io — height

aũkur/as, -o (3ᵇ) — sacrificial altar

aũskar/as, -o (3ᵇ) — earring

aus/ìs, -iẽs, -ų̃ (4; fem.) — ear

aušr/à, -õs (4) — dawn

autobùs/as, -o (2) — bus, coach

automobìl/is, -io (2) — car

ãvalyn/ė, -ės (1) — footwear

aviẽt/ė, -ės (2) — raspberry

ãvin/as, -o (3ᵇ) — ram, Aries

av/ìs, -iẽs (4; fem.) — sheep

avìž/à, -os (3ᵇ) — oats

ą́žuol/as, -o (3ᵃ) — oak

baĩgtis, baĩgias(i), baĩgės(i) — end, finish (intrans.; trans. **baĩgti**))

baĩgtis, baĩgiasi, baĩgėsi — finish, come to an end (non-reflexive 'finish *something*')

baigìm/as, -o (2) — end (here: 'graduation')

bais/ùs, -ì (4) — awful, horrible, vile

baisùm/as, -o (2) — fear, dread, dreàdful quality

balañd/is, -(dž)io (2) — April; pigeon

balèt/as, -o (2) — ballet

balkòn/as, -o (2) — balcony, circle

baĺdai, -ų (2) — furniture

bals/is, -io (2) — vowel

bált/as, -à (3) — white

Báltij/a, -os (1) — Baltic

Báltijos jū́r/a, -os (1) — Baltic (Sea)

bang/à, -õs (4) — wave (sea and radio)

bánk/as, -o (1) — bank

bánkinink/as, -o (1) — banker (derived from **bánk/as, -o** (1) 'bank')

baròk/as, -o (1) — Baroque

bãr/as, -o (2) — bar

barzd/à, -õs (4) — beard

baseĩn/as, -o (2) — swimming pool, baths

bãt/as, -o (2) — shoe

batēl/is, -io (2) — boot (ankle-high)

bažnýči/a, -os (1) — church

bè + gen. — apart from, without

be ãbejo — probably, doubtless

be tõ — moreover, in addition, also (lit. 'without that')

bėgióti, bėgiója, bėgiójo — run around

bėgti, bėga, bėgo — run

bejè — by the way, incidentally

bendráuti, bendráuja, bendrãvo — socialize, be sociable, go around with (**su** + instr.)

benzìn/as, -o (2) — petrol, gas

béržas, -o (3) — birch

bèt — but

bevéik — almost

bìblij/a, -os (1) — Bible

bibliotek/à, -(èk)os (2) — library

bičiùl/is, -io (2) — friend

bijóti, bìjo, bijójo — fear, be afraid (*of* = + gen.)

bìliet/as, -o (1) — ticket

biržēl/is, -io (2) — June

bìt/ė, -ės (2) — bee

bìtinink/as, -o (1) — beekeeper (fem. **bìtinink/ė, -ės** (1))

biùr/as, -o (2) — bureau, office

bìzn/is, -io (2) — business, affair

bjaur/ùs, -ì (4) — horrible, nasty, vile

blỹn/as, -o (2) — pancake (**bulv̇niai blỹnai** 'latkes'), *bliny*

bliuzėl/ė, -ės (2), palaiđìn/ė, -ės (2) — blouse

bókšt/as, -o (1) — tower, spire

botãnik/a, -os (1) — botany

brang/ùs, -ì (3) — dear

bríed/is, (dž)io (1) — elk

bról/is, -io (1) — brother

brolíen/ė, -ės (1) — sister-in-law

bronchìt/as, -o (2) · — bronchitis

brònz/a, -os (1) — bronze

bučiúoti, bučiúoja, bučiãvo — kiss

Budapèšt/as, -o (2) — Budapest

bū̃d/as, -o (2) — way, manner, style

budėtoj/a, -os (1) — person on duty, warden (fem.; masc. **budėto/jas, -jo** (1))

bulv/ė, -ės (1) — potato

bulv̇n/is, -ė (2), adj. — potato

būnù — am (habitual nuance; third p. **būna**)

būr/ỹs, bū̃rio (4) — group, company, detachment

bùrlent/ė, -ės (1) — windsurfing board

burõk/as, -o (2) — beetroot

bū́sim/as, -a (3ª) — future, coming

bùt/as, -o (2) — flat, apartment

bū́tina — indispensable, necessary (genderless form of **bū́tin/as, -à** (3ª))

būtinaĩ — by all means, without fail, certainly

bū́tų — it would be (third person conditional of **būti**)

bùv/ęs, -usi (1) — former (p. part. act. of **būti**, used as adj.)

buv̇m/as, -o (2) — existence

centimètr/as, -o (2) — centimetre

ceñtr/as, -o (2) — centre

centṙn/is, -ė (2) — central

cepel̇n/as, -o (2) — a large oval dumpling made of grated potato with a meat or cottage cheese filling

chèmij/a, -os (1) — chemistry

chèmin/is, -ė (1) — chemical

čempionãt/as, -o (2) — championship

čià — here; this/these is/are

Čikag/à, -(ãg)os (2) — Chicago

čiulbėjim/as, -o (1) — chirping, twittering

čiuožìm/as, -o (2) — skating

daĩlinink/as, -o (1) — artist (fem. **daĩlinink/ė, -ės** (1); **dail/ė̃, -ė̃s** (4) 'art'))

dain/à, -õs (4) — song, folk song

dainúoti, dainúoja, dainãvo — sing (trans. and intrans.)

dalỹk/as, -o (2) — thing, object (note the useful phrases: **Kàs peř dalỹkas?** 'What's up? What's the matter?'

dal/ìs, -iẽs (4; fem.) — part

dalyvãvim/as, -o (1) — participation (+ loc. 'in'; from **dalyváuti, dalyváuja, dalyvãvo** 'participate' + loc. as the noun)

dang/ùs, -aũs (4) — sky

dár	another, 'more' (like French *encore,* German *noch*)
dár kar̃tą	once again
dárbo kambar/ỹs, -io (3^b)	workroom, atelier (**dárb/as, -o** (3) 'work')
darbúotoj/as, -o (1)	worker (skilled), scientist (fem. **darbúotoj/a, -os** (1))
darýti, dãro, dãrė	do
dar̃ž/as, -o (4)	garden, kitchen garden (compare **sõdas**)
daržẽl/is, -io (2)	flower-bed
daržóv/ė, -ės (1)	vegetable
dat/à, -os (2)	date
daũg kàs	lots of things
daũgel/is, -io (1)	many (+ gen. or, in the sense 'many of us', + **ìš** + gen.)
daugiabùt/is, -i (2)	with many apartments/flats; 'multi-apartment'
daugiamẽt/is, -ė (2)	perennial, over many years
daugiaũ kaĩp	more than
daugýb/ė, -ės (1)	many, the many (+ gen.)
daugìskait/a, -os (1)	plural
daugum/à, -õs (3^b)	majority, most (+ gen.)
dažýti, dãžo, dãže	paint
dažniáusiai	most often
debesúot/as, -a (1)	cloudy
debiutúoti, debiutúoja, debiutãvo	have its debut
dė̃d/ė, -ės (2)	uncle
dė̃gintis, dė̃ginasi, dė̃ginosi	become tanned, brown, 'sunburnt'
dejà	unfortunately
dekanãt/as, -o (2)	dean's office
dė̃kui	thanks
dėkìng/as, -a (1)	grateful (+ dat.)
dė̃l tõ, kàd	because, on account of the fact that
dėmes/ỹs, -io (3^b)	attention
deñgti, deñgia, deñgė	cover
der̃l/ius, -iaus (2)	harvest
dė́styti, dė́sto, dė́stė	teach, expound
dė́stytoj/as, -o (1)	teacher, lecturer (fem. **dė́stytoj/a, -os** (1))
dešim̃tmet/is, -(č)io (1)	decade
dešr/à, -õs (4)	sausage (*saucisson*)
detektỹv/as, -o (1)	crime novel; detective
detektỹvin/is, -ė (1)	whodunnit, detective (film)
dė́ti, dẽda, dė́jo	put
dìdel/is, -ė (3)	big, large
dìd/is, -ì (4)	grand, great
dỹd/is, -(dž)io (2)	size
dìdvyrišk/as, -a (1)	heroic
didžiáus/ias, -ia (1)	largest, greatest
didžiùl/is, -ė (2)	huge
dìdžkukul/is, -io (1)	dumpling (large; derived from **kukùlis** (2))
diẽną	in the afternoon, during the daytime
dienórašt/is, -(šč)io (1)	diary, log
diẽv/as, -o (4)	god
dygl/ỹs, -io (4)	thorn
dýgti, dýgsta, dýgo	begin to grow, come up
dìktor/ius, -iaus (1)	speaker, presenter (fem. **dìktor/ė, -ės** (1))
dykum/à, -õs (3^b)	desert
dirbtùv/ė, -ės (2)	workroom, atelier

dokumeñtin/is, -ė (2)	documentary	**dùš/as, -o** (2)	shower
domėtis, dõmisi, domėjosi	be interested (+ instr. 'in')	**dviaũkšt/ė, -ės** (2)	bunk bed (lit. 'two-storey (bed)')
dovan/à, -õs (3ᵃ)	gift	**dvìrat/is, -(č)io** (2)	bicycle
dovanóti, dovanója, dovanójo	give, grant, present	**džiaũgsm/as, -o** (4)	joy
drabùž/iai, -ių (2; pl.)	clothes (sing. **drabùz/is, -io** (2) 'item of clothing')	**džiaũgtis, džiaũgiasi, džiaũgėsi**	be glad (if in the sense 'be pleased/ glad *about something*', then use the instr. for 'about something')
dram/à, drãmos (2)	drama		
drambl/ỹs, drañblio (4)	elephant	**džìns/ai, -ų** (1; pl. only)	jeans
draũdžiam/as, -à (3ᵇ)	forbidden, prohibited (įėjìmas draũdžiamas 'no entry')	**ẽgl/ė, -ės** (2)	spruce, fir
		egzãmin/as, -o (3ᵇ)	exam
		egzempliõr/ius, -iaus (2)	copy
draũg/as, -o (4)	friend (masc.; fem. **draũg/ė, -ės** (4))	**eĩti pàs gýdytoją**	go to the doctor
		eil/ė, -ės (4)	row
draũg/ė, -ės (4)	friend (fem.)	**eilėrašt/is, -(šč)io** (1)	poem
draũsti, draũdžia, draũdė	forbid, prohibit (+ dat. of the person forbidden, and the acc. or inf. of whatever is forbidden)	**ekonòmik/a, -os** (1)	economics
		ekskùrsij/a, -os (1)	excursion
		eksponãt/as, -o (2)	exhibit
		eksprèsij/a, -os (1)	expressiveness, ideas, message
drąs/ùs, -ì (4)	brave		
dríež/as, -o (3)	lizard	**ekspresyv/ùs, -ì** (4)	expressive
drỹž/is, -io (4)	stripe		
dryžúot/as, -a (1)	striped	**ekstãz/ė, -ės** (2)	joy, ecstasy
Dubýs/a, -os (1)	Dubysa (a tributary of the Nemunas)	**elektrìn/ė, -ės plytėl/ė, -ės** (2)	electric cooker (**elektrìn/is, -ė** (2))
dùjin/is, -ė (1)	gas (adj.; noun = **dùj/os, -ų** (2))		
		eĩget/a, -os (1)	beggar
dukt/ė̃, -eȓs (3ᵇ), **dukr/à, -os** (2)	daughter	**eĩgsen/a, -os** (1)	behaviour (**eĩgtis, eĩgiasi, eĩgėsi** 'behave (sù + instr. 'with/ towards'))
dukterė́či/a, -os (1)	niece		
dúomen/ys, -ų (3ᵃ; pl.)	data (gen. + **duomenimìs** 'according to the data of')		
		emòcij/a, -os (1)	emotion
		etnogrãfij/a, -os (1)	ethnography
dúon/a, -os (1)	bread		
dúoti, dúoda, dãvė	give	**etnogrãfin/is, -ė** (1)	ethnographic

ẽžer/as, -o (3ᵇ)	lake
ėž/ỹs, ėžio (4)	hedgehog
fakultèt/as, -o (2)	faculty
fantãstin/is, -ė (1)	fantastic, science fiction (film)
fìlm/as, -o (1)	film
filològij/a, -os (1)	language and literature
filosòfij/a, -os (1)	philosophy
fìzik/a, -os (1)	physics
folklòr/as, -o (2)	folklore
fònd/as, -o (1)	holdings (here in pl.)
fòrm/a, -os (1)	form
fortepijõnin/is, -ė (2)	piano (adj.; fortepijõn/as, -o (2) 'piano')
fòtel/is, -io (1)	armchair
fotoaparãt/as, -o (2)	camera
fotogrãf/ė, -ės (2)	photographer (masc. fotogrãf/as, -o (2))
fùtbol/as, -o (1)	football
gaĩla	a pity
gãl/as, -o (4)	end
gãlima	it's possible, 'you can'
galèrij/a, -os (1)	gallery
galéti, gãli, galėjo	be able, can
galv/à, -õs (3)	head
gamykl/à, gamỹklos (2)	factory
gamìnti, gamìna, gamìno	make, produce
gamt/à, -õs (4)	nature
ganà	quite, very
gandrãlizd/is, -(zdž)io (1)	stork's nest (lìzd/as, -o (4) 'nest')
gañdr/as, o (2)	stork
garãž/as, -o (2)	garage
garbétrošk/a, -os (1)	ambitious person
gárbinti, gárbina, gárbino	pay respects to, honour, glorify
gárlaiv/is, -io (1)	steamer, boat, ship
gar̃s/as, -o (4)	sound, 'fame', rumour
gar̃siai	loudly (from gars/ùs, -ì (4) 'loud, famous')
gars/ùs, -ì (4)	famous
gãtv/ė, -ės (2)	street
gáudyti, gáudo, gáudė	catch
gáuti, gáuna, gãvo	get, receive, obtain
gegùt/ė, -ės (2)	cuckoo
geguž/ė̃, -ė̃s (3ᵇ)	May
geležìn/is, -ė (2)	iron (adj., from geléž/is, -ìes (3ᵇ; fem.) 'iron')
geležìnkelio stot/ìs, -ìes (4; fem.)	rail(way) station (geležìnkel/is, -io (1) 'railway')
gėlýn/as, -o (1)	flower-bed
gėlìnink/ė, -ės (1)	florist, flower-seller (masc. gėlìnink/as, -o (1))
geltón/as, -a (1)	yellow
gen/ỹs, gẽnio (4)	woopecker
geraĩ	fine; well (adv. from the adj. gẽr/as, -à (4))
geriáusia	best (genderless form of the sup. of gẽr/as, -à (4) 'good'))
gérim/as, -o (1)	drink
gerkl/ė̃, -ė̃s (3)	throat
gerókai	really, pretty, fairly
gerõs núotaikos	in a good mood, of a good disposition (gen. of núotaika, -os (1) 'mood')
gérti, gẽria, gė́rė	drink
gérti, gẽria, gė́rė váistus	take medicine
gì	emphatic particle

gydykl/à, clinic, sanatorium
-(ỹkl)os (2)

gýdyti, gýdo, treat, cure (**nuõ** +
gýdė gen. 'of')

gýdytis, gýdosi, receive treatment
gýdėsi (medical)

gýdytoj/as, -o (1) doctor (fem.
gýdytoj/a, -os
(1); **dantų**
gýdytojas
'dentist')

gýdom/as(is), medic(in)al
-a - -oji (1)

giẽdr/as, -à (4) clear

gimin/ė, -ẽs (3ᵇ) relative, relation

gimtādien/is, birthday (also
-io (1) **gimìmo dienà**)

giñt/as, -à (4) native

gìmti, gìmsta, be born
gìmė

giñčytis, argue ('about' =
giñčijasi, **dẽl** + gen.)
giñčijosi

giñtar/as, amber
-o (3ᵇ)

girdėti, giřdi, hear
girdėjo

giri/à, gìrios (2) forest

gitar/à, -(ãr)os guitar
(2)

gýv/as, -à (3) alive

gyvãt/ė, -ės (2) snake

gýv/is, -io (1) living thing

gyvẽnim/as, life
-o (1)

gyvénti, gyvẽna, live
gyvẽno

gyvéntoj/as, inhabitant (fem.
-o (1) **gyvéntoj/a, -os**
(1))

gyvul/ỹs, -io (3ᵃ) animal

gyvūn/as, -o (2) living thing,
creature

gòtik/a, -os (1) Gothic (n.)

gražùm/as, beauty, beautiful
-o (2) time/period

graž/ùs, -ì (4) beautiful

greĩt/is, -(č)io (2) speed

greit/óji, -õsios ambulance (lit.
(4) **pagálb/a,** 'rapid help')

-os (1)

griáusti, thunder
griáudžia,
griáudė

griaustìn/is, thunder
-io (2)

Grìgišk/ės, Grigiškės
-ių (1)

griñd/ys, -ų̃ (4) floor (plural-only
n.; fem.)

grỹb/as, -o (2) mushroom

grybáuti, collect mushrooms
grybáuja,
grybãvo

grýn/as, -à (3) pure, clean

grìp/as, -o (2) influenza, flu

grį̃žti, grį̃žta, return, come back,
grį̃žo go back

gróti, grója, play (of a musical
grójo instrument, with
the instrument in
the instr.)

grū̃d/as, -o (3) grain (often pl.
'cereals')

grúod/is, December
-(dž)io (1)

grùp/ė, -ės (2) group

gul̃b/ė, -ės (2) swan

gulėti, gùli, lie, be lying
gulėjo

gultis, gùlasi, lie down, go to bed
gùlėsi

gvazdìk/as, pink, carnation
-o (2)

hãl/ė, -ės (2) hall (also: 'covered
market')

humanitãrin/is, humanities (adj.;
-ė (1) often used with
mókslai)

į̃+ acc. to

į dẽšinę to the right

įdéti, į̃deda, insert, place
įdėjo

įdomù interesting (gender-
less form of
įdom/ùs, -ì (4))

ieškóti, ieško, look for, seek
ieškójo + gen.

įjùngti, įjùngia, turn on (+ acc.;
įjùngė **išjùngti,**

išjùngia, išjùngė + acc. 'turn off')

ikì + gen. before

ikì till then, see you, so long

įkùrt/as, -à (3) founded (from the verb **įkùrti, į̃kuria, įkū́rė**)

įkùrti, į̃kuria, įkū́rė found, create

įkūrìm/as, -o (2) founding, foundation

įkvė́pti, į̃kvėpia, į̃kvėpė inspire; breathe in (trans.)

į̃ laũką out (movement; without movement: **laukè**)

ilgaĩ for a long time (the adv. from the adj. **ìlg/as, -à** (3))

ilgakõj/is, -ė (2) long-legged

ilgesìng/as, -a (1) sad, languorous

ilges/ỹs, ìlgesio (3b) sadness, longing

ĩlg/is, -io (2) length

ilgùm/as, -o (2) length

įminìm/as, -o (2) solution (to a riddle; the v. is **įmiñti, į̃mena, į̃minė** + acc.))

im̃ti, ìma, ė̃mė begin, start; take, collect

informãcij/a, -os (1) information, 'announcement'

institùt/as, -o (2) institute

interviù (indecl.) interview

inžiniẽr/ius, -iaus (2) engineer (fem. **inžiniẽr/ė, -ės** (2))

iñd/as, -o (2) piece of crockery or cutlery (**pláuti, pláuna, plóvė indùs** 'wash the dishes')

ýpač particularly, especially

į̃prast/as, -à (3b) normal, usual

į̃ ... pùsę facing

įspū́d/is, -(dž)io (1) impression (**ìš** + gen. 'of'; **padarýti, padãro, padãrė įspū́dį** + dat. 'to make an impression on someone')

ir̃ and; also, even

ir̃gi also

ir̃ ..., ir̃ ... both ..., and ...

ir̃ t.t. etc. (= **ir̃ taĩp toliaũ**)

ir̃ vìskas and that's that

istòrij/a, -os (1) history

istòrik/ė, -ės (1) historian (woman; masc. **istòrik/as, -o** (1))

istòrin/is, -ė (1) historical

įsakýti, įsãko, įsãkė command, order (+ dat. of p. commanded)

įsidė́ti, įsìdeda, įsidė́jo put in, include (for o.s.)

įsimylė́ti, įsimýli, įsimylė́jo fall in love ('with' = + acc.)

įsteĩgti, įsteĩgia, į̃steigė found, organize, set up

į̃ svečiùs stay (literally 'to guests'; if the accompanying verb does not imply movement one uses an appropriate verb, say **bū́ti**, with the loc. pl. **svečiuosè**; note the preposition **pàs** + acc., used whether motion is involved or not)

ìš + gen. from, out of

iš čià from here

išbū́ti, išbū́na, išbùvo spend (time)

išeit/ìs, -iẽs (3b; fem.) way out, solution

išgérti, ìšgeria,   get something to
  išgérė   drink (res. of
     gérti, gēria,
     gérė 'drink')
išgir̃sti, išgir̃sta,   hear (res.)
  išgir̃do
išjùdinti,   move, arouse
  išjùdina,
  išjùdino
iškar̃t   immediately,
     straight away
iškìlti, iškȳla,   rise
  iškìlo
iškèpti, ìškepa,   bake, fry (res. of
  ìškepė   **kèpti, kēpa,**
     kēpė; both also
     intrans.)
iškilmìng/as,   solemn, official
  -a (1)
iškovóti,   win (presupposing
  iškovója,   a struggle)
  iškovójo
išláisvinti,   free, emancipate
  išláisvina,
  išláisvino
išlìkti, išlìēka,   remain, be
  išlìko   preserved,
     survive
išlìpti, ìšlipa,   get out/off (+ **iš** +
  išlìpo   gen.; **įlìpti,**
     į̃lipa, įlìpo +
     į̃ + acc. 'to get
     on, climb (up/
     into)')
išmanýti,   understand, know
  išmãno, išmãnė   something about
     (+ acc. or + **apiẽ**
     + acc.)
išnȳkti, išnȳksta,   disappear, become
  išnȳko   extinct
išplaũkti,   sail off, depart (by
  išplaũkia,   boat)
  ìšplaukė
iš pradžių̃   at first (also **iš**
     pradžiõs)
išréikšti,   express, convey
  išréiškia,
  išréiškė
išriñkti,   choose, select
  ìšrenka,   (+ instr. for the p.

išriñko   chosen to be sg.)
išsėdéti, ìšsėdi,   sit (for a certain
  išsėdėjo   time; also 'sit to
     the end')
issiáiškinti,   explain (to/for
  issiáiškina,   oneself; res.)
  issiáiškino
issibarstýti,   spread, scatter
  issibar̃sto,
  issibar̃stė
issigą̃sti,   be afraid, fear +
  issigą̃sta,   gen.)
  issigañdo
issigìmti,   die out, become
  issigìmsta,   extinct,
  issìgimė   degenerate
issikèpti,   bake, fry (for
  issìkepa,   oneself; may be
  issìkepė   + acc.)
issinúomoti,   hire, rent
  -moja, -mojo
issivèžti, issìveža,   take away, off (by
  issìvežė   some con-
     veyance)
isskaĩbti,   wash (clothes)
  isskalbia,
  ìsskalbė
isskýrus + acc.   except
ištekėj/usi,   married (of a
  -usios (1)   woman)
ìštikim/as,   true, faithful,
  -à (3⁴ᵇ)   devoted
ìštis/as, -à (3ᵇ)   whole
ištìs/ęs, -usi (1)   spread out
ìštisus metùs,   all year round
  adv.   (**ìštis/as, -à** (3ᵇ)
     'whole, entire')
iš tõlo   from afar
ìštrauk/a, -os (1)   extract
ištvérti, ìštveria,   endure, stand, bear
  ištvérė
ìš vãkaro   in the evening
išvažiúoti,   leave, to go (home)
  išvažiúoja,
  išvažiãvo
išver̃sti, išver̃čia,   translate ('from ...
  ìšvertė   into ...' = **iš** +
     gen. **į̃** + acc.)
išvìrti, išvérda,   cook, boil (res.)
  ìšvirė

iš vienõs pùsės — on the one hand
iš vìso, adv. — altogether
įtak/a, -os (1) — influence
įtekėti, įteka, — flow into (with į
įtekėjo — + acc.)
įvair/ùs, -ì (4) — various, different
įveĩsti, įveĩsia, — breed, rear;
įveisė — cultivate
įvyk/is, -io (1) — event
įvỹkti, įvỹksta, — take place
įvỹko
įžymýb/ė, -ės (1) — sight (of things
worth seeing in a
place)
jaũ — already
jau nèbe — is/are no more, no
longer
jáudintis, — worry (dėl + gen.
jáudinasi, — 'about'; non-refl.
jáudinosi — = 'worry, trouble
s.o.')
jauk/ùs, -ì (4) — cosy, comfortable,
convenient
jáun/as, -à (3) — young
jaunìm/as, -o (2) — young people
jaunỹst/ė, -ės (2) — youth (time of life)
jaunuõl/is, -io (2) — young man
(jaunuõl/ė, -ės
'young woman')
jaũsm/as, -o (4) — feeling, instinct
('for' = preceding
gen.)
jaũsti, jaũčia, — feel
jaũtė
jaũstis, jaũčiasi, — feel (in o.s.,
jaũtėsi — intrans.; trans.
jaũsti)
jėg/à, -õs (4) — power, force
jéi — if
jókiu būdù — not at all, in no
way (instr. of
jóks, jokià (3)
'no, not a', and
bū̃d/as, -o (2)
'way, manner')
jojìm/as, -o (2) — horse-riding
Jonìn/ės, -ių — St John's Day (also
(2; pl. only) — Jõnin/ės, -ių (1))
jubiliėj/us, — jubilee, anniversary
-aus (2)

júod/as, -à (3) — black
Juodó/ji jū́r/a, — Black Sea
-õsios (3) -os (1)
júodrašt/is, — draft, rough copy
-(šč)io (1)
jùk — as you know,
indeed, after all
juokáuti, — joke
juokáuja,
juokãvo
jū́r/a, -os (1) — sea
jurìdin/is, -ė (1) — law (adj.; téis/ė,
-ės (1) 'law,
right')
jū̃s — you (pl., polite)
jùsti, juñta, jùto — feel, sense (res.
pajùsti)
jū́sų — your (gen. of jū̃s)
kaĩ — whenever, when
káim/as, -o (1) — village, countryside
kaĩp — how
kaĩp iř — just like
kaĩp jū́s mãnote? — what do you think?
kaĩp sẽkasi? — how are you?
(from sèktis,
sẽkasi, sẽkėsi 'to
succeed' (with
the subject in the
dat.))
kaĩp tìk — perfect (= 'a perfect
fit, just right')
kailin/iaĩ, -ių̃ — fur coat
(3ª; pl. only)
kaimýn/as, -o (1) — neighbour (fem.
kaimýn/ė, -ės
(1))
kainúoti, — cost
kainúoja,
kaināvo
kairiaráňk/is, — left-handed person
-io (1) — (fem.
kairiaráňk/ė,
-ės (1))
kaklāraišt/is, — tie (parìšti, pàriša,
-(č)io (1) — parìšo + acc. 'do
("one's tie")')
kakt/à, -õs (4) — forehead
kalakùt/as, -o (2) — turkey
kalb/à, -õs (4) — conversation;
language; speech

kalbéti, kaĺba, speak
   kalbéjo
kalbétis, kaĺbasi, talk to, converse
   kalbéjosi with (**sù** + instr.
      'with')
kalv/à, -õs (4) hill
kambario room mate (for
   draũg/as, -o (4) fem. use
      draũg/ė, -ės (4))
kambar/ỹs, room
   -io (3ᵇ)
kambariùk/as, room (dim.)
   -o (2)
kàd that (conjunction
   joining phrases,
   e.g. 'you say that
   I'm ...')
kākl/as, -o (4) neck
kam̃p/as, -o (4) corner
kampėl/is, -io (2) nook (dim. of
   kam̃p/as, -o (4)
   'corner')
kamuol/ỹs, football (the ball,
   kãmuolio (3ᵇ) not the sport)
kantrýb/ė, -ės (1) patience (**kantr/ùs,**
   -ì (4) 'patient',
   adv. **kañtriai**)
kāp/as, -o (4) grave (**kap/aĩ, -ų̃**
   (4) 'cemetery')
karãl/ius, king
   -iaus (2)
karõl/iai, -ių (2) beads
káršt/as, -à (3) hot
karšt/is, -(šč)io heat, sultry
   (2) weather
kartogrāf/ė, cartographer
   -ės (2) (masc.
      kartogrāf/as,
      -o (1))
kartù along (with us),
   together
kartù sù + instr. together with
kárv/ė, -ės (1) cow
kas/à, -õs (4) plait
kàs who, what
kàs (indecl.) every
   + num.
kasdiẽn every day
kasdiẽn/is, -io (1) everyday
kasmẽt/kasmèt every year

kàs naũjo? what's new?
kàs nórs something, any-
   thing
kaštõn/as, -o (2) chestnut
kat/ė̃, -ė̃s (4) cat
kãtedr/a, -os (1) department (with a
   Chair); cathedral
ką̃ tùk just (in 'have just'
   sentences)
Kaũn/as, -o (2) Kaunas
kav/à, -õs (4) coffee
kažìn perhaps, very
   likely, hardly,
   scarcely
kažkók/s, -ià (3) some or other
kažkuř somewhere
kėd/ė̃, -ė̃s (4) chair
keĩst/as, -à strange, unknown,
   odd
kėlet/as, -o (1) several (only in the
   sing., and
   followed by the
   gen. pl.)
kel/ì, kėl/ios, several, a few
   -ių̃ (4; pl. pron.) (agrees with the
   word it qualifies)
kėl/ias, -io (4) way, road, track
keliáuti, travel
   keliáuja,
   keliãvo
kelìñtą̃ vãlandą̃? at what time?
keliõn/ė-, -ės (2) journey, trip
keliõnių travel agent's
   agentūr/à,
   -os (2)
kéln/ės, -ių (1) trousers
kem̃ping/as, campsite
   -o (1)
kė̃pal/as, -o (3ᵇ) loaf
kepsn/ỹs, -io (4) roast, baked dish
kèpti, kė̃pa, kė̃pė bake, fry (trans.
   and intrans.)
keptùv/ė, -ės (2) frying pan (**kèpti,**
   kė̃pa, kė̃pė
   'bake, fry' (trans.
   and intrans.)
kepùr/ė, -ės (2) cap (**užsidéti,**
   užsìdeda,
   užsidéjo + acc.
   'put on')

keturiólikt/as, -a (1) — fourteenth

ketvirtãdal/is, -io (1) — quarter

ketviřt/as, -à (4) — fourth, no.4

kiaũl/ė, -ės (2) — pig

kíek valandũ̃? — what time is it? (**valand/à, -õs** (3ᵇ) 'hour')

kiekvíen/as, -à (3) — each, every

kienõ — whose (indecl.)

kiẽm/as, -o (4) — yard, courtyard

kìlim/as, -o (1) — carpet

kilm/ė̃, -ė̃s (4) — origin

kilogrãm/as, -o (2) — kilo(gram)

kilomètr/as, -o (2) — kilometre

kìn/as, -o (2) — cinema

kìšk/is, -io (2) — hare

kìt/as, -à (4) — another, other; the next

kìtą kar̃tą — another time

kìta ver̃tus — on the other hand

kìtkas (like **kàs**) — something else (**tar̃p kìtko** 'incidentally')

kitur̃ — elsewhere (**kur̃ kitur̃** 'anywhere else')

klãs/ė, -ės (2) — class(room)

klasicìzm/as, -o (1) — Classicism

klausaũ — hello; I'm listening (on the phone)

klausýti, klaũso, klaũsė — listen to, obey (+ gen.)

klausýtis, klaũsosi, klaũsėsi — listen to (+ gen.)

kláusim/as, -o (1) — question

kláusti, kláusia, kláusė — ask (+ acc. + gen. 'someone (about) something')

kláusti, kláusia, kláusė — ask (+ gen. of what you ask for)

klẽv/as, -o (4) — maple

klìmat/as, -o (1) — climate

klìnik/a, -os (1) — clinic

knygė̃l/ė, -ės (2) — book (dim.)

knìsti, knìsa, knìso — dig (up), tear apart

kõ gẽro — who knows, it may be (sense of apprehension)

kój/a, -os (1) — foot, leg

kójin/ė, -ės (1) — stocking

kók/s, -ià (3) — what (sort of)

koleg/à, -(èg)os (2) — colleague (fem. **kolèg/ė, -ės** (2))

kõl kàs — for the time being

kománd/a, -os (1) — team

komentãtor/ius, -iaus (1) — commentator (fem. **komentãtor/ė, -ės** (2))

kompensúoti, -súoja, -sãvo — compensate for (+ acc.)

kompozìtor/ius, -iaus (1) — composer (fem. **kompozìtor/ė, -ės** (1))

komunikãcij/a, -os (1) — communication (studies)

koncèrt/as, -o (1) — concert

konfereñcij/a, -os (1) — conference

konsèrv/ai, -ų (1; pl. only) — conserves, tinned goods

kop/à, kõpos (2) — dune

kópti, kópia, kópė — ascend, climb (+ į̃ + acc.)

kòrpus/as, -o (1) — block, building; corps

kósėti, kósi, kósėjo — cough

kostiùm/as, -o (2) — suit

kõš/ė, -ės — porridge, *kasha*

kotlèt/as, -o (2) — meatball

kóv/as, -o (1) — March

kovóti, kovója, kovójo — struggle, fight (**dė̃l** or **ùž** '+ gen. for'; **sù** + instr. or **priẽš** + acc. 'against')

krañt/as, -o (4) — bank, shore

krãšt/as, -o (4) — country, land

kraštóvaizd/is, — landscape, scenery

-(dž)io (1)

kregžd/ė, -ės (4) — swallow (also **kregzd/ė, -ės** (2))

kreĩptis, kreĩpiasi, kreĩpėsi — address, turn to, : speak to (į+ acc. 'to')

krẽpšininink/as, -o (1) — basketball player (fem. **krẽpšininink/ė, -ės** (1))

krepšĩn/is, -io (2) — basketball

kriáuš/ė, -ės (1) — pear; pear-tree

kriaukl/ė̃, -ẽs (4) — wash-basin (also **kriaũkl/ė, -ės** (2))

kriẽn/as, -o (4) — horseradish

krìkšt/as, -o (4) — baptism, christening

kritul/iaĩ, -ių̃ (3ᵇ) — precipitation

kukurū̃z/as, -o (2) — maize

kùlt/as, -o (1) — cult

kultū̃rin/is, -ė (1) — cultural (from **kultūr/à, -ū̃ros** (2))

kumeliùk/as, -o (2) — foal

kum̃p/is, -io (2) — ham, gammon

kū̃n/as, -o (1) — body

kunigáikšt/is, -(č)io (1) — Grand Duke

kuõ + comp., tuõ + comp. — the –er, the –er

kuõ jū̃s vardù? — what's your name

kuprìn/ė, -ės (2) — sack, rucksack, knapsack

kuř — where

kūrėj/as, -o (1) — creator, founder, artist

kūrýb/a, -os (1) — works, creation

kūrybìng/as, -a (1) — creative

kūrin/ỹs, -io (3ᵇ) — work (single item in someone's *opus*)

kur/ìs, -ì (4) — who, which (in rel. clauses)

kuř kituř — somewhere/anywhere else

kùrm/is, -io (1) — mole

kuròrt/as, -o (1) — resort, spa, holiday place

kū̃dik/is, -io (1) — baby

kvadrãtin/is, -ė (1) — square

kvailỹst/ė, -ės ((2) — stupidity (**kvaĩl/as, -à** (4) 'stupid')

kvartãl/as, -o (2) — quarter, district

kvartèt/as, -o (2) — quartet

kvėpúoti, kvėpúoja, kvėpãvo — breathe (+ instr. of what one breathes)

kviẽsti, kviẽčia, kviẽtė gýdytoją — call the doctor (res. **pakviẽsti**)

kviẽsti, kviẽčia, kviẽtė — invite

kvietìm/as, -o (2) — invitation

kviet/ỹs, -(č)io (4) — wheat

labaĩ daũg vìsko — very many things, all sorts of things

labaĩ malonù — a pleasure (lit. 'it's very pleasant', using the 'it' form of **malon/ùs, -ì** (4))

labà dienà! — Hello! (lit. 'good day'; **dien/à, -ōs** (4))

labaĩ — very

lãbas! — Hi!

labiáusiai, adv. — most (of all)

labiaũ mė́gti, mė́gsta, mė́go — prefer

laid/à, -ōs (4) — programme

laĩk/as, -o — time

laikýti, laĩko, laĩkė — hold, take (exam), consider (+ acc. + instr. 'something/someone [as/to be] something/someone')

laĩkrašt/is, -(č)io (1) — newspaper

laĩkrod/is, -(dž)io (1) — watch, clock

láim/ė, -ės (1) — happiness

láimei — fortunately

laimė̃jim/as, win
  -o (1)
laimė́ti, laĩmi, win (+ acc. or loc.)
  laimė́jo
laimìng/as, -a (1) happy, fortunate
laisvãlaikiu in one's free time
  (instr. of
  laisvãlaik/is,
  -io (1))
laĩsv/as, -à (4) free (linked to
  láisv/ė, -ės (1)
  freedom)
láišk/as, -o (3) letter
lakštiñgal/a, nightingale
  -os (1)
lakū̃n/as, -o (2) aviator, pilot (fem.
  lakū̃n/ė, -ės (2))
láng/as, -o (3) check, square (also
  'window')
langúot/as, -a (1) check (adj.)
lankýtis, lañkosi, visit, stay
  lañkėsi
lãp/ė, -ės (2) fox
lãpkrit/is, November
  -(č)io (1)
lapuõči/ai, -ų (2) deciduous trees
  (sing. **lapuõt/is,**
  -(č)io)
laukìn/is, -ė (2) wild (lit. 'of the
  field', from
  laũk/as, -o (4)
  'field')
laũk/as, -o (4) field
láukti, láukia, wait for (+ gen.;
  láukė res.: **suláukti**)
láuž/as, -o (3) bonfire
led/aĩ, -ų̃ (4; pl. icecream (**lẽd/as,**
  only) **-o** (4) 'ice')
legend/à, legend
  -(eñd)os (2)
leidìm/as, -o (2) permission, permit
  (also 'publica-
  tion')
leidin/ỹs, publication
  léidinio (3[a])
léidžiam/as, possible, admissible
  -à (3[a])
léisti, léidžia, let, allow, permit,
  léido publish, throw,
  spend (time)
  (+ dat. of
  person, + acc. of
  thing allowed)
léistis, léidžiasi, set (of the sun), to
  léidosi set off on a
  journey (į + acc.)
lẽkšt/ė, -ės (2) plate (also **lėkšt/ė,**
  -ės (4))
lėkštùt/ė, -ės (2) small plate, saucer
lėktùv/as, -o (2) aeroplane
lėl/ė̃, -ė̃s (4) doll
lelij/à, -os (2) lily
lengv/óji track athletics
  atlètika, -ōsios
  -os (4, 1)
Lénkij/a, -os (1) Poland
lénkiškai Polish (adv.)
lentýn/a, -os (1) shelf
lèsti, lẽsa, lẽsė peck, 'eat'
lė̃t/as, -à (4) slow
liáud/is, -ies people
  (1; fem.)
lydė́ti, lỹdi, accompany
  lydė́jo (+ acc.)
líep/a, -os (1) July; lime
lietpalt/is, raincoat
  -(č)io (1)
liet/ùs, -aũs (3) rain
lietìng/as, -a (1) rainy
Lietuv/à, -õs (3[a]) Lithuania
lietùv/ė, -ės (2) Lithuanian (fem.)
lietùviškai Lithuanian (adv.)
lietùvių kalb/à, Lithuanian
  -õs (4) language (the)
liežùv/is, -io (2) tongue
lig/à, -õs (4) illness (**dė̃l ligõs**
  'on account of
  illness')
lýgiai precisely, on the
  dot
ligónin/ė, -ės (1) hospital
ligón/is, -io (1) ill person, patient
  (fem. **ligón/ė,**
  -ės (1))
lygum/à, -õs (3[a]) plain
lìk sveĩkas so long (to a man;
  lit. 'remain
  healthy!')
lìkti, liẽka, lìko become; stay,
  remain

lìn/as, -o (4)	linen, flax (the adj. is (2))
liñk + gen.	towards, in the direction of
linkéti, liñki, linkéjo	wish (+ dat. of p. being wished and gen. of what being wished)
liñksm/as, -à (4)	happy
lýti, lỹja, lìjo	rain
liūdes/ỹs, liū̃desio (3ᵇ)	sadness
liūdéti, liū̃di, liūdéjo	be sad (also + gen., in the sense of 'longing for')
liū̃dn/as, -à (4)	sad (usually of a thing)
liū̃t/as, -o (2)	lion
lóv/a, -os (1)	bed
lotỹniškai	in Latin
Lòndon/as, -o (1)	London
lùb/os, -ų̃ (4)	ceiling
lū́p/a, -os (1)	lip
lū̃ž/is, -io (2)	fracture, break
mad/à, -õs (4)	fashion
maĩst/as, -o (2)	food
maitìntis, maitìnasi, maitìnosi	eat, feed o.s. (refl. of trans. **maitìnti** 'feed')
makarõn/ai, -ų (2; pl.)	macaroni
malonù	pleased (lit. 'it is pleasant')
malonùm/as, -o (2)	pleasure
mandag/ùs, -ì (4)	polite
manýti, mãno, mãnė	think, intend
mankšt/à, -õs (4)	training, exercising, gymnastics
màno	my, mine (indecl.)
márg/as, -à (3)	many-coloured
Maròk/as, -o (2)	Morocco
marškin/iaĩ, -ių̃ (3ᵇ; pl. only)	shirt
maršrùt/as, -o (2)	route, itinerary
mart/ì, -(č)iõs (4)	daughter-in-law
masãž/as, -o (2)	massage
Maskv/à, -õs (4)	Moscow
mašin/à, -(ın)os (2)	car
matemãtik/a, -os (1)	mathematics
matýt	clearly, certainly, of course
matúoti, matúoja, matãvo	measure
máudytis, máudosi, máudėsi	have a bath (**máudyti** 'bathe s.o.')
mažaĩ	few, little (adv. and quantitative word, followed by the gen.)
mã̃ž/as, -à (4)	small
maždaũg	more or less, approximately adv.)
mažiaũ, adv.	less
med/ùs, -aũs (4)	honey
medãl/is, -io (2)	medal
mēd/is, -(dž)io (2)	tree
mēdviln/ė, -ės (1)	cotton (the adj. is (2))
medžióti, medžiója, medžiójo	hunt (+ acc.)
medžiótoj/as, -o (1)	hunter (fem. **medžiótoj/a, os** (1))
mėgėj/as, -o (1)	fan, p. who likes doing sg.; amateur (fem. **mėgėj/a, -os** (1))
mė́gti, mė́gsta, mė́go	like
megztìn/is, -io (2)	jumper, sweater, knitted garment
méil/ė, -ės (1)	love
mėlynãk/is, -ė (2)	blue-eyed
mė́lyn/as, -a (1, 3ᵃ)	blue
mėlỹn/ė, -ės (2)	bilberry (also 'bruise; azure

mel̃stis,
meldžiasi,
mel̃dėsi   (of the sky)') pray (mel̃sti, meldžia, meldė 'beg, beseech')

mel̃sv/as, -à (4)   bluish

měn/as, -o (2)   art

měnišk/as, -a (1)   artistic

meniù (indecl. masc.)   menu

měnùl/is, -io (2)   moon (compare měnuo 'month')

mergáit/ė, -ės (2)   girl

mergin/à, -(ìn)os (2)   girl, young woman

měs sù + instr.   X and me/us

městi, měta, mětė   throw

mešk/a, -õs (4)   bear

mět/ai, -ų̃ (2)   year(s) (pl.-only n. in this meaning)

mètr/as, -o (2)   metre (m/sek.' metres per second' (sekùnd/ė, -ės (1) 'second')

metù   during (the instr. of mět/as, -o (2) 'time', often used with an agreeing pron., e.g. šiuõ metù 'at the moment' or a preceding gen.)

miegam/àsis, -ojo (3ᵇ)   bedroom (declines as a def. adj.)

miěg/as, -o (4)   sleep

miěgmaiš/is, -io (1)   sleeping bag

miegóti, miěga, miegójo   sleep

mielaĩ   gladly, with pleasure

miestěl/is, -io (2)   town, little town; village (in the sense of 'student village')

miestiět/is, -(č)io (2)   town-dweller (fem. miestiět/ė, -ės (2))

miěst/as, -o (2)   town, city

miěž/is, -io (2)   barley

mikroautobùs/ as, -o (2)   minicoach

myléti, mýli, mylėjo   love, like

mýlim/as, -à .(3ᵃ)   favourite

milimètr/as, -o (2)   millimetre

minerãlin/is, -ė (1)   mineral

mini/à, -õs (4)   crowd, mass (+ gen.)

mìnim/as, -à (3ᵇ)   mentioned

mirt/ìs, -iẽs (4; fem.)   death

mįsl/ė̃, -ė̃s (4)   riddle, puzzle

mìšk/as, -o (4)   forest

miškìng/as, -a (1)   wooded, forest (adj.)

mišraĩn/ė, -ės (2)   'Russian' salad

močiùt/ė, -ės (2)   granny

moder̃nišk/as, -a (1)   modern, contemporary

mókam/as, -a (1)   paying (subject to payment)

mókest/is, -(sč)io (1)   payment

mokéti, móka, mokėjo   know (how to); pay

mókym/asis, -osi (1)   learning, study (a refl. verbal n.)

mókytis, mókosi, mókėsi   study, learn (+ gen. case of what is being studied)

móksl/as, -o (1)   science

moksleĩv/is, -io (2)   student (fem. moksleĩv/ė, -ės 2))

mókslinink/ė, -ės (1)   academic, scientist (woman; masc. mókslinink/as, -o (1))

mókslin/is, -ė (1)   scientific, academic

mótin/a, -os (1), mam/à, -õs (4)   mother, mum

mū́rin/is, -ė (1)   stone (adj.)

mū́sų   our(s) (indecl.)

muziěj/us, -aus (2)   museum

mùzik/a, -os (1) music
muzikològ/ė, musicologist
  -ės (2) (masc.
  muzikològ/as,
  -o (2))
nà well (interjection)
naktìn/is, -ė (2) night (adj.)
nakvýn/ė, -ės (1) overnight stop
nakvóti, spend the night
  nakvója,
  nakvójo
nãm/as, -o (4) house
namiė at home (compare
  namõ 'to home,
  homewards')
namìn/is, -ė (2) domestic, house;
  home-made
narcìz/as, -o (2) narcissus
nar/ỹs, nãrio (4) member (fem.
  nar/ė̃, -ė̃s (4))
naudìng/as, useful,
  -a (1) advantageous
naudótis, use (+ instr.)
  naudójasi,
  naudójosi
naũj/as, -à (4) new
naujíen/os, -ų (1) new things, latest
  news
nè no
nė̃ ne- not even
nė̃ not at all (emphatic
  negation)
neaiškùm/as, obscurity
  -o (2)
neatsiėjam/as, indistinguishable,
  -a (3ᵇ) inseparable
neatsitiktìn/is, planned, not
  -ė (2) chance, not
  accidental
nebeñt provided, unless,
  if only
neblogaĩ not bad
nebrang/ùs, cheap, not
  -ì (3) expensive
nedìdel/is, -ė (3) small, not large
negalė́ti ne-*inf.* can't help but
neklἁužad/a, disobedient person
  -os (1)
neláim/ė, -ės (1) misfortune

nemažaĩ, adv. not a little
nenatūral/ùs, unnatural, artificial
  -ì (4)
ne- neĩ ..., neĩ ... neither ..., nor ...
nenúoram/a, restless person,
  -os (1) fidget
nepaténkint/as, dissatisfied,
  -a (1) unhappy
nėrà už kᾄ don't mention it
Ner/ìs, -iẽs (4) Neris (river name)
nesėkm/ė̃, -ė̃s (4) misfortune, failure
nesėkmìngai unsuccessfully
nèšti, nẽša, nẽšė bring, carry (under
  own steam)
nèt even
nè tìk ..., bèt not only ..., but
  dár irˉ ... also ...
netikėtai unexpectedly
  (**netikė́t/as, -a**
  (1) 'unexpected')
netolì + gen. near
netolíese nearby (adv.)
niẽk/ai, -ų nonsense, little
  (2; pl. only) things
niẽkas, niẽko ne- nothing, no one
niẽko no matter, that's
  nothing
niẽko tókio don't mention it
niẽkur kituřˉ nowhere else (with
  a neg. v.)
norė́tis, nórisi, feel like (impers.,
  norė́josi used with the dat.
  of whoever 'feels
  like')
norvèg/as, -o (2) Norwegian (noun,
  man; fem.
  norvèg/ė, -ės
  (2))
nósin/ė, -ės (1) handkerchief
nós/is, -ies nose
  (1; fem.)
nuеĩti, nuеĩna, go off, set off; get
  nuẽjo somewhere
nugalė́toj/as, conqueror (fem.
  -o (1) **nugalė́toj/a,**
  -os (1))
nukrìsti, fall, descend (past
  nukriñta, pcple)
  nukrìto

numatýti,	anticipate, foresee,
numãto,	plan (in advance)
numãtė	
numãtom/as,	supposed
-a (1)	(**numatýti** 'fore-
	cast, foresee')
nùmer/is, -io (1)	number
nuõ + gen.	since
nuobodýb/ė,	boredom, tedium
-ės (1)	
nuõ + gen. ikì	from ... to ... (time,
+ gen.	place)
nuolatīn/is, -ė (2)	constant, permanent
núomone	in the opinion of
	(preceded by
	gen.)
núomon/ė, -ės (1)	opinion
nuõ sēno	from way back,
	from a long time
	ago
nuõ senų̃ laikų̃	from olden times
nuostab/ùs, -ì (4)	amazing
nuoširdžiaĩ	sincerely (from:
	nuošird/ùs, -ì
	(4) 'sincere,
	cordial ('from the
	heart')
núotaik/a, -os (1)	mood, disposition
núotyk/is, -io (1)	adventure
núotrauk/a,	photo, snap
-os (1)	
nupiřkti,	buy (res.)
nùperka,	
nupiřko	
nuplanirúoti,	glide (down)
-úoja, -ãvo	
nusibósti,	bore
nusibósta,	
nusibódo	
nusimáudyti,	bathe (res.)
nusimáudo,	
nusimáudė	
nuskambéti,	resound
nùskamba,	
nuskambėjo	
nusprésti,	decide
nuspréndžia,	
nuspréndė	
nustatýti,	establish,

nustãto,	determine
nustãtė	
nutarìm/as,	decision, edict
-o (2)	
nutařti, nùtaria,	decide, decree
nùtarė	
nutū̃pti,	perch, settle, land
nùtupia,	(of plane)
nùtūpė	
nuvažiúoti,	go somewhere (by
nuvažiúoja,	transport)
nuvažiãvo	
nuvèsti, nùveda,	lead (on foot)
nùvedė	
nuvèžti, nùveža,	take s.o. (some-
nùvežė	where) by some
	means of
	transport
õ	and, but; and how
	about ...?
obel/ìs,	apple-tree
-iẽs/obels, -ų̃	
(3a; fem.)	
observatòrij/a,	observatory
-os (1)	
obuol/ỹs, -io (3a)	apple
obuolių̃	apple pie
pyrãg/as, -o (2)	
ódin/is, -ė (1)	leather (adj.)
olìmpin/is, -ė (1)	Olympic
òper/a, -os (1)	opera
ór/as, -o (3)	air, weather
organizúoti,	organize
-úoja, -ãvo	
ošìm/as, -o (2)	sound, murmur (of
	the sea, in a
	forest)
õšti, õšia, õšė	murmur (of a forest
	or the sea)
ožk/à, -õs (3)	goat
paáiškinti,	explain (res. of
paáiškina,	**áiškinti**)
paáiškino	
pabaig/à,	end
-õs (3b)	
pabandýti,	try, attempt, have
pabañdo,	a go (perf.;
pabañdė	imperf. **bandýti**)
pabúti, pabūna,	to spend some

pabùvo	time, to be for a while
padalin/ỹs, -ìnio (3^{4b})	section, (sub-) division
padarýti,	do
padãro, padãrė	
padavėj/as, -o (1)	waiter (fem. **padavėj/a, -os** (1) 'waitress')
padavìm/as, -o (2)	legend, tradition
padéti, pàdeda, padėjo	help (+ dat.); put (in a lying position)
paeĩti, paeĩna, paẽjo	go, set off
pagal + acc.	according to; along (the length of)
pagálv/ė, -ės (1)	pillow (lit. 'under-head')
pagalvóti, pagalvója, pagalvójo	think, consider (res. of **galvóti, galvója, galvójo**; 'about' = **apiẽ** + acc.)
pageidáutina	desirably, prefer-ably
pageréti, pageréja, pageréjo	improve (intrans.)
pagyvẽn/ęs, -usi (1)	elderly
pagonýb/ė, -ės (1)	paganism
pagón/is, -io (1)	pagan, heathen (fem. **pagón/ė, -ės** (1))
pailséti, paìlsi, pailséjo	rest, take a rest (also **pasilséti, pasìlsi, pasilséjo**)
paim̃ti, pàima, pàėmė	take
pajúr/is, -io (1)	seaboard, coast (from **júr/a, -os** (1) 'sea')
pakabìnti, pakabìna, pakabìno	hang (+ acc. + **ant** + gen. 'sg. on sg.')

pakeliáuti, pakeliáuja, pakeliãvo	travel, make a journey
pakìlti, pakỹla, pakìlo	rise, get higher (intr.)
paklõd/ė, -ės (2)	sheet
pakránt/ė, -ės (1)	coast, seaboard (derived from **krañtas** 'bank, shore')
pakrašt/ỹs, -(č)io (3^b)	edge, outskirts
pakviẽsti, pakviẽčia, pàkvietė	to invite ('to, on' = **į** + acc.)
paláidoti, paláidoja, paláidojo	bury, inter
paláng/ė, -ės (1)	window-sill
palapìn/ė, -ės (2)	tent
paláukti, paláukia, paláukė	wait (+ gen. 'for')
palép/ė, -ės (1)	eaves, roof-space, 'attic'
palydéti, palỹdi, palydéjo	accompany
palýginti	comparatively
palikìm/as, -o (2)	inheritance
palìkti, paliẽka, palìko	leave, abandon (trans.; also 'bequeath' and, intrans., 'remain, stay')
pált/as, -o (1)	overcoat
pamain/à, -õs (3^b)	shift
pamąstýti, pamąsto, pamąstė	think
pamatýti, pamãto, pamãtė	catch sight of
pamažù	little by little, gradually
pamìlti, pamìlsta, pamìlo	fall in love with (+ acc.)

pamineti, pàmini, paminejo	mention
pamiñkl/as, -o (2)	monument
panašù kaĩp	similar to, like (panašù = genderless form)
panaš/ùs, -ì (4) į̃ + acc.	similar to, like
panẽl/ė, -ės (2)	young (unmarried) lady, Miss
panemun̄/ė, -ės (3⁴ᵇ)	area near the Nemunas
panoŕti, panoŕsta, panōro	desire, get a desire (synonymous with panoreti, panóri, panorėjo)
papãsak/oti, -oja, -ojo	recount, relate (res. of pãsakoti)
papėd/ė, -ės (1)	foot (of mountain, monument)
papietáuti, papietáuja, papietãvo	have lunch, dinner (res. of pietáuti)
paplĩsti, papliñta, paplĩto	become wide- spread
paplūdim/ỹs, pãplūdimio (3⁴ᵇ)	beach
paprastaĩ	usually; simply (the adv. from the adj. pàprast/ as, -à (3ᵇ) 'simple, ordinary')
papuošal/aĩ, -ų̃ (3⁴ᵇ)	jewellery, 'decora- tions'
papuõšti, pàpuošia, pàpuošė	adorn, embellish
par/à, -õs (4)	day, 24 hours
paragáuti, paragáuja, paragãvo	taste, try
pardúoti, pardúoda, par̃davė	sell

Parỹži/us, -aus (2)	Paris
parod/à, -õs	exhibition
párter/is, -io (1)	stalls, parterre
parvaži/úoti, -úoja, -ãvo namõ	get home
pàs + acc.	to/in [...] house, in the possession of
pasakýti, pasãko, pasãkė	say, tell
pasául/is, -io (1)	world
pasigýdyti, pasigýdo, pasigýdė	get some treatment (for o.s.)
pasiim̃ti, pasìima, pasìėmė	take, get, buy (lit. 'take for o.s.')
pasikviẽsti, pasikviẽčia, pasìkvietė	invite
pasimatúoti, -túoja, -tãvo	try on (clothes)
pasipuõšti, pasipuõšia, pasìpuošė	dress up, adorn o.s. (res. of puõštis, puõšiasi, puõšėsi)
pasirinkìm/as, -o (2)	choice, selection
pasiriñkti, pasìrenka, pasiriñko	choose (for o.s.) (+ acc.)
pasiródyti, pasiródo, pasiródė	appear, turn out
pasiruošìm/as, -o (2)	preparation
pasirū̃pinti, pasirū̃pina, pasirū̃pino	to worry (+ instr. 'about')
pasisèkti, pasìseka, pasìsekė	manage, succeed in (the p. who 'manages' goes in the dat.)
pasisodìnti, pasisodìna, pasisodìno	place, put
pasistatýti, pasistãto,	park (+ acc.; also 'build (for o.s.)')

pasistãtė
pasitikéti, rely on, trust in
pasìtiki, (+ instr.)
pasitikéjo
pasitĩkti, meet (+ acc.)
pasitiñka,
pasitĩko
pasitraukìm/as, departure (from
-o (2) **pasitráukti,**
pasitráukia,
pasitráukė
'depart, go (far)
away')
pasiúlym/as, suggestion
-o (1)
pasiváikščiojim/ walk, stroll
as, -o (1)
pasiváikščioti, go walking, for a
-ščioja, -ščiojo walk
pasižyméti, stand out for, be
pasižỹmi, distinguished by
pasižyméjo (+ instr.)
paskait/à, lecture
-õs (3^b)
paskambinti, phone (+ dat.) of
-ina, -ino the person
phoned, or į
+ acc. of the
place phoned)
paskol/à, -õs (3^b) loan
paskubéti, hurry
pàskuba,
paskubéjo
pãskui + acc. after, following, on
the tracks of
paskutĩn/is, last
-ė (2)
paslapt/ìs, -iẽs secret
(3^b; fem.)
paslýsti, skid, slip
paslýsta,
paslýdo
pasodĩnti, plant
pasodĩna,
pasodĩno
pastatýti, build (res. of
pastãto, pastãtė statýti)
pastãtym/as, production,
-o (1) construction

pasùkti, turn (trans. and
pàsuka, pasùko intrans.)
pasveĩkti, get better, recover
pasveĩksta, (res.)
pasveĩko
pãšt/as, -o (2) post office
pãtalyn/ė, -ės (1) bed, bedding
patarl/ė, -ės (3^b) proverb, saying
pataŕti, pàtaria, advise (followed
pàtarė by the dat. of the
p. being advised)
pãtiekal/as, dish, food, course
-o (3^{4b}) (as in 'three-
course meal')
patìkti, patiñka, please (used in the
patìko third p. form
with a pron. in
the dat., to
convey 'to like
(lit. to please (to)
s.o.)'
patog/ùs, -ì (4) comfortable,
convenient
pàt/s, -ì (4) self
paukščiùk/as, fledgling, small
-o (2) bird
paukštíen/a, fowl (derived from
-os (1) **paũkšt/is,**
-(č)io 'bird')
paũkšt/is, bird
-(šč)io (2)
pavadĩnim/as, name; title
-o (1)
paváikščio/ti, walk (around for
-ja, -jo a while)
pavakar/iaĩ, afternoon snack
-ių (3^{4b})
paválgyti, get something to
paválgo, eat (res. of
paválgė **válgyti, válgo,**
válgė 'eat')
pavard/ė, surname, family
-ės (3^b) name
pavaŕgti, get tired, become
pavaŕgsta, tired (**pavaŕg/ęs,**
pavaŕgo **-usi** (1) 'tired';
also 'become
poor')
pavasarìn/is, spring (adj.)
-ė (2)

pavãsar/is, -io (1) — spring

pavéiksl/as, -o (1) — drawing, picture

pavėlúoti, pavėlúoja, pavėlãvo — be late (į + acc. 'for')

pavės̃/is, -io (1) — shade, cool (n.)

pãvyzdžiui — for example

pavojìng/as, -a (1) — dangerous

pažadéti, pàžada, pažadėjo — promise (res. of žadéti, žãda, žadėjo; the person to whom something is promised goes in the dat.)

pažìnti, pažį́sta, pažìno — know, be acquainted with, recognize (+ acc.)

pažį́stam/as, -o (1, 3ª) — acquaintance (fem. = pažį́stam/a, -os (1, 3ª))

pažiūréti, pažiū̃ri, pažiūrėjo — take a look

pažvelgti, pàžvelgia, pàžvelgė — cast eyes on, look into (+ į + acc.)

pedagòg/as, -o (2) — teacher (fem. pedagòg/ė, -ės (2))

pédkeln/ės, -ių (1; pl. only) — tights

péil/is, -io (2) — knife

pel/ė, -ė̃s (4) — mouse

peléd/a, -os (1) — owl

pel̃n/as, -o (4) — profit

per̃ — too

per̃ + acc. — through, via, across

per atóstogas — during the holidays (atostog/os, -ų (1) 'holidays' (fem. pl.))

péreiti, péreina, pérėjo — cross, go across (+ acc.; the prefix pér- is always stressed)

peréti, pėri, perėjo — hatch (trans.)

pérmaining/as, -a (1) — changeable

pérnai, adv. — last year

pérnokti, pérnoksta, pérnoko — become·over-ripe (nókti, nóksta, nóko 'ripen')

pérskristi, pérskrenda, pérskrido — fly over, cross by plane (+ acc.)

pér̃šalti, pér̃šala, pér̃šalo — catch cold; get cold (may be res.)

pértrauk/a, -os (1) — interval, break; intermission

per vãlandą — per hour

pérvažiuoti, pérvažiuoju, pérvažiavo — drive, go through

perkūnij/a, -os (1) — thunderstorm

pėsčiomìs — on foot

pėsčiūjų gãtv/ė, -ės (2) — pedestrian(ized) street (pėsč/ias, -à (3) 'pedestrian')

pet/ỹs, -iẽs, pl. pečiaĩ (4) — shoulder

Petráit/is, -(č)io (1) — Petraitis

pianìn/as, -o (2) — piano

pic/à, pìcos (2) — pizza

píenišk/as, -a (1), adj. — milk (pienin/is, -ė when talking of teeth!)

piešin/ỹs, -io (3ᵇ) — drawing (from piẽšti, piẽša, piẽšė 'draw')

piẽšti, piẽša, piẽšė — draw, paint

pietáuti, pietáuja, pietãvo — have lunch

piẽt/ūs, -ų (4) (pl. only) — lunch, dinner

píev/a, -os (1) — meadow

pil/is, -iẽs, (4; fem.) — castle

pìlk/as, -à (3) — grey

pìln/as, -à (3) — full

pil̃v/as, -o (4) — belly
pìnig/as, -o (3ᵇ) — coin
pyrãg/as, -o (2) — bun, roll, white loaf, pie
pyragẽl/is, -io (2) — *pirozhki*, small pies
piřkti, peřka, piřko — buy
pìrm/as, -à (3) — first, no.1
pirmený̃b/ės, -ių (1) — team championship (synonym: varžý̃b/os, -ų (1)
pirmiáusia — first of all
piřštin/ė, -ės (1) — glove
pirt/ìs, -iẽs (4; fem.) — bathhouse, sauna
pjès/ė, -ės (1) — piece, play
plãn/as, -o (4) — plan; small map
planúoti, planúoja, planãvo — plan, make plans
plasnóti, plasnója, plasnójo — wave, flap (wings)
plat/ùs, -ì (4) — wide, broad
plaũčių uždegìm/as, -o (2) — pneumonia
plauk/aĩ, -ų̃ — hair (plural of pláuk/as, -o (3) '(a) hair')
plaukìm/as, -o (2) — swimming
plaũkti, plaũkia, plaũkė — sail, swim
pliãž/as, -o (2) — beach
plìkšal/a, -os (1) — icy roads, ice-covered ground
plìsti, pliñta, plìto — spread, become widespread
plón/as, -à (3) — fine; slim, slender; subtle
plót/as, -o (1) — surface area
plùnksn/a, -os (1) — feather (also 'pen')
põ + acc. — around, about, all over
poèt/as, -o (2) — poet (fem. poèt/ė, -ės (2))

poèzi/ja, -jos (1) — poetry
poilsiáuti, poilsiáuja, poilsiãvo — rest, be on holiday
polìcij/a, -os (1) — police
polìcinink/as, -o (1) — policeman
polìtik/a, -os (1) — politics
põn/as, -o (2) — gentleman, sir (voc. here; fem. pon/ià, -iõs (4) 'Mrs, madam, lady', panẽl/ė, -ės (2) 'Miss, young lady')
popiẽt — after lunch, in the afternoon
populiãrìnti, populiãrina, populiãrino — make popular
populiar/ùs, -ì (4) — popular
por/à, -õs (4) — pair, a few
põ saváitės — in a week's time
po tõ — then, after that (po + genitive 'after')
póveik/is, -io (1) — influence, effect, action
prabė́gti, prabė́ga, prabė́go — pass by, elapse
praeĩti, praeĩna, praẽjo — elapse, pass
praeĩv/is, -io (2) — passer-by (fem. praeĩv/ė, -ės (2))
prãgiedrul/is, -io (1) — clear period
praléisti, praléidžia, praléido — spend (time) (also: 'miss (lesson, etc.)', 'overrun time limit')
prãmon/ė, -ės (1) — industry
prancūzų kalb/à, -õs (4) — French (adv.: prancūziškai)
pranèšti, pràneša, prànešė — communicate, announce (+ acc. of message and dat. of person to whom)

prasidéti, prasìdeda, prasidéjo	start, begin (intrans.)
prasm/ė̃, -ės̃ (4)	sense
prasmìng/as, -a (1)	informed, sensible
prastaĩ	bad, not well (adv.)
prãst/as, -à (4)	bad
prãšom	please, here you are, don't mention it
prèk/ė, -ės (2)	item, item of goods (often pl. 'goods')
premjer/à, premjèros (2)	première
priẽ + gen.	by, near
prieĩti, prieĩna, príėjo priẽ + gen.	come up to, approach
príemiest/is, -(č)io (1)	suburb
priėmìm/as, -o (2)	reception
priẽ pàt + gen.	very near (**pàt** (indecl.) self, 'the very' (emphatic particle))
príeskon/is, -io (1)	seasoning, dressing (often pl.)
priẽš + acc.	ago; before (time and place)
príešingai	on the contrary
príešintis, príešinasi, príešinosi	resist, counter
prieškambar/is, -io (1)	lobby, vestibule
príešpieč/iai, -ių (1; pl. only)	snack before lunch; the time before lunch
prieštaráuti, prieštaráuja, prieštarãvo	contradict (+ dat.)
príetar/as, -o (1)	superstition
príevart/a, -os	force, obligation, violence (**peř príevartą** 'by force')
priklausýti, priklaũso, priklaũsė	depend ('on' = **nuõ** + gen.)
primiñti, prìmena, prìminė	remind (+ dat. + acc. 's.o. sg.')
pripiřkti, prìperka, pripiřko	buy (in addition, to complete something; a lot)
pripràsti, priprañta, priprãto	get used, become accustomed (+ inf., or **priẽ** + gen. 'to sg.')
prireĩkti, prireĩkia, prìreikė	come in useful, necessary
prisikvėpúoti, -kvėpúoja, -kvėpãvo	breathe in all one can, fill one's lungs ('with' = gen.)
prisimiñti, prisìmena, prisìminė	remember (+ acc.)
prisiválgyti, prisiválgo, prisiválgė	eat one's fill ('of' = gen.)
pritrū́kti, pritrū́ksta, pritrū́ko	lack, be missing, not be sufficient (use the third p. form accompanied by the gen. of whatever is lacking)
privalùm/as, -o (2)	necessity, something indispensable; quality, merit
privažiúoti, privažiúoja, privažiãvo	approach, get close to
priveřsti, priveřčia, prìvertė	compel, force, make
prižiūrėti, prižiū́ri, prižiūrėjo	keep, look after (+ acc.)
prižiūrė́toj/a, -os (1)	guardian, supervisor
próg/a, -os (1)	occasion (also

	prog/à, -õs (4))
prósenel/is,	forefather, ancestor
-io (1)	(fem. **prósenel/ė,**
	-ės)
prodùkt/as,	product (in the pl.
-o (2)	'produce, food')
profèsij/a,	profession
-os (1)	
profèsor/ius,	professor
-iaus (1)	
program/à,	programme
-(ãm)os (2)	list(ing)
projèkt/as, -o (2)	project
prospèkt/as,	prospect, avenue
-o (2)	
prõtarp/is,	interval (here: 'at
-io (1)	intervals')
pùblik/a, -os (1)	audience, public
pūg/à, -õs (4)	snow-storm,
	blizzard
puik/ùs, -ì (4)	lovely, fine (here
	the 'it is ...' form)
puikumẽl/is,	wonderful thing
-io (2)	
pulk/as, -o (4)	flock, crowd, mass
púod/as, -o (1)	pot, pan
puodẽl/is, -io (2)	pot, pan (small);
	cup
pùs/ė, -ės (2)	side, half
pùsbrol/is -io (1)	cousin (male)
pùsryčiauti,	have breakfast
pùsryčiauja,	
pùsryčiavo	
pùsseser/ė,	cousin (fem.)
-ėsi (1)	
pū̃sti, pùčia,	blow (trans. and
pū̃tė	intrans.)
pušýn/as, -o (1)	pine forest
puš/ìs, -iẽs, -ų̃ (4)	pine
rajòn/as, -o (2)	district
rãkt/as, -o (2)	key
ramýb/ė, -ės (1)	tranquillity, peace,
	calm
ram/ùs, -ì (4)	peaceful (here the
	'it is ...' form)
rank/à, rañkos	hand, arm
(2)	
rankinùk/as,	handbag
-o (2)	
rankóv/ė, -ės (1)	sleeve

rañkrašt/is,	manuscript
-(šč)io (1)	
rañkšluost/is,	towel
-(sč)io (1)	
ràsti, rañda,	find (res. **suràsti,**
rãdo	**surañda,**
	surãdo)
rašýti, rãšo, rãšė	write
rašýtoj/as, -o (1)	writer (fem.
	rašýtoj/a,
	-os (1))
rãšom/asis,	writing (long adj.)
-oji (1)	
raštẽl/is, -io (2)	note
raudón/as, -a (1)	red
raudonkõj/is,	red-legged
-ė (2)	
raudonsnãp/is,	red-beaked
-ė (2)	
raugìnt/as,	sour, fermented
-a (1)	
regin/ỹs, -io (3ᵇ)	view ('over' = į̃
	+ acc.)
reĩkal/as, -o (3ᵇ)	affair
reikaláuti,	demand, require
reikaláuja,	(+ gen.)
reikalãvo	
reikėti, reĩkia,	be necessary (dat.
reikėjo	of 'who needs',
	gen. of 'what
	needed')
réikšti, réiškia,	mean, signify
réiškė	
rektorãt/as,	rectorate
-o (1)	(university
	central buildings)
renesáns/as,	Renaissance
-o (1)	
reñgtis, reñgiasi,	prepare, get ready
reñgėsi	(intrans.; 'for' =
	dat.; trans. =
	reñgti, reñgia,
	reñgė)
repertuãr/as,	repertoire
-o (2)	
respùblik/a,	republic (note the
-os (1)	s!)
restorãn/as,	restaurant
-o (2)	
ridikẽl/is, -io (2)	radish

rinktìn/ė, -ės (2)   team (representative team)

riñkti, reñka, riñko   gather, collect

riñktis, reñkasi, riñkosi   choose (for o.s.; + acc.); gather, come together

rìstis, rìtasi, rìtosi   roll (intr.)

rýtą   in the morning (acc. of **rýt/as, -o** 'morning')

rytų̃   east(ern) (gen. of **rytaĩ** 'east', itself a pl.-only form related to **rýt/as, -o** (3) 'morning')

ródyti, ródo, ródė   show

romántik/a, -os (1)   romantic atmosphere

rõž/ė, -ės (2)   rose

rùd/as, -à (4)   brown

rud/uõ, -eñs (3ᵇ)   autumn, fall

rugìn/is, -ė (2), adj.   rye

rug/ỹs, -io (4)   rye

rugpjū́t/is, -(č)io (1)   August

rugsėj/is, -o (1)   September

rūkýt/as, -a (1)   smoked

rūkýti, rū̃ko, rū̃kė   smoke

rū́m/ai, -ų (1)   palace (fine central buildings)

rungtỹn/ės, -ių (2; pl)   competition

rungtyniáuti, -niáuja, -niãvo   compete

ruõštis, ruõšiasi, ruõšėsi   get ready, prepare (+ dat. or inf.)

rūpestìng/as, -a (1)   particular, careful

rū̃pest/is, -(sč)io (1)   care (here: 'responsibility'; often in the pl.: 'fuss, cares')

rūpintis,   look after, take

rū́pinasi, rū́pinosi   care of (+ instr.)

rùsiškai   Russian (adv.)

rùsv/as, -à (4)   brownish

rū́š/is, -ies (1), fem.   sort, type

rūs/ỹs, -io (4)   cellar

sag/ė, -ės (4)   brooch

sakinỹs, -io (3ᵇ)   sentence

sakýti, sãko, sãkė   say, tell

saldumýn/ai, -ų (1)   sweets, sweet things

sãl/ė, -ės (2)   auditorium, hall

salot/à, -(õt)os (2)   lettuce, salad

sanatòrij/a, -os   sanatorium

sándūr/a, -os (1)   joint, meeting-point

sántak/a, -os (1)   watersmeet, confluence

sãpn/as, -o (4)   dream

sáugoti, sáugo, sáugojo   look after, keep, preserve; protect (**nuõ** + gen. 'from')

saulė́t/as, -a (1)   sunny

sául/ė, -ės (1)   sun

sausaĩn/is, -io (2)   biscuit, rusk (often pl.)

saũs/is, -io (2)   January

sausum/à, -õs (3ᵇ)   continent, dry land

saváime suprañtama   needless to say, it goes without saying

saváitgal/is, -io (1)   weekend (formed from **saváit/ė, -ės** (1) 'week' and **gãl/as, -o** (4) 'end')

sãv/as, -à (4)   one's own, intimate, close

sàvo   her, etc. (the poss. pron. used when reference is back to the subject of the sentence)

sėdė́ti, sė́di, sė́dėjo   sit, be sitting

sēg/ė, -ės (2) — buckle, fastening, clasp

sèkcij/a, -os (1) — wallstand

sėkmìngai, adv. — fine, successfully (from **sėkmìng/as, -a** (1) 'successful')

sèktis, sēkasi, sēkėsi — succeed, be successful (impers., used in third p. with dat. subject)

senãmiest/is, -(č)io (1) — Old Town, Old City (district of Vilnius)

sēn/as, -à (4) — old

senėl/ė, -ės (2), **močiùt/ė, -ės** (2) — grandmother, granny

senėl/is, -io (2) — grandfather (pl. often = grandparents)

senóv/ė, -ės (1) — antiquity, olden times

senóvin/is, -ė (1) — ancient

senóvišk/as, -a (1) — old, ancient, as in the old days

serbeñt/as, -o (2) — currant

Sereīkiškių párk/as, -o (1) — Sereikiškės Park

seriãl/as, -o (2) — series

sesēl/ė, -ės (2) — nurse (often **(medicìnos) sesēl/ė: medicin/à, -(ìn)os** (2) 'medicine')

sėsti, sėda, sėdo — sit down (also refl.; **atsisėsti** = res. nuance)

ses/uõ, -er̃s (3b), **sēs/ė, -ės** (2) — sister, sis

sezòn/as, -o (2) — season

sidabrìn/is, -ė (2) — silver (adj.; from the n. **sidãbr/as, -o** (2))

síel/a, -os (1) — soul (also **siel/à, -õs** (4))

síen/a, -os (1) — wall

sijõn/as, -o (2) — skirt

siñbol/is, -io (1) — symbol

simbolizuoti, -úoja, -ãvo — symbolize

sinòptik/as, -o (1) — weather forecasting

sir̃gti, ser̃ga, sir̃go — be ill (**susir̃gti** 'fall ill')

sir̃pti, sir̃psta, sir̃po — ripen (intr.)

siuit/à, -ìtos (2) — suite (musical)

siúlyti, siúlo, siūlė — recommend, suggest

sių̃sti, siuñčia, siuñtė — send

skaičiãvim/as, -o (1) — count, census

skaičiúoti, skaičiúoja, skaičiãvo — count

skaĩsčiai — brightly (**skaist/ùs, -ì** (4) 'clear, bright, fresh')

skaitýti, skaĩto, skaĩtė — read

skañbinti, skañbina, skañbino — phone

skan/ùs, -ì (4) — tasty

skarėl/ė, -ės (2) — headscarf, kerchief

skãtinti, skãtina, skãtino — encourage, stimulate

skaudéti, skaũda, skaudėjo — ache (dat. of 'who', acc. of 'what')

skélbti, skélbia, skélbė — publish, declare

skėt/is, -(č)io (2) — umbrella (**išskėsti, ìšskečia, ìšskėtė** + acc. 'open')

skìntis, skìnasi, skýnėsi — make, clear (also non-refl.)

skỹr/ius, -iaus (2) — department, section; chapter

skìrti, skìria, skýrė — dedicate, write for (also 'separate, divide, appoint'; see **skìrtis** below)

skìrtis, skìriasi, skýrėsi — be different (also 'part, separate') skìrtum/as, -o (1) — difference

skõlinti, skõlina, skõlino — lend

skraidýti, skraĩdo, skraĩdė — fly (frequentative, habitual)

skrañdi/is, -(dž)io (2) — stomach

skrybėl/ė, -ės (2) — hat

skridìm/as, -o (2) — flight (a 'flight', when talking in airport terms, is **skrỹd/is, -(dž)io** (2))

skrúost/as, -o (3) — cheek

skubiaĩ — in a hurry, hurriedly (adverb from **skub/ùs, -ì** (4) 'hurried, urgent')

skùlptor/ė, -ės (1) — sculptor, sculptress (masc. **skùlptor/ius, -iaus** (1))

skvèr/as, -o (2) — square (small and leafy)

slė̃g/is, -io (2) — pressure

slid/ùs, -ì (4) — slippery

slíek/as, -o (3) — worm

slyv/à, slỹvos (2) — plum; plum-tree

slog/à, -õs (4) — cold, head cold

smag/ùs, -ì (4) — happy, likeable, pleasant

smãkr/as, -o (4) — chin

smar̃kiai — heavily, strongly, severely (adv. from **smark/ùs, -ì** (4))

smark/ùs, -ì (4) — sharp, severe

smėl/is, -io (2) — sand (also **smėl/ỹs, -io** (4))

smuĩk/as, -o (2) — violin

smuĩkinink/as, -o (1) — violinist (fem. **smuĩkinink/ė, -ės** (1))

snãp/as, -o (4) — beak

snìgti, sniñga, snìgo — snow

sõd/as, -o (2) — garden, orchard

sodýb/a, -os (1) — farm

sodìnti, sodìna, sodìno — plant

sof/à, sòfos (2) — sofa

sóstin/ė, -ės (1) — capital

sót/is, -ies (1) — satiety (**ikì sóties** 'until one is full')

spãl/is, -io (2) — October

spalv/à, -os (4) — colour

spar̃čiai — quickly (from **spart/ùs, -ì** (4))

spar̃n/as, -o (4) — wing

spaud/à, -õs (4) — press

specialìst/as, -o (2) — specialist (fem. **specialìst/ė, -ės** (2))

spektãkl/is, -io (2) — show, spectacle

spygliuõči/ai, -ų (2) — coniferous, evergreen trees

spinduliúoti, -liúoja, -liãvo — shine, radiate, emit rays

spìnt/a, -os (1) — cupboard, wardrobe

spintėl/ė, -ės (2) — cupboard

spontaniškùm/as, -o (1) — spontaneity (**spontãnišk/as, -a** (1) 'spontaneous')

spòrt/as, -o (1) — sport

sportúoti, sportúoja, sportãvo — go in for sport

srit/ìs, -iẽs (4) — area, region; field (of study), subject area

sriub/à, -õs (4) — soup

srov/ė̃, -ė̃s (4) — current

staigà — suddenly

staigmen/à, -õs (3b) — surprise, something unexpected

staig/ùs, -ì (4) — sudden

stãl/as, -o (4) — table

staliùk/as, -o (2) — small table, table in restaurant, etc.

stálties/ė, -ės (1) — tablecloth

standártin/is, -ė (1) — standard, unexceptional

statýbinink/as, -o (1) — builder (fem. **statýbinink/ė,**

statulė̃l/ė, **-ės** (2) statue (dim.; **statul/à, -ùlos** (2) 'statue')

-ės (1); from **statýti, stãto, stãtė** 'build')

staugìm/as, -o (2) howling

stáugti, stáugia, stáugė howl

stebėti, stēbi, stebėjo observe (+ acc.)

stebėtis, stēbisi, stebėjosi be surprised, amazed ('at' = + instr.)

steĩgti, steĩgia, steĩgė found, set up, open

stiklĩn/ė, -ės (2) glass (for drinking)

stìl/ius, -iaus (2) style

stipr/ùs, -ì (4) strong, solid

stór/as, -à (3) stout

stot/ìs, -iẽs (4; fem.) station

stovėjim/as, -o (1) parking (used in gen. preceding **vietà** 'parking place, rank')

stovėti, stóvi, stovėjo to stand, be situated

stráipsn/is, -io (1) article

striùk/ė, -ės (2) jacket (man's and woman's)

studeñt/as, -o (2) university student (masc.)

studeñt/ė, -ės (2) university student (fem.)

studeñtų bendrãbut/is, -(č)io (1) students' hostel, hall of residence (**studeñtų** is the gen. pl. of **studeñtas**)

studijúoti, studijúoja, studijãvo study (at university)

suáug/ęs, -usio (1) adult, grown-up (fem. **suáug/usi, -usios**; declines as a p. act. pcple)

subtilýb/ė, -ės (1) subtlety, nuance

subùrti, sùburia, subū́rė unite, bring together

sudarýti, sudãro, sudãrė devise, create (also 'conclude', of an agreement); form, comprise, make up

sudė́ti, sùdeda, sudė́jo put away, tidy away

sudėtìng/as, -a (1) complex, complicated

sudė́t/is, -iẽs (3b; fem.) composition

sugalvóti, sugalvója, sugalvójo think, have/ conceive the idea (res.)

sugebė́ti, sùgeba, sugebė́jo be able, know how to, be capable of

sugriáuti, sugriáuna, sugrióvė destroy

sukàkti, sukañka, sukãko be completed, fulfilled, over

sukaũpti, sukaũpia, sùkaupė concentrate, accumulate (trs.)

suknė̃l/ė, -ės (2) dress

sultin/ỹs, -io (3b) bouillon

sùlt/ys, -(č)ių (1; pl. only) juice

sumokė́ti, sumóka, sumokė́jo pay (res. of **mokė́ti, móka, mokė́jo**)

sumuštìn/is, -io (2) sandwich

sūnė́n/as, -o (1) nephew

sunýkti, sunýksta, sunýko fall into decay; become sickly

suñkvežim/is, -io (1) lorry, truck

sūn/ùs, -aũs (3) son

supažìndinti, -dina, -dino introduce s.o. to s.o. (acc. + **su** + instr.)

supràsti, supranta, suprãto — understand

suràsti, suranda, surãdo — find (res. of ràsti, randa, rãdo)

sureñgti, sureñgia, sùrengė — organize, set up

sūr/is, -io (1) — cheese

sūr/ùs, -ì (3) — salt(y) (adj.)

susapn/úoti, -úoja, -ãvo — dream (res. of sapnúoti)

susėsti, susėda, susėdo — sit down, settle down

susidomėjim/as, -o (1) — interest ('in' = + instr.)

susidraugáuti, -gáuja, -gãvo — make friends, become friends

susijáudinti, susijáudina, susijáudino — become excited

susìj/ęs, -usi (1) — linked, connected

susikalbėti, susìkalba, susikalbėjo — come to an understanding, come to an arrangement, make an appointment ('with' = sù + instr.)

susiláukti, susiláukia, susiláukė — await (+ gen.)

susipažìnk(it(e)) — Let me present ... (lit. 'Get acquainted!')

susipažìnti, -pažįsta, -pažìno — make the acquaintance of (followed by sù 'with' + instr.)

susirĝti, sùserga, susirĝgo — fall ill

susiriñkti, susìrenka, susiriñko — meet, gather, get together

susiruõšti, susiruõšia, susìruošė — be about to, prepare to

susirūpinti, susirūpina, susirūpino — get worried (res.; non-res. rūpintis)

susitar̃ti, susìtaria, susìtarė — agree (between themselves), come to an agreement (su + instr. 'with someone', dėl + gen. 'about something')

susitikìm/as, -o (2) — meeting

susižavėti, susìžavi, susižavėjo — be captivated, enthralled by (+ instr.)

suskambėti, sùskamba, suskambėjo — ring out, resound (res.)

suskìrstym/as, -o (1) — division

sustóti, sustója, sustójo — stop, pause (intrans.)

sušálti, sušãla, sušãlo — get very cold, freeze

sušìlti, sušỹla, sušìlo — warm up (intrans.; trans. = sušìldyti, sušìldo, sušìldė)

sùtarta — agreed, OK, fine

sutar̃ti, sùtaria, sùtarė — agree, come to an agreement

sutéikti, sutéikia, sùteikė — give (figurative)

sutìkti, sutiñka, sutìko — agree ('with' = sù + instr.; also 'meet' + acc., 'have an attitude towards' + sù + instr., 'get on well with' + sù +instr.)

sutrìkti, sutriñka, sutrìko — be disturbed, infringed, become upset

suvókti, suvókia, sùvokė — understand, comprehend, grasp

sužãdinti, sužãdina, sužãdino	excite, arouse, evoke
svarb/à, -õs (4)	importance, significance
svarb/ùs, -ì (4)	important
svarstýti, svaȓsto, svaȓstė	discuss
sveč/iúotis, -iúojasi, -iãvosi	be staying (pàs + acc. 'with s.o.')
svečiuosè	on a visit, to stay (see į̃ svečius)
sveikà!	Hi! (to a woman; to a man it is svéikas!)
sveĩk/as, -à (4)	healthy
sveikat/à, -(ãt)os (2)	health
svéikinti, svéikina, svéikino	congratulate (+ acc. + sù + instr. 's.o. on sg.')
sveĩkti, sveĩksta, sveĩko	get better, recover (res. pasveĩkti)
sveȓti, svẽria, svẽrė	weigh (intrans.; followed by acc. of the weight)
svetaĩn/ė, -ės (2)	sitting-room, lounge
svetimtaũt/is, -(č)io (2)	foreigner
svíest/as, -o (1)	butter
svyrãvim/as, -o (1)	change, vacillation
šak/à, -õs (4)	branch, type
šakn/ıs, -iẽs (4; fem.)	root
šakùt/ė, -ės (2)	fork (also 'branch')
šaldı̃kl/is, -io (2)	freezer
šaldytùv/as, -o (2)	refrigerator, icebox
šalià	nearby (also used with the gen. as a prep.)
šãlik/as, -o (1)	scarf, muffler
šal/ı̃s, -iẽs (4; fem.)	countryside
šãlt/as, -à (3)	cold
šálti, šą̃la, šãlo	become cold
šaltı̃baršč/iai, -ių̃ (1)	cold beetroot soup
šaltı̃n/is, -io (2)	spring, source
šalt/is, -(č)io (2)	cold, coldness
šaltók/as, -a (1)	chilly, coldish
šampãn/as, -o (2)	champagne
šáukšt/as, -o (1)	spoon
šáuti, šáuna, šóvė	fire, shoot; place; rush (šáuti į̃ gálvą 'occur (to s.o.), come into one's head')
šaukštẽl/is, -io (2)	spoon (small)
šeim/à, -õs (4)	family
šeimýn/a, -os (1)	family, household
šeštãdieniais	on Saturdays
šeštãdien/is, -io (1)	Saturday
šiaı̃s laikaı̃s	these days (adv.)
šiandienı̃ni/is, -ė (2)	today's (adj.)
Šiaul/iaı̃, -ių̃ (4)	Šiauliai
šiek tíek	a little
šiẽmet (adv.)	this year
šį̃kart	on this occasion
šıl/as, -o (4)	coniferous forest
šilum/a, -õs (3ᵇ)	warmth
šiȓtmet/is, -(č)io (1)	century
šlãpdrib/a, -os (1)	wet snow, rainy snow
šlãp/ias, -ià (4)	wet
šlepẽt/ės, -(č)ių (2)	slippers
šokinéti, šokinéja, šokinéjo	jump, hop (frequentative, habitual)
šõk/is, -io (2)	dance
šókti, šóka, šóko	dance, jump
štaı̃	here is/are, there is/are
štaı̃ čià	here, right here
štaı̃ todẽl	so that's why
šū̃kauti, šū̃kauja, šū̃kavo	shout loudly, exclaim
šuõ, šuñs (4)	dog
švar/à, -õs (4)	cleanliness, tidyness
švaȓk/as, -o (2)	jacket

švárrašt/is, -(šč)io (1) — fair copy, final copy

šveñt/ė, -ės (2) — holiday, feast day, celebration

šventóv/ė, -ės (1) — holy place, temple

švęsti, šveñčia, šveñtė — celebrate (+ acc.)

šviēsiai — bright, light (adv.)

šviesiaplaūk/is, -ė (2) — light-haired

šviesofòr/as, -o (2) — traffic lights

šviēsti, šviēčia, šviētė — shine (intrans.); enlighten (trans.)

švies/ùs, -ì (4) — light (luminosity)

tadà — then

taĩ — so, that

taĩp pàt — also, too

taĩp — yes

taĩp, kaĩp — just as (lit. 'in such a way, how')

talp/ùs, -ì (4) — capacious

tapýtoj/as, -o (1) — painter (fem. **tapýtoj/a, -os** (1); derived from **tapýti, tãpo, tãpė**)

tàpti, tam̃pa, tãpo — become (often + instr. of noun, + nom. of adj.)

tarnáuti, tarnáuja, tarnãvo — serve (+ dat.)

tar̃p + gen. — between

tarptautìn/is, -ė (2) — international

tar̃tis, tãriasi, tãrėsi — discuss, consult one another, come to an arrangement (sù + instr.; dė̃l + gen. 'about'); consider oneself (+ instr.)

tasaĩ — that, this (nom. sg. masc. of tàs, tà, expanded by the particle aĩ)

tãšk/as, -o (4) — dot, point

taškùt/is, — dot, spot (dim. of

-(č)io (2) —

taur/ė, -ė̃s (4) — tāšk/as, -o (4)) glass (e.g., for wine)

tàvo — your(s) (indecl.; fam.)

teãtr/as, -o (2) — theatre

tebė̃rà — is/are still, exist(s), is/are available

tegù — let, may (in wishes)

teigin/ỹs, teĩginio (3[b]) — assertion, position (in argument)

teisìng/as, -a (1) — correct, fair

teis/ùs, -ì (4) — correct, right

tekė́ti, tēka, tekė́jo — rise (of the sun), flow, marry (speaking of a woman: už + gen.)

tèkti, teñka, tēko — have to, be obliged to (a sense of fate; subject in dat.)

telefòn/as, -o (2) — telephone

televìzij/a, -os (1) — television ('viewing' rather than the 'set')

televìzori/us, -aus (1) — television (the 'set')

tem̃p/as, -o (2) — tempo, rate, pace

temperatūr/à, -(ū̃r)os (2) — temperature

teñ netolì — nearby (lit. 'there near')

teològij/a, -os (1) — theology, divinity

teritòrij/a, -os (1) — territory

tę̃stis, tę̃siasi, tę̃sėsi — continue (trans. = tę̃sti, tę̃sia, tę̃sė)

tet/à, -õs (4) — aunt

tėv/aĩ, -ų̃ (3, 4) — parents (lit. 'fathers', from tėv/as, -o (3))

tė́v/as, -o (3), **tė̃t/is, -(č)io** (2) — father, dad

tíek daũg — so much/many (+ gen. if appropriate)

tíek... tíek... — both ... and ...

tiesà — don't you?, isn't it?, etc. (lit. 'truth',

tiẽsą sākant — truth to tell

tíesiai — straight, directly

tiesióg — simply; straight

tìgr/as, -o (2) — tiger

tìk — only

tikėjim/as, -o (1) — faith ('in' = + instr.)

tikėti, tìki, tikėjo — believe, trust (+instr. or acc.)

tikėtis, tìkisi, tikėjosi — hope (+ gen. 'for')

tìk iř — only

tikraĩ — exactly, indeed (tìkr/as, -à (4) 'true, correct'); probably

tìkr/as, -à (4) — precise, true, correct

tìksl/as, -o (4) — aim

tìkti, tiñka, tìko — be suitable, suit (+ dat.)

tyl/à, -õs (4) — silence; calm

tĩlpti, tẽlpa, tĩlpo — take up places

tyl/ùs, -ì (4) — silent

tìlt/as, -o (1) — bridge

tinklĩn/is, -io (2) — volleyball

tìpišk/as, -a (1) — typical

týr/as, -à (3) — pure, clean

tìrti, tìria, týrė — investigate, study

tóbul/as, -à (3ª) — perfect

todẽl — so, therefore

tóks pàt, tokià pàt — the same

tolèsn/is, -ė (2, 4) — further, subsequent

toliaũ — further, from then on, after that

tradìcin/is, -ė (1) — traditional

transliúoti, -iúoja, -iãvo — broadcast, transmit

traukin/ỹs, -io (3ª) — train

triukšmìng/as, -a (1) — noisy

from **ties/à, -õs** (4); also **ař nè?** 'is it not?' and **ař nè tiesà?** 'is it not the truth?'

triùš/is, -io (2) — rabbit

troleibùs/as, -o (2) — trolleybus

troškìnti, troškìna, troškìno — stew

trukdýti, trùkdo, trùkdė — disturb, get in the way (+ dat. of whom one disturbs)

trukm/ė̃, -ė̃s (4) — duration, length, span

trū́kti, trū́ksta, trū́ko — be lacking, short (with dat. of who is short of whatever, and gen. of what is lacking)

trùkti, truñka, trùko — last, take, continue (intrans.)

trū́kum/as, -o (1) — lack, shortage

trum̃p/as, -à (4) — short

tualèt/as, -o (2) — lavatory, toilet, WC

tùlp/ė, -ės (1) — tulip

Tunìs/as, -o (2) — Tunisia, Tunis

turbū̃t — probably

turė́ti, tùri, turė́jo — have (here 'to have to, must')

tuř̃g/us, -aus (2) — market

turìst/as, -o (2) — tourist (fem. turìst/ė, -ės)

turìstin/is, -ė (1) — tourist (adj.)

tuř̃t/as, -o (2) — wealth, riches

turtìng/as, -a (1) — rich

tùšči/as, -à (4) — empty

tū́kstant/is, -(č)io (1) — thousand

tvank/ùs, -ì (4) — stifling, stuffy

tvarkýti, tvař̃ko, tvař̃kė — tidy up

tvárt/as, -o (1) — cattle-shed, byre

tvenkin/ỹs, -io (3ᵇ) — pond

tvìrt/as, -à (3) — firm, hard, strong

tvor/à, -õs (4) — fence

ū̃g/is, -io (2) — height

ugn/ìs, -iẽs (4; fem.) — fire

ū́kinink/as, — farmer (fem.

-o (1)

ūksmìng/as, -a (1) — shady

unikal/ùs, -ì (4) — unique, the only one

universālin/is, -ė (1) — universal

universitèt/as, -o (2) — university

universitėtin/is, -ė (1) — university (adj.)

úog/a, -os (1) — berry

uogáuti, uogáuja, uogãvo — collect berries

úos/is, -io (1) — ash

úost/as, -o (1) — port, harbour

úošv/is, -io (1) — father-in-law (pl. often, as here, = parents-in-law; fem. úošv/ė, -ės)

upēl/is, -io (2) — little river

ū̃s/ai, -ų (2) — moustache

ùž + acc. — for (+ gen. = 'behind, beyond')

ùž + gen. (km., etc.) nuõ + gen. — from (distances)

užáugti, užáuga, užáugo — grow (become big)

užbėgti, užbėga, užbėgo — pop in, drop in (į̃ + acc. 'at (a place)', pàs + acc. 'on (a person)')

uždarýt/as, -a (1) — closed (also ùždar/as, -à)

užėĩti, užėĩna, užėjo — call in/on, visit (pàs + acc. 'on so.')

užim̃ti, ùžima, ùžėmė — occupy

užlìpti, užlìpa, užlipo — climb, go up (to; añt + gen. '(on)to')

ùžmiest/is, -(č)io (1) — outskirts (not in the town)

užmìgti, užmiñga, užmìgo — fall asleep

užmir̃šti, — forget

ūkinink/ė, -ės (1)) —

užmir̃šta, užmir̃šo

užmùšti, ùžmuša, ùžmušė — kill

ùžraš/as, -o (3b) — note (pl: 'notes')

užsakýti, užsãko, užsãkė — order, book, reserve

užsidėti, užsìdeda, užsidėjo — put on + acc. (bandage, hat, spectacles)

ùžsien/is, -io (1) — abroad (an ordinary n.; the gen. serves to translate 'foreign')

užsisakýti, užsisãko, užsisãkė — order, book, reserve (for o.s.) (+ acc.)

užsùkti, ùžsuka, užsùko — drop in, call at/on (a person = pàs + acc.; a place = į̃ + acc.)

užtiẽsti, užtiẽsia, ùžtiesė — cover, lay (table)

užtrauktùk/as, -o (2) — zip

užúomarš/a, -os (1) — forgetful person

ùžup/is, -io (1) — a city district on the other side of the river

ùžvalkal/as, -o (1) — pillow case

vãbal/as, -o (3b) — beetle

vadìnasi — consequently, that is, in other words

vagòn/as, -o (2) — carriage (in train)

vaĩ — alas

vaidýbin/is, -ė (1) — dramatic

vaidilùt/ė, -ės (2) — priestess (vaidilùt/is, -(č)io (2) 'priest')

vaidìnti, vaidìna, vaidìno — play (part), act (kine, filme, teatre, spektaklyje)

vaĩk/as, -o (4) — child

vaikēl/is, -io (2) — baby, little child

vaikìn/as, -o (2) — fellow, lad, guy

vaikỹst/ė, -ės (2) — childhood

**vaikštinė́ti,
vaikštinė́ja,
vaikštinė́jo** — walk, wander

**vaikų̃ kambar/
ỹs, -io** (3ᵇ) — children's room, nursery

**vairãvim/as,
-o** (1) — driving

**vaizdìng/as,
-a** (1) — picturesque, full of images

vaĩs/ius, -aus (2) — fruit (piece of)

**vaĩskrūm/is,
-io** (1) — bush (bearing berries)

**váist/ai, -ų
(1; pl.)** — medicine (in general)

váistin/ė, -ės (1) — chemist's (also **vaĩstinė** (4))

vakarè — in the evening

vakarė̃l/is, -io (2) — party

valg/is, -io (2) — dish, food

válgoma — eaten (genderless form of pres. pass. pcple)

**válgom/asis,
-ojo** (1) — dining-room (declines as a def. adj.)

valstýb/ė, -ės (1) — state (country)

**vált/is, -ies,
fem.** (4) — boat

**vandenýn/as,
-o** (1) — ocean

var̃d/as, -o (4) — name (first name)

**var̃do dien/à,
-õs** (4) — nameday (also **vardãdien/is,
-io** (1))

var̃g/as, -o (4) — hardship, misery, indigence; hard life, trouble

**várginti,
várgina,
várgino** — tire, exhaust (trans.)

variánt/as, -o (1) — variant

varl/ė̃, -ė̃s (4) — frog

várn/a, -os (1) — crow

varšk/ė̃, -ė̃s (3) — cottage cheese

Váršuv/a, -os (1) — Warsaw

var̃t/ai, -ų (2) — gate(s) (pl. only)

**vartóti, vartója,
vartójo** — use

vãsar/a, -os (1) — summer

vasãr/is, -io (2) — February

**važinė́ti,
važinė́ja,
važinė́jo** — go frequently/ habitually (by some conveyance)

vė́dar/as, -o (3ᵃ) — sausage (with potato or oats filling)

vėd/ęs, -usio — married (of a man)

vèsti, vẽda, vẽdė — marry (also 'lead; be in charge of') (+ acc.)

**vèžtis, vė̃žasi,
vė̃žėsi** — convey, carry (by some means of transport)

véid/as, -o (3) — face

**véidrod/is,
-(dž)io** (1) — mirror

**veĩkti, veĩkia,
veĩkė** — do; function, work; have an effect on (+ acc.)

vė́j/as, -o (1) — wind

vėjúot/as, -a (1) — windy

vėliaũ — later

Veñgrij/a, -os (1) — Hungary

**ver̃kti, ver̃kia,
ver̃kė** — cry, weep (+ gen. = 'for')

veršė̃l/is, -io (2) — calf

vertė́j/a, -os (1) — translator, interpreter (woman; masc. **vertė́j/as,
-o** (1))

**vertė́ti, ver̃ta,
vertė́jo** — be worth, worth while

vėsók/as, -a (1) — coolish

**vestùv/ės, -ių
(2; pl. only)** — wedding

vės/ùs, -ì (4) — cool

vidìn/is, -ė (2) — inner, internal

vidurỹ + gen. — in the middle of

vidur/ỹs, -io (3ᵇ) — centre, middle

vid/ùs, -aũs (4) — inside, interior, middle

vidutìn/is, -ė (2) — average

víen — only, just

víeną minutė̃lę — just a minute

**vienãskait/a,
-os** (1) — singular

víenas kìtas — each other, one another (the second will be

víenkiem/is, -io (1) — (in a case other than the nom.) farm, homestead

vienspalv/is, -ė (2) — plain, lit. 'one-coloured'

viẽšbutis, -(č)io (1) — hotel

viet/à, -(iẽt)os (2) — place, seat

viẽtin/is, -ė (1) — local

vietomìs — in places

vỹkdam/as, -à — coming, setting off for

vỹkti, vỹksta, vỹko — happen, take place; go; be successful

vil̃k/as, -o (4) — wolf

Vìlni/a, -os (1) — Vilnia (river name)

vilniẽt/is, -(č)io (2) — someone from Vilnius (fem. vilniẽt/ė, -ės (2))

Vìln/ius, -iaus (1) — Vilnius

vilnõn/is, -ė (2) — woollen (from vìln/a, -os (1) 'wool')

vỹn/as, -o (2) — wine

Vìngio párk/as, -o (1) — Vingis Park (in Vilnius; from vìng/is, -io 'bend')

vingiúot/as, -a (1) — meandering, winding

výr/as, -o (1) — man, husband

vyrèsn/is, -ė (4) — older

virỹkl/ė, -ės (2) — stove, cooker

výrišk/as, -a (1) — male, man's, men's, masculine

vir̃š + gen. — over, above

vir̃šinink/as, -o (1) — boss, leader (fem. vir̃šinink/ė, -ės (1))

vir̃šyti, vir̃šija, vir̃šijo — exceed, going beyond/above

viršujè, adv. — on (the) top, above

viršū́n/ė, -ės (1) — top, summit

virtùv/ė, -ės (2) — kitchen

vìs — always, continually, still

visadà — always

visái — absolutely, completely, quite

visái nè — not at all, by no means

visaĩp — in every way possible

vìsąlaik — always, continually

vìs/as, -à (4) — all

visók/s, -ia (1) — all sorts of, all manner of

visur̃ — everywhere

vyšn/ià, vỹšnios (2) — cherry-tree

višt/à, vìštos (2) — hen, chicken

von/ià, -iõs (4) — bathroom

vover/ė̃, -ė̃s (3ᵃ) — squirrel

zodiãk/as, -o (2) — zodiac

zoològijos sõd/as, -o (2) — zoo

žadė́ti, žãda, žadė́jo — promise

žaĩb/as, -o (4) — lightning

žaibúoti, žaibúoja, žaibãvo — lighten, flash

žaidė́j/as, -o (1) — player (fem. žaidė́j/a, -os (1))

žaidìm/as, -o (1) — game

žaidỹn/ės, -ių (2; pl.) — games

žaĩsl/as, -o (4) — toy

žaĩsti, žaĩdžia, žaĩdė — play (also žáisti; of a game, with the game in the acc.)

žaizd/à, -õs (4) — wound

žãl/ias, -ià (4) — green

žą̃sin/as, -o (3ᵇ) — gander

žą̃s/is, -iẽs (4; fem.) — goose

žãv/ùs, -ì (4) — enchanting, fascinating, charming

žė́m/as, -à (4) — low, short

žemaũg/is, -ė (2) — short

žemė́lap/is, -io (1) — map

žemiáusiai, adv. — lowest

žemýn/as, -o (1) — continent

364

žént/as, -o (1)   son-in-law
žydėjim/as,   flowering,
  -o (1)   blooming
žydėti, žýdi,   flower, bloom
  žydėjo
žygyjè (loc. of   during the trip, on
  žỹgis)   the trip
žỹg/is, -io (2)   hike, trip
žíed/as, -o (3)   ring
žiem/à, -õs (4)   winter
žiemāviet/ė,   wintering place
  -ės (1)
žiemóti, žiemója,   winter, hibernate
  žiemójo
žìl/as, -à (4)   grey
žiñgsn/is, -io (2)   step
žìn/ios, -iũ (4)   news
žyn/ỹs, -io (4)   wizard (fem. =
       žyn/ė, -ės (4))
žìnoma   of course
žinóti, žìno,   know
  žinójo
žióg/as, -o (3)   grasshopper
žiraf/à, -ãfos (2)   giraffe
žìrg/as, -o (3)   steed, horse
žiurkén/as, -o (1)   hamster (**žiùrk/ė,**
       -ės (1) 'rat')

žiūréti, žiū̃ri,   look at, watch, see
  žiūrėjo   (a film), examine
       (a patient)
žiūrõv/ai, -ų (2)   spectators, viewers
       (sing. **-as, -ė**)
žiūrõv/as, -o (2)   spectator, member
       of audience (fem.
       žiūrõv/ė, -ės
       (2))
žmog/ùs,   person (irregular
  -aũs (4)   pl.: **žmón/ės, -iũ**
       'people')
žmon/à, -õs (3)   wife
žodžiù, adv.   in a word (lit. instr.
       of **žód/is,**
       -(dž)io (2))
žurnaĥst/as,   journalist (fem.
  -o (2)   **žurnaĥst/ė, -ės**
       (2))
žúti, žū̃va, žùvo   perish, die ('from'
       = **nuõ** + gen.);
       disappear
žvaigžd/ė̃, -ė̃s (4)   star
žvejóti, žvejója,   fish, go fishing
  žvejójo
žvìrbl/is, -io (1)   sparrow

English–Lithuanian glossary

a little	**šiek tíek**	alive	**gýv/as, -à** (3)
a pity	**gaĩla**	all sorts of, all	**visók/s, -ia** (1)
a pleasure	**labaĩ malonù**	manner of	
about, concerning	**apiẽ** + acc.	all	**vìs/as, -à** (4)
above	**viřš** + gen., prep.	almost	**bevéik**
abroad	**ùžsien/is, -io** (1)	along (with us),	**kartù**
absolutely,	**visái**	together	
completely,		already	**jaũ**
quite		also	**iřgi, taĩp pàt**
accompany	**lydéti, lýdi,**	altogether	**iš vìso**, adv.
(+ acc.)	**lydéjo**	always,	**vìs**
according to, in	**pagal** + acc.	continually, still	
actor	**ãktor/ius, -iaus**	amazing	**nuostab/ùs, -ì** (4)
	(1) (fem.	and that's that	**iř vìskas**
	ãktor/ė, -ės (1))	and, but; and how	**õ**
address	**ãdres/as, -o** (3^b)	about...?	
adorn, embellish	**papuõšti,**	another time	**kìtą kařtą**
	pàpuošia,	another, 'more'	**dář**
	pàpuošė	another, other;	**kìt/as, -à** (4)
adult, grown-up	**suáug/ęs, -usio**	the next	
	(1)	anyone, anything	**kàs nóřs**
adventure	**núotyk/is, -io** (1)	apart from,	**bè** + gen.
advise	**patařti, pàtaria,**	without	
	pàtarė	apartment, flat	**bùt/as, -o** (2)
aeroplane	**lėktùv/as, -o** (2)	apparently, it	**atródo**
affair	**reĩkal/as, -o** (3^b)	seems	
after that, then,	**põ tõ**	approximately,	**maždaũg**, adv.
next		'more or less'	
age	**ámž/ius, -iaus** (1)	area, region	**areãl/as, -o** (2)
ago	**priĕš** + acc.	argue	**giñčytis,**
agree	**sutùkti, sutiñka,**		**giñčijasi,**
	sutìko		**giñčijosi** ('about'
agree, come to	**sutařti, sùtaria,**		= **dẽl** + gen.)
an agreement	**sùtarė**	armchair	**fòtel/is, -io** (1)
agreed	**sùtařta**	around, about,	**põ** + acc.
aim	**tìksl/as, -o** (4)	all over	
air, weather	**ór/as, -o** (3)	art	**mẽn/as, -o** (2)
alas	**vaĩ**	article	**straipsn/is, -io** (1)
album	**albùm/as, -o** (2)	as you know,	**jùk**
alder	**ãlksn/is, -io** (2)	indeed, after all	

ask	kláusti, kláusia, kláusė	be late	pavėlúoti, pavėlúoja,
at first	iš pradžių̃		pavėlãvo (į̃
at home	namiẽ		+ acc. 'for')
at what time?	keliñtą̃ vãlandą̃?	be necessary	reikė́ti, reĩkia,
audience, public	pùblik/a, -os (1)		reikė́jo
aunt	tet/à, -õs (4)	be sad	liūdė́ti, liū̃di,
average	vidutìn/is, -ė (2)		liūdė́jo
baby	kū̃dik/is, -io (1)	be staying	sveč/iúotis,
back	atgal̃ (teñ ir atgal̃		-iúojasi, -iãvosi
	'there and back')	be suitable, suit	tìkti, tiñka, tìko
bad	prãst/as, -à (4)	(+ dat.)	
bad, not well (adv.)	prastaĩ	be surprised, amazed	stebė́tis, stė́bisi, stebė́josi
bake, fry (trans. and intrans.)	kèpti, kẽpa, kẽpė	be worth, worth while	veřtė́ti, veřta, veřtė́jo
ballet	balèt/as, -o (2)	beach	pliãž/as, -o (2)
Baltic (Sea)	Bal̃tijos jū́r/a, -os (1)	beard	bařzd/à, -õs (4)
Baltic	Bal̃tij/a, -os (1)	beautiful	graž/ùs, -ì (4)
bank	bánk/as, -o (1)	because, on account of the	dė̃l tõ, kàd
bank, shore	krañt/as, -o (4)	fact that	
bar	bãr/as, -o (2)	become	tàpti, tam̃pa,
basketball	krepšìn/is, -io (2)		tãpo
bathe, go swimming	máudytis, máudosi, máudėsi	become cold	šálti, šą́la, šãlo
		become excited	jáudintis, jáudinasi, jáudinosi
bathroom	von/ià, -iõs (4)	become tanned, brown, 'sunburnt'	dẽgintis, dẽginasi, dẽginosi
be able, can (here 'May I ...')	galė́ti, gãli, galė́jo		
be about to, prepare to	susiruõšti, susiruõšia, susìruošė	become; stay, remain	lìkti, liẽka, lìko
		bed	lóv/a, -os (1)
be afraid, fear + gen.)	išsigą́sti, išsigą́sta, išsigañdo	bedroom	miegam/àsis, -ojo (3ᵇ)
be born	gìmti, gìmsta, gìmė	bee	bìt/ė, -ės (2)
		before	ikì + gen.
be different (also 'part, separate')	skìřtis, skìriasi, skýrėsi	before (time and place)	priẽš + acc.
be glad	džiaũgtis, džiaũgiasi, džiaũgėsi	begin; take	im̃ti, ìma, ė̃mė
		believe, trust	tikė́ti, tìki, tikė́jo
be ill	siř̃gti, seř̃ga, siř̃go (susiř̃gti 'fall ill')	berry	úog/a, -os (1)
		besides, moreover, in addition	be tõ
be interested (+ instr. 'in')	domė́tis, dõmisi, domė́josi	between	tař̃p + gen.
		bicycle	dvìrat/is, -(č)io (2)
be lacking, short	trū́kti, trū́ksta, trū́ko	big, large	dìdel/is, -ė (3)

bird	paũkšt/is, -(šč)io (2)	by the way, incidentally	bejè
birthday	gimtãdien/is, -io (1)	by, near	priẽ + gen.
black	júod/as, -à (3)	call in/on, visit	užeĩti, užeĩna, užẽjo (pàs + acc. 'on so.')
bloom, flower	žydéti, žýdi, žydėjo	camera	fotoaparãt/as, -o (2)
blouse	bliuzẽl/ė, -ės (2), palaidĩn/ė, -ės (2)	campsite	kem̃ping/as, -o (1)
blue	mélyn/as, -a (1, 3ᵃ)	can't help but ('can't not')	negaléti ne-inf.
boat	vált/is, -ies, fem. (4)	capital	sóstin/ė, -ės (1)
body	kū́n/as, -o (1)	car	mašin/à, -(ìn)os (2)
bore	nusibósti, nusibósta, nusibódo	carry (on foot)	nèšti, nẽša, nẽšė
		castle	pil/ìs, -iẽs, (4; fem.)
both	abù, fem. abì	cat	kat/ė̃, -ė̃s (4)
both... and...	tíek ..., tíek ..., iř̃ ..., iř̃ ...	catch cold; get cold	péršalti, péršala, péršalo
branch, type	šak/à, -õs (4)	catch sight of	pamatýti, pamãto, pamãtė
brave	drąs/ùs, -ì (4)		
bread	dúon/a, -os (1)		
breathe	kvėpúoti, kvėpúoja, kvėpãvo	cathedral	kãtedr/a, -os (1)
		centimetre	centimètr/as, -o (2)
bridge	tìlt/as, -o (1)	central	centrìn/is, -ė (2)
bring, carry (under own steam)	nèšti, nẽša, nẽšė	centre	ceñtr/as, -o (2)
		century	šim̃tmet/is, -(č)io (1)
broadcast, transmit	transliúoti, -iúoja, -iãvo	chair	kėd/ė̃, -ė̃s (4)
brother	bról/is, -io (1)	chance	atsitiktinùm/as, -o (2)
brown	rùd/as, -à (4)		
build	pastatýti, pastãto, pastãtė (res. of statýti)	cheap, not expensive	nebrang/ùs, -ì (3)
		cheese	sū́r/is, -io (1)
bun, roll, white loaf, pie	pyrãg/as, -o (2)	chemist's	váistin/ė, -ės (1) (also vaĩstinė (4))
bureau, office	biùr/as, -o (2)	cherry	vyšn/ià, vỹšnios (2)
bus, coach	autobùs/as, -o (2)		
business, affair	bìzn/is, -io (2)	chestnut	kaštõn/as, -o (2)
but	bèt	child	vaĩk/as, -o (4)
butter	svíest/as, -o (1)	childhood	vaikỹst/ė, -ės (2)
buy	piřkti, peřka, piřko	children's room, nursery	vaikų̃ kambar/ỹs, -io (3ᵇ)
by all means, without fail, certainly	bū́tinaĩ	choice, selection	pasirinkìm/as, -o (2)

choose (for o.s.; + acc.)	**riñktis, reñkasi, riñkosi**		**komentātor/ė, -ės** (2))
church	**bažnýči/a, -os** (1)	communicate	**pranèšti,**
cinema	**kìn/as, -o** (2)		**pràneša,**
class(room)	**klās/ė, -ės** (2)		**prànešė**
clearly, certainly, of course	**matýt**	competition	**rungtýn/ės, -ių** (2; pl)
clearly, it's clear	**áišku**	complex,	**sudėtìng/as,**
climb, go up	**užlìpti, ùžlipa, užlìpo** (to; añt + gen. '(on)to')	complicated concert	**-a** (1) **koncèrt/as, -o** (1)
close, intimate	**artim/as, -à** (3^b)	conference	**konfereñcij/a, -os** (1)
closed	**uždarýt/as, -a** (1) (also **ùždar/as, -à**)	congratulate	**svéikinti, svéikina, svéikino**
clothes	**drabùž/iai, -ių,** (2; pl.)	consequently, that is, in other	**vadìnasi**
cloudy	**debesúot/as, -a** (1)	words	
coffee	**kav/à, -õs** (4)	constant, permanent	**nuolatìn/is, -ė** (2)
cold beetroot soup	**šaltìbaršč/iai, -ių** (1)	continent	**žemýn/as, -o** (1)
cold	**šált/as, -à** (3)	continue	**tęstis, tęsiasi, tęsėsi**
cold, coldness	**šalt/is, -(č)io** (2)	contradict (+ dat.)	**prieštaráuti, prieštaráuja,**
cold, head cold	**slog/à, -õs** (4)		
colleague	**koleg/à, -(èg)os** (2) (fem. **kolèg/ė, -ės** (2))	conversation;	**prieštarāvo kalb/à, -õs** (4)
colour	**spalv/à, -õs** (4)	language; speech	
come (on foot)	**ateĩti, ateĩna, atẽjo**	cook, boil (res.)	**išvìrti, išvérda, ìšvirė**
come (some means of conveyance)	**atvažiúoti, atvažiúoja, atvažiãvo; atvýkti, atvýksta, atvýko**	cool copy	**vės/ùs, -ì** (4) **egzempliõr/ius, -iaus** (2)
		corner	**kam͂p/as, -o** (4)
		correct, fair	**teisìng/as, -a** (1)
come in useful, necessary	**prireĩkti, prireĩkia, prìreikė**	cost	**kainúoti, kainúoja, kainãvo**
come to an understanding	**susikalbéti, susìkalba, susikalbéjo**	cosy, comfortable, convenient	**jauk/ùs, -ì** (4)
come up to, approach	**prieĩti, prieĩna, priẽjo priẽ + gen.**	cottage cheese cough	**varšk/ė, -ės** (3) **kósėti, kósi, kósėjo**
command, order	**įsakýti, įsãko, įsãkė** ('so.' = dat.)	count	**skaičiúoti, skaičiúoja, skaičiãvo**
commentator	**komentātor/ius, -iaus** (1) (fem.	count, census	**skaičiāvim/as, -o** (1)

country	**šal/ıs, -iẽs** (4; fem.), **krãšt/as, -o** (4)
cover, lay (table)	**užtiẽsti, užtiẽsia, ùžtiesė**
cow	**kárv/ė, -ės** (1)
creative	**kūrybìng/as, -a** (1)
creator, founder, artist	**kūrėj/as, -o** (1)
crime novel; detective	**detektỹv/as, -o** (1)
crowd, mass (+ gen.)	**mini/à, -õs** (4)
cry, weep	**veȓkti, veȓkia, veȓkė**
cultural	**kultūrin/is, -ė** (1) (from **kultūr/à, -ũros** (2))
cupboard, wardrobe	**spìnt/a, -os** (1)
dance	**šõk/is, -io** (2)
dance, jump	**šókti, šóka, šóko**
dangerous	**pavojìng/as, -a** (1)
data	**dúomen/ys, -ų** (3ª; masc., pl.)
date	**dat/à, -os** (2)
daughter	**dukt/ė̃, -eȓs** (3b), **dukr/à, -os** (2)
dawn	**aušr/à, -õs** (4)
death	**mirt/ıs, -iẽs** (4; fem.)
decide	**nusprésti, nuspréndžia, nuspréndė**
demand, require	**reikaláuti, reikaláuja, reikalãvo**
depend	**priklausýti, priklaũso, priklaũsė**
describe	**aprašýti, aprãšo, aprãšė**
diary, log	**dienórašt/is, -(šč)io** (1)
difference	**skìrtum/as, -o** (1)
dining-room	**válgom/asis, -ojo** (1)
dinner, lunch	**piẽt/ūs, -ų̃** (4)

directly, straight	**tiẽsiai**
discuss	**svarstýti, svaȓsto, svaȓstė**
discuss, consult one another	**taȓtis, tãriasi, tãrėsi**
dissatisfied, unhappy	**nepaténkint/as, -a** (1)
disturb, get in the way	**trukdýti, trùkdo, trùkdė**
do	**darýti, dãro, dãre; veĩkti, veĩkia, veĩkė**
do; function, work; have an effect on	**veĩkti, veĩkia, veĩkė**
don't mention it	**nėrà už ką̃, niẽko tókio**
drama	**dram/à, drãmos** (2)
drawing, picture	**pavéiksl/as, -o** (1)
dress	**suknėl/ė, -ės** (2)
drink	**gérti, gẽria, gérė**
drop in, call at/on	**užsùkti, užsuka, užsùko**
each other, one another	**víenas kìtas**
each, every	**kiekvíen/as, -à** (3)
earlier	**ankščiaũ**
early, soon	**ankstì**
east(ern)	**rytų̃**
eat one's fill ('of' = gen.)	**prisiválgyti, prisiválgo, prisiválgė**
eat, feed oneself	**maitìntis, maitìnasi, maitìnosi**
elsewhere	**kituȓ**
emphatic particle	**gì**
empty	**tùšči/as, -à** (4)
end	**gãl/as, -o** (4), **pabaig/à, -õs** (3b)
establish, determine	**nustatýti, nustãto, nustãtė**
etc.	**iȓ t.t. (= iȓ taĩp toliaũ)**
even	**nèt**
every day	**kasdiẽn**

every	**kàs** (indecl.) + num.	film	**fılm/as, -o** (1)
every year	**kasmẽt**	find	**ràsti, rañda, rãdo**
everywhere	**visuř**	fine, succesfully	**sẽkmìngai,** adv.
exactly, indeed; probably	**tikraĩ**	fine; slender, subtle	**plón/as, -à** (3)
exam	**egzãmin/as, -o** (3ᵇ)	fine; well	**geraĩ**
except	**išskýrus** + acc.	finish, come to an end	**baĩgtis, baĩgiasi, baĩgėsi**
excursion	**ekskùrsij/a, -os** (1)	fire	**ugn/ıs, -iẽs** (4; fem.)
excuse me, I'm sorry	**atsiprašaũ**	firm, hard, strong	**tvìrt/as, -à** (3)
exhibition, lit. 'showing'	**parod/à, -õs**	first of all	**pirmiáusia**
		floor, storey	**aūkšt/as, -o** (2)
explain (to/for o.s.; res.)	**išsiáiškinti, išsiáiškina, išsiáiškino**	flower-bed	**daržēl/is, -io** (2), **gėlýn/as, -o** (1)
		food	**maĩst/as, -o** (2)
face	**véid/as, -o** (3)	foot, leg	**kój/a, -os** (1)
factory	**gamykl/à, gamỹklos** (2)	football (the ball, not the sport)	**kamuol/ỹs, kãmuolio** (3ᵇ)
faculty	**fakultèt/as, -o** (2)	football	**fùtbol/as, -o** (1)
fall asleep	**užmìgti, užmiñga, užmìgo**	for a long time	**ilgaĩ**
		for example	**pãvyzdžiui**
		for the time being	**kõl kàs**
fall ill	**susiřgti, sùserga, susiřgo**	forbid, prohibit	**draũsti, draũdžia, draũdė**
fall in love ('with' = + acc.)	**įsimylḗti, įsimýli, įsimylḗjo**	foreign	**ùžsienio**
		foreigner	**svetimtaũt/is, -(č)io** (2)
family	**šeim/à, -õs** (4)		
famous	**gars/ùs, -ì** (4)	forest	**mìšk/as, -o** (4)
farm	**víenkiem/is, -io** (1); **sodýb/a, -os** (1)	forget	**užmiřšti, užmiřšta, užmiřšo**
fashion	**mad/à, -õs** (4)	forgive me, I'm sorry	**atléiskit**
father, dad	**tḗv/as, -o** (3), **tḗt/is, -(č)io** (2)	fork (also 'branch')	**šakùt/ė, -ės** (2)
favourite	**mýlim/as, -à** (3ᵃ)	form, comprise, make up	**sudarýti, sudãro, sudãrė**
fear, be afraid ('of' = + gen.)	**bijóti, bìjo, bijójo**	former	**bùv/ęs, -usi** (1)
feel (in o.s.)	**jaũstis, jaũčiasi, jaũtėsi**	fortunately	**láimei**
		free	**laĩsv/as, -à** (4)
feel	**jaũsti, jaũčia, jaũtė**	friend	**bičiùl/is, -io** (2)
		from (distances)	**ùž** + gen. (km., etc.) **nuõ** + gen.
feel like	**norḗtis, nórisi, norḗjosi**		
few, little	**mažaĩ**	from afar	**iš tõlo**
field (of study), subject area	**srit/ıs, -iẽs** (4)	from here	**iš čià**
field	**laūk/as, -o** (4)	from olden times	**nuõ senų̃ laikų̃**

from way back, from a long time ago	nuõ sẽno	get very cold, freeze	sušálti, sušãla, sušãlo
from, out of	ìš + gen.	get worried	susirūpinti, susirūpina, susirūpino
from ... to ... (time, place)	nuõ + gen. ikì + gen.	get, receive, obtain	gáuti, gáuna, gãvo
fruit (piece of)	vaĩs/ius, -aus (2)	girl	mergáit/ė, -ės (2)
full	pìln/as, -à (3)	give	dúoti, dúoda, dãvė
furniture	baĩdai, -ų (2)	gladly, with pleasure	mielaĩ
further, from then on, after that	toliaũ		
gallery	galèrij/a, -os (1)	glass (e.g., for wine)	taur/ė, -ẽs (4)
game	žaidìm/as, -o (1)		
garage	garãž/as, -o (2)	glass (for drinking)	stikliñ/ė, -ės (2)
garden, kitchen garden	darž/as, -o (4)	glove	pirštin/ė, -ės (1)
garden, orchard	sõd/as, -o (2)	go in for sport	sportúoti, sportúoja, sportãvo
gate	vart/ai, -ų (2)		
gather, collect	riñkti, reñka, riñko		
gather, come together	riñktis, reñkasi, riñkosi	go walking, for a walk	pasiváikščioti, -ščioja, -ščiojo
get better, recover (res.)	pasveĩkti, pasveĩksta, pasveĩko	go, get somewhere	nueĩti, nueĩna, nuẽjo
get home	parvažiúoti, parvažiúoja, parvažiãvo namõ	go, set off	paeĩti, paeĩna, paẽjo
		granny	močiùt/ė, -ės (2)
get out/off	išlìpti, ìšlipa, ìšlipo	grateful (+ dat.)	dėkìng/as, -a (1)
		group	grùp/ė, -ės (2)
get ready	ruõštis, ruõšiasi, ruõšėsi	grow (up), increase (intrans.)	áugti, áuga, áugo
get ready, prepare	ruõštis, ruõšiasi, ruõšėsi	guitar	gitar/à, -(ãr)os (2)
get sg. to drink	išgérti, ìšgeria, ìšgėrė	hair	plauk/aĩ, -ų̃ (pl. of pláuk/as, -o (3))
get sg. to eat	paválgyti, paválgo, paválgė		
		hand, arm	rank/à, rañkos (2)
get tired, become tired	pavarĝti, pavarĝsta, pavarĝo	handbag	rankinùk/as, -o (2)
		handkerchief	nósin/ė, -ės (1)
get up, go up	atsikélti, atsìkelia, atsikélė	happen (+ dat. 'to s.o.')	atsitìkti, atsitiñka, atsitìko
get used to	pripràsti, priprañta, pripráto	happen, take place; go; be successful	vỹkti, vỹksta, vỹko
		happiness	láim/ė, -ės (1)
		happy	liñksm/as, -à (4)

happy, fortunate	**laimìng/as, -a** (1)	hunt	**medžióti,**
have (also 'have	**turéti, tùri,**		**medžiója,**
to, must')	**turéjo**		**medžiójo**
have a bath	**máudytis,**	hurry	**paskubéti,**
	máudosi,		**pàskuba,**
	máudėsi		**paskubéjo**
have breakfast	**pùsryčiauti,**	hurt, give pain	**skaudéti, skaũda,**
	pùsryčiauja,		**skaudéjo**
	pùsryčiavo	I	**àš**
have lunch	**pietáuti,**	icecream	**led/aĩ, -ų̃** (4; pl.
	pietáuja,		only) (**lėd/as, -o**
	pietãvo		(4) 'ice')
have to, be	**tèkti, teñka, tḗko**	if	**jéi**
obliged to		if, whether	**ar̃**
head	**galv/à, -õs** (3)	illness	**lig/à, -õs** (4)
health	**sveikat/à, -(ãt)os**	immediately,	**iškar̃t**
	(2)	straight away	
healthy	**sveĩk/as, -à** (4)	important	**svarb/ùs, -ì** (4)
hear	**girdéti, gir̃di,**	impression	**įspūd/is, -(dž)io**
	girdéjo		(1)
heat, sultry	**kar̃št/is, -(šč)io**	in a good mood	**gerõs núotaikos**
weather	(2)	in a hurry,	**skubiaĩ**
hello (on the	**alió**	hurriedly	
phone)		in a word,	**žodžiù**
help (+ dat.)	**padéti, pàdeda,**	putting it	
	padéjo	briefly	
here	**čià**	in every way	**visaĩp**
here, right here	**štaĩ čià**	possible	
highest	**aukščiáusiai,** adv.	in the opinion of	gen. + **nuomone**
hike, trip	**žỹg/is, -io** (2)	indeed, really	**tikraĩ**
hill	**kalv/à, -õs** (4)	individual, person	**asmenýb/ė, -ės**
hire, rent	**išsinúomoti,**		(1)
	-moja, -mojo	influence, have	**veĩkti, veĩkia,**
history	**istòrij/a, -os** (1)	an effect on	**veĩkė**
hold, take	**laikýti, laĩko,**	influenza, flu	**grìp/as, -o** (2)
(exam), consider	**laĩkė**	information,	**informãcij/a, -os**
holiday(s)	**atóstog/os, -ų** (1)	'announcement'	(1)
	(pl. only)	institute	**institùt/as,**
holiday, feast	**šveñt/ė, -ės** (2)		**-o** (2)
day, celebration		interesting	**įdom/ùs, -ì** (4)
home	**namiẽ** ('to home'	international	**tarptautìn/is, -ė**
	= **namõ**)		(2)
hope	**tikétis, tìkisi,**	interview	**interviù** (indecl.)
	tikéjosi	introduce some-	**supažìndinti,**
hospital	**ligónin/ė, -ės** (1)	one to	**-dina, -dino**
hot	**kár̃št/as, -à** (3)	someone	(acc. + **su**
hotel	**viẽšbutis, -(č)io**		+ instr.)
	(1)	invitation	**kvietìm/as, -o** (2)
house	**nãm/as, -o** (4)	invite	**kviẽsti, kviẽčia,**
how	**kaĩp**		**kviẽtė**

it's possible, 'you can'	**gālima**
item (often pl. 'goods')	**prēk/ė, -ės** (2)
jeans	**džìns/ai, -ų** (1; pl. only)
joke	**juokáuti, juokáuja, juokãvo**
journey, trip	**keliõn/ė-, -ės** (2)
joy	**džiaũgsm/as, -o** (4)
juice	**sùlt/ys, -(č)ių** (1; pl. only)
just (in 'have just' sentences)	**ką̀ tìk**
just a minute	**víeną minutėlę**
just as (lit. 'in such a way, how')	**taĩp, kaĩp**
just like	**kaĩp iř**
keep, hold	**laikýti, laĩko, laĩkė**
key	**rãkt/as, -o** (2)
kilo(gram)	**kilogrãm/as, -o** (2)
kilometre	**kilomètr/as, -o** (2)
kitchen garden	**dařž/as, -o** (4)
kitchen	**virtùv/ė, -ės** (2)
know (how to) (also: 'pay')	**mokéti, móka, mokėjo**
know	**žinóti, žìno, žinójo**
know, be acquainted with (s.o.)	**pažìnti, pažį́sta, pažìno** + acc.
lack, be missing, not be sufficient	**pritrúkti, pritrúksta, pritrúko**
lack, shortage	**trū́kum/as, -o** (1)
lake	**ẽžer/as, -o** (3^b)
landscape, scenery	**kraštóvaizd/is, -(dž)io** (1)
largest	**didžiáus/ias, -ia** (1)
last	**paskutìn/is, -ė** (2)
last year	**pérnai**, adv.
later	**vėliaũ**

lavatory, toilet, WC	**tualèt/as, -o** (2)
lecture, reading	**paskait/à, -õs** (3^b)
lend	**skõlinti, skõlina, skõlino**
less	**mažiaũ**, adv.
let, allow, permit	**léisti, léidžia, léido**
let, may (in wishes)	**tegù**
letter	**láišk/as, -o** (3)
lie down	**atsigùlti, atsìgula, atsìgulė**
lie, be lying	**guléti, gùli, guléjo**
life	**gyvēnim/as, -o** (1)
like	**mégti, mégsta, mégo**
listen to	**klausýtis, klaũsosi, klaũsėsi**
listen to, obey	**klausýti, klaũso, klaũsė**
little by little, gradually	**pamažù**
live	**gyvénti, gyvéna, gyvéno**
lobby, vestibule	**prieškambar/is, -io** (1)
local	**viẽtin/is, -ė** (1)
look after, keep, preserve	**sáugoti, sáugo, sáugojo**
look after, take care of (+ instr.)	**rū́pintis, rū́pinasi, rū́pinosi**
look around, examine, 'visit'	**apžiūrinéti, apžiūrinéja, apžiūrinéjo**
look for, seek	**ieškóti, iéško, ieškójo** + gen.
look	**žiūréti, žiū̃ri, žiūréjo**
lorry, truck	**suñkvežim/is, -io** (1)
lots of things	**daũg kàs**
loudly	**gařsiai**
love	**méil/ė, -ės** (1)

love, like	**myléti, mýli, mylėjo**	menu	**meniù** (indecl. masc.)
lovely, fine (here the 'it is...' form)	**puik/ùs, -ì** (4)	milieu, environment, surroundings	**aplink/à, -õs**
low	**žẽm/as, -à** (4)		
lunch	**piẽt/ūs, -ų** (4) (pl. only)	minicoach	**mikroautobùs/as, -o** (2)
majority, most (+ gen.)	**daũgum/à, -õs** (3ᵇ)	misfortune	**neláim/ė, -ės** (1)
		mood, disposition	**núotaik/a, -os** (1)
make friends, become friends	**susidraugáuti, -gáuja, -gãvo**	more or less, approximately	**maždaũg**
make someone fed up	**atsibósti, atsibósta, atsibódo**	more than	**daugiaũ kaĩp**
		moreover	**bè tõ**
		most (of all)	**labiáusiai**, adv.
make the acquaintance of	**susipažìnti, -pažįsta, -pažìno**	most often	**dažniáusiai**
		mother, mum	**mótin/a, -os** (1), **mam/à, -õs** (4)
make, produce	**gamìnti, gamìna, gamìno**	museum	**muziẽj/us, -aus** (2)
man, gentleman	**põn/as, -o** (2)	mushroom	**grỹb/as, -o** (2)
man, husband	**výr/as, -o** (1)	music	**mùzik/a, -os** (1)
manage, succeed in	**pasisèkti, pasìseka, pasìsekė**	name (first name)	**var̃d/as, -o** (4)
		nature	**gamt/à, -õs** (4)
many (a) (+ gen. pl.)	**daũgel/is, -io** (1)	near	**netolì** + gen., **priẽ** + gen
map	**žemėlap/is, -io** (1)	nearby (lit. 'there near')	**teñ netolì**
market	**tur̃g/us, -aus** (2)	needless to say	**saváime suprañtama**
massage	**masáž/as, -o** (2)		
mathematics	**matemãtik/a, -os** (1)	neither..., nor...	**ne- neĩ ..., neĩ ...** (note the 'double negative')
meadow	**piev/a, -os** (1)	new	**naũj/as, -à** (4)
mean, signify	**réikšti, réiškia, réiškė**	new things, latest news	**naujíen/os, -ų** (1)
measure	**matúoti, matúoja, matãvo**	news	**žìn/ios, -iũ** (4)
		newspaper	**laĩkrašt/is, -čio** (1)
medicine	**váist/ai, -ų** (1; pl.)	no	**nè**
meet, gather, get together	**susiriñkti, susìrenka, susiriñko**	noisy	**triukšmìng/as, -a** (1)
		nonsense, little things	**niẽk/ai, -ų** (2; pl. only)
meeting	**susitikìm/as, -o** (2)	nose	**nós/is, -ies** (1; fem.)
member	**nar/ỹs, nãrio** (4) (fem. **nar/ė̃, -ė̃s** (4))	not at all, by no means	**visái nè**
		not at all	**jókiu bū́dù**
mention	**paminė́ti, pàmini, paminė́jo**	not bad	**neblogaĩ**
		not even	**nė̃ ne-**

not only ..., but also ...	nè tìk ..., bèt dár iř ...
note (pl. 'notes')	ùžraš/as, -o (3ᵇ)
nothing, no-one	niēkas, niēko nenùmer/is, -io (1)
number	nùmer/is, -io (1)
nurse	(medicìnos) sesēl/ė, -ės (2) (medicin/à, -(ìn)os (2) 'medicine')
observe (+ acc.)	stebéti, stēbi, stebėjo
occupy	užiñti, ùžima, ùžimė
of course, it's well known	žìnoma
Old Town, Old City	senāmiest/is, -(č)io (1)
old	sēn/as, -à (4)
on a visit	svečiuosè
on foot	pésčiomìs
on the other hand	kìta veřtus
once again	dár kařtą
only	tìk
open (also fig., e.g. 'frank')	ātvir/as, -à (3ᵇ)
open	atidarýti, atidāro, atidārė
opera	òper/a, -os (1)
opinion	núomon/ė, -ės (1)
or	arbà
orange	apelsìn/as, -o (2)
order, book, reserve	užsakýti, užsāko, užsākė
organize, set up	sureñgti, sureñgia, sùrengė
origin, appearance	atsiradìm/as, -o (2)
other	kìt/as, -à (4)
out	į laūką
outskirts (not in the town)	ùžmiest/is, -(č)io (1)
over, above	viřš + gen.
overall, in general	apskritaī
overcoat	pált/as, -o (1)
paint	dažýti, dāžo, dāžė
pair, a few	por/à, -õs (4)
parents	tév/aĩ, -ų̃ (3, 4)

part	dal/ìs, -iẽs (4; fem.)
particular, careful	rūpestìng/as, -a (1)
particularly, especially	ýpač
party	vakarēl/is, -io (2)
pass, elapse	prabégti, prabéga, prabégo
path	alėj/a, -os (1)
pay	sumokéti, sumóka, sumokėjo
peaceful (here the 'it is ...' form)	ram/ùs, -ì (4)
pear	kriáuš/ė, -ės (1)
per hour	per vālandą
perfect	tóbul/as, -à (3ᵃ)
perhaps,	kažìn
person	žmog/ùs, -aũs (4)
personal	asmenìn/is, -ė (2)
petrol, gas	benzìn/as, -o (2)
phone	skambìnti, skambìna, skambìno
photo, snap	núotrauk/a, -os (1)
picturesque, full of images	vaizdìng/as, -a (1)
piece, play	pjès/ė, -ės (1)
pizza	pic/à, pìcos (2)
place, seat	viet/à, -(ēt)os (2)
plan, make plans	planúoti, planúoja, planãvo
plan; small map	plãn/as, -o (4)
plant	áugal/as, -o (3ᵃ)
plant	sodìnti, sodìna, sodìno
plate	lėkšt/ė, -ės (2) (and lėkšt/ė, -ės (4))
play	žaīsti, žaīdžia, žaīdė
please	patìkti, patiñka, patìko
please, here you are, don't mention it	prãšom

pleased (lit. 'it is pleasant')	**malonù**
pleasure	**malonùm/as, -o** (2)
plum	**slyv/à, slỹvos** (2)
poem, poetry	**eilèraš/tis, -čio** (1)
poetry	**poèzi/ja, -jos** (1)
police	**polìcij/a, -os** (1)
policeman	**polìcinink/as, -o** (1)
polite	**mandag/ùs, -ì** (4)
politics	**polìtik/a, -os** (1)
pool, swimming pool	**baseĩn/as, -o** (2)
pop in	**užsùkti, ùžsuka, užsùko**
popular	**populiar/ùs, -ì** (4)
port, harbour	**úost/as, -o** (1)
post office	**pãšt/as, -o** (2)
pot, pan (small); cup	**puodėl/is, -io** (2)
pot, pan	**púod/as, -o** (1)
potato	**bùlv/ė, -ės** (1)
power, force	**jėg/à, -õs** (4)
precisely, on the dot	**lýgiai**
prefer	**labiaũ mė́gti, mė́gsta, mė́go**
preparation	**pasiruošìm/as, -o** (2)
prepare, get ready	**reñgtis, reñgiasi, reñgėsi**
press	**spaud/à, -õs** (4)
probably	**turbū́t**
probably, doubtless	**be ãbejo**
profession	**profèsij/a, -os** (1)
professor	**profèsor/ius, -iaus** (1)
programme	**laid/à, -õs** (4)
programme list(ing)	**program/à, -(ãm)os** (2)
promise	**žadė́ti, žãda, žadė́jo**
prospect, avenue	**prospèkt/as, -o** (2)
proverb, saying	**patarl/ė̃, -ė̃s** (3b)
publish, declare	**skélbti, skélbia, skélbė**
pure, clean	**grýn/as, -à** (3)
put	**dė́ti, dė́da, dė́jo**
put away, tidy away	**sudė́ti, sùdeda, sudė́jo**
put in, include (for o.s.)	**įsidė́ti, į̇sìdeda, įsidė́jo**
put on + acc.	**užsidė́ti, užsìdeda, užsidė́jo**
put	**padė́ti, pàdeda, padė́jo**
quarter, district	**kvartãl/as, -o** (2)
quartet	**kvartèt/as, -o** (2)
question	**kláusim/as, -o** (1)
question particle	**ar̃**
quickly	**spar̃čiai** (from **spart/ùs, -ì** (4))
quite, very	**ganà**
rail(way) station	**geležìnkelio stot/ìs, -ìes** (4; fem.)
rain	**liet/ùs, -aũs** (3)
rain	**lýti, lỹja, lìjo**
read	**skaitýti, skaĩto, skaĩtė**
really, actually, truly	**tikraĩ**
really?, surely not?	**ar̃gi** (emphatic interr. particle)
receive treatment (medical)	**gýdytis, gýdosi, gýdėsi**
recognize	**atpažìnti, atpažį̇sta, atpažìno**
recommend, suggest	**siū́lyti, siū́lo, siū́lė**
recount, relate	**papãsak/oti, -oja, -ojo** (res. of **pãsakoti**)
red	**raudón/as, -a** (1)
refrigerator, icebox	**šaldytùv/as, -o** (2)
reject, refuse	**atsisakýti, atsisãko, atsisãkė**
relative, relation	**gimin/ė̃, -ė̃s** (3b)
rely on, trust in	**pasitikė́ti, pasìtiki, pasitikė́jo**
remain	**lìkti, lìeka, lìko**

remain, be preserved, survive	išlìkti, išliẽka, išlìko	sail, swim	plaũkti, plaũkia, plaũkė
remember (intrans. or trans.)	atsimiñti, atsìmena, atsìminė	sanatorium sandwich	sanatòrij/a, -os sumuštìn/is, -io (2)
remind	primiñti, prìmena, prìminė	say, tell sea	sakýti, sãko, sãkė jū́r/a, -os (1)
Renaissance	renesáns/as, -o (1)	seaboard, coast	pajū́r/is, -io (1) (from jū́r/a, -os (1) 'sea')
repertoire	repertuãr/as, -o (2)	seem, look	atródyti, atródo, atródė
reply, answer	atsakýti, atsãko, atsãkė	self sell	pàt/s, -ì (4) pardúoti,
resist, counter	príešintis, príešinasi, príešinosi	send	pardúoda, par̃davė siūsti, siuñčia,
resort, spa, holiday place	kuròrt/as, -o (1)	separately, apart series	siuñtė atskiraĩ, adv. seriãl/as, -o (2)
rest, be on holiday	poilsiáuti, poilsiáuja, poilsiãvo	serve (+ dat.)	tarnáuti, tarnáuja, tarnãvo
rest, take a rest	pailsė́ti, paìlsi, pailsė́jo	several	kel/ì, kė̃l/ios, -iū̃ (4), kė̃let/as, -o
restaurant	restorãn/as, -o (2)	severe	(1) smark/ùs, -ì (4)
return, come back, go back	grį̃žti, grį̃žta, grį̃žo	shade, cool, n. sharp, severe	pavė́s/is, -io (1) smark/ùs, -ì (4)
rich right, correct	turtìng/as, -a (1) teis/ùs, -ì (4)	shelf shine (intrans.);	lentýn/a, -os (1) šviẽsti, šviẽčia,
ring out, resound (res.)	suskambė́ti, sùskamba, suskambė́jo	enlighten (trans.) shirt	šviẽtė marškin/iaĩ, -iū̃
ring rise, get higher (intrans.)	žíed/as, -o (3) pakìlti, pakýla,	shoe	(3b; pl. only) bãt/as, -o (2)
room	pakìlo kambar/ỹs, -io (3b)	shore, coast short	pakrañt/ė, -ės (1) trum̃p/as, -à (4)
rose round	rõž/ė, -ės (2) apval/ùs, -ì (4)	show	ródyti, ródo, ródė
route, itinerary row	maršrùt/as, -o (2) eil/ė̃, -ė̃s (4)	show, spectacle	spektãkl/is, -io (2)
run	bė́gti, bė́ga, bė́go	silent similar to, like	tyl/ùs, -ì (4) panaš/ùs, -ì (4)
rye sack, rucksack, knapsack	rug/ỹs, -io (4) kuprìn/ė, -ės (2)	simply; straight since	į̃ + acc. tiesióg nuõ + gen.
sad (usually of a thing)	liū̃dn/as, -à (4)	sincerely	nuoširdžiaĩ (from nuošird/ùs, -ì (4) 'sincere')

sing (trans. and intrans.) — **dainúoti, dainúoja, dainãvo**

sister, sis — **ses/uõ, -ер̃s (3b), sẽs/ė, -ės (2)**

sit down — **atsisė́sti, atsisė́da, atsisė́do**

sit, be sitting — **sėdė́ti, sė́di, sėdė́jo**

sitting-room, lounge — **svetaĩn/ė, -ės (2)**

size — **dỹd/is, -(dž)io (2)**

skirt — **sijõn/as, -o (2)**

sky — **dang/ùs, -aũs (4)**

sleep — **miegóti, miẽga, miegójo**

sleeping bag — **miẽgmaiš/is, -io (1)**

slim — **plón/as, -à (3)**

slow — **lė̃t/as, -à (4)**

small — **mãž/as, -à (4)**

small, not large — **nedìdel/is, -ė (3)**

snow — **snìgti, sniñga, snìgo**

so much/many — **tíek daũg**

so, therefore, for that reason — **todė̃l**

sofa — **sof/à, sòfos (2)**

somewhere — **kažkuř̃**

son — **sūn/ùs, -aũs (3)**

song, folk song — **dain/à, -õs (4)**

sort, type — **rū́š/is, -ies (1), fem.**

sound, glory, rumour — **gař̃s/as, -o (4)**

soup — **sriub/à, -õs (4)**

source — **šaltìn/is, -io (2)**

speak — **kalbė́ti, kal̃ba, kalbė́jo**

speaker, presenter — **dìktor/ius, -iaus (1) (fem. dìktor/ė, -ės (1))**

specialist — **speciaľìst/as, -o (2) (fem. speciaľìst/ė, -ės (2))**

spectacles, glasses — **akin/iaĩ, -ių̃ (3b; pl. only)**

spectator, member of audience — **žiūrõv/as, -o (2), fem. žiūrõv/ė, -ės (2)**

spend the night — **nakvóti, nakvója, nakvójo**

spoon (small) — **šaukštė́l/is, -io (2)**

spoon — **šáukšt/as, -o (1)**

sport — **spòrt/as, -o (1)**

spread, become widespread — **plìsti, pliñta, plìto**

square (in town) — **aĩkšt/ė, -ė̃s (3)**

square (small and leafy) — **skvèr/as, -o (2)**

start, begin (intrans.) — **prasidė́ti, prasìdeda, prasidė́jo**

state, country — **valstýb/ė, -ės (1)**

station — **stot/ìs, -iẽs (4; fem.)**

stay (a certain time) — **pabū́ti, pabū́na, pabùvo**

steamer, boat, ship — **gárlaiv/is, -io (1)**

steed, horse — **žìrg/as, -o (3)**

still, yet — **dár**

stocking — **kójin/ė, -ės (1)**

stomach — **skrand/is, -(dž)io (2)**

stone — **akm/uõ, -eñs (3b)**

stop, pause (intrans.) — **sustóti, sustója, sustójo**

stout — **stór/as, -à (3)**

stove, cooker — **virỹkl/ė, -ės (2)**

straight, directly — **tiẽsiai**

strange, unknown, odd — **keĩst/as, -a**

street — **gãtv/ė, -ės (2)**

strong — **stipr/ùs, -ì (4)**

student — **moksleĩv/is, -io (2) (fem. moksleĩv/ė, -ės (2))**

students' hostel — **studeñtų bendrãbut/is, -(č)io (1)**

study (at university) — **studijúoti, studijúoja, studijãvo**

study, learn — **mókytis, mókosi, mókėsi**

style	stìl/ius, -iaus (2)	teacher, lecturer	dėstytoj/as, -o (1)
subject, thing	dalỹk/as, -o (2)		(fem. dėstytoj/
suburb	priemiest/is,		a, -os (1))
	-(č)io (1)	telephone	telefòn/as, -o (2)
succeed	sèktis, sėkasi,	television	televìzori/us,
	sėkėsi		-aus
suddenly	staigà	thank you for...	āčiū ùž + acc.
suggestion	pasiūlym/as, -o	thanks	dėkui
	(1)	that	kàd (conjunction)
summer	vãsar/a, -os (1)	that (over there)	an/às, -à
sun	sául/ė, -ės (1)	the –er, the –er	kuõ + comp., tuõ
sunny	saulėt/as, -a (1)		+ comp.
surname	pavard/ė, -ẽs (3b)	the same	tóks pàt, tokià
surprise,	staigmen/à, -õs		pàt
something	(3b)	theatre	teãtr/as, -o (2)
unexpected		then	tadà
sweets, sweet	saldumýn/ai, -ų	then, after that	po tõ (po + gen.
things	(1)		'after')
swimming	plaukìm/as, -o	these days (adv.)	šiaĩs laikaĩs
	(2)	thing, object	dalỹk/as, -o (2)
swimming pool,	baseĩn/as, -o (2)	think, consider	pagalvóti,
baths			pagalvója,
table	stãl/as, -o (4)		pagalvójo (res.
take a look	pažiūrėti,		of galvóti,
	pažiūri,		galvója,
	pažiūrėjo		galvójo; 'about'
take a rest	pailsėti, paìlsi,		= apiẽ + acc.)
	pailsėjo	think, have/	sugalvóti,
take a walk	pasiváikščioti,	conceive the	sugalvója,
	-ioja, -iojo	idea (res.)	sugalvójo
take	paim̃ti, pàima,	this year	šiẽmet (adv.)
	pàėmė	this/these is/are	čià
take place	įvỹkti, įvỹksta,	thousand	tūkstant/is, -(č)io
	įvỹko		(1)
take someone	nuvèžti, nùveža,	through, via,	peř + acc.
(somewhere)	nùvežė	across	
take, get, buy	pasiim̃ti,	ticket	bìliet/as, -o (1)
(lit. 'take for	pasìima,	tidy up	tvarkýti, tvar̃ko,
o.s.')	pasìėmė		tvar̃kė
talk to, converse	kalbėtis, kaĺbasi,	till then, see	ikì
with	kalbėjosi	you, so long	
tall	aukštaũg/is, -ė	time	laĩk/as, -o
	(2)	to	į̃ + acc.
taste, try	paragáuti,	to the right	į dẽšinę
	paragáuja,	to/in [...] house,	pàs + acc.
	paragãvo	in the	
tasty	skan/ùs, -ì (4)	possession of	
tea	arbat/à, -(ãt)os (2)	together	kartù
teach, expound	dėstyti, dėsto,	too	peř
	dėstė	top, summit	viršūn/ė, -ės (1)

tourist	turìst/as, -o (2) (fem. turìst/ė, -ės)	unite, bring together	subùrti, sùburia, subūrė
towards, in the direction of	liñk + gen.	university student	studeñt/as, -o (2) (fem. student/ė, -ės (2))
town, city	miẽst/as, -o (2)	university	universitèt/as,
toy	žaĩsl/as, -o (4)		-o (2)
track	kẽl/ias, -io (4)	unnatural,	nenatūral/ùs, -ì
traditional	tradìcin/is, -ė (1)	artificial	(4)
traffic lights	šviesofòr/as, -o (2)	unsuccessfully	nesėkmìngai
		until, as far as	ikì + genitive
train	traukin/ỹs, -io (3ª)	use (+ instr.)	naudótis, naudójasi, naudójosi
tranquillity, peace, calm	ramýb/ė, -ės (1)	useful,	naudìng/as, -a
translate	išveŕsti, išveŕčia, ìšvertė	advantageous	(1)
		usually; simply	paprastaĩ
travel agent's	keliõnių agentūr/à, -os (2)	various, different	įvair/ùs, -ì (4)
		vegetable	daržóv/ė, -ės (1)
travel	keliáuti, keliáuja, keliãvo	very	labaĩ
		very many	labaĩ daũg vìsko
treat, cure	gýdyti, gýdo, gýdė	things, all sorts of things	
tree	mẽd/is, -(dž)io (2)	very near	priẽ pàt + gen.
		village ('student	miestẽl/is, -io (2)
trivia, nothings, nonsense	niẽk/ai, -ų (2)	village')	
		village,	káim/as, -o (1)
trolleybus	troleibùs/as, -o (2)	countryside	
		violin	smuĩk/as, -o (2)
truth to tell	tiẽsą sãkant	visit	aplankýti,
try, attempt	pabandýti, pabañdo, pabañdė		aplañko, aplañkė
		volleyball	tinklìn/is, -io (2)
turn (trans. and intrans.)	pasùkti, pàsuka, pasùko	wait for	láukti, láukia, láukė (+ gen.; res.: suláukti)
turn on	įjùngti, įjùngia, įjùngė	waiter	padavėj/as, -o (1) (fem. padavėj/a, -os (1))
typical	tìpišk/as, -a (1)		
umbrella	skėt/is, -(č)io (2)		
uncle	dėd/ė, -ės (2)	walk (around for a while)	paváikščio/ti, -ja, -jo
understand	supràsti, suprañta, suprãto	walk, stroll	pasiváikščiojim/as, -o (1)
understand, get to the bottom of	išmanýti, išmãno, išmãnė	walk, wander	vaikštinéti, vaikštinéja, vaikštinéjo
unexpectedly	netikétai		
unfortunately	dejà	wall	síen/a, -os (1)
unique, the only one	unikal/ùs, -ì (4)	warm up a little (intrans.)	atšìlti, atšỹla, atšìlo

warmth	šilum/a, -õs (3ᵇ)	wide, broad	plat/ùs, -ì (4)
wash	isskal̃bti,	wife	žmon/à, -õs (3)
	isskal̃bia,	win	laiméti, laĩmi,
	ìsskalbé		laimėjo
watch	žiūréti, žiũri,	wind	véj/as, -o (1)
	žiūrėjo	window	láng/as, -o (3)
watch, clock	laĩkrod/is,	windy	vėjúot/as, -a (1)
	-(dž)io (1)	wine	vȳn/as, -o (2)
way, manner,	būd/as, -o (2)	winter	žiem/à, -õs (4)
style		wish	linkéti, liñki,
way, road, track	kēl/ias, -io (4)		linkėjo
wealth, riches	tur̃t/as, -o (2)	wolf	vil̃k/as, -o (4)
weather	sinòptik/as, -o (1)	workroom, atelier	dirbtùv/ė, -ės (2)
forecasting		works, creation	kūrýb/a, -os (1)
weather, air	ór/as, -o (3)	world	pasául/is, -io (1)
wedding	vestùv/ės, -ių (2;	worry	jáudintis,
	pl. only)		jáudinasi,
weekend	saváitgal/is, -io		jáudinosi
	(1)	write	rašýti, rãšo, rãšė
well (interjection)	nà	writer	rašýtoj/as, -o (1)
wet	šlãp/ias, -ià (4)		(fem. rašýtoj/a,
what (sort of)	kók/s, -ià (3)		-os (1))
what do you	kaĩp jũs mãnote?	X and I/we	mēs sù + instr.
think?		(me/us)	
what time is it?	kíek valandũ?	yard, courtyard	kiēm/as, -o (4)
what's new?	kàs naũjo?	year(s)	mēt/ai, -ų (2)
when	kaĩ; kadà (interr.)	yellow	geltón/as, -a (1)
where	kur̃	yes	taĩp
white	bált/as, -à (3)	young	jáun/as, -à (3)
who knows, it	kõ gẽro	young man	jaunuõl/is, -io (2)
may be		young people	jaunìm/as, -o (2)
who, what	kàs	youth (time of	jaunȳst/ė, -ės (2)
who, which (rel.)	kur/ìs, -ì (4)	life)	
whole	ìstis/as, -à (3ᵇ)	zoo	zoològijos sõd/as,
whose (indecl.)	kienõ		-o (2)

Grammatical index

This index gives an adapted list of the topics given at the beginning of each lesson, to save you going through the head page of several lessons in search of a topic. The Introduction should be consulted for questions of pronunciation and general information, and the Reference section for an overall and limited outline of the grammar. References are to lesson numbers, not to pages. Lesson 7 and Lesson 13 are to some extent review lessons.

abstract nouns formed from
  adjectives 14
accent 1
accusative 2
accusative plural 4
active participles 15
adjectives: general 4
adjectives with suffixes 12
adjectives: gradation 12
adjectives: plural 5
adjectives: pronominal forms 12
adverbial participle 14
adverbs in -ai 5
adverbs: 5
adverbs: gradation 11
advice 9
age 11
animals 15
apologizing 3
asking for information 5
asking someone the way 3
bed 14
birds 15
body 7
būti 'be' 1
case: genitive and accusative of **-uo**
  type nouns 4
clothes 12
colours 5

compass 7
compliments 12
compound words 14
conditional of reflexive verbs 11
congratulating someone 12
construction **žinoti, kad ...** 7
contradicting someone 14
conversations: striking them up 3
crockery, cutlery 14
date 9
dative 8
days of the week 3
demonstrative pronouns 5
describing what someone looks like 7
diminutives 12
disagreeing with someone 14
dislikes 8
family 4
food 9
furniture 5
future 11
future events 5
genders 1
gerunds 14
greeting people 1
health 11
holidays 14
house or apartment 4
how often 3

illness 11
imperative 2
imperative of reflexive verbs 11
impersonal expressions: dative 8
indefinite adverbs 15
indefinite pronouns 15
indirect speech 13
invitations 4
languages: asking someone what language they speak 2
life in the country 16
likes 8
means of transport: the instrumental case 3
money 5
months 8
music 16
names: asking someone's name and getting to know them 2
negation 9
nouns formed from verbs 13
nouns in **-is** with a genitive in **-ies** 7
nouns indicating places 4
nouns: nominative plural 3
numerals 3
numerals: more information 5
object of affirmative and negative verbs 4
opinions 6
parenthetic words and expressions 16
passive participles 13
past 6
past frequentative tense 12
permission 14
personal pronouns 1, 8
personal pronouns: genitive and accusative 5
place where, 'in, at': locative 2
place where from 1
place: **nuo, iki**, and **apie** 10
plants 16
polite requests 6
possession 4
possession: having and not having 4

prepositions: place 5
present tense 1
professions 4
prohibition 14
pronouns: more information 11
pronouns: plural 7
quantity: more expressions 9
questions: asking the way somewhere 2
questions: basic 1
reason, cause, aim 16
reflexive verbs 10
relaxation 14
result: prefixed verbs 2
rooms 5
saying goodbye 1
saying where you are going 2
seaside 14
sentence patterns: concessive, 'contrastive', etc. 15
sequence of events 12
sport 16
surnames 13
telephone calls 6
telephone numbers 3
television 16
telling someone the way 3
telling the time 8
time when and during which 6
thanking people 3
time: **nuo, iki**, and **apie** 10
time: using **per** and **po** 7
verb: basic forms 3
verb: conditions 6
verbs of motion 10
verbs with prefixes: more information 16
vocative 2
weather 10
when 6
where 'to': 2
wishes: 'let's ...' 2
wishing someone good health 11
wishing someone well 12